초등학교 교과서에 나오는
세계 대표 역사 인물사전

초등학교 교과서에 나오는
세계대표 역사 인물사전

2007년 8월 31일 초판 1쇄 발행 | 2013년 10월 14일 초판 7쇄 발행

엮은이 에이세대창조집단 | **그린이** 픽처뱅크 | **펴낸이** 장진혁 | **펴낸곳** 형설아이
주소 경기도 파주시 회동길 37-23 | **전화** (031) 955-2371, (031) 955-2361
팩스 (031) 955-2341 | **등록** 102-98-71832 | **홈페이지** www.hipub.co.kr
공급 형설출판사

ISBN 978-89-5697-967-0 67900

ⓒ 형설아이 2013 Printed in korea

※ 잘못된 책은 서점에서 바꾸어 드립니다.
　이 책의 내용을 쓰고자 할 때는 저작권자와 출판사의 허락을 받아야 합니다.

초등학교 교과서에 나오는

세계대표 역사 인물사전

엮음 에이세대창조집단 · 그림 픽처뱅크

세계 역사 속의 인물에 대한
궁금증을 풀어 보세요.

■ 머리말

    이 지구상에는 60억이 넘는 많은 인구가 살고 있어요. 물론 이 지구에서 살다간 사람들은 이보다 수십, 수백 배는 더 많을 거예요.
    사람은 누구나 태어나고 자라서 어른이 되어 뭔가를 이루기까지 크고 작은 시련을 겪게 된답니다. 그 시련을 슬기롭게 극복하면 자신이 목표한 성공을 이룰 수 있지만, 그 시련에 굴복하면 평생을 후회와 원망 속에 사는 인생의 패배자가 되지요.
    우리가 살고 있는 오늘은 내일의 역사가 되지요. 이 역사를 만드는 것은 어느 특별한 사람이 아니라 바로 우리 자신이랍니다.
    온갖 시련을 이겨내고 많은 사람들에게 유익한 뭔가를 이루어 내면 후세 사람들이 영원히 기억하는 역사의 인물로 남아요. 그러나 고난이나 역경에 굴복하면 이 지구상에 살다간 수천억의 이름 없는 사람들처럼 아무도 기억해 주지 않는 사람이 되고 말아요.
    우리가 말이나 글을 통해 접하는 역사의 인물들도 크게 두 부류로 나눌 수 있어요. 그 하나는 나 자신을 포함한 모든 사람들의 행복과 보다 나은 삶을 위해 노력한 사람이고, 다른 하나는 오로지 나 자신만을 위해 노력한 사람이지요.
    모든 사람들의 행복을 위해 노력한 사람은 역사에 길이 남을 발명품이나 훌륭한 작품 등을 남겼어요. 그러나 자신의 욕심만을 채우기 위해 노력한 사람은 전쟁이나 대사건 등을 일으켜 소중한 많은 인명을 살상했어요.
    이 책은 초등학교 교과서와 참고서 등에 수록되어 있는 인물들을 위주로 하여 엮었어요. 어린이 여러분이 쉽게 이해할 수 있도록 어려운 단어 등은 쉬운 문장으로 바꾸었고, 참고 사진 등을 첨가하여 이해가 쉽도록 도왔어요.
    이 『세계 대표 역사 인물사전』을 통해 위인들의 훌륭한 점은 배우고, 다른 사람들에게 해를 준 인물들의 잘못은 나 자신의 단점을 되돌아보는 계기가 되었으면 좋겠어요.

엮은이

일러두기

● 인물의 주요 업적

● 사진과 그림
인물과 연관된 사진으로
역사적 사건은 그림으로 꾸밈

19세기의 위대한 독일 수학자
가우스
분명 : Karl Friedrich Gauss
생애 : 1777 ~ 1855

가우스는 1777년 독일 브룬스비크에서 벽돌 공장 노동자의 아들로 태어났다.
어려서부터 수학에 천재적인 재능을 보였던 그는 집안이 가난하여 학교에 갈 수가 없었다. 그러나 어떻게든 자식을 가르치겠다는 어머니의 노력과 숙부의 도움으로 겨우 초등학교에 다닐 수 있었다.
가우스는 초등학교에서도 선생님이 깜짝 놀랄 정도로 수학과 어학에 뛰어난 재능을 보여 신동이라는 소리를 들었다. 그 예로 10세 때에 *등차급수의 합의 공식을 만들었고, 외국어도 단 한 번만 들으면 바로 따라할 정도였다고 한다.
이 소문을 들은 브룬스비크의 영주 페르디난트는 가우스가 마음 편히 공부할 수 있도록 학비와 생활비를 제공해 주었다.
가우스는 페르디난트의 도움으로 카롤링 고교에 입학하여 독자적으로 *최소제곱법과 정수론을 풀었다. 괴팅겐 대학 재학 중에는 *유클리드 이후로 2000년 동안 아무도 생각하지 못했던 정17각형을 자와 컴퍼스를 이용하여 정확히 그리는 방법을 발견하였다.
그 후 헬름슈테트 대학으로 옮겨서 22세 때 학위를 받았고, 다시 브룬스비크로 돌아와 페르디난트 공의 도움을 받으며 수학을 계속 연구하였다. 그리하여 24세 때인 1801년에는 『정수론 연구』를 발표하여 세계 최대의 수학자라는 칭송을 듣게 되었다.
그 해에 *소행성 *케레스가 발견되자, 천문학자들은 이 별의 궤도에 관해 연구하기 시작했다. 이 때 가우스가 케레스의 궤도를 정확하게 계산해 내어 천문학자들을 깜짝 놀라게 했다. 가우스는 이 공으로 1807년 괴팅겐 대학의 교수 겸 천문대장이 되었다.
근대 수학을 확립하고 *천문학과 물리학을 연구하여 뛰어난 업적을 남긴 가우스는 1855년 78세를 일기로 세상을 떠났다.

가우스 동상(왼쪽), 가우스와 물리학자 베버가 학문에 대해 토론하고 있는 모습의 동상(오른쪽)

함께 보아요

등차급수 : 서로 이웃하는 항의 차가 일정한 급수로 1+3+5+7+9+… 와 2+4+6+8+… 등이 있다.

소행성 : 화성과 목성 사이의 궤도에서 태양의 둘레를 공전하는 작은 행성들을 말한다. 무수히 많은 수가 존재하며, 대부분 반지름이 50km 이하이다.

유클리드(Euclid, BC 330?~BC 275?) : 유클리드 기하학을 창시한 고대 그리스의 수학자. 프톨레마이오스 1세가 통치하던 이집트의 알렉산드리아에서 활동했다. 당시 이집트는 수학이 매우 발달했는데, 유클리드가 이전의 수학을 체계화시켜 『기하학원본』(전3권)을 완성했다. 이것이 세계 최초의 기하학책인 '유클리드 기하학'이다. '유클리드 기하학'은 19세기까지 과학의 발달에 크게 기여했으며, 오늘날에도 실생활에서 그 가치를 인정받고 있다. 저서에 『도형분할론』, 『원뿔곡선론』, 『페노메나』, 『구면천문학』, 등이 있다.

천문학 : 우주의 구조, 천체의 생성과 진화, 천체의 역학적 운동, 거리, 빛의 밝기, 표면온도, 질량, 나이 등 천체의 기본 물리량 등을 천문적으로 연구하는 학문을 말한다.

최소제곱법 : 많은 측정값으로부터 참값에 가까운 값을 구하기 위하여 각 측정값의 오차의 제곱의 합이 최소가 되는 것으로 구하는 방법이다.

케레스 : 1801년 이탈리아의 천문학자 피아치가 발견한 소행성으로 자전주기는 9,078시간, 공전주기는 4.6년, 지름은 914km이다.

● 인물에 대한 설명
인물 소개를 중심으로 일생의 업적과
벌어진 상황 등을 쉽고 자세하게 설명

● 함께 보아요
인물이 활동했던 시대의 상황이나
역사적인 사건 또는 연관된 인물들을
알기 쉽게 설명

세 계 사 를   한   눈 에   보 는   역 사   인 물 사 전

● 이야기로 보는 역사 인물
중요 인물의 역사적인 이야기를
사진과 함께 재미있는 이야기로 구성

 **06일화** 이야기로 보는 역사 인물   재미있게 읽고 나면 역사가 쏙쏙!

고르디우스의 매듭을 끊은 알렉산드로스의 운명

고르디우스의 매듭은 굉장히 어려운 문제라는 뜻을 말합니다.
이 말의 기원은 알렉산드로스 대왕의 시절로 거슬러 올라갑니다. 고르디우스의 매듭을 처음으로 푼 사람이 바로 알렉산드로스 대왕이기 때문입니다.
기원전 4세기경 그리스의 도시 국가들이 쇠퇴하고 그리스 북쪽에 있던 마케도니아가 두각을 나타내기 시작했습니다.
기원전 336년 아버지인 필립 왕이 암살되자 알렉산드로스는 20세의 젊은 나이에 왕위에 올랐습니다. 그리고 2년 뒤에 알렉산드로스는 마케도니아와 그리스 연합군을 이끌고 동방 원정 길에 올랐습니다.
알렉산드로스는 먼저 소아시아에서 페르시아군을 몰아내고 소아시아의 중앙부에 있는 고르디우스로 들어갔습니다. 그 도시에는 커다란 제우스 신전이 세워져 있었습니다.
그 신전의 기둥에는 짐수레 한 대가 밧줄로 단단히 묶여 있었습니다. 그런데 그 밧줄에는 그 밧줄의 매듭을 푸는 사람이 아시아를 지배한다는 전설이 전해 내려오고 있었습니다. 그러나 그 밧줄의 매듭은 너무나도 오묘하게 묶여 있어서 수많은 사람들이 매듭을 풀려고 나섰지만 아무도 풀지 못하고 있었습니다.
알렉산드로스는 이 이야기를 전해 듣고 신전으로 가서 허리에 차고 있던 칼을 뽑아 그 매듭을 싹둑 잘라버렸습니다. 그리고는 자신이 매듭을 풀었으니 이제 아시아를 지배할 수 있게 되었다고 생각했습니다.
거칠 것이 없어진 알렉산드로스는 이집트, 페르시아를 정복하고 기원전 327년에는 인도로 향했습니다. 그 당시 그리스 사람들은 인도의 인더스 강 너머에 동쪽 세계의 끝이 있고, 그 앞에는 넓은 바다가 펼쳐져 있다고 생각했습니다. 알렉산드로스도 인더스 강을 넘어 세계의 끝에 도달하여 그 곳에 자신의 이름을 새겨 넣는 꿈을 꾸었습니다.

그러나 인더스 강을 넘어서도 아시아 대륙은 끝없이 펼쳐져 있었습니다. 게다가 알렉산드로스의 군대가 처음 경험하는 인도의 자연 환경은 너무나도 지독했습니다. 무더위와 장마가 군사들을 괴롭혔고, 현주민들의 저항도 만만치 않았습니다.
알렉산드로스는 어쩔 수 없이 철수 명령을 내리고 기원전 324년에 페르시아의 수사로 돌아왔습니다. 그러나 이듬해 아라비아 원정을 준비하던 중에 말라리아에 걸려 32세의 젊은 나이에 죽고 말았습니다.
그가 죽은 뒤 대제국은 마케도니아, 이집트, 시리아로 갈라지고 말았습니다. 사람들은 고르디우스의 매듭을 칼로 잘라버렸기 때문에 알렉산드로스가 정복한 대제국도 조각조각 잘라나갔다고 생각하게 되었습니다.

알렉산드로스와 다리우스 가족

인물은 이렇게 선정하였습니다

■ 초등학교 전 교과서에 나온 인물 가운데 우리 나라를 제외한 세계 중요 인물들을 선정하였습니다. 그 가운데 역사적으로 중요하다고 판단되는 인물을 주요 인물로, 나머지는 참고 인물로 하였습니다.

 책은 이렇게 구성하였습니다

■ 전체적으로 본문과 부록으로 크게 나누고, 인물의 순서는 가나다순으로 배열하였습니다. 본문의 양면을 펼친 두 쪽으로 구성하여, 왼쪽 면에는 주요 인물의 일생을 다루고, 오른쪽 면에는 그 인물을 이해하는 데 도움이 되는 역사적 사건이나 인물, 그리고 어려운 단어의 해석 등을 설명한 '함께 보아요'로 구성하였습니다.

또 주요 인물과 관계된 사진 자료를 첨가하여 이해를 높였고, 사이사이에 주요 인물과 관련된 일화나 사건 등을 소개하여 읽는 재미를 더해 주고자 노력하였습니다.

부록은 교과서에 나오는 인물이지만 본문에 빠져 있는 인물을 '참고 인물'로, 궁금한 사항을 찾아보는 데 도움을 주는 '찾아보기'로 구성하였습니다.

 책은 이런 순서로 씌어졌습니다

■ 인물은 한글 이름 → 영어 또는 한문 이름 → 태어나서 사망한 연도 → 재위 기간(왕의 경우) → 살아온 내력 → 중요한 업적 → 지은 책이나 작품 → 받은 훈장이나 상 등의 순서로 구성하였습니다.

■ 인물 이름은 한글식 이름이 아닌, 교과서에 나오고 세계적으로 불리는 본래의 이름을 사용하였습니다(예 : 모택동 → 마오쩌둥, 손문 → 쑨원 등).

세 계 사 를 한 눈 에 보 는   역 사 인 물 사 전

 교과서에 두 가지 이상의 명칭으로 나오는 인물은 그 사람의 본명을 명칭으로 사용하였습니다(예 : 당태종 → 이세민, 한고조 → 유방 등).
 ■ 지명은 외국의 경우는 현재 외국어 표기법에 따라 표기하였습니다(예 : 양자 강 → 양쯔 강, 대만 → 타이완 등). 그러나 고대 지명이나 불분명한 경우는 옛 표기대로 사용하였습니다.
 ■ 중국 지명인 경우에는 ( ) 안에 한자와 함께 많이 불리우는 지명을 같이 표기하였습니다(예 : 옌하이저우(沿海州, 연해주)).

 인물 소개에 사용된 용어는 이런 뜻을 가지고 있습니다

 ■ 자 : 결혼한 남자의 이름을 함부로 부를 수 없을 때 이름을 대신하여 부르던 이름입니다(예 : 공자 → 중니, 두보 → 자미 등).
 ■ 호 : 자신의 본 이름이나 자 외에 허물없이 부를 수 있도록 지은 이름입니다(예 : 두보 → 소릉, 쑨원 → 중산 등).
 ■ 시호 : 왕과 왕비를 비롯하여 나라를 위해 공을 세웠거나 어진 신하, 학문과 덕이 높은 선비들이 죽은 뒤에 임금이나 나라에서 내려준 이름입니다(예 : 제갈량 → 충무 등).
 ■ 존호 : 왕이나 왕비의 덕을 기리는 뜻으로 일컫는 이름입니다(예 : 이세민 → 천가한 등).

 부호는 이렇게 사용하였습니다

 ■ 책 이름은 『 』, 음악·미술·시·수필 등의 작품은 「 」, 신문이나 잡지는 〈 〉, 중요한 문구나 강조·주장·대화를 나타낼 때는 " " 또는 ' '를 사용하였습니다.

차례

가리발디 __ 12
가우스 __ 14
간디 __ 16
갈릴레이 __ 18
고개지 __ 20
고갱 __ 22
고르바초프 __ 24
고야 __ 26
고흐 __ 28
공자 __ 30
괴테 __ 32
구텐베르크 __ 34
그림 형제 __ 36
나세르 __ 38
나이팅게일 __ 40

01 일화
이야기로 보는 역사 인물 __ 42

나폴레옹 __ 44
네루 __ 46
넬슨 __ 48
노벨 __ 50
누르하치 __ 52
뉴턴 __ 54

니체 __ 56
다윈 __ 58
도요토미 히데요시 __ 60
두보 __ 62
드골 __ 64
디젤 __ 66
디즈니 __ 68
라이트 형제 __ 70
라파엘로 __ 72
레닌 __ 74

02 일화
이야기로 보는 역사 인물 __ 76

레오나르도 다 빈치 __ 78
렘브란트 __ 80
로댕 __ 82
록펠러 __ 84
뢴트겐 __ 86
루소 __ 88
루스벨트 __ 90
루터 __ 92
리빙스턴 __ 94
링컨 __ 96
마네 __ 98

마르코니 __ 100
마르코 폴로 __ 102
마르크스 __ 104
마오쩌둥 __ 106

03 일화
이야기로 보는 역사 인물 __ 108

마젤란 __ 110
마크 트웨인 __ 112
마호메트 __ 114
막사이사이 __ 116
만델라 __ 118
맥아더 __ 120
맹자 __ 122
멘델 __ 124
모스 __ 126
모차르트 __ 128
미켈란젤로 __ 130
밀레 __ 132
바흐 __ 134
베이컨 __ 136
베토벤 __ 138

04 일화
이야기로 보는 역사 인물 __ 140

벨 __ 142
브람스 __ 144
비스마르크 __ 146
빅토리아 여왕 __ 148
빌 게이츠 __ 150
사마천 __ 152
석가모니 __ 154
세르반테스 __ 156
세잔 __ 158
셰익스피어 __ 160
소크라테스 __ 162
솔로몬 __ 164
쇼팽 __ 166
슈바이처 __ 168
슈베르트 __ 170

05 일화
이야기로 보는 역사 인물 __ 172

스미스 __ 174
스티븐슨 __ 176
시황제 __ 178
쑨원 __ 180
아르키메데스 __ 182
아리스토텔레스 __ 184

세계사를 한 눈에 보는 역사 인물사전

아문센 __ 186
아이젠하워 __ 188
아인슈타인 __ 190
아펜젤러 __ 192
안데르센 __ 194
알렉산드로스 __ 196
암스트롱 __ 198
양제 __ 200
언더우드 __ 202

06 일화
이야기로 보는 역사 인물 __ 204

에디슨 __ 206
엘리자베스 1세 __ 208
예수 그리스도 __ 210
오 헨리 __ 212
옥타비아누스 __ 214
와일드 __ 216
와트 __ 218
왕희지 __ 220
워싱턴 __ 222
위고 __ 224
윌슨 __ 226
유방 __ 228

이백 __ 230
이세민 __ 232
이솝 __ 234

07 일화
이야기로 보는 역사 인물 __ 236

이홍장 __ 238
잔 다르크 __ 240
장제스 __ 242
제갈량 __ 244
제너 __ 246
주원장 __ 248
주자 __ 250
차이콥스키 __ 252
채륜 __ 254
처칠 __ 256
칭기즈칸 __ 258
카네기 __ 260
카이사르 __ 262
카프카 __ 264
칸트 __ 266

08 일화
이야기로 보는 역사 인물 __ 268

케네디 __ 270

코페르니쿠스 __ 272
콜럼버스 __ 274
쿠베르탱 __ 276
퀴리 부인 __ 278
크롬웰 __ 280
클레오파트라 __ 282
타고르 __ 284
테레사 수녀 __ 286
톨스토이 __ 288
파브르 __ 290
파스칼 __ 292
파스퇴르 __ 294
펄 벅 __ 296

09 일화
이야기로 보는 역사 인물 __ 298

페스탈로치 __ 300
포 __ 302
포드 __ 304
푸시킨 __ 306
표트르 대제 __ 308
프랭클린 __ 310
프로이트 __ 312
플라톤 __ 314

플레밍 __ 316
피카소 __ 318
한니발 __ 320
함무라비 __ 322
헤밍웨이 __ 324
헬렌 켈러 __ 326
히틀러 __ 328

10 일화
이야기로 보는 역사 인물 __ 330

부록

참고 인물 __ 334
찾아보기 __ 341

이탈리아를 통일한 국민적 영웅
가리발디

본명 : Giuseppe Garibaldi
생애 : 1807~1882

주세페 가리발디는 1807년 프랑스 니스에서 이탈리아 선원의 아들로 태어났다. 당시 이탈리아는 여러 소국으로 나뉘어져 있어서 프랑스, 에스파냐, 오스트리아의 심한 간섭을 받았다.

청년이 된 가리발디는 북이탈리아의 작은 나라인 *'사르디니아 공국'의 해군에 입대하였다. 이 때부터 그는 외세의 간섭에서 벗어나려면 이탈리아를 로마 시대처럼 하나의 강력한 통일 국가로 만들어야 한다는 것을 깨닫고 이를 실천할 큰 뜻을 품게 되었다.

때마침 같은 생각을 가진 사람들이 혁명 운동을 시작해 그도 적극 가담하였다. 그러나 1834년 이 사실이 발각되어 프랑스로 피신했다가 남아메리카의 우루과이로 건너가서 우루과이의 독립에도 크게 기여하였다.

1848년 이탈리아에서 다시 외세에 저항한 해방 전쟁이 일어났다. 가리발디는 급히 귀국하여 의용군을 이끌고 전쟁에 참가하였다. 의용군이 패배하자 그는 다시 로마 공화 정부에 가담하여 *'나폴레옹 3세'의 무력을 앞세운 간섭에 대항하였다. 그러나 1849년 로마 공화 정부도 프랑스에 의해 붕괴되자 그는 다시 도망자가 되어 미국 뉴욕으로 망명했다.

1854년 *'카프레라 섬'으로 돌아온 그는 1859년부터 카프레라 섬을 중심으로 의용군을 모집하여 본격적인 이탈리아 해방 전쟁을 벌였다. 마침내 1860년 5월, 가리발디는 붉은 셔츠를 입은 '붉은 셔츠단'이라는 수천 명의 독립군을 이끌고 몇 배나 많은 프랑스 정예군을 물리침으로써 *'시칠리아 섬'을 해방시켰다.

그 여세를 몰아 에스파냐의 지배를 받던 *'나폴리 왕국'을 해방시켰고, 1866년에는 오스트리아가 지배하던 베네치아를, 1870년에는 프랑스의 지배하에 있던 로마 교황청을 되찾아 이탈리아 반도를 통일하였다.

가리발디는 이탈리아의 통일에 커다란 공을 세우고도 "내 역할은 통일까지."라고 선언한 뒤, 정치에는 관여하지 않았다. 그리고 고향 카프레라 섬으로 돌아가 사회사업을 하면서 여생을 마쳤기 때문에, 현재에도 많은 이탈리아 사람들은 그를 국민적 영웅으로 존경하고 있다.

가리발디 동상(원내)

함께 보아요

나폴레옹 3세 : 334쪽 '참고 인물' 참조.
나폴리 왕국 : 나폴리를 중심으로 1282년부터 1860년까지 남부 이탈리아를 통치했던 왕국. 15세기 전반에 시칠리아 왕국에 편입된 이후 에스파냐, 프랑스 등의 지배를 받았다. 1860년 가리발디에게 정복되었으며, 1861년 이탈리아가 통일됨에 따라 그 일부가 되었다.
사르디니아 공국 : 1720년에 아메데오 2세가 사보이, 피에몬테, 사르데냐 섬을 중심으로 토리노를 수도로 정하여 세운 북이탈리아의 작은 나라. 18세기 말 프랑스에 병합되었다기, 1814년에 독립한 뒤, 1861년에 이탈리아를 통일하여 이탈리아 왕국이 되었다.

시칠리아 섬 : 이탈리아 남서부에 있는 지중해 최대의 섬이다. 영어로는 시실리 섬(Sicily I.)이라고 한다. 인구는 약 506만 명(2004년 기준)이며 면적은 2만 5708㎢이다. 주변의 작은 섬과 함께 이탈리아의 한 주(州)를 형성하며, 주도(州都)는 팔레르모이다.
카프레라 섬 : 이탈리아 사르데냐 섬 북동쪽 티레니아 해에 있는 섬. 서쪽의 마달레나 섬 사이에는 제방이 축조되었다. 1856년 가리발디가 남부 이탈리아 정복의 봉화를 올린 곳이며, 가리발디는 1882년에 이 섬에서 세상을 떠났다. 해마다 그가 사망한 6월 2일에는 이탈리아 각지에서 많은 사람들이 찾아와 묘지를 참배한다.

19세기의 위대한 독일 수학자
가우스

본명 : Karl Friedrich Gauss
생애 : 1777~1855

가우스는 1777년 독일 브룬스비크에서 벽돌 공장 노동자의 아들로 태어났다.

어려서부터 수학에 천재적인 재능을 보였던 그는 집안이 가난하여 학교에 갈 수가 없었다. 그러나 어떻게든 자식을 가르치겠다는 어머니의 노력과 숙부의 도움으로 겨우 초등학교에 다닐 수 있었다.

가우스는 초등학교에서도 선생님이 깜짝 놀랄 정도로 수학과 어학에 뛰어난 재능을 보여 신동이라는 소리를 들었다. 그 예로 10세 때에 *등차급수의 합의 공식을 만들었고, 외국어도 단 한 번만 들으면 바로 따라할 정도였다고 한다.

이 소문을 들은 브룬스비크의 영주 페르디난트는 가우스가 마음 편히 공부할 수 있도록 학비와 생활비를 제공해 주었다.

가우스는 페르디난트의 도움으로 카롤링 고교에 입학하여 독자적으로 *최소제곱법과 정수론을 풀었다. 괴팅겐 대학 재학 중에는 *유클리드 이후로 2000년 동안 아무도 생각하지 못했던 정17각형을 자와 컴퍼스를 이용하여 정확히 그리는 방법을 발견하였다.

그 후 헬름슈테트 대학으로 옮겨서 22세 때 학위를 받았고, 다시 브룬스비크로 돌아와 페르디난트 공의 도움을 받으며 수학을 계속 연구하였다. 그리하여 24세 때인 1801년에는 『정수론 연구』를 발표하여 세계 최대의 수학자라는 칭송을 듣게 되었다.

그 해에 *소행성 *케레스가 발견되자, 천문학자들은 이 별의 궤도에 관해 연구하기 시작했다. 이 때 가우스가 케레스의 궤도를 정확하게 계산해 내어 천문학자들을 깜짝 놀라게 했다. 가우스는 이 공로로 1807년 괴팅겐 대학의 교수 겸 천문대장이 되었다.

근대 수학을 확립하고 *천문학과 물리학을 연구하여 뛰어난 업적을 남긴 가우스는 1855년 78세를 일기로 세상을 떠났다.

가우스 동상(왼쪽), 가우스와 물리학자 베베가 학문에 대해 토론하고 있는 모습의 동상(오른쪽)

함께 보아요

등차급수 : 서로 이웃하는 항의 차가 일정한 급수로 1+3+5+7+9+…와 2+4+6+8+… 등이 있다.

소행성 : 화성과 목성 사이의 궤도에서 태양의 둘레를 공전하는 작은 행성들을 말한다. 무수히 많은 수가 존재하며, 대부분 반지름이 50km 이하이다.

유클리드(Euclid, BC 330?~BC 275?) : 유클리드 기하학을 창시한 고대 그리스의 수학자. 프톨레마이오스 1세가 통치하던 이집트의 알렉산드리아에서 활동했다. 당시 이집트는 수학이 매우 발달했는데, 유클리드가 그 이전의 수학을 체계화시켜 『기하학원본』(전13권)을 완성했다. 이것이 세계 최초의 기하학인 '유클리드 기하학'이다. '유클리드 기하학'은 19세기까지 과학의 발달에 크게 기여했으며, 오늘날에도 실생활에서 그 가치를 인정받고 있다. 저서에 『도형분할론』, 『원뿔곡선론』, 『페노메나』, 『구면천문학』 등이 있다.

천문학 : 우주의 구조, 천체의 생성과 진화, 천체의 역학적 운동, 거리, 빛의 밝기, 표면온도, 질량, 나이 등 천체의 기본 물리량 등을 전문적으로 연구하는 학문을 말한다.

최소제곱법 : 많은 측정값으로부터 참값에 가까운 값을 구하기 위하여 각 측정값의 오차의 제곱의 합이 최소가 되는 것으로 구하는 방법이다.

케레스 : 1801년 이탈리아의 천문학자 피아치가 발견한 소행성으로 자전주기는 9,078시간, 공전주기는 4.6년, 지름은 914km이다.

인도 건국의 아버지
간디

본명 : Mohandas Karamchand Gandhi
생애 : 1869~1948

마하트마 간디는 1869년 서부 인도의 항구 도시 포르반다르에서 명문가의 아들로 태어났다. 아버지는 유능한 행정가였고, 어머니는 귀족의 딸이었다.

간디는 18세 때 영국 런던에 유학하여 법률을 공부하고, 1891년 변호사가 되어 귀국하였다. 1893년 한 기업의 소송 사건을 의뢰받아 1년간의 계약으로 남아프리카 연방 더반으로 건너갔다. 간디는 그 곳에서 노동자로 일하고 있는 인도인들의 비참한 실상을 보고, 그들이 인간다운 대접을 받으며 보다 더 잘 살 수 있도록 투쟁하기로 결심하였다.

당시 남아프리카 연방에는 7만 명의 인도인이 살고 있었는데, 그들은 적은 수입에도 수입이 많은 백인들과 똑같이 세금을 내는 등 많은 차별을 받고 있었다. 간디는 이런 인종 차별법 등을 폐지하기 위해 투쟁 단체를 조직하여 1914년까지 지도자로 활약하였다. 간디의 20년에 걸친 투쟁으로 마침내 인도인에 대한 차별법은 폐지되었다.

1915년 인도로 돌아온 간디는 정치 운동에는 관여하지 않고 토지 분쟁의 해결 등에 노력하였다. 제1차 세계 대전 때 영국이 인도에게 전쟁을 도우면 독립시켜 주겠다고 약속했지만 그 약속을 지키지 않고 오히려 더 심한 탄압을 가하자 그는 독립 운동에 뛰어들었다.

간디는 먼저 자신의 뜻에 동참하는 동지들을 모으고 *비폭력, *불복종, 비협력의 방법으로 영국의 식민 지배에 저항하였다. 영국인을 죽이거나 시설을 파괴하는 등의 폭력적인 방법은 사용하지 않고, 영국인의 명령이나 정치에 협력하지 않는 등의 독특한 방법을 선택했던 것이다. 간디는 먼저 영국에서 만든 상품을 불태우고 인도인이 만든 국산품 애용을 호소하였다.

또한 영국에 저항하기 위해 12차례나 단식 투쟁을 벌였다. 뼈만 앙상하게 남은 간디가 단식 투쟁을 할 때는 온 세계의 신문 방송이 그의 건강 상태를 보도할 정도로 세계인의 이목을 끌었다.

간디의 이런 노력으로 1947년 7월, 마침내 인도는 영국의 식민 통치로부터 독립하였다. 그러나 불행하게도 *힌두교와 이슬람교의 대립으로 인도와 *파키스탄으로 나라가 갈라지고 말았다.

간디는 78세의 고령에도 불구하고 소동이 가장 심한 벵골에서 힌두교와 이슬람교의 융화를 위한 활동을 벌였다. 이듬해인 1948년 1월에도 뉴델리를 방문하여 소요 사태를 진정시켰다. 그러나 1월 30일, 이슬람교를 반대하는 힌두교 *극우파 청년이 쏜 총탄에 맞아 79세를 일기로 세상을 떠났다. 저서로 『인도의 자치』가 있다.

군중들 앞에서 연설하는 간디(왼쪽), 간디가 살해당한 장소(오른쪽 위), 뭄바이에 있는 간디의 생가(오른쪽 아래)

함께 보아요

극우파 : 급격한 변화를 반대하고 자기 나라의 고유한 역사와 전통, 문화만을 가장 뛰어난 것으로 믿고, 다른 나라나 민족을 배척하는 세력을 말한다.

불복종 운동 : 인도의 간디가 지도한 반영 비폭력 저항 운동. 제1차 세계 대전 후 및 1930년대 전반에 인도의 완전 독립을 목표로 영국의 식민지 정권이 제정한 법에 따르지 않는 민중 운동을 전개하였다.

비폭력주의 : 부정한 권력이나 정치 체제에 대하여 폭력을 사용하지 아니하고 저항하는 사상. 간디의 사상이 대표적이다.

파키스탄 : 인도 반도 북서부에 있는 공화국. 1947년 영국령 인도에서 분리하여 독립하였으며, 동파키스탄과 서파키스탄으로 분리되어 있다가 1971년 동파키스탄이 방글라데시로 독립하여 지금의 영토가 확정되었다. 주산업은 농업으로 밀, 면화, 사탕수수가 많이 난다. 주민은 터키, 이란 계통으로 대부분이 이슬람교도이고, 주요 언어는 우르두어와 영어이다. 수도는 이슬라마바드, 면적은 79만 6,095㎢이다.

힌두교 : 인도의 토착 신앙과 브라만교가 융합한 종교 체계. 구원에 이르는 세 가지 길로 공덕, 지혜, 봉헌을 들고 있으며 사회 제도와의 연계가 특징이다. 대부분의 인도인들이 이 종교를 믿고 있다.

갈릴레이

지동설을 확립한 이탈리아의 과학자

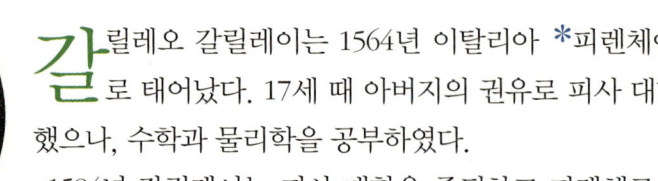

본명 : Galileo Galilei
생애 : 1564~1642

갈릴레오 갈릴레이는 1564년 이탈리아 *피렌체에서 상인의 아들로 태어났다. 17세 때 아버지의 권유로 피사 대학 의학부에 입학했으나, 수학과 물리학을 공부하였다.

1584년 갈릴레이는 피사 대학을 중퇴하고 피렌체로 돌아와 토스카와 궁정 수학자 리치에게 수학과 과학을 배웠다. 이 때 습작으로 쓴 논문이 인정을 받아 1592년 피사 대학의 수학 교수가 되었다. 그 해에 *'피사의 사탑'에서 커다란 포탄과 총알을 동시에 떨어뜨리는 실험을 하여 *'자유낙하의 법칙'을 발견하였다. 그리고 몇 달 뒤, 갈릴레이는 *베네치아의 파도바 대학으로 옮겨서 유클리드 기하학과 프톨레마이오스의 천문학을 가르쳤다. 그는 천동설이 잘못됐다는 것을 깨닫고, 코페르니쿠스가 주장한 지동설을 연구하기 시작했다.

1604년 하늘에 눈부시게 빛나는 신성이 나타나자 갈릴레이는 우주를 관찰하기로 결심했다. 그 때 마침 네덜란드의 안경 기술자 리펠스하이가 망원경을 발명했다는 소식이 들려왔다. 갈릴레이는 그 기술을 응용하여 직접 망원경을 만들었는데, 2년 뒤에는 무려 천 배나 크게 보이는 망원경을 완성하였다.

갈릴레이는 직접 만든 망원경으로 천체를 관찰하여 달에 산과 계곡이 있다는 사실을 밝혀냈다. 1610년에는 목성을 발견했고, 목성 주위에 4개의 위성이 돌고 있다는 사실도 밝혀냈다. 갈릴레이는 그 해에 교수직을 사임하고 피렌체로 돌아와 메디치가의 전속 학자가 되었다.

갈릴레이는 계속 천체를 관측하여 태양에 까만 *흑점이 있다는 것을 발견하고 지동설을 주장하였다. 이로 인해 지구가 우주의 중심이라고 굳게 믿고 있던 *'로마 교황청'의 미움을 받아 *'종교 재판'에 회부되었다.

많은 종교인과 과학자들이 화형에 처해야 한다고 주장했지만, 종교 재판관은 갈릴레이가 잘못을 인정하면 살려주겠다고 판결했다. 1633년 갈릴레이는 살기 위해 어쩔 수 없이 잘못을 인정했다. 그러나 재판정을 나오면서 "지금 이 순간에도 지구는 돌고 있다."고 중얼거렸다.

그 이후로 그는 피렌체 교외의 옛집으로 돌아와 은둔하면서 집필 활동을 하다가, 1642년

78세를 일기로 세상을 떠났다. 저서로 『가속도 운동에 관해서』, 『별세계의 보고』, 『황금계량자』, 『프톨레마이오스와 코페르니쿠스의 2대 세계 체계에 관한 대화』 등이 있다.

갈릴레이의 망원경(왼쪽), 실험실에서의 갈릴레이(오른쪽 위), 갈릴레이의 묘지(오른쪽 아래)

함께 보아요

로마 교황청 : 교황을 중심으로 하여 전 세계의 가톨릭 교회와 교도를 다스리는 교회 행정의 중앙 기관. 이탈리아 로마 시내에 있는 세계에서 가장 작은 나라인 바티칸시국에 있다.

베네치아 : 이탈리아 북부에 있는 항구 도시. 118개의 작은 섬으로 이루어져 있으며 시내 교통은 수많은 운하와 곤돌라, 다리를 이용한다. 7세기에서 8세기 무렵부터 무역 도시로 발전하여 중세 말에는 동지중해 무역을 독점하였다. 산마르코 성당, 궁전, 박물관 등의 유명한 건축물들이 있으며, 관광업과 유리 및 섬유 제조업이 발달하였다.

자유낙하의 법칙 : 모든 물체는 종류와 크기에 상관없이 같은 속도로 낙하한다는 법칙.

종교 재판 : 로마 가톨릭 교회를 옹호하기 위하여 12세기에서 16세기에 행해진 종교적 재판. 이 재판을 통해 이단자를 가려내 박해하고 처형하였다.

흑점 : 태양 표면에 보이는 검은 반점. 광구에 나타나는 현상으로, 광구의 온도보다 2,000℃ 정도 더 낮기 때문에 검게 보인다. 모양은 거의 둥글고 길이는 수백km에서 수만km에 이르며, 증감의 주기는 약 11.1년이다. 지구의 기온이나 기후에 영향을 준다.

피렌체 : 이탈리아 중부에 있는 도시. 15세기 르네상스 중심지로 유적이 많이 남아 있으며, 지금은 모직·견직물과 공예품을 생산한다. 토스카나 주의 주도이다.

피사의 사탑 : 이탈리아의 피사 대성당에 있는 종을 달아 두는 누각. 1173년에서 1350년에 걸쳐 건립된 8층의 둥근 탑으로, 공사 중에 지반이 내려앉아 기울기 시작하여 차차 그 경사도가 심해지고 있다.

중국 인물화의 최고봉
고개지

본명 : 顧愷之
생애 : 344?~405?

고개지는 중국 *남북조 시대 *동진의 장쑤 성(江蘇省, 강소성) 우시에서 태어났다.

그가 언제 태어났는지는 확실치 않으나 의희 연간(405~418) 초기에 산기상시(황제를 측근에서 모시는 벼슬)가 되어 그 얼마 후에 62세로 사망한 것으로 추정되고 있다.

고개지는 어릴 때부터 글과 그림에 뛰어난 재능을 보였다.

20대 초반인 364년, 난징에 있는 와관사 벽면에 석가모니의 제자인 유마상을 그려 화가로서 세상에 알려졌다. 그 뒤로 양쯔 강(揚子江, 양자강) 중류 지역을 옮겨 다니면서 각 지역의 지방 장관들을 섬겼다.

392년경에는 형주 자사, 그 뒤에는 강주 자사 등을 섬기다가 405년에 동진의 수도인 건강(난징)으로 돌아왔다. 이 때 산기상시라는 벼슬에 올라 비로소 안정된 생활을 할 수 있었다.

고개지는 높은 벼슬에는 오르지 못했지만 화가로서는 온 세상에 명성이 자자했다. 그 당시에 '중국 역사 이래 가장 뛰어난 화가' 라는 평가를 받았는데, 그 명성은 오늘날까지도 이어지고 있다.

고개지는 모든 그림에 뛰어났지만, 특히 초상화와 옛 인물을 잘 그렸다. 그의 그림의 특징은 초상화에 인물의 정신까지도 담아 내고 있다는 점이다. 또한 다른 화가들과 달리 빠르고 경쾌한 붓놀림으로 그림을 그렸다고 한다.

고개지는 중국 회화 사상 인물화의 최고봉으로 일컬어진다.

고개지의 그림에 대한 논평을 기록한 『논화』, 『화운대산기』 등에 따르면 송나라의 *육탐미, 양나라의 *장승요와 더불어 육조 시대의 3대 화가로 일컬어지고 있다.

현재 그가 그린 그림은 영국 대영 박물관에 있는 「여사잠도」와 베이징의 「열녀전도권」이 있다. 그러나 이 그림들은 고개지가 직접 그린 것이 아니라 당나라의 화가들이 그의 그림을 흉내 내어 그린 모작으로 보는 견해도 있다.

고개지의 그림 「낙신도」(위), 그림 「여사잠도」(아래)

함께 보아요

남북조 시대(420~589) : 중국에서 5세기 전반부터 6세기 후반까지 남북으로 분열되어 각각 왕조가 바뀌면서 흥망하던 시대. 남조는 동진의 뒤를 이어 한족이 세운 송·제·양·진으로 이어지고, 북조는 선비의 북위가 동위·서위로 분열되고, 다시 북제·북주로 이어졌다가 수가 계승하여 천하를 통일한 시기로 남북에 각각 특색 있는 문화가 발달하였다.

동진 : 진나라가 멸망한 후에 왕족 사마예가 317년에 지금의 난징에 도읍하여 세운 나라. 공제 때인 420년 가신 유유에게 멸망하였다.

육탐미(陸探微, ?~?) : 중국 육조 시대 송나라의 화가. 육법을 겸비한 화가로서 당시부터 높이 평가되었다. 필적이 힘차고 송곳처럼 날카로웠다. 인물을 주로 그렸으며, 공작, 백마, 원숭이, 새 등도 그렸다. 「송효무상」, 「도의도」 등이 대표적 작품으로 기록되어 있으나 확실한 작품은 아직까지 발견되지 않았다.

장승요(張僧繇, ?~?) : 중국 남조 양나라의 화가. 인물화는 기교가 뛰어나고 치밀하며 사실적이었다. 인도와 아라비아에서 들여온 음영법을 받아들여 요철화라는 색면에 의한 입체 표현도 하였다. 산수화에서도 윤곽선을 쓰지 않는 몰골적인 방법을 채용하였다고 한다.

고갱

타히티를 사랑한 프랑스 후기 인상파 화가

본명 : Paul Gauguin
생애 : 1848~1903

고갱은 프랑스의 *'후기 인상파' 화가로 1848년 파리에서 자유주의 운동가의 아들로 태어났다. 3세 때 온 가족이 정부의 탄압을 피해 외가가 있는 남아메리카의 페루로 건너갔다. 그러나 아버지가 배 위에서 갑자기 사망하여 남은 가족들만 페루의 리마에서 4년간 머물다가 프랑스로 돌아왔다.

1861년 고갱은 중학교를 졸업하고 견습 선원이 되어 상선을 탔다. 그러나 1871년에 어머니가 사망하자 선원 생활을 그만두고 파리로 돌아와 증권거래소의 점원이 되었다. 그 뒤 결혼을 하여 정신적·경제적으로 여유가 생기자 27세 때부터 그림 공부를 시작하였다.

1876년 처음으로 살롱에 그림을 출품하여 *피사로, 세잔 등과 친교를 맺었다. 1883년 증권거래소를 그만두고 본격적인 화가의 길로 들어섰다.

1886년 도시 생활에 지쳐 브르타뉴의 퐁타방으로 이사하여 기존의 인상파풍 외광묘사를 버리고 점차 고갱 특유의 장식적인 화법을 지향하였다. 이 화풍은 후에 *나비파 화가들에게 많은 영향을 주었다.

그 해 11월 파리로 돌아와 고흐를 만났고, 고흐의 권유로 프랑스 남부 아를에서 함께 살며 그림 작업을 하였다. 그러나 크리스마스 전날 밤에 의견 충돌로 고흐가 귀를 자르는 사건이 발생하자 파리로 돌아왔다.

그 후에 다시 퐁타방으로 가서 조각, 판화, 도기 등의 작업도 해보았지만 가난한 생활은 나아지지 않았다. 그로 인해 문명 세계에 혐오감을 느끼고 1891년 남태평양의 *'타히티 섬'으로 떠났다.

타히티에서도 가난과 병에 시달려 자살을 기도하기도 했으며, 그 곳 원주민들을 옹호하여 현지의 백인 관리와 충돌이 잦았다. 그러나 원주민의 때묻지 않은 인간성과 열대의 밝고 강렬한 색채가 그의 예술을 완성시켰다.

1901년 *'마르키즈 제도'의 히바오아 섬으로 옮겨갔다. 그러나 병에 시달리다가 1903년 환상으로 본 풍경을 그린「눈 속의 브르타뉴 풍경」을 마지막 작품으로 남기고 세상을 떠났다.

주요 작품으로 「황색의 그리스도」, 「네버모어」, 「타히티의 여인들」, 「언제 결혼하니?」 등 많은 작품이 있다. 고갱의 상징성과 내면성, 비자연주의적 경향은 20세기 회화가 출현하는 데 커다란 역할을 하였다.

고갱의 그림 「빨간 꽃과 백마」(왼쪽), 그림 「자화상」(오른쪽)

함께 보아요

피사로 : 340쪽 '참고 인물' 참조.
나비파 : 19세기 말에 파리에서 생겨난 젊은 반인상주의 화가들의 모임. 세뤼지에를 중심으로 일어났으며, 고갱의 작품 경향을 새로운 계시로 받아들여 평면적·장식적 구성을 중시하였다.
마르키즈 제도 : 남태평양의 프랑스령 폴리네시아에 있는 섬의 무리. 모두 10개의 섬으로 이루어져 있으며, 오래된 화산섬으로 바위와 돌이 산지를 이룬다. 열대성 과실과 야채가 재배된다. 가장 순수한 폴리네시아 원주민이 살고 있어서 민족학상 아주 중요하다. 면적은 1,274㎢이다.
타히티 섬 : 태평양 남부 소시에테 제도 동쪽에 있는 섬. 프랑스령으로 산이 많고 비료의 원료인 인광석이 난다. 중심 도시는 파페에테이며, 면적은 1,042㎢이다.
후기 인상파 : 19세기 말에 프랑스에서 일어난 미술 운동 유파. 인상파에서 출발하면서도 객관적 묘사에만 만족하지 않고 주관적 표현을 시도하였으며 극히 간략한 기교를 사용하였다. 대표적인 화가로는 세잔, 고흐, 고갱 등이 있다.

고르바초프

개혁 정치를 실시하여 소련과 동유럽을 개방시킨 러시아의 초대 대통령

본명 : Mikhail Sergeyevich Gorbachyov
생애 : 1931~

고르바초프는 1931년 러시아 *'카프카스 산맥' 북쪽의 스타브로폴 지방에서 농부의 아들로 태어났다. 어릴 적에는 콤바인을 운전하며 5년간 농장 일을 하다가 19세 때 모스크바 대학에 들어갔다. 그는 대학 2학년 때 공산당에 입당하여 교내의 *콤소몰(공산주의 청년 동맹) 조직원으로 활약하였다.

1955년 대학을 졸업하고 고향으로 돌아와 콤소몰 서기가 되었다. 1968년 지구당 제1서기를 거쳐, 1971년 소련 공산당 중앙 위원이 되었다. 1978년에는 농업 담당 당서기로 취임하였고, 공산당 *서기장인 *브레주네프의 지원을 받아 대규모 농업 투자 정책을 수행하였다.

1980년 정치국원으로 선출되어 권력의 핵심권에 접근하였고, *안드로포프가 집권하자 그의 후계자로 지목되었다. 안드로포프가 갑자기 사망하여 *체르넨코가 집권했지만 제2인자 자리는 유지하였다.

1985년 3월, 체르넨코의 사망으로 당서기장에 선출되어 본격적으로 *'페레스트로이카'(개혁)를 추진하였다. 고르바초프의 개혁은 소련 국내에서의 개혁과 개방뿐만 아니라, 동유럽의 민주화 개혁 등 세계 질서에도 커다란 변혁을 가져왔다.

1988년 연방최고회의 간부회 의장을 겸하고, 1990년 3월에는 소련 최초의 대통령에 선출되었다. 1991년 7월, 마르크스·레닌주의 및 계급투쟁을 포기한다는 소련 공산당의 새 강령을 마련하였다.

1991년 8월, 급격한 개혁에 반발하여 보수 강경파가 쿠데타를 일으켰으나 3일 만에 복귀하여 공산당을 해체하였다. 이로써 74년간 유지되어 온 소련의 공산 통치 역사는 종막을 고하게 하였다.

그러나 *옐친 등의 주도로 *소비에트 연방이 해체되고 독립국 연합이 탄생하자, 1991년 12월 대통령직을 사임하였다. 1990년 노벨 평화상을 수상하였고, 1991년과 2001년 두 차례 한국을 방문하였다.

미국 방문 때 연설하는 고르바초프(왼쪽), 레이건과 고르바초프(오른쪽 위), 뉴욕 맨해튼에서 담소 중인 레이건과 고르바초프(오른쪽 아래)

함께 보아요

브레주네프(Leonid Il'ich Brezhnev, 1906~1982) : 스탈린 이후 최장 기간인 18년 동안 소련을 통치하였다. 금속 세공인의 아들로 태어나 1935년에 도네프로젠스키 야금 대학을 나왔고 제2차 세계 대전에는 정치 장교로 참전하였다. 1946년에서 1947년에 자포노레 주 당 제1서기가 된 이후, 여러 당직을 거쳐 1960년 최고회의 간부회 의장을 맡았다. 1964년 10월, 흐루시초프가 농업 정책의 실패로 당 중앙 위원회에서 물러나자, 제1서기직에 올라 소련의 최고 권력자가 되었다. 1970년부터 1인 지배 체제를 구축하고 안정된 권력을 구사하였다. 그는 집권 기간 동안 미국과의 군사력 균형에 크게 관심을 두어 미국에 열세였던 대륙간 탄도탄(ICBM)과 해군, 공군력을 대폭 증강시켜 미·소 군사력의 균형을 가져왔다. 1978년에는 아프가니스탄을 침공하고, 1980년에서 1981년에는 폴란드 사태에 우회적으로 개입하는 등 치열한 대국주의적 이기주의를 나타내었다.

서기장 : 주로 사회주의 정당에서 중앙 집행 위원회에 딸린 서기국을 통솔하는 직위를 말한다.

소비에트 연방 : 유럽 동부와 아시아 북부에 있었던 연방 공화국. 1917년의 10월 혁명이 성공하여 생긴 최초의 사회주의 국가이다. 옛 제정 러시아의 대부분과 우크라이나를 비롯한 15개 공화국으로 이루어진 다민족 국가였으나, 1991년에 사회주의가 붕괴되고 연방이 해체되었다.

안드로포프 : 338쪽 '참고 인물' 참조.

옐친 : 338쪽 '참고 인물' 참조.

체르넨코 : 339쪽 '참고 인물' 참조.

콤소몰 : 소련에서 사회주의 정치 교육을 위하여 공산당의 지도 아래 조직한 청년 단체. 15세에서 26세의 남녀를 대상으로 1918년에 조직하였다.

페레스트로이카 : 1986년 이후 소련의 고르바초프 정권이 추진하였던 정책의 기본 노선. 국내적으로는 민주화와 자유화를, 외교적으로는 긴장 완화를 기조로 한다.

카프카스 산맥 : 흑해와 카스피 해 사이에 동서로 뻗은 산맥으로 아시아와 유럽의 경계를 이룬다.

에스파냐의 민족 화가
고야

본명 : Francisco José de Goya y Lucientes
생애 : 1746~1828

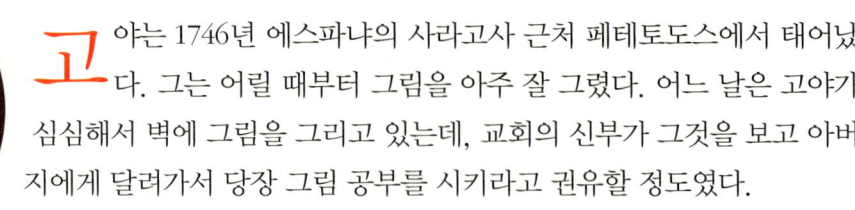

고야는 1746년 에스파냐의 사라고사 근처 페테토도스에서 태어났다. 그는 어릴 때부터 그림을 아주 잘 그렸다. 어느 날은 고야가 심심해서 벽에 그림을 그리고 있는데, 교회의 신부가 그것을 보고 아버지에게 달려가서 당장 그림 공부를 시키라고 권유할 정도였다.

1766년 고야는 *마드리드의 유명한 화가인 바이에우의 제자가 되었다. 그 화실에서 처음에는 천으로 만든 벽걸이 등의 밑그림을 그렸으나, 점차 스승으로부터 재능을 인정받게 되었다.

1775년 어느 날, 왕립 아카데미의 간부로 있는 처남이 찾아와서 그림을 그려달라고 부탁했다. 고야는 당시의 풍속과 축제에 관한 그림을 그려서 처남에게 주었다. 왕실 관계자가 그 그림을 보고 감탄하여 고야는 *궁정화가로 발탁되었다.

이후로 고야는 왕명을 받아 교회 벽화를 그려서 이름을 떨쳤다. 이 때부터 귀족들이 너나없이 초상화를 의뢰하여 그는 많은 작품을 그렸고, 1798년에는 에스파냐 궁정의 수석 화가가 되었다.

고야는 일생 주로 인물화를 그렸다. 그 가운데 1805년에 그린 「옷을 벗은 마하」는 매우 관능적으로 여성을 표현하여 고야의 인간관이 차차 악마적 분위기에 휩싸이는 것처럼 보였다. 그러나 고야의 그림에 이런 경향이 나타난 것은 나폴레옹의 에스파냐 침략에 대한 저항 의식에서 비롯되었다. 이처럼 고야는 그림으로 나폴레옹의 에스파냐 침략에 항의했던 것이다.

1824년 고야는 프랑스로 건너가서 살다가 1828년, 보르도에서 82세를 일기로 세상을 떠났다.

고야는 후기 *로코코 시대인 1794년까지는 주로 왕조풍의 화려함과 환락의 덧없음을 다룬 작품들을 그렸다. 그 이후로는 다채로운 색채 기법을 배워서 독자적인 양식을 형성하였다. 고야의 작품들은 대부분 마드리드의 *'프라도 미술관'에 소장되어 있는데, 주요 작품은 유화 「카를로스 4세의 가족」, 「옷을 입은 마하」, 「자화상」, 「십자가의 그리스도」 등이 있고, 연작 판화에 「전쟁의 참화」, 「로스 카프리초스(변덕)」, 「디스파라테스(부조리)」 등이 있다.

고야의 그림 「테레사 슈레더」(왼쪽), 그림 「옷을 입은 마야」(오른쪽 위), 그림 「발코니의 마하들」(오른쪽 아래)

함께 보아요

궁정화가 : 궁정에 전속되어 궁정의 미술 작업을 해주고 보수를 받는 화가를 말한다.

로코코 : 17세기에서 18세기까지 유럽에서 미술, 건축, 음악 등에 유행하였던 양식. '조개껍데기 모양의 장식'이라는 뜻의 프랑스어 '로카유'에서 나온 말이다. 복잡한 소용돌이, 덩굴무늬, 꽃무늬 등의 곡선 무늬에 담채와 금빛을 함께 사용하였다. 우아하고 경쾌한 것이 특징이며, 바로크와 신고전주의의 중간 위치에 있다.

마드리드 : 에스파냐의 수도. 높이 635m의 고원에 자리하며 피혁, 가구 등의 공업이 발달하였다. 광장, 미술관, 왕궁, 투우장 등이 있다.

프라도 미술관 : 에스파냐 마드리드의 프라도 거리에 있는 국립 미술관. 1819년에 개관하였으며, 회화 분야에서 유럽 굴지의 수집을 자랑한다.

스스로 귀를 자른 네덜란드의 천재 화가
고흐

본명 : Vincent van Gogh
생애 : 1853~1890

빈센트 반 고흐는 1853년 네덜란드 프로트 준데르트에서 목사의 아들로 태어났다. 어린 시절부터 그림에 뛰어났으나 목사, 화상(그림을 파는 장사) 직원 등 여러 직업에 종사하다가, 1880년에 화가로 데뷔하였다.

데뷔 초기에는 벨기에의 브뤼셀, 네덜란드의 헤이그, 앙베르 등지를 돌아다니며 노동자나 농민 등 하층민들의 모습과 생활상, 풍경 등을 즐겨 그렸다.

1886년 고흐는 파리에서 화상 직원으로 일하고 있는 동생 테오를 만나러 갔다가 베르나르와 *로트레크를 알게 되었다. 그들로부터 *인상파의 밝은 그림과 일본의 *우키요에 판화를 처음 접하게 된 것을 계기로 그의 화풍은 렘브란트와 밀레의 어두운 화풍에서 벗어나 밝은 화풍으로 바뀌었다. 자화상이 급격히 많아진 것도 이 무렵부터였다.

그러나 고흐에게 대도시 파리는 맞지 않았다. 1888년 2월, 고흐는 파리를 떠나 프랑스 *아를로 이주하였다. 이 때부터 세상을 떠날 때까지 약 2년 반 동안 고흐의 예술은 그 어느 때보다 활짝 꽃피었다.

아를의 밝은 태양을 너무도 사랑했던 고흐는 예술촌을 건설하기로 결심하고 친구인 고갱을 불렀다. 고갱과의 공동생활이 시작되었으나 성격 차이가 심하여 자주 다투었다.

그 해 12월, 고흐는 고갱과 말다툼을 한 끝에 정신발작을 일으켜 면도칼로 자신의 귀를 잘라 버렸다. 그 뒤로 자주 발작이 일어나 정신병원을 들락거렸다. 발작이 없을 때에는 며칠이고 방안에 틀어박혀 그림을 그렸다. 1890년 7월, 갖은 노력에도 병이 낫지 않자 권총 자살로 생을 마감했다.

*야수파 화가들에게 큰 영향을 끼친 고흐는 생전에는 인정을 받지 못했고, 사망한 3년 뒤부터 세상에 널리 알려지게 되었다. 고흐는 가난과 병에 시달리면서도 동생 테오의 도움으로 많은 작품을 남길 수 있었다.

주요 작품으로 40점에 가까운 「자화상」과 「감자 먹는 사람들」, 「아를의 도개교」, 「해바라기」, 「빈센트의 방」, 「별이 빛나는 밤」, 「삼나무와 별이 있는 길」 등이 있다.

고흐의 무덤(왼쪽), 고흐의 「자화상」(오른쪽)

함께 보아요

로트레크(1864~1901) : 프랑스의 화가. 아버지의 친구인 화가 프랭스토에게 그림을 배웠다. 파리의 환락가인 몽마르트르에 작업실을 차리고 13년 동안 술집, 음악홀 등을 소재로 그림을 그렸다. 날카롭고 박력 있는 그의 소묘는 근대 소묘사에서 중요한 위치를 차지하고 있다. 30세 때 알코올 중독으로 인한 정신착란으로 병원에 입원하였으며, 말로메의 별장에서 요양 중이던 37세에 세상을 떠났다. 그의 어머니는 아틀리에에 남겨진 아들의 작품들을 모두 챙겨 고향인 알비 시에 기증하였고, 1922년 알비 시에 로트레크 미술관이 개관되었다. 주요 작품으로 「니스로 사두마차를 몰고 가는 로트레크 백작」, 「세레랑의 젊은 루터」, 「목욕하는 여인」 등이 있다.

아를 : 프랑스 남동부 부슈뒤론 주에 있는 도시. 마르세유 북서쪽에 있는 론 강 하류의 왼쪽 기슭에 있으며, 관광업과 과수 원예가 발달하였다. 고대 로마풍의 원형 극장과 성 트로핀 성당 등의 유적이 있다.

야수파 : 20세기 초 프랑스에서 일어난 회화의 한 유파. 강렬한 순수 색채를 사용한 것이 특징이며 마티스, 루오, 브라크 등이 대표적 작가이다.

우키요에 : 14세기에서 19세기에 일본에서 유행했던 서민 생활을 기초로 하여 제작된 그림의 한 양식. 일반적으로는 목판화를 뜻하며, 그림 내용은 대부분 풍속화이다. 메이지 시대(1868~1912)에 들어서면서 유럽에서 사진, 기계 인쇄 등의 기술이 들어와 쇠퇴하였다. 그러나 당시 유럽 화가들에게 전파되어 프랑스 화단에 큰 영향을 끼쳤다.

인상파 : 19세기 후반 프랑스에서 활동한 인상주의를 신봉하던 유파. 인상주의는 작가가 사물을 자연 그대로 표현하지 않고 사물로부터 받은 인상을 위주로 표현하는 기법이다. 인상파 화가들은 표현 대상의 고유한 색채보다 그 색조를 분할하여 외광(집 바깥의 빛)의 효과를 위주로 원색의 강렬한 색감을 표출하였다.

중국 춘추 전국 시대의 위대한 사상가
공자

본명 : 孔子, 이름은 공구, 자는 중니
생애 : BC 552~BC 479

공자는 기원전 552년 *노나라의 창평향에서 하급 무사의 아들로 태어났다. 그러나 3살 때 아버지가 사망하여 가난 속에서 어렵게 자랐다. 공자는 생계를 위해 어려서부터 창고지기나 가축 관리인 노릇을 했는데, 곡물의 출납이 공정했고 가축도 급속도로 번식했다. 어려운 생활 때문에 스승은 없었으나 열심히 공부하여 30세 때는 고을에서 알아주는 학자가 되었다.

공자는 노나라의 건국자이자 성군인 *주공을 존경하여 전통적인 문화를 배우기 위해 노력하고 수양을 쌓아 점차 유명해져서 벼슬길에 나갔다. 처음에는 말단 관리로 시작했으나 50세 무렵에 노나라의 정공에게 중용되어 정치가로서 뛰어난 수완을 발휘하였다. 53세 때는 노나라와 *제나라 사이에 화평회의가 열렸는데, 노나라 왕을 수행했던 공자가 그 교섭을 유리하게 이끌었다. 이 공으로 54세에 법무대신이 되었다.

55세 때는 노나라의 권력자인 *삼환을 없애려고 시도했다가 실패하자 결국 제자들을 데리고 노나라를 떠났다. 그 후 14년간 여러 나라를 떠돌면서 '이상정치'를 실현해 보려 하였으나 어느 나라도 그를 받아주지 않았다.

공자는 69세에 노나라로 돌아와 제자들을 교육시키는데 전념하였다. 이 때 공자의 제자는 무려 1,000여 명에 이르렀다. 만년에 공자는 자신의 마지막이 다가오고 있음을 느끼고 "아아, 철인은 떠나려고 하고 있다."고 탄식하며 *자공, 증삼 등 뛰어난 제자들이 지켜보는 가운데 73세를 일기로 세상을 떠났다.

공자는 평소에 "사람을 가르치는 일은 싫증이 나지 않는다."고 입버릇처럼 말했다. 그는 이 말을 입증하듯 무려 3,000여 명에 달하는 제자들을 가르쳤다. 그 중에서도 가장 뛰어난 제자들을 *공문십철이라고 한다.

공자는 나라를 다스리는 사람은 덕이 있어야 하며, 도덕과 예의를 바탕으로 이끌면 이상적인 지배 방법이 된다고 주장했다. 또 그는 최고의 덕을 인이라고 보고, 인은 '사람을 사랑하는 것'이라고 정의하였다. 공자가 말한 사랑은 그리스도교의 사랑이나 불교의 자비와는 다른 사랑이다. 부모, 형제에 대한 효도와 사랑이 자라면 타인에게도 그런 사랑을 베풀 수 있다는 하나의 철학 사상이다.

공자의 사상과 언행은 『논어』를 통해 전해지고 있다. 『논어』는 공자가 직접 쓴 책이 아니라 그의 제자들이 가르침을 받으면서 기록한 책으로 오늘날에도 훌륭한 교훈서로 널리 애독되고 있다.

공자의 석상(왼쪽), 베이징에 있는 공자의 사당(오른쪽)

함께 보아요

공문십철 : 공자의 제자 중에 뛰어난 10인을 이르는 말. 유교에서는 덕행, 언어, 정사, 문학을 이른바 공문 4과라 하는데, 공자에 의하면 덕행은 안회, 민자건, 염백우, 염옹이, 언어에는 재아, 자공이, 정사에는 염구, 자로가, 문학에는 자유, 자하가 뛰어났다고 한다. 이들을 공문십철이라 한다.

노나라 : 기원전 1055년에 주나라 무왕의 아우인 주공 단이 지금의 산둥 성(山東省, 산동성) 취푸(曲阜, 곡부)에 도읍하여 세운 나라이다. 기원전 249년 34대 경공 때에 초나라에 멸망하였다.

삼환 : 중국 춘추 시대에 노나라의 환공에서 갈라져 나온 맹손, 숙손, 계손 씨의 세 대부로, 이 세 사람이 노나라의 권력을 좌지우지하였다.

자공(子貢, BC 520?~BC 456?) : 성은 단목, 이름은 사. 공문십철의 한 사람으로 재아와 더불어 언어에 뛰어났다고 한다. 제나라가 노나라를 치려고 할 때 공자의 허락을 받고 오나라와 월나라를 설득하여 노나라를 구했다. 재산을 불리는 재주가 뛰어나서 공자가 제자들을 가르치는 데 많은 도움을 주었다고 한다. 공자가 죽은 뒤 노나라를 떠나 위나라에 가서 벼슬살이를 하다가 제나라에서 사망했다.

제나라 : 중국 춘추 시대에 산둥 성 일대에 있던 나라. 기원전 1123년에 주나라 무왕이 태공망에게 봉하여 준 나라로, 기원전 386년에 가신인 전씨에게 빼앗겼다.

주공(周公, ?~?) : 이름은 단. 주나라를 세운 문왕의 아들이며 무왕의 동생이다. 무왕과 조카인 성왕을 도와서 주왕조의 기틀을 마련하였다. 무왕이 죽은 뒤 나이 어린 성왕의 섭정이 되어 반란을 진압하고 나라를 안정시켰다. 또 자신의 아들 백금을 노나라의 왕에 봉하고, 다른 왕족들도 중국 변방을 다스리는 왕으로 봉하여 주나라 왕실의 수비를 튼튼히 하였다. 한편 예법과 음악, 법률을 제정하여 주왕실 특유의 제도 문물을 창시하였다. 그는 중국 고대의 정치, 사상, 문화 등 다방면에 많은 업적을 남겨서 유교 학자들에게 성인으로 존경받고 있다. 저서에 『주례』가 있다.

독일 고전주의의 대표 문학가
괴테

본명 : Johann Wolfgang von Goethe
생애 : 1749~1832

괴테는 1749년 마인 강 하류의 프랑크푸르트 암마인에서 태어났다. 아버지는 법률가였으며, 명랑하고 쾌활한 성격을 가진 어머니로부터 풍부한 상상력과 문학적인 재능을 물려받았다.

*7년 전쟁 때에는 고향이 프랑스에 점령되어 평화롭고 부유했던 괴테의 집도 프랑스 민정장관의 숙사가 되고 말았다. 이로 인해 아버지의 엄격한 교육은 중단되었으나, 괴테는 자유롭게 프랑스의 문화를 접하게 되었다.

1765년 라이프치히 대학에 들어가 법률을 공부하고, 1771년에 법률가가 되어 고향에서 변호사를 개업하였다.

1772년 제국 고등 법원의 실습생으로 몇 달간 베츨러에 머물면서 친구의 약혼자인 샬로테 부프를 사랑하게 되었다. 사랑이 실패로 끝나자 *『젊은 베르테르의 슬픔』을 썼는데, 이 작품으로 독일은 물론 전 유럽에 이름을 떨치게 되었다. 일설에 따르면 나폴레옹도 전쟁 중에 이 작품을 읽을 정도였다고 한다.

1775년 바이마르 공국의 젊은 군주 카를 아우구스트의 초빙으로 재상이 되어 10여 년 동안 국정에 참여하였다. 이 시기에 정치적인 치적을 쌓는 한편, 지질학·광물학을 비롯하여 자연 과학의 연구에도 몰두하였다.

1784년에는 동물에만 있고 사람에게는 없는 것으로 알려진 간악골을 발견하여 비교 해부학의 선구자가 되었다. 바이마르 공국의 내정과 외교가 안정되자 관직을 버리고 시인으로 되돌아왔다.

1832년 3월, 23세부터 쓰기 시작한 희곡 *『파우스트』가 완성된 지 얼마 안 된 어느 날, 83세를 일기로 안락의자에 앉은 채 세상을 떠났다. 그의 유해는 바이마르 대공가의 묘지에 대공 및 *실러와 나란히 안치되어 있다.

괴테는 문학 작품이나 자연 연구에 있어서 신과 세계를 하나로 보는 *범신론적 세계관을 전개하였다. 그의 종교관은 범신론적 경향이 뚜렷하지만 어머니의 영향으로 복음서의 윤리에는 깊은 존경을 표하였다.

저서로 시집 「마리엔 바더의 비가」, 서사시 「헤르만과 도로테아」, 희곡 『타우리스 섬의 이피게니』, 『에그몬트』, 『타소』 등이 있다.

괴테의 동상(왼쪽), 괴테 박물관(오른쪽 위), 괴테의 생가(오른쪽 아래)

함께 보아요

7년 전쟁: 1756년에서 1763년에 오스트리아와 프로이센이 슐레지엔 영유권을 놓고 벌인 전쟁. 프로이센은 슐레지엔을 차지하였으며, 프로이센을 지원한 영국은 오스트리아를 지원한 프랑스와의 식민지 전쟁에서 이겨 캐나다와 인도를 얻었다.

범신론: 자연과 신의 대립을 인정하지 않고, 일체의 자연은 곧 신이며, 신은 곧 일체의 자연이라고 생각하는 종교관이나 철학. 인도의 우파니샤드 사상, 불교 철학, 그리스 철학, 근대의 스피노자, 괴테, 셸링 등의 사상이 이에 속한다.

실러: 337쪽 '참고 인물' 참조.

젊은 베르테르의 슬픔: 괴테가 1774년에 발표한 편지 형식으로 된 서간체 소설. 주인공 베르테르가 남의 약혼녀를 사랑하다가 뜻을 이루지 못하자 끝내 권총으로 자살한다는 내용이다.

파우스트: 괴테가 독일 전설을 바탕으로 하여 지은 희곡. 학문과 지식에 절망한 노학자 파우스트가 악마 메피스토펠레스의 꾐에 빠져 현세적 욕망과 쾌락에 사로잡히지만, 마침내 잘못을 깨달아 영혼의 구원을 받는다는 내용이다. 2부작으로 되어 있다.

독일의 근대 활판 인쇄술의 창시자
구텐베르크

본명 : Johannes Gutenberg
생애 : 1397~1468

구텐베르크는 1397년 독일 라인란트팔츠 주 *마인츠에서 태어났다. 그의 집안이나 어린 시절에 관해서는 알려진 것이 거의 없다. 구텐베르크가 활판 인쇄술에 관심을 갖게 된 것은 고향 마인츠를 떠나 프랑스 북동부에 있는 스트라스부르로 온 1434년에서 1444년경이라고 한다.

이 당시의 인쇄는 널빤지에 글자를 한 자 한 자 새겨서 잉크를 묻혀 찍는 목판 인쇄가 대부분이었다. 그런데 잘못하여 글자를 한 자만 잘못 새겨도 처음부터 다시 시작해야 하는 불편이 따랐다. 또한 얼마 지나지 않아 목판이 뒤틀리거나 좀이 스는 등 보관에도 문제가 많았다.

구텐베르크는 이것을 보고 오랫동안 연구를 하여 마침내 금속 활자를 발명하였다. 납이나 구리 등 비교적 부드러운 금속에 글자를 한 자 한 자 새겨서 활자를 만들고, 그 활자를 맞춰서 판을 만드는 방법을 생각해낸 것이다.

1450년 마인츠로 돌아온 그는 금은 세공사 푸스트와 함께 인쇄 공장을 만들어 *천체력이나 면죄부 등을 인쇄하였다. 2년에서 3년 후에는 인쇄 기술이 향상되어 『36행 성서』와 『42행 성서』 등을 인쇄할 수 있게 되었다. 이것이 유명한 『구텐베르크 성서』이다.

그러나 1455년에 그의 사업은 결국 파산하게 되었고, 출자자인 푸스트에게 인쇄 공장을 넘겨주고 말았다. 몇 년 뒤 구텐베르크는 다시 후메리의 도움으로 인쇄 공장을 재건하였으며, 1460년경에는 『구텐베르크 성서』를 출판하였다. 이 책은 1760년에 추기경 마자랭의 문고에서 발견되었기 때문에 『마자랭 성서』라고도 불린다.

그 이후로 구텐베르크의 활판 인쇄술은 마인츠에서 남부 독일을 거쳐 전 유럽으로 보급되었고, *'종교 개혁'과 과학 혁명을 촉진하는 중요한 역할을 하였다. 이러한 공로로 구텐베르크는 국왕 아돌프 2세의 초청을 받았으며, 일종의 연금도 수여받게 되었다.

그러나 우리 나라는 구텐베르크보다 100여 년 가량 앞서서 금속 활자로 책을 만들었다. 세계 최초의 금속 활자본인 우리 나라의 *『직지심경』은 현재 프랑스 국립 도서관에 보관되어 있다.

구텐베르크의 동상(왼쪽), 구텐베르크 박물관(오른쪽 위), 구텐베르크의 금속 활자로 인쇄한 성경(오른쪽 아래)

함께 보아요

마인츠 : 독일 라인란트팔츠 주의 주도이며, 마인 강이 라인 강과 합류하는 지점의 서쪽 연안에 있다. 포도주의 집산지이며 금속, 기계, 화학, 식품 공업이 발달하였다. 독일 로마네스크 건축을 대표하는 마인츠 성당을 비롯하여 많은 교회와 대학이 있다.

종교 개혁 : 16세기에 유럽에서 로마 가톨릭 교회에 반대하여 일어난 개혁 운동. 1517년에 루터가 95개조 반박문을 제시하여 면죄부 판매를 공격한 데서 비롯되었다. 개인의 신앙과 성서 해석의 중요성을 강조하였고, 그 결과 개신교 교회가 성립되었다.

직지심경 : 고려 우왕 3년(1377)에 백운 화상이 석가모니의 직지인심견성성불의 뜻을 그 중요한 대목만 뽑아 해설한 책. 세계 최초의 금속 활자본으로 공인된 불경으로 1972년 프랑스 국립 도서관에서 유네스코 주최로 열렸던 '책의 역사' 종합 전시회에서 발견되었다.

천체력 : 천체의 위치, 밝기, 출몰, 일식, 월식 등을 적은 달력. 천문학이나 항해 등에 사용한다.

그림 형제

『그림동화』를 만든 독일의 형제 언어학자

본명 : Jacob Ludwig Carl Grimm & Wilhelm Carl Grimm
생애 : 1785~1863 (J. 그림)
1786~1859 (W. 그림)

그림 형제는 형 야코프 루트비히 카를 그림과 동생 빌헬름 카를 그림을 말한다. 그림 형제는 독일 프랑크푸르트 근처 센주하나우에서 연년생으로 태어났다. 그들은 법관이었던 아버지의 영향으로 대학에서 법률을 공부했고, 졸업 후에는 도서관에서 근무하였다.

1830년 괴팅겐 대학의 교수가 되었으나, 하노버 왕의 헌법 위반을 규탄한 이른바 '괴팅겐 7교수 사건'에 연루되어 공국 밖으로 추방당했다.

1841년에는 베를린 아카데미 회원으로 추천되었는데, 이 때까지의 경력은 형제가 모두 똑같다. 전문 분야도 똑같이 *언어학인 이들은 『그림동화』, 『독일 전설』, 『독일어 사전』 등 많은 저서들을 공동으로 집필하였다.

특히 『독일어 사전』은 1854년에 제1권을 낸 이후 여러 학자들이 계승하여 1861년에 완성되었다. 이 밖에도 게르만 언어학의 창시자로 불리는 이들은 형 야코프가 『독일어 문법』, 『독일어사』, 동생 빌헬름이 『독일 영웅 전설』 등의 저술을 남겼다.

이처럼 전문 분야인 언어학에서는 형이 동생보다 큰 업적을 남겼다. 그러나 그림 형제의 명성을 세계적으로 높인 *『그림동화』를 만드는 데는 동생이 보다 큰 역할을 하였다. 수집한 옛 이야기들을 예술적으로 표현하고 다듬은 사람은 주로 동생이었기 때문이다.

그림 형제가 『그림동화』를 만들어야겠다고 생각한 것은 대학을 졸업하고 도서관에 근무할 때부터였다. 도서관에 있는 수많은 책들 중에 어린이들을 위한 책이 단 한 권도 없다는 사실에 충격을 받고 그런 결심을 한 것이다.

그들은 먼저 역할을 분담하였다.

형 야코프는 틈틈이 독일의 여러 지방을 돌아다니며 그 고장에서 전해 내려오는 이야기들을 수집하였다. 문장력이 뛰어났던 동생 빌헬름은 수집한 이야기들을 어린이들이 재미있게 읽을 수 있도록 예술적으로 표현하였다.

그리하여 그림 형제의 50년에 걸친 노력으로 오늘날에도 세계 어린이들의 '동화의 보고'로 알려진 『그림동화』가 탄생했던 것이다.

그림 형제의 동상(왼쪽), 그림 형제 박물관(오른쪽 위), 그림 형제의 초상화(오른쪽 아래)

함께 보아요

그림동화 : 그림 형제가 모은 독일의 민화집. 원제목은 『어린이와 가정의 동화』이며, 1812년에 156편으로 된 초판을 간행하였다. 그 후로 45년 동안에 17회의 개정을 거쳐 1857년에 240편으로 완성되었다. 「백설공주」, 「개구리 왕자」 등의 유명한 동화가 많이 수록되어 있다.

언어학 : 인간의 언어와 관련한 여러 현상을 과학적인 방법으로 연구하는 학문. 언어의 기능과 본질, 언어의 역사, 언어의 변이, 언어와 인간관계 등을 주로 연구한다.

그림 형제 37

수에즈 운하의 국유화에 성공한 이집트의 정치가
나세르

본명 : Gamal Abdel Nasser
생애 : 1918~1970

나세르는 1918년 이집트 알렉산드리아에서 우체국 직원의 아들로 태어났다. 그가 태어날 당시 이집트는 영국의 식민 지배를 받고 있었다.

나세르가 4세 때 이집트는 영국으로부터 독립했지만, 여전히 심한 착취와 간섭을 받고 있었다. 이것에 분노한 나세르는 완전한 자주 독립을 이루어야겠다고 생각하고 중학생 때부터 민족 운동에 참가하였다.

1938년 육군 사관학교를 졸업하고 육군 소위가 되었다.

제2차 세계 대전 중에는 청년 장교들과 '자유 장교단' 을 결성하여 활약했고, *'팔레스타인 전쟁' 때는 소령으로 참전하여 큰 공을 세웠다.

1952년 7월, *나기브 장군과 함께 쿠데타를 일으켜 부패한 이집트의 국왕 *파루크를 몰아냈다. 그 후 가난한 농민들을 위해 농지를 개혁하고 봉건제를 타파하여 혁명 위원회의 지도자가 되었다. 1953년 6월에는 부총리 겸 내무장관이 되어 나기브와 함께 정권을 장악하였다. 그러나 나세르와 나기브는 사사건건 의견충돌이 잦았다.

1954년 11월, 나세르는 의견을 함께하는 젊은 장교들과 함께 나기브를 몰아내고 총리로 취임하여 이집트의 최고 지도자가 되었다.

1956년 6월에는 국민투표로 대통령에 선출되었다. 그 해 7월 *'아스완 하이 댐' 건설 계획에 대해 미국과 영국이 자금 원조를 철회하자, 영국의 소유로 있던 *'수에즈 운하' 의 국유화를 선언하였다.

1958년 2월, 이집트와 시리아의 합병으로 아랍 연합 공화국의 대통령으로 선출되었다. 그러나 1961년 9월 시리아에서 쿠데타가 일어나 아랍 연합 공화국에서 이집트가 이탈하였기 때문에 연합 공화국은 실패로 끝나고 말았다.

1970년 9월 요르단의 내전을 끝내기 위해 팔레스타인 게릴라와의 정전 협정을 이루고, 그 다음날 심장마비로 세상을 떠났다.

저서로 『혁명의 철학』이 있다.

나세르와 티토 유고 대통령의 환담(위),
나세르를 환영하는 카이로의 시민들(아래)

함께 보아요

나기브(Muhammad Naguib, 1901~1984) : 이집트의 군인, 정치가. 수단 카르툼에서 태어나 이집트의 파드 1세 대학에서 공부하고 직업 군인이 되었다. 청년 시절부터 이집트와 수단의 통합을 주장하는 결사에 가담하였다. 팔레스타인 전쟁 때 많은 공을 세워 소장으로 진급했고, 1952년 7월 나세르와 함께 쿠데타를 일으켜 국왕 파루크를 추방하고 혁명 위원회 위원장이 되었다. 1953년 6월 공화국 선포와 동시에 초대 대통령이 되었으나 나세르와의 대립으로 1954년 11월 실각하여 감금되었다. 그 이후로는 정치 활동을 하지 않았다.

수에즈 운하 : 이집트의 북동부에 있는 지중해와 홍해를 연결하는 수평식 운하. 국제 운하로 아시아와 유럽을 연결하는 최단 항로이다. 1869년 개통되었으며, 영국의 지배하에 있다가 1956년에 이집트가 국유화하였다. 길이는 168km이다.

아스완 하이 댐 : 이집트 아스완 댐 상류 7km 지점에 있는 댐. 경지 50만ha를 넓혔고, 연간 100억kWh의 전력을 공급하고 있다. 1971년에 완성되었으며, 길이는 3,500m, 높이는 111m, 저수량은 1,300억㎥이다.

파루크 : 340쪽 '참고 인물' 참조.

팔레스타인 전쟁 : 1948년에 이스라엘과 아랍 여러 나라가 이스라엘의 건국을 둘러싸고 벌인 전쟁. 1949년에 휴전하였으나 대립은 이후에 더욱 심각해졌다.

나이팅게일

병자들을 위해 일생을 바친 백의의 천사

본명 : Florence Nightingale
생애 : 1820~1910

나이팅게일은 영국의 부유한 가정 출신으로 부모가 이탈리아 여행을 하던 중에 피렌체에서 태어났다. 그녀는 어려서부터 어려운 사람을 보면 그냥 지나치지 못하고 자신의 힘이 닿는 데까지 도와주었다.

어느 날, 나이팅게일은 런던의 빈민가와 병원을 돌아보고 큰 충격을 받았다. 빈민가에 사는 사람들은 병에 걸려도 돈이 없어서 그대로 죽을 수밖에 없었으며 병원도 시설이 너무나 열악했기 때문이다.

나이팅게일은 병에 걸린 가난한 사람들을 돕기 위해 간호사가 되기로 결심했다. 그러나 부모는 그녀가 간호사가 되는 것에 결사반대했다. 그 당시 간호사는 무척 업신여김을 받던 천한 직업이었기 때문이다.

그녀는 자신의 결심이 확고함을 밝히고 부모님을 설득하여 마침내 영국과 독일에서 간호사 교육을 받았다.

1844년에는 의료 시설에 관심을 갖고 유럽, 이집트 등지를 견학하였다. 귀국 후에는 정규 간호 교육을 받고 런던 숙녀 병원의 간호부장이 되어 많은 환자들을 돌보았다.

*'크림 전쟁'이 한창이던 1854년, 나이팅게일은 신문보도와 부상병들을 통해 전쟁의 참상을 듣고 전쟁터로 달려갔다. 34명의 간호사를 데리고 터키 이스탄불의 위스퀴다르로 가서 야전병원장이 된 것이다.

그녀는 이 전쟁에서 수많은 부상병의 목숨을 구하여 '크림의 천사'로 불리게 되었다. 또 이 시기에 간호사 직제를 확립하고 의료 보급의 집중 관리, 오수 처리 등으로 의료 효율을 크게 개선하여 '광명의 천사'로도 불리게 되었다.

1856년 전쟁이 끝나자 그녀는 런던으로 돌아와 빅토리아 여왕에게 직접 병원 개혁안을 건의하였다. 1860년에는 나이팅게일 간호사 양성소를 창설하였다.

저서로 『병원에 관한 노트』와 『간호노트』가 있는데, 이 책들은 세계 각국의 간호법이나 간호사 양성의 기초가 되고 있다.

1920년 국제 적십자에서는 그녀의 업적을 기리기 위해 * '나이팅게일상'을 마련하여 매년 세계 각국의 우수한 간호사를 선발하여 표창하고 있다.

나이팅게일 동상(왼쪽), 환자를 돌보는 나이팅게일(오른쪽 위), 런던 박물관에 보관 중인 나이팅게일의 유품(오른쪽 아래)

함께 보아요

크림 전쟁 : 1853년 제정 러시아가 흑해로 진출하기 위하여 터키, 영국, 프랑스, 사르디니아 연합군과 벌인 전쟁. 1856년 러시아가 패배하여 남진 정책이 좌절되었으며, 나이팅게일의 간호 활동으로 잘 알려져 있다.

나이팅게일상 : 국제 적십자사가 훌륭한 간호사에게 주는 상. 나이팅게일의 업적을 기리기 위하여 1920년에 제정되었다.

01 일화 이야기로 보는 역사 인물

 ## 정직한 소년 간디

　독실한 힌두교 신자인 간디의 부모는 간디에게 어려서부터 거짓말을 하지 말고 남을 미워하지 말며 육식을 하지 말라고 가르쳤다.
　간디는 그런 집안의 엄격한 전통 속에서 자라 12세에 중학교에 입학했다. 중학생 시절 간디는 수줍음을 잘 타고, 공부는 보통인 평범한 아이였다.
　중학교 1학년 때 영국인 장학관 가일즈 씨가 간디의 학교로 교육 검열을 나왔다. 가일즈 장학관은 학생들의 실력을 평가하려고 받아쓰기 문제로 다섯 개의 낱말을 내놓았다. 그 중에 한 문제가 솥(kettle)이라는 단어였다.
　간디는 철자 하나를 잘못 써서 'kittle'이라고 썼다. 그 때 학생들 사이를 왔다갔다하던 담임선생님이 간디의 곁으로 다가왔다. 선생님은 간디의 시험지를 힐끔 쳐다보고 발끝으로 툭 건드렸다. 간디는 깜짝 놀라 선생님을 쳐다보았다. 선생님이 눈짓으로 옆 사람의 시험지를 보고 답을 베껴 쓰라는 신호를 보냈다. 선생님은 학생들이 공부를 잘한다는 것을 장학관에게 보여 주고 싶었던 것이다.
　그러나 간디는 선생님의 암시를 눈치 채지 못하고 답이 틀린 상태로 시험지를 제출하고 말았다. 나중에 알고 보니 받아쓰기에서 백점을 맞지 못한 사람은 간디뿐이었다. 담임선생님이 학생들 사이를 돌아다니면서 답을 가르쳐줬기 때문에 모두들 백점을 받았던 것이다.
　반면 간디는 몸이 약해서 체육을 무척 싫어했다. 그래서 공부가 끝나면 다른 아이들과 뛰어놀지 않고 곧장 집으로 돌아오곤 하였다.
　어느 날, 한 친구가 간디에게 말했다.
　"간디, 네가 체육을 못하는 것은 고기를 먹지 않기 때문이야. 또 우리 인도 사람들은 고기를 먹지 않기 때문에 약한 민족이, 영국 사람들은 고기를 즐겨 먹기 때문에 강한 민족이 돼서 우리 나라를 지배하는 거야. 너도 나처럼 고기를 먹으면 몸도 튼튼해지고 운동도 잘할 수 있단

재미있게 읽고 나면 역사가 쏙쏙!

다. 그러면 우리가 나중에 커서 영국놈들을 무찌를 수도 있게 될 거야."

간디는 부모님이 절대 고기를 먹지 말라고 말했지만 영국 사람들을 이기고 싶어서 그 친구를 따라다니며 고기를 먹었다. 그러나 생전 처음으로 고기를 먹어보았기 때문에 간디는 모두 토해내고 말았다.

그 친구는 간디에게 고기를 먹은 다음에 담배를 피우면 괜찮다고 말했다. 간디는 그의 말대로 고기를 먹고 담배를 피웠다. 그러나 고기도, 담배도 모두 맞지 않아 얼마 뒤에 그만두었다.

그렇게 그 친구와 어울리다 보니 간디는 25루피의 빚을 지게 되었다. 돈을 빌려주었던 친구들이 빚을 갚으라고 재촉했다.

간디는 거짓말을 해서 부모님께 돈을 타내기가 싫어서 형이 결혼할 때 받아서 지니고 있던 팔찌에서 몰래 금 한 조각을 떼어냈다. 그리고는 그것을 팔아 친구들의 빚을 갚았다.

그러나 그는 부모님을 볼 때마다 도둑질을 한 것이 마음에 걸렸다. 간디는 도저히 견딜 수가 없어서 몇 날 며칠을 고민하다가 아버지께 고백을 하기로 결심했다. 간디는 깨끗한 종이에 고기를 먹었고, 담배를 피웠으며, 빚을 갚기 위해 형의 팔찌에서 금을 훔쳤다는 고백서를 적어서 아버지께 드렸다. 평생을 종교 운동가로 살아온 아버지는 간디의 고백서를 읽으면서 눈물을 흘렸다.

이윽고 아버지가 눈물을 닦으며 간디에게 말했다.

"간디야, 네 스스로 잘못을 뉘우쳤으면 됐다."

그 날 이후로 간디는 거짓말도, 도둑질도 하지 않는 모범생이 되었다.

간디 기념비

유럽 제패를 꿈꾸었던 프랑스의 군인 · 황제
나폴레옹

본명 : Napoléon Bonaparte
생애 : 1769~1821
재위 기간 : 1804~1815

나폴레옹은 1769년 지중해의 *'코르시카 섬'에서 귀족의 아들로 태어났다. 10세 때 아버지를 따라 프랑스로 건너간 나폴레옹은 육군 유년학교에 들어가 5년간 기숙사 생활을 하였다. 이 시기에 그는 코르시카 사투리를 고치기 위해 도서실에서 혼자 역사책을 읽는 것을 재미로 삼았다. 그 뒤, 파리 육군 사관학교를 졸업하고 포병 소위가 되어 지방 연대에 배속되었다.

1789년 프랑스 혁명 때는 고향 코르시카로 돌아와 국민군 부사령관으로 활약하였다. 1792년 온 가족과 함께 프랑스로 돌아온 나폴레옹은 이듬해 가을, 툴롱 항구에서 왕당파의 반란을 토벌하여 큰 공을 세웠다.

1795년 10월, 파리에서 왕당파가 반란을 일으키자 나폴레옹은 *국민공회의 요청을 받고 포격으로 폭도들을 물리쳤다. 이 일로 프랑스 혁명 정부의 신임을 얻어 이탈리아 원정군 사령관에 임명되었다. 이 때 그는 알프스 산을 넘어 이탈리아로 쳐들어가서 오스트리아군을 격파하였다.

1798년 5월에는 5만여 명의 병력을 이끌고 영국의 지배를 받던 이집트를 원정하여 카이로에 입성하였다. 그러나 7월에 프랑스 해군이 아부키르 만에서 영국 함대에 패하자 혼자서 이집트를 탈출하여 프랑스로 돌아왔다.

1799년 11월, 군대를 동원하여 *'총재 정부'를 무너뜨리고 권력을 장악하였다. 이로써 프랑스의 최고 권력자가 된 나폴레옹은 국정을 정비하고 법전을 편찬하는 한편, 오스트리아와의 전쟁에서도 모두 승리하였다.

1804년 12월, 나폴레옹 1세로 즉위하여 영국을 최대의 적으로 간주하고 상륙 작전을 계획하였다. 그러나 이듬해 가을, 프랑스 함대는 트라팔가르 해전에서 영국 해군 제독 넬슨에게 패하고 말았다. 그 해 12월에는 아우스터리츠 전투에서 오스트리아 · 러시아 연합군을 격파하여 영국을 제외한 전 유럽을 제패하였다.

1812년 나폴레옹은 광활한 러시아를 얻기 위해 모스크바까지 쳐들어갔다. 그러나 때마침

몰아닥친 혹독한 추위와 굶주림으로 *'모스크바 원정'은 실패로 끝나고 말았다. 그 이후로 영국·러시아·프로이센·오스트리아의 협공을 받아 1814년 3월, 파리를 빼앗기고 영국군에 사로잡혀 지중해의 엘바 섬에 유배되었다.

나폴레옹은 섬을 빠져나와 1815년 3월, 다시 파리로 돌아가 황제로 즉위하였다. 그러나 6월에 워털루 전투에서 웰링턴 장군이 이끄는 연합군에 패하여 영국에 항복하였다. 그 뒤 남대서양의 외딴 섬인 세인트헬레나에 유배되어 쓸쓸히 지내다가, 1821년 5월 52세의 나이로 세상을 떠났다.

나폴레옹은 평생 코르시카인의 거칠함과 솔직함을 잃지 않아 농민 출신 사병들로부터 큰 신뢰를 받았다. 그러나 인간성을 무시하고 도덕성이 결여된 행동으로 잦은 전쟁을 일으켜 전 유럽을 혼란에 빠뜨렸다. 어쨌든 그는 알렉산드로스 대왕, 카이사르 등과 더불어 전쟁과 정치에 뛰어난 인물로 역사에 이름을 남겼다. 저서로 『회상록』이 있다.

젊은 시절의 나폴레옹 초상화(왼쪽), 알프스를 넘는 나폴레옹(오른쪽)

함께 보아요

국민공회 : 프랑스 혁명 때 입법 의회에 이어 1792년부터 1795년까지 프랑스를 통치한 의회. 공화정 선언, 국왕 처형, 미터법 제정 등의 업적을 남기고 해산하였는데, 총재 정부가 이를 대신하여 혁명의 위기를 타개하였다.

모스크바 원정 : 1812년 프랑스 황제 나폴레옹 1세가 대륙 봉쇄령에 반대한 제정 러시아에 보복하기 위하여 행한 원정. 모스크바를 점령하였으나 러시아의 초토화 작전으로 인해 군량이 떨어져 패퇴하였다.

총재 정부 : 1795년 테르미도르의 반동부터 1799년 나폴레옹의 쿠데타까지 존재한 프랑스 정부. 5명의 총재로 구성되었다.

코르시카 섬 : 지중해 서북부 사르데냐 섬의 북쪽에 있는 섬. 프랑스령이며 포도, 올리브 등을 재배한다. 나폴레옹이 태어난 곳으로 유명하고, 관광지로 개발되었으며 세계 문화 유산에 등록되어 있다. 면적은 8,681㎢이다.

네루

독립을 위해 일생을 마친 인도의 초대 수상

본명 : Jawaharlal Nehru
생애 : 1889~1964

인도의 초대 수상인 네루는 1889년 북인도 카슈미르의 *브라만 가문에서 부유한 변호사의 아들로 태어났다. 1905년 영국에 유학가 케임브리지 대학에서 법률과 자연 과학을 공부하고 자연 과학 학위와 변호사 자격을 취득하였다.

1912년 인도로 돌아온 그는 1916년에 민족 운동 지도자 간디를 만나 *국민회의파에 가담하였다. 네루는 간디의 비폭력·불복종 운동에 뜻을 함께하지는 않았지만 나라를 위하는 일에 앞장서는 간디를 존경하였다.

1921년 반영 투쟁을 지휘하여 처음으로 체포되었고, 1945년까지 무려 8차례나 체포되어 9년간 감옥살이를 하였다.

1929년 국민회의파 * '라호르 대회' 의장으로 선출되었고, 이 대회에서 처음으로 인도의 완전 독립이 결의되었다. 1937년 영국 통치하에 처음으로 실시된 선거에서 인도 전역을 돌아다니며 선거 운동을 벌여 8개 자치주에서 국민회의파 내각을 조직하는 데 성공하였다.

1942년 8월, 네루는 영국이 인도로부터 즉각 물러날 것을 결의했다가 간디와 함께 체포되었다. 민족 운동 지도자 두 사람이 체포되자 인도는 전국적으로 극심한 혼란에 빠졌다.

1947년 8월 25일, 인도가 파키스탄과 분리, 독립되자 네루는 초대 수상 겸 외무장관에 취임했다. 그러나 인도의 완전 독립은 이루어지지 않아서 영국의 간섭은 여전했다. 게다가 잦은 내전으로 군대를 출병시켜야 하는 상황이 여러 차례 벌어졌고, 1948년 1월에는 간디가 암살되는 등 곤란한 사건이 잇달아 일어났다.

이러한 혼란한 상황에서도 네루는 아시아의 여러 국가와 연대를 강화하였다. 또 미국이나 소련으로 대표되는 민주, 공산 국가의 어느 진영에도 가담하지 않는 비동맹주의 외교 정책을 고수하였다. 또한 *반둥회의를 주도하는 등 아시아와 아프리카의 민족 운동에도 깊은 관심을 가지고 세계 평화를 위해 힘을 쏟았다.

적도 친구로 여기는 인간미와 솔직한 성격을 가진 네루는 모든 일을 민주적으로 처리하여 국민들의 열렬한 지지를 받았다. 이로 인해 그는 1964년, 75세의 나이로 세상을 떠날 때까지 수상의 자리에 있었다.

저서로 『인도의 발견』, 『세계 역사 이야기』 등이 있다.

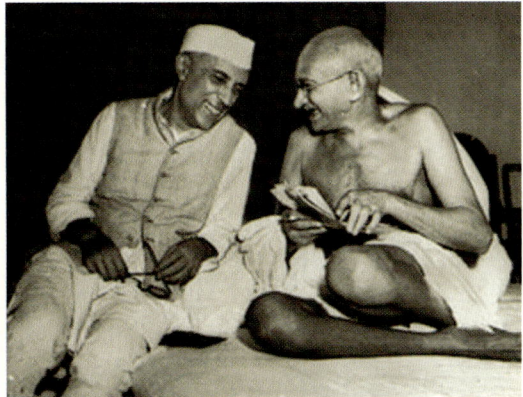

네루의 동상(왼쪽), 간디와 담소 중인 네루(오른쪽 위), 인도의 캘커타에 있는 네루길(오른쪽 아래)

함께 보아요

국민회의파 : 1885년 간디에 의해 조직된 인도의 보수 정당. 제1차 세계 대전 이후 간디와 네루의 지도로 독립 운동을 전개하였으며, 1947년 독립 후 인도 연방 정부의 여당으로서 정권을 담당하였다.

라호르 : 파키스탄의 북동부 펀자브 지방의 중심 도시. 인도로 가는 교통의 요지로 상업의 중심지이며 농산물의 집산지이다. 파키스탄 최대의 문화, 학술 도시로 16세기에서 17세기 사이에는 무굴 제국의 수도였다. 무굴 제국의 유적과 이슬람교의 사원이 많다.

반둥회의(아시아·아프리카 회의) : 1955년 인도네시아 반둥에서 개최된 아시아와 아프리카 여러 나라의 국제 회의. 29개국이 참가하여 반제국주의의 가치 아래 민족 독립, 인종 평등, 세계 평화, 주권 존중, 우호 협력 등을 내세운 평화 10원칙을 결의하였다.

브라만 : 인도 카스트 제도에서 가장 높은 지위인 승려 계급. 카스트는 인도의 세습적 계급 제도로 승려 계급인 브라만, 귀족과 무사 계급인 크샤트리아, 평민인 바이샤, 노예인 수드라의 네 계급을 기원으로 현재는 2,500종 이상의 카스트와 부카스트로 나뉜다. 계급에 따라 결혼, 직업, 식사 등의 일상생활에 엄중한 규제가 있다.

넬슨

트라팔가르 해전의 영웅

본명: Horatio Nelson
생애: 1758~1805

넬슨은 1758년 영국 잉글랜드 지방의 노퍽에서 목사의 아들로 태어났다.

1770년 12세의 어린 나이에 해군에 입대하여, 1780년 미국의 독립 전쟁 때에는 영국군으로 참전하였다. 그 후 프랑스의 혁명 전쟁에 종군하여 지중해와 대서양에서도 용감하게 싸웠다.

1794년 프랑스령인 코르시카 섬을 점령하는 데에 큰 공을 세웠으나 전투 중에 오른쪽 눈을 잃었다. 1797년의 세인트빈센트 해전에서도 큰 공을 세웠으나 오른쪽 팔을 잃고 말았다. 그러나 넬슨은 이에 굴하지 않고 나폴레옹이 지휘하는 프랑스 함대와 대결하는 중심 인물이 되었다.

1798년 넬슨은 이집트에 원정 중인 막강한 전력의 나폴레옹 군대에 맞서서 나일 강 입구의 *'아부키르 만 해전'에서 프랑스 함대를 격파하여 '나일 강의 남작'이라 불렸다. 넬슨은 계속 승전보를 올려 1803년 마침내 지중해 함대의 사령관으로 취임하여 프랑스 함대를 견제하였다.

1805년 영국 해군이 프랑스의 *툴롱 항구를 봉쇄하고 있었는데, 프랑스 함선 한 척이 항구를 빠져나와 달아났다. 넬슨은 그 함선을 추격하다가 트라팔가르 해협에서 영국을 공격하려는 프랑스·에스파냐 연합 함대를 발견하였다. 이에 넬슨은 함선의 수적 열세에도 불구하고 대담하게 함선을 분산시켜서 연합 함대를 격파하였다. 이 전쟁이 그 유명한 *'트라팔가르 해전'이다.

그러나 넬슨은 승리를 눈앞에 두고 적군의 저격을 받았다.

가슴에 총탄을 맞아 죽음을 눈앞에 둔 넬슨은 "하느님께 감사한다. 우리는 우리의 의무를 다했다."라는 최후의 말을 남기고 사령선 빅토리아 호에서 전사하였다.

넬슨의 대리석상(왼쪽), 넬슨의 함선 모형(오른쪽 위), 넬슨의 생가(오른쪽 중간), 넬슨의 해전을 그린 그림(오른쪽 아래)

함께 보아요

아부키르 만 해전 : 1798년 나일 강 하구의 아부키르 만에서 일어난 프랑스와 영국 간의 해상 전투. 이집트에 원정 중인 나폴레옹의 프랑스 함대가 넬슨이 지휘하는 영국 함대에 패배함으로써 지중해의 제해권은 영국이 차지하게 되었다.

툴롱 : 프랑스 남쪽, 지중해에 면하여 있는 공업 도시. 프랑스 해군 기지가 있는 항구 도시로 포도주, 올리브 유 등을 수출하며 화학, 제유 공업도 발달하였다.

트라팔가르 해전 : 1805년 넬슨이 이끄는 영국 함대가 에스파냐의 트라팔가르 앞바다에서 프랑스와 에스파냐의 연합 함대를 격파한 싸움. 이 싸움으로 영국은 100여 년 동안 유럽의 제해권을 장악하였다.

넬슨 49

노벨

다이너마이트를 발명하고 노벨상을 창시한 발명가

본명 : Alfred Bernhard Nobel
생애 : 1833~1896

노벨은 1833년 스웨덴의 스톡홀름에서 가난한 건축가의 아들로 태어났다. 그의 아버지는 건축 일보다 발명에 몰두하다가 많은 빚을 지게 되어 러시아로 떠났다. 몇 년 후, 러시아에서 기반을 닦은 아버지는 가족들을 상트페테르부르크로 데려갔다. 노벨은 그 곳에서 초등 교육을 마치고, 1850년 미국에 유학하여 4년 동안 기계 공학을 공부했다.

아버지는 크림 전쟁 후에 스웨덴으로 돌아와 폭약 제조업에 종사하고 있었다. 노벨은 고향으로 돌아와 아버지의 사업을 도우며 안전하고 폭발력이 강한 화약을 만들기 위해 연구에 심혈을 기울였다.

1863년 마침내 노벨은 *니트로글리세린과 흑색 화약을 혼합한 폭약을 발명하였다. 그 이듬해에는 *뇌홍을 기폭제로 사용하는 방법을 고안하여 대량 생산에 착수하였다. 그러나 이 과정에서 공장이 폭파되어 사랑하는 동생과 종업원 4명이 죽고 말았다. 폭약의 주원료인 니트로글리세린이 액체이기 때문에 조그마한 충격에도 쉽게 폭발했던 것이다.

1866년 어느 날, 공장 종업원이 니트로글리세린이 든 통을 옮기고 있었다. 그런데 그 통에 구멍이 나 있어서 니트로글리세린이 줄줄 새고 있었다. 노벨은 너무 놀라 종업원에게 "위험하다!"라고 소리쳤다. 그런데 웬일인지 땅에 떨어진 니트로글리세린은 폭발하지 않고 흙 속으로 스며들고 있었다.

그 흙을 자세히 살펴보니 그것은 니트로글리세린을 흡수해서 고체 화약이 되어 있었다. 노벨은 그 흙이 *규조토라는 것을 알아내고, 니트로글리세린을 규조토에 스며들게 하는 방법으로 안전한 고체 화약을 만들어 다이너마이트라는 이름을 붙였다.

그 후로 다이너마이트는 광산, 터널 공사장 등에서 매우 긴요하게 쓰여 대량으로 팔려나갔다. 그리하여 노벨은 스웨덴, 독일, 영국 등지에 15개의 공장을 건설하여 엄청나게 많은 돈을 벌었다. 그 사이에 노벨의 형들도 *'카스피 해' 서안에 있는 바쿠의 유전 개발에 성공하여 노벨 가는 유럽 최대의 부자가 되었다.

그러나 사람들은 다이너마이트를 전쟁 무기로 사용하기 시작했다. 노벨은 산업 활동을 위해 발명한 다이너마이트가 소중한 생명을 죽이는 무기로 이용되는 것을 슬퍼하며 스웨덴 과학 아카데미에 전 재산을 기부하고 세상을 떠났다.

스웨덴 과학 아카데미에서는 그 기금을 바탕으로 1901년에 *노벨상을 제정하여 해마다 물리학, 의학, 평화 등 여러 방면에 걸쳐 상을 시상하고 있다.

함께 보아요

규조토 : 규조가 바다 밑이나 호수 밑에 쌓여서 이루어진 흙. 가볍고 무르며 흰색, 누런색, 회색 등을 띤다. 작은 구멍들이 많아서 흡수성이 풍부하다. 내화재, 흡수재 또는 폭발약을 만드는 원료나 쇠붙이를 닦는 약으로 쓴다.

노벨상 : 1896년에 스웨덴의 화학자 노벨의 유언에 따라 인류 복지에 가장 구체적으로 공헌한 사람이나 단체에 주는 상. 노벨의 유산을 기금으로 하여 1901년부터 상을 수여하였다. 해마다 물리학, 화학, 생리학 및 의학, 문학, 평화의 5개 부문에 걸쳐 수상자에게 금메달, 상장, 상금을 수여한다. 1969년부터 경제학상을 신설하였으며, 수상식은 노벨이 죽은 날인 12월 10일에 열린다.

뇌홍 : 수은을 녹인 질산수은 용액에 에탄올을 작용하게 하여 얻는 백색 바늘 모양의 유독성 결정. 가열, 충격, 마찰 등에 의하여 쉽게 폭발하므로 뇌관의 기폭으로 널리 사용되어 왔지만, 현재는 거의 쓰지 않는다.

니트로글리세린 : 질산이나 황산의 혼합물과 글리세린의 반응으로 생기는 삼질산 에스테르. 무색의 액체로 독성이 있으며 폭발하기 쉽고 관상 혈관을 확장하는 작용을 한다. 다이너마이트 등 폭약의 원료나 협심증 등의 치료제로 쓴다.

카스피 해 : 러시아 남부에서 이란 북부에 걸쳐 있는 세계에서 가장 큰 호수. 면적은 38만 6,400㎢이다.

누르하치

중국 마지막 왕조인 청나라의 건국자

본명 : 奴爾哈齊
생애 : 1559~1626
재위 기간 : 1616~1626

1559년에 태어난 누르하치는 *만주의 *푸순(撫順, 무순) 동쪽 훈허 강(渾河江, 혼하강) 싱징(興京, 흥경) 분지에 있던 건주 여진의 한 부족장에 지나지 않았다.

여진족은 *말갈족의 후예로 만주 일대에 부족 단위로 흩어져서 수렵과 목축을 하며 살고 있었다.

당시 여진족은 *쑹화 강(松花江, 송화강) 유역의 해서 여진, 백두산 일대의 건주 여진, *옌하이저우(沿海州, 연해주) 일대의 야인 여진 등 3개의 큰 집단으로 나뉘어 있었는데, 그들은 모두 명나라의 지배를 받고 있었다.

누르하치의 할아버지와 아버지는 명나라에 충성하며 세력을 유지하고 있었지만 명나라의 배반으로 죽임을 당하였다. 누르하치는 원한을 품고 명나라의 지배에서 벗어나야겠다는 생각을 하였다.

1583년 누르하치는 군사를 일으켜 건주 여진을 통일했다. 이어 할아버지와 아버지처럼 겉으로는 명나라에 충성하면서 여진족을 통일해 나갔다. 1613년까지 약 30년 동안 수많은 전쟁을 치러 동만주 일대의 여진족을 모두 통일하였다.

1616년 누르하치는 강력한 군사력을 기반으로 나라 이름을 후금이라 정하고 황제에 올랐다. 후금의 세력이 날로 강해지자 명나라는 큰 위협을 느꼈다. 하지만 명나라는 임진왜란 때 조선에 대규모 군사를 파견하여 국력이 많이 약해져 있었고, 나라 안팎에서 반란도 끊이지 않았다.

누르하치는 이것을 간파하고 1618년 명나라 푸순을 공격하여 여러 개의 성을 빼앗았다. 1619년에는 푸순 근처의 사르프 전투에서 명나라의 10만 대군을 물리치고 대승을 거두었다. 1621년에는 랴오둥(遼東)을 공략하여 수도를 랴오양(遼陽)으로 옮겼다가 1625년에 다시 선양으로 옮겼다.

1626년 명의 영원 성을 공격하였으나 명장 원숭환의 고수로 실패하였고, 이 때 큰 부상을 입고 후퇴하였다. 이 부상이 원인이 되어 그 해 4월, 몽고의 파림부를 직접 공략하던 도중에 사망하였다.

그 후 누르하치의 아들 *청태종인 홍타이지가 나라 이름을 청으로 고치고 계속해서 명나라를 공격하여 마침내 중국을 통일하였다.

누르하치의 용맹을 그린 그림(왼쪽), 누르하치의 북쪽 릉의 일자문(오른쪽 위), 누르하치 북릉 공원 입구(오른쪽 아래)

함께 보아요

만주 : 중국 둥베이(東北, 동북) 지방을 이르는 말. 랴오닝(遼寧, 요녕), 지린(吉林, 길림), 헤이룽 강(黑龍江, 흑룡강)의 둥베이 삼성(東北三省, 동북삼성)으로 구성되어 있다. 동쪽과 북쪽은 러시아와 접해 있고, 남쪽은 압록강과 두만강을 경계로 한반도와 접해 있다. 간도를 중심으로 우리 동포들이 많이 산다.

말갈족 : 중국 수나라, 당나라 때에 둥베이 지방에서 한반도 북부에 거주한 퉁구스계의 여러 민족을 통틀어 이르는 말. 만주족의 선조로 뒤에 7부로 나뉘었으며, 속말 말갈을 중심으로 발해를 세웠는데, 흑수 말갈은 이에 대립하여 나중에 금나라를 세웠다.

쑹화 강 : 중국 둥베이 지방 지린 성 및 헤이룽장 성을 흐르는 강. 백두산 천지에서 시작하여 북으로 흘러 넌장 강과 합류하여 아무르 강으로 흐른다. 강기슭에는 지린, 부여, 하얼빈 등이 있어 지방 경제의 중심지를 이룬다. 상류의 평만에는 세계적으로 큰 댐과 인공호인 쑹화 호가 있다.

옌하이저우 : 러시아의 남동쪽 끝에 있는 지방. 우리나라 동해에 접하여 있으며 두만강을 사이로 우리 나라와 국경을 이루고 있다. 아연, 석탄 등의 지하자원이 풍부하고 제재업이 발달하였다. 중심 도시는 블라디보스토크이다.

청태종 : 339쪽 '참고 인물' 참조.

푸순 : 중국 랴오닝 성 동쪽에 있는 광공업 도시. 일제 강점기에 개발된 큰 탄전이 있어 중국 중화학 공업의 중심지이며, 중국 최대의 코크스탄 산지이다.

뉴턴

만유인력을 발견한 영국의 과학자

본명 : Isaac Newton
생애 : 1642~1727

뉴턴은 1642년 잉글랜드 동부 링컨셔 울즈소프의 가난한 농가에서 태어났다. 아버지는 그가 태어나기 전에 사망했고, 어머니도 3살 때 마을의 농부와 재혼하여 불우한 어린 시절을 보냈다. 어려운 형편에도 외할머니가 학교에 보내주었지만 뉴턴은 공부보다는 해시계나 물시계를 만드는 것을 더 좋아했다. 엉뚱한 짓만 하는 뉴턴은 어머니의 권유로 학교를 그만두고 농사일을 했다.

그 후 교육자인 아저씨의 도움으로 1661년 케임브리지 대학에 입학했고, 수학자인 *'I. 배로' 교수로부터 수학과 물리학을 배워서 1664년에 학사 학위를 받았다. 1665년 페스트가 유행하자 케임브리지 대학은 임시 휴교를 했고, 뉴턴도 고향으로 돌아왔다.

어느 날 오후, 뉴턴은 사과나무 아래에서 친구들과 차를 마시고 있었다. 이 때 사과나무에서 빨간 사과가 땅으로 툭 떨어졌다. 모두들 당연하다고 생각했지만 뉴턴은 그것을 보고 생각했다.

"만물은 중력 때문에 지구를 향해 떨어진다. 중력은 땅 속이나 높은 산꼭대기에도 작용한다. 그런데 달은 왜 지구로 떨어지지 않을까?"

뉴턴은 많은 연구와 실험 끝에 마침내 이런 결론을 얻었다.

"달은 두 힘이 서로 잡아당기는 틈 사이에 끼어 있어서 지구로 떨어지지 않는 것이다. 지구의 중력은 달을 잡아당기고, 또 다른 힘이 달을 우주 쪽으로 잡아당기고 있기 때문에 지구로 떨어지지도 않고 우주로 날아가지도 않는 것이다."

이처럼 질량을 가진 모든 물체는 서로 잡아당기는 힘을 가지고 있다는 것이 뉴턴이 발견한 만유인력이다.

1667년 뉴턴은 대학으로 돌아와 연구원이 되었고, 이듬해에 석사 학위를 받았다. 1669년에는 27세의 나이에 케임브리지 대학의 수학 교수가 되었다.

뉴턴은 어린 시절부터 관심을 가졌던 *광학 연구에 심혈을 기울였다. 스스로 만든 실험 기구를 이용하여 빛의 분산 현상을 관찰했으며, 이런 연구를 바탕으로 1668년에는 *'뉴턴식 반사 망원경'을 제작하였다. 이 망원경은 천체 관측 등에 크게 공헌하여 뉴턴은 1672년 왕립 협회 회원으로 추천되었다.

  뉴턴은 물리학의 이론을 세우는 데는 치밀한 수학적 계산이 필요하다는 것을 깨닫고 많은 연구와 노력 끝에 미분법과 적분법도 개척하였다. 물리학은 물론 수학에도 큰 업적을 남긴 뉴턴은 1687년에 자신의 연구를 라틴어로 기록한 『프린키피아』를 발표했다. 역학에 대한 연구와 '만유인력의 법칙'이 들어 있는 이 책은 근대 이론물리학과 ✱'뉴턴 역학'의 기초를 세웠다. 평생을 독신으로 살면서 과학과 신학 연구에 일생을 바친 뉴턴은 1727년, 85세를 일기로 세상을 떠났다. 저서로 『빛과 색의 신이론』, 『광학』, 『자연철학의 수학적 원리(프린키피아)』 등과 많은 논문이 있다.

뉴턴 연구소(왼쪽), 뉴턴 대학교에 있는 뉴턴 상(오른쪽)

함께 보아요

광학 : 빛의 성질과 현상을 연구하는 학문이다.

뉴턴식 반사 망원경 : 대물렌즈에 큰 오목거울을 사용하고, 그 초점의 약간 앞에 프리즘 또는 작은 평면경을 놓아 광선을 직각으로 굴절시켜, 통의 옆면에 있는 대안렌즈로 이끄는 방식의 망원경. 1668년에 뉴턴이 고안하고 제작하였다.

뉴턴 역학 : 뉴턴이 자신의 세 운동법칙인 관성의 법칙, 운동 방정식, 작용 반작용의 원리에 따라 만든 역학 체계. 보통의 빠르기나 질량에 있어서는 틀림이 없는 것이라고 본다. 하지만 물체의 빠르기가 빛의 빠르기에 가까울 때는 상대성 원리에 의존하고, 크기가 원자의 정도에서는 양자 역학에 의존해야 한다.

배로(Isaac Barrow, 1630~1677) : 영국의 수학자. 런던에서 태어나 케임브리지 대학 내의 트리니티 대학에 다녔다. 파리, 이탈리아 콘스탄티노플에서 고전을 연구하고, 1659년 귀국하여 사제가 되었다. 1660년 케임브리지 대학의 그리스어 교수로 임명되었다. 1663년 수학의 루커스 교수직이 신설되자 초대 교수가 되었으며, 여기서 행한 광학과 기하학의 강의로 뉴턴에게 커다란 영향을 주었다. 1669년 뉴턴에게 교수직을 물려주고 신학에 전념하기도 했으나, 1670년 찰스 2세의 스승으로 뽑혔다. 이듬해에 트리니티 대학의 학장이 되어 죽을 때까지 재직하였다.

뉴턴 55

*실존주의 철학의 선구자
니체

본명 : Friedrich Wilhelm Nietzsche
생애 : 1807~1900

니체는 1844년 독일의 조그만 시골 레켄에서 목사의 아들로 태어났다. 5세 때 아버지가 뇌진탕으로 사망해서 어머니, 누이와 함께 할머니 집에서 자랐다.

니체는 어려서부터 시도 쓰고 작곡도 하며 그리스 고전과 바이런, 셰익스피어 등의 작품을 열심히 읽었다. 학교에서 어학 성적은 좋았으나 수학 성적은 낙제 점수를 겨우 면할 정도였다.

1864년 어머니의 권유로 본 대학 신학과에 입학했지만 스승인 리츨 교수의 권유로 고전 문헌학을 연구하였다. 이듬해에는 리츨 교수를 따라 라이프치히 대학으로 옮겨서 *문헌학 연구회인 '게르마니아'를 창립하였다.

1866년 헌 책방에서 구입한 *쇼펜하우어의 『의지와 표상으로서의 세계』를 읽고 큰 감명을 받아 철학과 깊은 관계를 맺게 되었다. 또한 이 시기에 작곡가 *바그너를 알게 되어, 그의 음악에 심취하게 되었다.

1869년 리츨의 추천으로 스위스의 바젤 대학 고전 문헌학 교수가 되었다. 이듬해에 *'프로이센·프랑스 전쟁'이 일어나자 군대에 지원하여 위생병으로 종군하였다. 그러나 건강을 크게 해치고 바젤로 돌아와 죽을 때까지 편두통과 눈병에 시달렸다.

1879년 건강이 악화되어 바젤 대학을 퇴직하고, 주로 이탈리아 북부와 프랑스 남부에 체류하며 저작에 전념하였다. 이 시기는 니체 철학의 성숙기로 『여명』, 『환희의 지혜』, 『차라투스트라는 이렇게 말했다』 등 많은 작품을 썼다.

그러나 니체는 1888년 말경부터 정신이상 증세를 나타내기 시작했고, 다음해 1월 토리노의 광장에서 졸도하였다. 그 이후 정신착란 상태로 독일 바이마르에서 사망하였다.

니체 사상의 특징은 근대 문명에 대한 비판과 그것의 극복이다.

니체는 "신은 죽었다."는 말로 2000년 동안 유럽 문명을 이끌어온 기독교의 도덕을 비판하였다. 인간은 신에게만 의존할 것이 아니라 권력에의 의지를 실천하는 초인이라는 이상을 향해 끊임없는 노력을 해야 한다고 주장하였다.

저서로 『비극의 탄생』, 『반시대적 고찰』, 『인간적인, 너무나 인간적인』, 『도덕의 계보학』, 『권력에의 의지』 등이 있다.

니체의 생가(왼쪽), 뭉크가 그린 니체의 초상화(오른쪽)

함께 보아요

문헌학 : 옛날의 제도나 문물을 아는 데 증거가 되는 자료나 기록 등의 문헌을 통하여 한 민족 또는 시대의 문화를 역사적으로 연구하는 학문이다.

바그너(Wilhelm Wagner, 1813~1883) : 독일 낭만파 음악의 거장. 독일에서 경찰 서기의 아들로 태어나 아버지가 일찍 사망하여 어렵게 자랐다. 6세 때 교회학교에서 피아노를 배웠고, 연극과 문학에도 많은 관심을 가졌다. 15세 때 베토벤의 음악을 듣고 감동하여 베토벤의 연주 기법과 화성학을 배웠다. 1832년 대학을 중퇴하고 체코의 프라하에서 첫 오페라 「혼례」와 「요정」을 작곡하였다. 1842년 자신이 작곡한 「리엔치」가 드레스덴 가극장에서 상연된 것을 계기로 드레스덴의 궁정 가극장 지휘자가 되었다. 이듬해에는 「방황하는 네덜란드인」을 작곡하여 직접 지휘했고, 1845년에는 직접 대본을 쓴 「탄호이저」가 상연되었다. 1849년 드레스덴 혁명에 가담했다가 실패하자 스위스로 망명했고, 1859년에 명작 「트리스탄과 이졸데」를 완성하였다. 1876년 바이에른 국왕의 도움으로 바이로이트 극장을 지어 악극인 「니벨룽겐의 반지」(4부작)를 개관 기념작으로 상연하였다. 1882년 마지막 악극 「파르지팔」을 완성했으나 건강이 악화되어 베네치아에서 휴양하다가 세상을 떠났다. 바그너는 염세철학과 기독교, 불교 등의 영향을 받아 종교적 신비주의와 탐미주의적 작품을 써서, 19세기 말 낭만주의 부흥의 터전을 마련한 음악가이다.

쇼펜하우어(Arthur Schopenhauer, 1788~1860) : 독일의 염세주의 철학자. 단치히에서 태어나 15세 때 부모와 함께 유럽 일주 여행을 하였다. 1809년 괴팅겐 대학에서 철학과 자연 과학을 배웠고, 1813년 예나 대학에서 학위를 받았다. 그 후 바이마르에 살면서 괴테, 동양학자 마이어 등과 친하게 지냈다. 1819년 대표작인 『의지의 표상으로서의 세계』를 발표하고, 이듬해에 베를린 대학 강사가 되었다. 1823년 이탈리아를 여행하였고, 1831년에는 당시 유행하던 콜레라를 피해 프랑크푸르트로 옮겨와 평생을 그 곳에서 살았다. 그의 철학은 플라톤의 이데아론과 인도의 베다철학의 영향을 받아 염세관을 사상의 기조로 하고 있다. 생전에는 인정을 받지 못했으나 후대 철학자들에게 큰 영향을 끼쳤다.

실존주의 : 19세기의 합리주의적 관념론이나 실증주의에 반대하여 개인으로서의 인간의 주체적 존재성을 강조하는 철학. 19세기의 키에르케고르와 니체, 20세기 독일의 하이데거와 야스퍼스, 프랑스의 마르셀과 사르트르 등이 대표자이다.

프로이센·프랑스 전쟁 : 1870년부터 1871년까지 프로이센과 프랑스가 에스파냐 국왕의 선출 문제를 둘러싸고 벌인 전쟁. 프로이센이 크게 이겨서 독일의 통일이 이루어졌다.

생물 진화론을 정립한 영국의 박물학자
다윈

본명 : Charles Robert Darwin
생애 : 1809~1882

다윈은 1809년 잉글랜드의 소도시 슈루즈베리에서 의사의 아들로 태어났다. 아버지의 권유로 에든버러 의과 대학에 입학했으나 적성에 맞지 않아 중퇴하고, 1828년 케임브리지 대학으로 옮겨 신학을 공부하였다. 어릴 때부터 동·식물에 관심이 많았던 그는 식물학 교수 J. 헨슬로를 만나 식물학 지도를 받았다.

1831년 대학을 졸업하고 헨슬로의 권유로 해군 측량선인 *비글 호에 박물학자로 승선하였다. 비글 호는 남아메리카 연안, 남태평양의 *'갈라파고스 제도', 오스트레일리아의 *'태즈메이니아 섬' 등을 두루 탐험하고 1836년 영국으로 돌아왔다.

다윈은 5년간의 긴 항해 기간에 동·식물의 형태나 지질 등을 조사하여 진화론을 제창하는 데 기초가 되는 많은 자료들을 모았다. 특히 갈라파고스 제도에서 본 육지와는 다른 생물들의 생김새는 진화 사상의 심증을 굳히는 주요 요인이 되었다. 한편 그는 이 기간에 건강을 크게 해쳐 평생 고생을 하였다.

1839년 여행 중의 관찰 기록을 엮어 『비글 호 항해기』를 출판하였다. 1842년 건강이 악화되자 켄트 주의 조용한 도시 다운에 은거하여 진화론에 관한 자료를 정리하고, 1856년부터 논문을 쓰기 시작했다.

1858년에 동남아시아에서 연구 중이던 친구 *월리스가 다윈과 같은 견해의 논문을 보내왔다. 다윈은 너무 놀라서 서둘러 논문을 정리하여, 그 해 런던의 린네 학회에 월리스의 논문과 함께 동시에 발표하였다. 이듬해에는 『종의 기원』을 써서 진화 사상을 공표하였다.

진화론은 자연 선택설을 그 요인으로 하는데, 자연 선택설은 대개의 생물은 생활하고 있는 환경에 가장 적합한 것만 살아남고, 부적합한 것은 멸망해 버린다는 견해이다. 이 말은 같은 생물이라도 항상 경쟁이 일어나고 자연의 힘으로 선택이 반복되는 결과로 진화가 생긴다는 설이다. 『종의 기원』은 초판 1,250부가 발매 당일에 판매될 정도로 큰 반응을 불러일으켰다.

그러나 종교계에서는 다윈의 진화론은 하느님을 모독하는 학설이라며 강력하게 반발하였다. 1860년 옥스퍼드에서 진화론에 관한 논쟁이 일어나자 헉슬리와 후커 등의 지지로 다윈의 견해가 인정을 받았다. 다윈은 계속해서 동·식물에 관한 연구를 하다가, 1882년 4월 켄트다운에서 73세를 일기로 세상을 떠났다.

저서로 『사육 동·식물의 변이』, 『인류의 유래와 성 선택』, 『식물의 운동력』, 『식물의 교배에 관한 연구』 등이 있다.

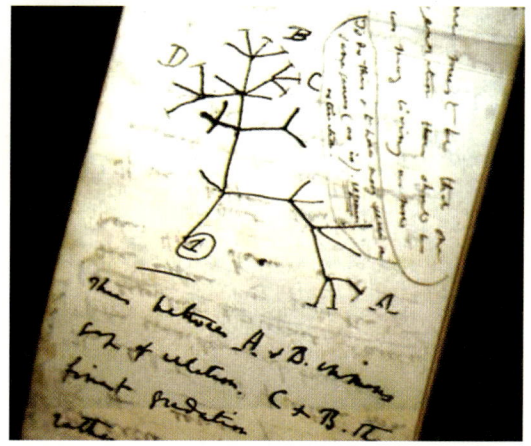

다윈의 동상(왼쪽), 다윈이 다니던 학교(오른쪽 위), 다윈의 공책(오른쪽 아래)

함께 보아요

갈라파고스 제도 : 태평양 동부, 적도 바로 밑에 있는 화산섬의 무리. 에콰도르령으로 특이한 새와 파충류가 많이 서식하며, 다윈의 진화론이 이 섬들을 탐험한 후에 나온 것이라 할 만큼 생물학상 중요한 구역이다. 면적은 7,844㎢이다.

비글 호 : 영국의 해군 측량선. 1831년 12월부터 1836년 10월까지 남아메리카, 태평양, 인도양, 남아프리카를 항해하였으며, 생물학자 다윈이 편승하여 『비글 호 항해기』를 저술하였다.

월리스 : 339쪽 '참고 인물' 참조.

태즈메이니아 섬 : 오스트레일리아 남동쪽에 있는 섬. 지하자원이 많으며, 양털, 과실 등이 많이 난다. 오스트레일리아에서 한 주를 이루고 있으며 주도는 호바트이고, 면적은 6만 8,332㎢이다.

일본을 통일하고 임진왜란을 일으킨 정치가
도요토미 히데요시

본명 : 豊臣秀吉
생애 : 1536~1598

히데요시는 1536년 일본 오와리국에서 하급 무사의 아들로 태어났다. 젊어서는 키노시타 도키치로라는 이름을 쓰다가, 하시바 히데요시로 바꿨고, 일본을 통일한 후에는 도요토미라는 성을 썼다.

그 당시 일본은 각 지역의 영주들이 무사들을 양성하여 패권을 다투던 *전국 시대였다. 1558년 히데요시는 일본의 영웅인 *'오다 노부나가'의 밑으로 들어갔다. 처음에는 노부나가의 말고삐를 잡고 전쟁터를 달리는 하급 무사로 시작해서 점차 인정을 받아 장군이 되었다.

1573년 노부나가는 포르투갈에서 들여온 조총을 개량하여 군사들을 무장시키고 240년간 일본을 통치해온 *'무로마치 막부'를 멸망시켜 일본의 최강자가 되었다. 그러나 미쓰히데의 반란으로 혼노사에서 살해되었다. 이 때 히데요시는 재빨리 노부나가의 원수를 갚는다는 명분으로 권력을 장악하고 미쓰히데를 제거한 다음 일본을 통일하였다.

일본이 통일되자 전쟁 때는 선봉에서 활약하던 무사들이 골칫거리가 되었다. 이에 히데요시는 그들을 이용하여 대륙 진출을 꿈꾸고 전쟁 준비를 하였다.

1592년 4월 13일, 히데요시는 17만 명의 육군과 3만에서 4만 명의 수군을 동원하여 조선을 침략하였다. 조총으로 무장한 왜군은 파죽지세로 진격하여 2달 만에 평양을 함락시켰다. 그러나 바다에서 이순신 장군이 이끄는 조선 해군이 일본의 보급로를 차단하고, 곳곳에서 의병이 일어나 전쟁은 소강상태로 접어들었다. 게다가 명나라에서 원군을 파병하자 왜군은 점점 패퇴하여 부산으로 물러났다.

히데요시는 1597년에 다시 14만 명의 대군을 동원하여 정유재란을 일으켰지만 이순신 장군 등에게 패하여 더 이상 진격하지 못했다.

1598년 히데요시는 조선에서 철군을 명령하고 병으로 죽었다. 이로써 조선을 거쳐 중국까지 정벌하겠다던 그의 야욕은 헛된 꿈으로 끝나고 말았다.

그러나 히데요시는 이 전쟁을 통해 조선의 귀중한 문화재들을 도둑질해 가고 도자기공과 유학자들을 데려가서 일본의 문화 발전에 크게 기여하였다.

도요토미 히데요시 시대의 오사카 성(왼쪽), 도요토미 히데요시 초상화 (오른쪽)

함께 보아요

막부 : 1192년부터 1868년까지 일본을 통치한 쇼군(장군)의 정부. 천황은 상징적인 존재가 되고 쇼군이 실질적인 통치권을 가졌다. 1192년에 미나모토 요리토모가 가마쿠라에 최초의 막부를 설치하였다.

무로마치 막부 : 1336년에 아시카가 다카우지가 일본 교토의 무로마치에 연 막부. 1573년 15대 요시아키 때에 오다 노부나가에게 멸망하였다.

오다 노부나가(織田信長, 1534~1582) : 일본 전국 시대 통일의 기초를 마련한 장군. 1549년 아버지 노부히데의 뒤를 이어 오와리국의 태수가 되었고, 이웃의 여러 제후들을 평정하여 이름을 떨쳤다. 1568년 막부를 재건해 실권을 장악하였으며, 1573년에는 아시카가를 교토에서 추방함으로써 무로마치 막부를 단절시켰다. 그 동안 여러 곳에서 반란이 일어나 이를 평정하였으나, 혼노사에서 부하인 미쓰히데의 습격을 받고 자살하였다. 그는 장기간에 걸친 일본 전국 시대에 통일의 서광을 비춰준 무장으로 여러 정책을 과감하게 실시하였다. 구 체제와 구 관습의 타파, 새 인물의 등용, 금은 광산의 경영, 화폐의 주조 등 혁신적인 정책으로 새 시대의 도래에 대응하였다. 이것을 기반으로 하여 도요토미 히데요시가 일본을 통일했고, 도쿠가와 이에야스에게 계승되었다.

일본 전국 시대 : 일본의 역사에서 1467년 오닌의 난 때부터 1573년 오다 노부나가가 무로마치 막부를 완전히 멸망시킨 때까지의 시대이다.

중국 최고의 시인
두보

본명 : 杜甫, 자는 자미, 호는 소릉
생애 : 712~770

중국 당나라 때의 시인인 두보는 712년 허난 성(河南省, 하남성) 궁현에서 하급 관리의 아들로 태어났다. 그는 어릴 때부터 시를 잘 지었으나 과거에는 급제하지 못했다.

20대 초반부터 방랑생활을 하던 두보는 이 시기에 중국 최고의 시인인 이백을 만나 서로 술을 권하면서 시를 지었다. 이 때 두보는 「꿈에 이백을 만나다」라는 시를 지을 정도로 이백을 존경하였다.

두보는 35세 때 현종의 부름을 받고 *장안으로 달려갔으나 관직에 오르지 못해서 궁핍한 생활은 계속되었다. 755년 두보는 안녹산과 사사명이 일으킨 * '안사의 난' 을 만나 반란군에게 붙잡혀서 장안에 연금되었다. 그러나 1년 뒤에 탈출하여 새로 즉위한 숙종이 있는 장안 서쪽의 봉상으로 달려갔다. 숙종은 그 공으로 두보에게 좌습유라는 벼슬을 내렸다. 그러나 재상 방관의 죄를 변호하다가 속종의 미움을 받아 휴직 처분을 받았다.

관군이 장안을 회복하자 조정에 출사하였으나, 1년 만에 화저우(華州, 화주)의 지방관으로 좌천되었다. 게다가 부임한 지 1년 만에 다스리던 고을에 가뭄으로 대기근이 발생하여 48세에 관직을 버렸다. 두보는 식량을 구하기 위해 가족을 데리고 여러 지역을 떠돌다가 쓰촨 성(四川省, 사천성)의 청두에 정착하여 완화계에다 초당을 세웠다. 이것이 곧 완화초당이다.

초당에서의 생활은 비교적 평화로웠다. 이 무렵에 친구인 청두 절도사 엄무의 천거로 공부원외랑이라는 낮은 관직에 올랐다. 이 벼슬로 인해 두보는 두공부라 불리기도 한다. 그러나 엄무가 세상을 떠나자 그 생활도 오래가지 못했다.

두보는 54세에 고향으로 돌아가기 위해 청두를 떠나 양쯔 강(揚子江, 양자강)을 따라 내려오면서 여러 곳을 전전하였다. 57세 때는 양쯔 강에 배를 띄우고 후베이(胡北, 호북), 후난(湖南, 호남)의 수상에서 방랑을 계속하였다. 그러던 중에 배 안에서 병을 얻어 *'퉁팅 호'(洞庭湖, 동정호)에서 59세를 일기로 세상을 떠났다.

두보는 살아있을 때는 불행했지만 죽어서는 최고의 시인이라는 찬사를 받았다. 이백과 더불어 '이두'로 불리는 그의 시는 주로 일상생활의 제재를 성숙된 기교로 표현하여 중국 시의 역사에 한 시기를 이루었다. 인간에 대한 깊은 사랑이 담겨있는 그의 시는 오늘날에도 많은 사람들이 애송하고 있다.

대표 작품으로 「북정」, 「추흥」, 「삼리삼별」, 「병거행」, 「여인행」 등이 있으며, 북송의 왕수가 엮은 『두공부집』 20권과 1,400여 편의 시, 그리고 소수의 산문이 전해지고 있다.

두보 초당(위), 초당 안에 있는 흙으로 만든 두보 상(원내)

함께 보아요

안사의 난 : 중국 당나라 현종 말엽인 755년에 안녹산과 사사명이 일으킨 반란. 현종은 촉나라에 망명하여 퇴위하고 반란군도 내부 분열로 763년에 평정되었으나 당의 중앙 집권제가 흔들리는 전환점이 되었다.

장안 : 중국 산시 성(山西省, 산서성) 시안 시(西安市, 서안시)의 옛 이름. 한나라와 당나라 때의 도읍지였던 곳으로 뤄양(洛陽, 낙양)에 견주어 서도 또는 상도라고도 한다.

퉁팅 호 : 중국 후난 성 북동쪽에 있는 호수. 상장 강(湘江, 상강), 쯔수이 강(資水江, 자수강), 위안장 강(沅江, 원강) 따위가 흘러들며 호수 안에는 웨양루(악양루) 등이 있어 아름다운 경치로 유명하다.

두보 63

프랑스의 전쟁 영웅, 초대 대통령
드골

본명 : Charles André Marie Joseph De Gaulle
생애 : 1890~1970

　드골은 1890년 프랑스 북부 공업 도시 릴에서 독실한 가톨릭 집안의 아들로 태어났다. 18세에 생시르 육군 사관학교에 입학했고, 우수한 성적으로 졸업하여 장교가 되었다.

　1914년 7월, 제1차 세계 대전이 일어나자 드골은 프랑스군 장교로 참전하여 용감히 싸웠다. 4년 동안 계속된 이 전쟁에서 드골은 중상을 입기도, 독일군에게 포로로 잡히기도 하였다. 그 뒤로 모교인 육군 사관학교의 교관, 원수 페탱의 부관을 지냈다.

　제2차 세계 대전 때는 기갑사단장 겸 국방차관으로 독일에 대항해 싸웠다. 그러나 프랑스가 독일에 항복하자 영국 런던으로 망명하였다. 드골은 런던에서 '자유 프랑스 위원회'를 조직하여 국민들에게 독일과 끝까지 싸울 것을 주장하였다. 1943년에는 알제리로 건너가 '국민해방 위원회' 위원장에 취임하여 독일에 대한 항쟁을 계속하였다.

　1944년 연합군이 프랑스를 수복하자 드골은 파리로 돌아와 임시 정부의 수반이 되었다. 이어 1945년에서 1946년에는 총리와 국방장관을 지냈고, 1947년에는 *'프랑스 국민 연합'을 조직하여 1951년 선거에서 제1당이 되었다. 그러나 1953년 '프랑스 국민 연합'을 해체하고 정계에서 은퇴하여 『회고록』을 집필하였다.

　1958년 *알제리에서 쿠데타가 일어나 프랑스 정계가 혼란에 빠지자 드골은 정계에 복귀하였다. 총리가 된 드골은 국민투표로 대통령의 권한을 강화하고, 의회의 권한을 약화시킨 제5공화정을 발족시킨 뒤, 1959년 대통령에 취임하였다.

　1962년 4월에는 국민투표로 알제리의 독립을 가결하여 7년이 넘는 알제리 전쟁을 평화적으로 해결하였다.

　1965년 프랑스 국민들의 열렬한 지지로 대통령에 재선되었다. 하지만 1969년 4월, 지방제도와 상원의 개혁에 대한 국민투표에서 패배하자 책임을 지고 대통령직에서 물러났다. 그 뒤 자서전을 집필하다가, 1970년 11월 80세의 나이로 세상을 떠났다. 저서로 군사 이론서인 『칼날』, 『회고록』(전3권), 은퇴 후에 쓴 『자서전』 등이 있다.

드골 동상(위), 시찰 중인 드골(아래)

함께 보아요

알제리 : 아프리카 대륙 북서부에 있는 공화국. 로마, 아랍, 터키의 지배를 거쳐 1830년 프랑스령이 되었다가 1962년에 독립하였다. 국토의 대부분이 사하라 사막이며, 석유를 수출한다. 지중해에 인접해 있는 기슭에서는 포도, 오렌지, 밀을 재배하고, 전형적인 지중해성 기후를 이루기 때문에 강수량이 많고 농경에 적합하다. 주민은 아랍인, 베르베르인으로 이슬람교도가 많다. 수도는 알제, 면적은 238만 1,741㎢이다.

프랑스 국민 연합 : 1947년 프랑스에서 드골이 결성한 대중 정치 운동 조직. 강력한 대통령 정부를 세울 것을 목적으로 하며 독재적인 색채가 강했는데, 1953년 드골이 은퇴하면서 해체되었다.

디젤기관을 발명한 독일의 기계기술자
디젤

본명 : Rudolf Christian Karl Diesel
생애 : 1858~1913

디젤은 1858년 프랑스 파리에서 독일인인 가죽 공장 직공의 아들로 태어났다. 1870년 프로이센·프랑스 전쟁이 일어나자 디젤의 가족은 영국으로 건너갔고, 이듬해에 전쟁이 끝나자 고국 독일로 돌아왔다.

독일 남부 뮌헨 주에 정착한 아버지는 디젤을 *아우크스부르크에 있는 공업학교에 입학시켰다. 1875년 공업학교를 졸업한 디젤은 뮌헨 공과 대학에 입학하여 *증기기관보다 뛰어난 엔진을 만들어야겠다고 결심했다.

이 무렵에는 와트가 발명한 증기기관이 유럽의 모든 공장과 열차의 원동력이 되어 있었다. 그러나 증기기관은 사람이 계속 곁에 붙어서 석탄으로 불을 피워 물을 끓여야 하는 불편이 있었다.

대학을 졸업한 디젤은 프랑스 파리에 있는 '린데 냉동기 제조회사'에 취직하여 냉동기 제작에 종사하면서 열기관을 연구하였다.

1890년 디젤은 냉동기 회사를 그만두고 뮌헨으로 돌아왔다. 그 곳에서 열기관을 연구한 자료를 종합하여 『합리적 열기관의 이론과 구조』라는 책을 발표했다.

디젤이 발표한 이 이론은 아우크스부르크 기계 회사 경영진의 눈에 띄어 연구비를 지원받게 되었다. 그 지원금을 바탕으로 연구를 거듭하여 마침내 1897년 최초의 실용적인 디젤기관을 발명하였다. 디젤이 발명한 디젤기관은 와트의 증기기관보다 모든 면에서 뛰어났기 때문에 세계 각국의 기관 제조회사들은 앞다투어 특허권을 양도받았다.

1913년 디젤은 영국 해군성의 초청으로 런던으로 가는 배에 올랐다. 그러나 애석하게도 항해 도중에 *'영국 해협'에서 바다로 추락하여 55세의 나이로 세상을 떠나고 말았다.

디젤이 발명한 디젤기관은 발전을 거듭하여 오늘날에도 *내연기관의 왕좌 자리를 고수하고 있다.

프로토타입의 디젤 엔진(왼쪽), 디젤과 에디슨의 만남(오른쪽 위), 디젤의 부모님(원내)

함께 보아요

내연기관 : 실린더 속에 연료를 집어넣고 연소 폭발을 시켜서 생긴 가스의 팽창력으로 피스톤을 움직이게 하는 원동기를 통틀어 이르는 말. 폭발기관, 세미디젤기관, 디젤기관이 있고, 사용하는 연료의 종류에 따라 가스기관, 가솔린기관, 중유기관이 있으며, 동작 방식에 따라 4행정기관, 2행정기관 등이 있다.

아우크스부르크 : 독일 남부 바이에른 주에 있는 도시. 교통, 상업의 중심지로 종교 개혁 시대에는 제국 회의가 열리기도 하였다. 연방직, 항공기 조립 공업이 발달하였다.

영국 해협 : 영국 남해 쪽과 프랑스 북서 해안 사이에 있는 해협. 북동부에 있는 도버 해협과 함께 대서양과 북해를 연결한다. 아시아, 아프리카 및 남북아메리카의 여러 지역을 연결하는 뱃길이 지나가는 국제적인 해상로이다. 길이는 약 520km이다.

증기기관 : 보일러에서 보낸 증기의 팽창과 응축을 이용하여 피스톤을 왕복 운동시킴으로써 동력을 얻는 기관이다.

미키 마우스와 디즈니랜드를 만든 미국의 만화영화 제작자
디즈니

본명 : Walter Elias Disney
생애 : 1901~1966

디즈니는 1901년 미국 일리노이 주 시카고에서 태어났다. 집안이 너무 가난하여 그는 어려서부터 신문 배달을 하면서 학교에 다녔다.

고등학교 1학년 때 제1차 세계 대전이 일어나자 디즈니는 적십자 구호부대에 지원하여 1년 동안 유럽에서 활동하였다. 19세 때는 캔자스시티에 있는 광고 영화사에 취직하여 만화를 그렸다. 디즈니는 만화를 그리면서 움직이는 만화, 즉 애니메이션에 흥미를 갖고 만화가 자연스럽게 움직이는 방법을 연구하였다.

그러던 중에 혼자서 광고 만화 한 편을 만들었는데, 사람들의 평이 아주 좋았다. 자신감을 얻은 디즈니는 아는 사람들에게 돈을 빌려서 친구와 함께 종이 애니메이션 영화를 만들었다. 그러나 흥행에 실패하여 파산하고 말았다.

1923년 디즈니는 형제인 로이와 함께 영화의 본고장인 *할리우드로 갔다. 로이가 빌려온 돈으로 회사를 차리고 본격적으로 만화영화를 만들기 시작했다. 이 때 만든 만화영화가 「이상한 나라의 엘리스」, 「토끼와 오즈월드」 등의 시리즈였다.

그러던 어느 날, 디즈니는 사람이 아닌 동물을 만화영화의 주인공으로 만들어보면 어떨까 하는 생각을 하게 되었다. 디즈니는 어떤 동물을 주인공으로 세울까 고민하다가 회사가 파산하고 다락방에서 지낼 때 득실거리던 쥐를 생각해냈다. 그리하여 1928년에 '미키 마우스'를 주인공으로 한 「증기선 윌리 호」를 최초의 유성 만화영화로 발표하여 크게 성공하였다.

그 뒤로 디즈니가 만든 만화영화는 잇달아 성공하였다.

1932년에는 최초의 컬러 만화영화 「숲의 아침」을 발표하여 아카데미상을 획득했고, 1937년에는 최초의 장편 만화영화인 「백설 공주」를 완성하여 큰 성공을 거두었다.

그 후로 배우가 출연하는 극 영화와 기록 영화, 텔레비전 프로그램에도 진출하여 모두 성공을 거두었다. 특히 이 중에서도 1964년에 만든 「메리 포핀스」는 디즈니 생애 최고의 성공작이었다. 만화영화로 많은 돈을 번 디즈니는 1955년에 로스앤젤레스 근교에 세계 최대 규모의 어린이들을 위한 놀이시설인 *'디즈니랜드'를 만들었다.

평생 어린이들을 위한 만화영화와 환상의 놀이시설 '디즈니랜드'를 완성한 월트 디즈니는 1966년 65세를 일기로 세상을 떠났다.

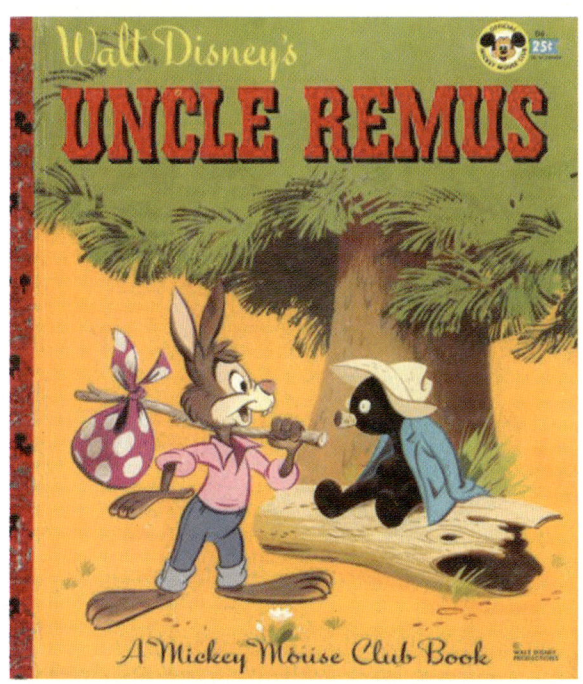

1943년 디즈니 만화(왼쪽 위), 디즈니 박물관(왼쪽 아래), 미국의 디즈니랜드(오른쪽 위), 디즈니가 소년 시절 살던 집(오른쪽 아래)

함께 보아요

디즈니랜드 : 미국의 만화영화 제작자 디즈니가 1955년에 로스앤젤레스 교외에 설립한 어린이 놀이터. 세계 최고 수준의 유원지로 각광받고 있다.

할리우드 : 미국 캘리포니아 주 로스앤젤레스 북서쪽에 있는 지역. 영화 제작이 활발한 곳으로 유명하다.

라이트 형제

인간이 하늘을 나는 꿈을 실현시킨 미국의 발명가

본명 : Wilbur Wright & Orville Wright
생애 : 1867~1912 (W. 라이트)
1871~1948 (O. 라이트)

라이트 형제는 형 윌버 라이트와 동생 오빌 라이트를 말한다. 라이트 형제는 미국 인디애나 주에서 목사의 아들로 태어났다. 그들은 어려서부터 사이가 무척 좋았고, 손재주도 아주 뛰어났다.

1894년 라이트 형제는 오하이오 주의 데이턴에 자전거 가게를 열고 수리와 판매를 하였다. 그 무렵 독일의 비행기 연구가인 *릴리엔탈이 *글라이더로 실험 비행을 하다가 떨어져 죽는 사고가 발생했다. 이 소식을 들은 형제는 릴리엔탈이 이루지 못한 꿈을 반드시 이루고야 말겠다고 결심했다.

그들은 먼저 항공에 관련된 서적들을 모조리 구해서 읽고 글라이더를 만들어 바닷가에서 실험 비행을 하였다. 또 *'풍동'이라는 실험 장치를 직접 만들어 공기의 흐름과 비행기 날개와의 관계를 연구하였다. 이 실험 결과를 바탕으로 1,000번 이상 글라이더 비행 실험을 거친 끝에 마침내 안정된 기체를 만드는 데 성공하였다. 그들은 계속해서 기체에 가솔린 엔진도 장착하였다.

1903년 12월 17일 오전 10시 35분, 인류 최초의 동력 비행기인 플라이어 호가 미국 노스캐롤라이나 키티호크 해안에서 하늘을 향해 힘껏 날아올랐다. 이 비행기는 이 날 59초 동안 290m를 나는 첫 기록을 세웠다. 라이트 형제는 얼싸안고 감격의 눈물을 흘렸다. 이것으로 하늘을 날고자 하는 인간의 꿈이 마침내 실현되었기 때문이었다.

라이트 형제가 만든 플라이어 호는 4기통 13마력의 가솔린 엔진을 장착한 최초의 동력 비행기였다. 수많은 풍동 실험을 거쳐 활공하기 좋게 설계한 날개, 날개의 앞부분을 상하로 움직일 수 있는 *승강키, 그리고 비행기가 좌우로 움직일 수 있도록 수직 테일핀을 단 *방향키 등을 갖춤으로써 마음대로 하늘을 날 수 있었다. 이 점은 몸의 체중을 이동하여 방향을 조정하는 글라이더와는 근본적으로 달랐다.

라이트 형제는 연구를 거듭하여 1904년에는 5분이나 날았고 상하좌우로 마음대로 조종할 수 있었다. 그 이듬해에는 40km의 거리를 38분 만에 날 수 있었다.

라이트 형제의 플라이어 호는 1906년 미국 정부로부터 특허를 받았고 미국 국방부에 납품하기 시작했다. 유럽 여러 나라들도 앞다투어 라이트 형제의 비행기를 사갔다. 그 뒤로 비행기는 발전을 거듭하여 제1차 세계 대전 때는 무려 20만 대가 제작되었고, 속도도 시속 313km, 항속 거리는 약 2,000km로 늘어났다.

20세기 최고의 발명품 가운데 하나인 비행기를 만든 라이트 형제는 결혼도 하지 않고 죽을 때까지 항공 기술의 발전을 위해 노력하였다.

첫 시험 비행을 하는 라이트 형제(왼쪽), 첫 시험 비행 성공 후 기념 촬영을 하는 라이트 형제(오른쪽)

함께 보아요

글라이더 : 비행기와 같은 고정 날개를 가진 항공기지만, 자체에 엔진과 프로펠러나 제트 같은 추진 장치를 가지고 있지 않다. 바람의 에너지나 자신의 중력의 전진 성분을 추력으로 삼아 비행하는 항공기이다.

릴리엔탈(Otto Lilienthal, 1848~1896) : 독일 항공의 개척자. 어린 시절부터 동생과 함께 새가 하늘로 날아오르는 과정을 관찰하였고, 베를린 직업학교를 졸업한 뒤인 1877년에 첫 글라이더를 만들었다. 1891년에는 사람이 탈 수 있는 글라이더를 처음으로 개발하여 활공 비행이 이루어졌으며 비행기 탄생의 길이 열렸다. 1893년 날개 면적 14m², 무게 20kg의 글라이더로 15m의 인공 언덕에서 하늘로 날아오르는 데 성공하였다. 1895년에는 날개가 두 겹으로 되어 있는 복엽기를 제작하여 실험 비행을 하였다. 이듬해에 그 비행기에 발동기를 장착하려 했으나 실험 비행 도중에 강풍으로 추락사하였다. 저서로 『비행술의 기초로서의 새의 비상』이 있다.

방향키 : 비행기의 꼬리 날개에 수직으로 달려서 비행기의 방향을 조종하는 장치이다.

승강키 : 비행기의 뒷날개에 달려 있는 키로 비행기가 뜨고 내릴 때 비행기를 안정되게 유지하는 기능을 한다.

풍동 : 인공으로 바람을 일으켜 기류가 물체에 미치는 작용이나 영향을 실험하는 터널형의 장치. 비행기, 자동차 등에 공기의 흐름이 미치는 영향이나 작용을 실험하는 데 사용한다.

라파엘로

르네상스 시대의 3대 천재 화가

본명 : Sanzio Raffaello
생애 : 1483~1520

라파엘로는 1483년 이탈리아 중부의 우르비노에서 태어났다. 다 빈치, 미켈란젤로와 더불어 *르네상스 시대의 3대 천재 화가로 불리는 그는 어머니를 일찍 여의고, 시인이자 화가인 아버지로부터 글과 그림을 배웠다.

11세 때 아버지마저 사망하자 가톨릭 교회의 신부인 숙부의 보살핌을 받으며 화가인 *페루지노에게 그림을 배웠다. 1500년에 페루지노가 완성한 페루지아 어음교환소의 벽화 중에서 우의상은 17세의 라파엘로가 그린 것이라고 한다.

1504년 라파엘로는 피렌체로 가서 4년 동안 머물렀다. 이 때 다 빈치의 명암법을 배워서 페루지노의 영향에서 탈피하고 *피렌체파의 화풍으로 바꾸었다. 「도니 부처상」, 「시스티나의 성모」 등의 초상화는 성모의 자태나 피라미드형 구도에 있어서 다 빈치의 영향을 많이 받았다고 한다.

또한 「그리스도의 매장」에서는 미켈란젤로의 선의 움직임까지도 모방하였다고 한다. 그러나 그는 선배 화가들의 모방에만 그치지 않고 자신의 것으로 소화하여 언제나 독자성을 나타냈다고 한다.

1509년 라파엘로는 같은 고향 출신인 건축가 *브라만테의 초청으로 로마에 갔다. 당시 브라만테는 교황의 신임을 받아 바티칸 궁전의 증축 공사를 맡고 있었다.

라파엘로는 브라만테의 요청으로 교황의 서명실에 천장화를 그리고 네 벽면에는 「성체의 논의」, 「아테네의 학당」 등의 벽화를 그렸다. 이 중에서 라파엘로의 대표작인 「아테네의 학당」은 많은 인물들을 여러 모양으로 배치한 구도가 아주 뛰어나다.

이 무렵 라파엘로는 교황의 측근들로부터 제작을 의뢰받아 「어느 추기경의 초상」, 「폴리뇨의 성모」와 같은 걸작을 남겼다. 파르네지나 궁전의 벽화인 「갈라테아의 승리」의 제작 의뢰를 받은 것도 역시 이 무렵이었다.

한편으로 건축에도 손을 대어 1514년에 성 베드로 대성당 건조에 참여하였고, 1514년부터 1517년까지는 바티칸 궁전의 벽화 장식에도 종사하였다.

이처럼 궁정화가로서 많은 걸작을 남긴 라파엘로는 마지막 작품인 「그리스도의 변용」을 그리다가, 1520년 37세의 아까운 나이에 요절하고 말았다.

라파엘로는 짧은 생애를 살았지만 많은 걸작을 남겨서 미술사에 지대한 영향을 끼쳤다. 그의 작품들은 19세기 전반까지 유럽 화가들에게 그림의 교과서로 받들어졌다.

라파엘로의 그림 「성모」(왼쪽), 그림 「아테네 학당」(오른쪽 위), 라파엘로 박물관(오른쪽 아래)

함께 보아요

르네상스 : 14세기에서 16세기에 이탈리아를 중심으로 유럽 여러 나라에서 일어난 인간성 해방을 위한 문화 혁신 운동. 도시의 발달과 상업 자본의 형성을 배경으로 하여 개성, 합리성, 현세적 욕구를 추구하는 반중세적 정신 운동을 일으켰다. 문학, 미술, 건축, 자연 과학 등 여러 방면에 걸쳐 유럽 문화의 근대화에 사상적 원류가 되었다.

페루지노(Perugino, 1450~1523) : 르네상스 시대 이탈리아의 화가. 치타 델레 피에베에서 태어나 피렌체로 나와서 베로키오에게 그림을 배웠다. 1481년 교황 식스토 4세의 부름으로 보티첼리, 기를란다요 등과 함께 바티칸 궁전 시스티나 성당 벽화 장식에 종사하였다. 이 시기부터 10년 동안에 피렌체 파치 성당의 「그리스도의 책형」을 비롯하여 「성 베르나르도의 환상」, 「그리스도 강가」, 「피에타」 등 많은 작품을 그렸다. 그의 감미롭고 감상적인 화풍은 제자인 라파엘로에게 뚜렷이 계승되었다. 1500년 이후에는 작품 활동을 활발하게 하지 않았으나 「아폴론과 마르슈아스」와 같은 우수한 작품을 남겼다. 1523년 페루자 부근에서 페스트로 사망하였다.

피렌체파 : 르네상스 시대에 피렌체를 중심으로 활약한 화가들을 이르는 말. 일반적으로 베네치아파에 비하여 형태와 구성을 중히 여기며 지적 성격이 두드러졌다.

브라만테 : 336쪽 '참고 인물' 참조.

소비에트 정권을 탄생시킨 러시아의 혁명가
레닌

본명 : Vladimir Ilich Lenin
생애 : 1870~1924

레닌은 1870년 러시아 볼가 강변의 심비르스크에서 교육자의 아들로 태어났다. 본명은 블라디미르 일리치 울리야노프이며, 레닌은 1902년부터 사용한 필명이다.

1887년 맏형 알렉산드르가 제정 러시아 황제인 알렉산드르 3세의 암살 계획에 가담했다가 처형당하자 혁명에 뜻을 두게 되었다. 1887년 볼가 강 중류에 있는 카잔 대학에 입학했으나 학생 운동을 주도하다가 퇴학당했다.

그 때부터 1870년대에 플레하노프가 러시아에 도입한 마르크스주의를 연구하여 열렬한 마르크스주의자가 되었다. 그 이후로 혁명 운동에 투신하였으나 1897년 정부에 체포되어 시베리아에서 3년간 유형 생활을 하였다.

1900년 스위스로 망명한 레닌은 1903년 브뤼셀과 런던에서 열린 러시아 사회민주당 제2차 대회에서 당이 분열을 보이자 *'직업혁명가주의'를 역설하여 *볼셰비키의 지도자가 되었다.

1905년 제1차 러시아 혁명이 일어나자 귀국하였으나, 1907년 다시 망명하여 주로 스위스에 머물면서 연구와 저술 활동에 종사하였다. 1917년 *'2월 혁명'이 일어나자 독일이 제공한 열차를 타고 귀국하였다.

그 해 11월 7일, 레닌은 볼셰비키를 이끌고 무장봉기로 *'10월 혁명'을 일으켜 마침내 소비에트 정권을 수립하는 데 성공하였다. 이 때 러시아 인민위원회 의장에 올랐으나 1922년 뇌일혈이 발작하여 병상에 눕게 되었다. 그 후로 마지막 1년 동안은 실어증까지 겹쳐 병상에서 지내다가 1924년 세상을 떠났다.

레닌은 마르크스주의를 후진국인 러시아에 적용시켜 러시아파 *마르크스주의를 발전시킨 혁명 이론가이자 사상가이다. 레닌의 혁명 성공은 중국의 마오쩌둥, 북한의 *김일성 등에게 커다란 영향을 끼쳤다.

저서로 『국가와 혁명』이 있다.

레닌 석상(왼쪽), 레닌 혁명 박물관(오른쪽 위), 모스크바의 붉은 광장에 있는 레닌 역사 박물관(오른쪽 아래)

함께 보아요

2월 혁명 : 제정 러시아 달력으로 1917년 2월에 일어난 혁명. 이로 말미암아 황제가 나라를 다스리던 제정이 무너지고 공화 정부가 들어섰다.

10월 혁명 : 1917년 11월에 러시아에서 일어난 프롤레타리아 혁명. 레닌이 지도하는 볼셰비키가 주동이 되어 페테르부르크에서 무장봉기하여 전국에 파급되었다. 그 결과 케렌스키의 임시 정권이 무너지고 세계 최초의 사회주의 국가인 소비에트 정권이 수립되었다.

김일성(金日成, 1912~1994) : 평안남도 대동군 만경대 지역에서 태어나 만주에 있는 중문 중학을 다니다가 조선 공산 청년회에 들어가 공산주의자로 활동하기 시작했다. 1930년 조선 혁명군과 왕청 유격대 등에서 활약하며 항일 투쟁을 벌였다. 해방된 뒤에는 조선 공산당 북조선 분국 책임비서가 되었고, 1946년에 북조선 임시 인민위원회 위원장이 되었다. 1948년 북한 정권이 세워지면서 수상이 되었다. 1950년에 한반도를 공산화시키기 위해 6·25 전쟁을 일으켰으나 유엔군의 참전으로 실패하였다. 조선 민주주의 인민공화국 주석으로 북한을 독재적으로 50년간 통치하다가 1994년 심장마비로 사망했다.

마르크스주의 : 마르크스와 엥겔스가 확립한 혁명적 사회주의 이론. 자본주의 사회에 내재된 생산력과 생산 관계의 모순을 극복하기 위해서는 프롤레타리아 혁명을 통해 사회주의 사회로 이행해야 한다고 주장하였다.

볼셰비키 : 다수파라는 뜻으로 1903년에 제2회 러시아 사회 민주 노동당 대회에서 레닌을 지지한 급진파를 이르던 말. 자유주의 온건파인 멘셰비키와 대립하였으며, 1917년 10월 혁명을 지도하여 정권을 장악한 뒤, 1918년에 당명을 '러시아 공산당'으로 바꾸었다. 1952년에 다시 '소비에트연방 공산당'으로 바꾸었다가, 1990년에 소련의 해체와 함께 해산되었다.

직업혁명가 : 혁명하는 일을 직업처럼 여기고 평생을 바치는 사람이다.

02 일화 이야기로 보는 역사 인물

 ## 나폴레옹의 선물

    1812년 나폴레옹은 50만 대군을 이끌고 러시아로 쳐들어가서 손쉽게 모스크바를 점령했습니다. 그러나 모스크바는 이미 사람들이 모두 피난을 가서 마치 유령의 도시 같았습니다. 게다가 건물들이 모두 불타서 병사들은 잠잘 곳을 찾지 못했습니다.
    시베리아의 혹독한 겨울이 닥쳐오자 프랑스군은 어쩔 수 없이 후퇴했습니다. 이 때 러시아군이 곳곳에서 기습을 감행해 왔습니다. 추위와 굶주림에 지쳐있던 프랑스군은 맥없이 쓰러져 갔습니다. 마침내 총지휘관인 나폴레옹도 말을 버리고 도망치는 처량한 신세가 되고 말았습니다. 나폴레옹은 쉬지 않고 밤길을 달려 국경에 다다랐습니다. 그 때 마을 입구에 호롱불이 켜진 집이 보였습니다. 뒤에서는 승리감에 도취된 러시아 병사들이 맹렬하게 추격해 왔습니다. 겁에 질린 나폴레옹은 무작정 그 집으로 뛰어들어갔습니다.
    "주인장, 제발 나 좀 숨겨주시오. 러시아 군사들이 나를 잡으러 오고 있소. 나를 숨겨주면 크게 후사하겠소."
    마음씨 착한 양복장이 집주인은 나폴레옹을 커다란 이불장 속에 숨겨주었습니다. 곧이어 러시아 병사들이 들이닥쳐서 온 집 안을 샅샅이 수색했습니다. 한 병사가 이불장을 열어 젖히고 창으로 힘껏 찔렀습니다. 이불 속에 숨어 있던 나폴레옹은 숨을 죽이고 가까스로 날카로운 창을 피했습니다. 이윽고 러시아 병사들이 물러가자 나폴레옹이 위엄있는 목소리로 말했습니다.
    "주인장, 고맙네. 나는 프랑스의 황제 나폴레옹일세. 그대가 목숨을 구해줬으니 소원을 들어주겠네. 무엇이든 말해보게."
    양복장이가 너무 놀라 땅바닥에 엎드리자, 나폴레옹이 그를 일으켜 세우며 말했습니다.
    "자네는 내 생명의 은인일세. 어서 소원을 말해보게."
    "그, 그러시면 황송하오나 소인의 집 기와가 망가져서 물이 새니 고쳐주시면 고맙겠습니다."
    "소원이 겨우 그거란 말인가? 조금 더 큰 소원을 말해보게."

재미있게 읽고 나면 역사가 쏙쏙!

　잠시 생각한 후 양복장이가 조심스럽게 입을 열었습니다.
　"황제 폐하, 소인은 처자식도 없이 혼자 살고 있어서 별다른 소원이 없습니다. 사실 제가 지금 가장 알고 싶은 것은 조금 전에 러시아 병사가 창으로 이불 더미를 찔렀을 때, 그 속에 숨어 계시던 폐하의 기분이 어땠는지 알고 싶습니다."
　나폴레옹은 어이가 없어서 허탈하게 웃었습니다. 그 때 마침 프랑스 병사들이 나폴레옹을 발견하고 달려왔습니다. 병사들은 나폴레옹을 부축하여 말에 태웠습니다. 말 위에 오른 나폴레옹이 양복장이를 가리키며 명했습니다.
　"여봐라! 저놈은 프랑스 황제인 나를 모욕했다. 저놈을 잡아다가 내일 아침 날이 밝는 대로 마을 광장에서 처형하라!"
　양복장이는 어안이 벙벙한 얼굴로 병사들에게 끌려갔습니다. 다음날 아침, 마을 광장에 사형대가 설치되었습니다. 그제야 양복장이는 병사들에게 살려달라고 울며불며 애원했습니다. 올가미가 목에 걸리자 양복장이는 눈앞이 캄캄하고 아무런 생각도 나지 않았습니다. 그 때 한 장교가 말을 타고 달려오면서 소리쳤습니다.
　"형을 멈춰라!"
　말에서 풀쩍 뛰어내린 장교가 뭐라고 지시하자 병사들이 양복장이를 형틀에서 끌어내렸습니다. 장교가 어안이 벙벙한 얼굴로 서 있는 양복장이에게 다가왔습니다. 그리고는 두툼한 자루와 편지를 건네주며 말했습니다.
　"자, 받아라. 황제 폐하께서 내리신 선물이다."
　양복장이는 귀신에 홀린 듯한 얼굴로 편지를 펼치자 나폴레옹의 글씨가 보였습니다.
　"그대는 내가 이불 더미 속에 숨어 있을 때의 기분을 알고 싶다고 물었지? 이제 그 답을 알려주겠네. 러시아 병사가 창으로 이불 더미를 찔렀을 때 내 기분은 그대가 사형대에서 목에 올가미를 걸고 있을 때와 같았다네. 그리고 러시아 병사들이 수색을 마치고 물러갔을 때는 지금 자네의 기분과 같았지. 자루에 있는 금화로 지붕도 고치고 양복점도 새롭게 단장하게. 내 목숨을 구해줘서 고맙네."

이야기로 보는 역사 인물

르네상스 시대의 위대한 예술가·과학자
레오나르도 다 빈치

본명 : Leonardo da Vinci
생애 : 1452~1519

레오나르도 다 빈치는 1452년 이탈리아 피렌체 근교의 빈치 마을에서 태어났다. 아버지는 어릴 때부터 그에게 수학 등 여러 학문을 가르치다가 1466년에 피렌체에서 화가 겸 조각가로 활동하고 있는 친구 *베로키오의 제자로 들여보냈다. 다 빈치는 그 곳에서 인체 해부학을 비롯한 자연 현상의 예리한 관찰과 정확한 묘사를 습득하였다.

어느 날, 베로키오는「그리스도의 세례」라는 그림을 의뢰받고 다 빈치에게 그림 왼쪽 끝의 천사와 배경을 그리게 하였다. 그런데 다 빈치가 그린 그림이 스승의 그림보다 더 정교하고 아름다웠다고 한다.

1479년 베로키오로부터 독립한 다 빈치는 3년간 피렌체에서 활동하다가 30세 때 밀라노로 갔다. *밀라노의 통치자인 스포르차는 그의 재능을 알아보고 자신의 궁정에서 일하게 하였다. 다 빈치는 그 곳에서 17년간 있으면서 자신의 재능을 유감없이 발휘하였다. 이 시기에 그는 산 프란체스코 성당의「동굴의 성모」, 산타마리아 델레그라치에 성당의 식당 벽화인 *「최후의 만찬」등의 걸작을 남겼다. 이 가운데「최후의 만찬」은 1495년부터 3년에 걸쳐 완성한 대작으로 성서에 나타난 장면을 사실적으로 표현한 다 빈치의 대표작이다.

1499년 10월, 프랑스군이 밀라노를 점령하자 다 빈치는 다시 피렌체로 돌아와 6년간 머물렀다. 이 시기에 그 유명한 *「모나리자」를 그렸는데, 이 작품의 주인공은 피렌체 부호의 안주인인 엘리자베타 부인이다.

1506년 다 빈치는 프랑스 치하의 밀라노에 초빙되어 루이 12세의 궁정화가 겸 기술자로서 6년 남짓 머물렀다. 이 시기에「세례자 요한」등 많은 그림을 남겼으며, 여러 가지 과학 연구도 하였다.

1516년 프랑수아 1세의 초빙을 받고 프랑스로 가서, 1517년 5월 제자인 멜치와 함께 앙부아즈의 클루관에서 머물렀다. 이 곳에서 궁정화가로서의 활동뿐만 아니라 자신의 수기를 정리했고 운하 설계나 궁정 설계 등도 지휘하였다. 1519년 다시 프랑수아 1세의 의뢰를 받고 프랑스의 보아 주에 가서 건축, 운하 공사에 종사하다가 67세의 나이로 세상을 떠났다.

다 빈치는 르네상스를 대표하는 가장 위대한 예술가일 뿐만 아니라 지구상에 생존했던 가장 경이로운 천재였다. 그림, 조각, 건축, 토목, 수학, 과학, 음악에 이르기까지 모든 분야에서 뛰어난 재능을 보였기 때문이다. 만년에는 과학에 관심을 갖고 수많은 소묘를 남겼는데, 특히 인체 해부를 묘사한 그림들은 의학 발전에도 커다란 영향을 끼쳤다.

레오나르도 다 빈치 상(왼쪽), 레오나르도 다 빈치의 그림 「최후의 만찬」(오른쪽 위), 그림 「바위의 성모」(오른쪽 아래)

함께 보아요

모나리자 : 레오나르도 다 빈치가 피렌체의 부호 프란체스코 데 조콘다의 부인 엘리자베타를 그린 초상화. 정숙한 여인의 신비스러운 미소로 유명하다.

밀라노 : 이탈리아 롬바르디아 주의 주도로 예로부터 교통의 요지이며 이탈리아 제1의 상업, 금융, 공업 도시로 발전해 왔다. 밀라노 성당과 스칼라 극장 등이 있다.

베로키오(Andrea del Verrocchio, 1435~1488) : 이탈리아의 화가, 조각가, 금세공사. 화가 발도비네티에게 그림을 배웠고, 조각가 도나텔로로부터 조각을 배웠다. 조각과 금세공 분야에 가장 힘을 기울였으며, 그림 작업은 1470년부터 10년 동안만 하였다. 그의 회화는 과학적 탐구를 지향한 15세기 후반 피렌체파의 대표적 자연주의자의 면모를 뚜렷이 엿볼 수 있다. 또 조각 작품은 견고하고 장중한 리듬이 느껴지면서도 공예적 장식성이 뛰어나며 인체를 정확히 파악하고 있다. 그는 메디치가로부터 후대를 받고 많은 조각품을 제작하여 명성을 떨쳤다. 또한 레오나르도 다 빈치, 크레디, 페루지노 등 뛰어난 제자들을 많이 배출하였다. 작품으로 조각품 「돌고래를 안은 소동상」, 「귀부인상」, 「다윗」, 「성 토마스의 회의」, 「콜레오니 장군 기마상」 등이 있고, 회화로 다 빈치와 공동작인 「그리스도의 세례」, 크레디와 공동작인 「피스토이아 대성당 제단화」 등이 있다.

최후의 만찬 : 예수가 십자가에 매달리기 전날 밤에 열두 제자와 마지막으로 나눈 저녁 식사. 교회 성찬식은 여기에서 유래되었다. 이 자리에서 유다의 배신을 지적하였다. 종교화의 제재로 주로 쓰이며, 특히 레오나르도 다 빈치가 그린 벽화가 유명하다.

렘브란트

네덜란드가 낳은 17세기 유럽 최대의 화가

본명 : Rembrandt Harmenszoon van Rijn
생애 : 1606~1669

렘브란트는 1606년 네덜란드의 *라이덴에서 제분업자의 아들로 태어났다. 14세 때 라이덴 대학에 들어갔으나 곧 중퇴하고 라이덴의 화가인 스바넨부르크에게 그림을 배웠다. 그 뒤 *암스테르담으로 가서 *라스트만의 제자가 되었다가 1624년에 라이덴으로 돌아와 이듬해부터 혼자서 그림을 그렸다.

당시의 화가들은 대개 이탈리아 화가들의 그림을 참고로 하여 그림을 그렸다. 하지만 그는 주로 친척, 노인, 성서 등에서 소재를 얻어 독자적으로 그림을 그렸다.

1632년 암스테르담 의사 조합으로부터 의뢰받은 「툴프 박사의 해부학 강의」가 좋은 평가를 얻자 암스테르담에 정착하였다. 1634년에는 명문 가문의 딸과 결혼했고, 암스테르담에서 가장 뛰어난 초상화가로 이름을 날리며 많은 수입을 올렸다. 렘브란트가 초상화가로 유명해진 것은 의뢰인의 겉모습은 물론이고, 그 사람의 내면까지도 그림 속에 표현하려고 노력했기 때문이었다.

1642년 암스테르담의 사수 협회로부터 단체 초상화를 주문받고 그려주었다. 그는 이 그림을 그릴 때 당시 유행하던 기념 촬영과 같은 단체 초상화에 만족하지 않고 자신이 개발한 특유의 명암 효과를 사용하여 대담한 극적 구성을 시도하였다. 그리하여 완성된 이 그림이 그의 대표작 중 하나인 「야경」이다. 그러나 이 해에 사랑하는 아내가 죽자 렘브란트는 슬픔에 빠져, 그의 그림은 빛을 잃기 시작했다. 이로 인해 인기도 점차 시들해졌고, 초상화 주문도 들어오지 않아 생활이 어려워졌다.

1645년에 재혼한 둘째 부인 헨드리키에의 헌신적인 내조로 자신감을 회복하고 더욱 열심히 그림을 그렸다. 현재 전해지고 있는 그의 대표작들은 이 시기에 완성된 작품들이다. 그러나 생활은 날로 어려워졌고, 1656년에는 파산 선고를 받아 집과 미술품들이 모두 빚쟁이들의 손에 넘어갔다. 게다가 사랑하는 아내 헨드리키에와 아들 티투스마저 세상을 떠나버렸다. 세상에 홀로 남겨진 그는 삶에 대한 희망을 잃고 방황하였다.

1669년 10월, 그는 유대인 구역의 초라한 집에서 임종을 지켜보는 사람도 없이 외롭게 세상을 떠났다. 작품으로는 「엠마오의 그리스도」, 「야곱의 축복」, 「유대인 신부」, 「병자를 고치는 그리스도」, 「3개의 십자가」 등과 100여 점의 자화상이 있다.

렘브란트의 그림 「밧세바」(왼쪽), 렘브란트의 동상(오른쪽 위), 렘브란트의 생가(오른쪽 아래)

함께 보아요

라스트만(Piter Lastman, 1583~1633) : 네덜란드의 화가. 1583년 암스테르담에서 태어나 화가인 코르넬리스 반 할렘에게 그림을 배웠다. 1603년부터 1607년까지 로마에서 작업할 무렵에는 독일의 풍경화가인 엘스하이머에게 깊은 영향을 받았다. 1607년 로마에서 암스테르담으로 돌아와 작품 활동에 몰두하면서 1624년에 렘브란트를 가르쳤다. 작품으로 「코리오라누스와 로마 여성」, 「챔버린의 세례식」 등이 있다.

라이덴 : 네덜란드의 헤이그 북쪽에 있는 도시. 운하가 가로지르며 르네상스 시대의 건축물이 많이 남아 있다. 중세 말기부터 모직물 공업이 활발하며 인쇄, 출판업의 중심지이다.

암스테르담 : 에이셀 호에 접한 네덜란드 제1의 무역항이자 수도이다. 크고 작은 운하가 사방으로 뻗어 70여 개의 섬을 500개의 다리로 연결하여 장관을 이루며, 유럽 대륙의 도로, 철도, 항공로의 요지이다. 조선, 전기, 섬유 등의 공업이 발달하였고, 다이아몬드 연마 공업이 세계적으로 유명하다.

근대 조각의 선구자
로댕

본명 : René François Auguste Rodin
생애 : 1840~1917

로댕은 1840년 프랑스 파리에서 하급 공무원의 아들로 태어났다. 14세 때 아버지의 권유로 국립 공예 실기학교에 입학하여 조각가로서의 기초를 닦았다.

1857년 국립 미술 전문학교에 응시했으나 3년 동안 번번이 낙방하였다. 1861년 아버지가 직장에서 퇴직하자 생활비를 벌기 위해 실내 장식 등의 부업을 하며 밤에만 작품을 만들었다.

1864년 처음으로 「코가 망그러진 사나이」를 전시회에 출품했으나 묘사가 너무 사실적이었기 때문에 심사 위원들에게 거부감을 주어 낙선하였다.

1870년 프로이센·프랑스 전쟁이 발발하자 프랑스군에 입대하여 전쟁에 참전했고, 제대한 뒤에는 벨기에의 브뤼셀로 떠났다. 그는 브뤼셀에서 7년 동안 건축 장식 일에 종사하며 이탈리아를 비롯한 유럽 각지를 여행하였다. 특히 1875년의 이탈리아 여행은 로댕의 예술 전개에 커다란 영향을 끼쳤다.

1878년 파리로 돌아와 벨기에에서 만들어 놓은 「청동 시대」를 전시회에 출품하였다. 그러나 이 작품도 사람이 살아 움직이는 것처럼 묘사가 생생했기 때문에 심사 위원들은 모델을 직접 석고를 떠서 만든 것이 아니냐는 트집을 잡았다. 그러나 이 작품은 2년 뒤에 열린 전시회에서 3등상을 받아 국가에서 매입하였다. 결과적으로 로댕은 이 작품으로 인해 조각가로서 이름이 널리 알려졌다.

1880년 로댕은 미술국 차관으로부터 장식 미술관의 현관 장식품 조각을 의뢰받고 「지옥의 문」 제작에 착수하였다. 높이가 7m에 달하는 이 작품은 *단테의 대표작인 『신곡』의 '지옥편'에서 영감을 얻어 무려 20년 동안 작업을 하였으나 끝내 완성시키지는 못했다. 로댕의 대표작인 「생각하는 사람」, 「아담과 이브」 등은 「지옥의 문」에 포함된 독립된 조각품들이다.

로댕은 18세기 이래 건축의 장식물에 지나지 않던 조각에 생명을 불어넣어 예술의 한 분야로 끌어올렸다. 조각의 19세기와 20세기를 잇는 다리 역할을 했고, 근대 조각의 선구자 역할을 한 로댕은 1917년 77세를 일기로 세상을 떠났다.

위의 작품들 외에 「칼레의 시민」, 「발자크 상」 등이 있으며, 한국의 호암 미술관에도 「세 그림자」, 「이브 흉상」, 「영원한 청춘」이 소장되어 있다.

로댕의 조각 「생각하는 사람」(왼쪽), 로댕 박물관(오른쪽 위), 로댕의 조각 「지옥의 문」(오른쪽 아래)

함께 보아요

단테(Alighierl Dante, 1265~1321) : 이탈리아가 낳은 세계적 시인. 이탈리아 피렌체에서 몰락한 귀족의 아들로 태어나 어렸을 때부터 시를 잘 지었다. 수도원에서 경영하는 라틴어학교를 졸업하고, 볼로냐 대학에서 철학, 법률, 천문학을 공부했다. 35세 때 정치가가 되었으나 당파 싸움에 휘말려 오랫동안 도피 생활을 하였다. 이런 비참한 시기에 대표작인 『신곡』을 쓰기 시작했다. 단테가 15년에 걸쳐 완성한 『신곡』은 지옥, 연옥, 천국으로 이루어진 대서사시이다. 인간의 사후 세계를 베아트리체나 시인 베르길리우스의 안내를 받으며 돌아보는 내용을 담은 교훈적인 작품이다. 또한 이 작품은 그가 오랫동안 가슴에 품어온 첫사랑 베아트리체에 대한 그리움이 농축되어 있으며 그녀와 천국에서의 만남을 꿈꾸고 있다.

록펠러

록펠러 재단을 창설하여 자선사업을 벌인 미국의 사업가

본명 : John Davison Rockefeller
생애 : 1839~1937

록펠러는 1839년 미국 뉴욕 주 리치퍼드에서 가난한 행상인의 아들로 태어났다. 14세 때 가족을 따라 오하이오 주의 클리블랜드로 이사하였고, 그 곳에서 고등학교를 졸업했다. 집안이 가난하여 대학에 진학하지 못하고 농산물 도매회사의 서기로 들어가 장사를 배웠다.

1859년 친구 클라크와 함께 농산물 중간 도매상을 시작했는데, 사업이 번창하여 '클라크·록펠러 회사'로 발전하였다. 1863년 부업으로 클리블랜드에 *정유소를 설립했는데, 뜻밖에도 사업이 날로 번창하자 본격적으로 석유 사업에 뛰어들었다. 1870년 자본금 100만 달러를 투자하여 '오하이오 스탠더드 석유회사'를 설립하여 사장으로 취임하였다.

이후 록펠러는 다른 석유회사들을 하나하나 사들이며 사업을 확장해 나갔다. 그리하여 1882년에는 미국 내 정유소의 95%를 지배하게 되었고, 석유 *트러스트를 조직하였다. 록펠러의 회사가 석유를 독점하게 되자 미국 정부에서 해산을 명령했고, 이 트러스트는 1892년에 해체되었다.

그러나 록펠러는 다시 뉴저지 주에 '뉴저지 스탠더드 석유회사'를 설립하여 실질적으로 석유업계 지배를 계속하였다. 미국 내에는 물론이고 해외에도 유전과 정유소를 소유한 거대한 회사로 성장한 것이다. 그러나 이 회사도 1911년 미국 연방 최고 재판소로부터 해산 명령을 받고 해체되었다.

그 후 록펠러는 경영에서 물러나 자선사업에 몰두하였다. 1890년에서 1892년에는 6,000만 달러를 기부하여 시카고 대학을 설립했고, 그 후로도 3억 5,000만 달러를 기부하였다. 또한 막대한 자금을 투자하여 *'록펠러 재단', 일반 교육 재단, 록펠러 의학 연구소 등을 설립하여 과학의 발전과 각종 사회사업에 크게 이바지하였다.

1937년 록펠러가 98세로 세상을 떠나자 그의 아들인 록펠러 2세는 아버지의 사업을 계승하여 더욱 발전시켰고, 현재에도 록펠러 가는 미국 내에서 막강한 영향력을 행사하고 있다.

뉴욕의 록펠러 센터(왼쪽), 록펠러의 저택(오른쪽 위), 록펠러의 초상화 (오른쪽 아래)

함께 보아요

록펠러 재단 : 1913년에 록펠러가 뉴욕에 설립한 재단. 세계 인류의 복지 향상을 목적으로 여러 가지 문화사업을 지원한다.

정유소 : 원유를 정제하여 휘발유, 등유, 경유, 중유 등을 만들어내는 시설을 갖춘 공장이다.

트러스트 : 같은 업종의 기업이 경쟁을 피하고 보다 많은 이익을 얻을 목적으로 자본에 의하여 결합한 독점 형태. 가입 기업의 개별 독립성은 사라진다.

뢴트겐

X선을 발견한 독일의 물리학자

본명 : Wilhelm Konrad Rointgen
생애 : 1845~1923

뢴트겐은 1845년 프로이센의 레네프에서 방직 공장을 운영하는 사업가의 아들로 태어났다. 1848년 프랑스에서 일어난 2월 혁명의 영향으로 나라가 시끄러워지자, 그의 가족은 어머니의 고향인 네덜란드 아펠도른으로 이주하였다. 그 곳에서 어린 시절을 보내고 네덜란드 위트레흐트 공업학교를 거쳐, 스위스 취리히 공과 대학에서 수학과 화학을 공부하였다.

1869년 취리히 대학을 졸업한 뒤 스승인 물리학자 *쿤트 교수의 조수가 되었고, 1872년에는 쿤트를 따라 독일 뷔르츠부르크 대학으로 옮겼다. 1874년 슈트라스부르크 대학의 강사가 되었고, 1876년에는 물리학 교수가 되었다.

1879년 뢴트겐은 기센 대학으로 옮겨 물리학 교수 겸 물리연구소 소장이 되었다. 이 무렵 물리학자들은 음극선에 관한 연구를 활발히 진행하고 있었다. 음극선은 진공관에 방전을 할 때 음극에서 양극으로 빠르게 흐르는 음이온의 흐름, 즉 *방사선을 말한다. 음극선의 연구로 많은 학자들이 여러 가지 새로운 발견을 해내자 뢴트겐도 자극을 받아 연구에 몰두하였다.

1888년 뷔르츠부르크 대학으로 옮긴 그는 1895년 11월 어느 날, 검은 종이로 싼 *크룩스관에 전류를 흘려보내는 음극선 실험을 하고 있었다. 이 때 우연히 근처에 있던 시안화 백금 바륨을 칠한 널빤지가 푸른 형광 빛을 내는 것을 발견하였다.

뢴트겐은 이 형광이 발생하는 원인이 방전관에 있다는 것을 알아냈다. 또 이 광선은 여러 가지 물체에 대하여 기존의 광선보다 훨씬 큰 투과력을 가진 방사선이라는 사실도 확인하였다.

뢴트겐은 이 광선의 이름을 다른 방사선과 구별하기 위해서 알 수 없는 선이라는 뜻으로 'X선'이라 명명하였다. 이처럼 우연히 발견한 'X선'은 현재 질병의 진단 및 치료, 금속 재료의 내부 검사, 미술품의 감정 등에 널리 사용되고 있다.

1900년 뮌헨 대학의 물리학 교수로 옮긴 뢴트겐은 그 이듬해인 1901년 'X선'을 발견한 공로로 세계 최초로 노벨 물리학상을 수상하는 과학자가 되었다.

1923년 78세를 일기로 세상을 떠났다.

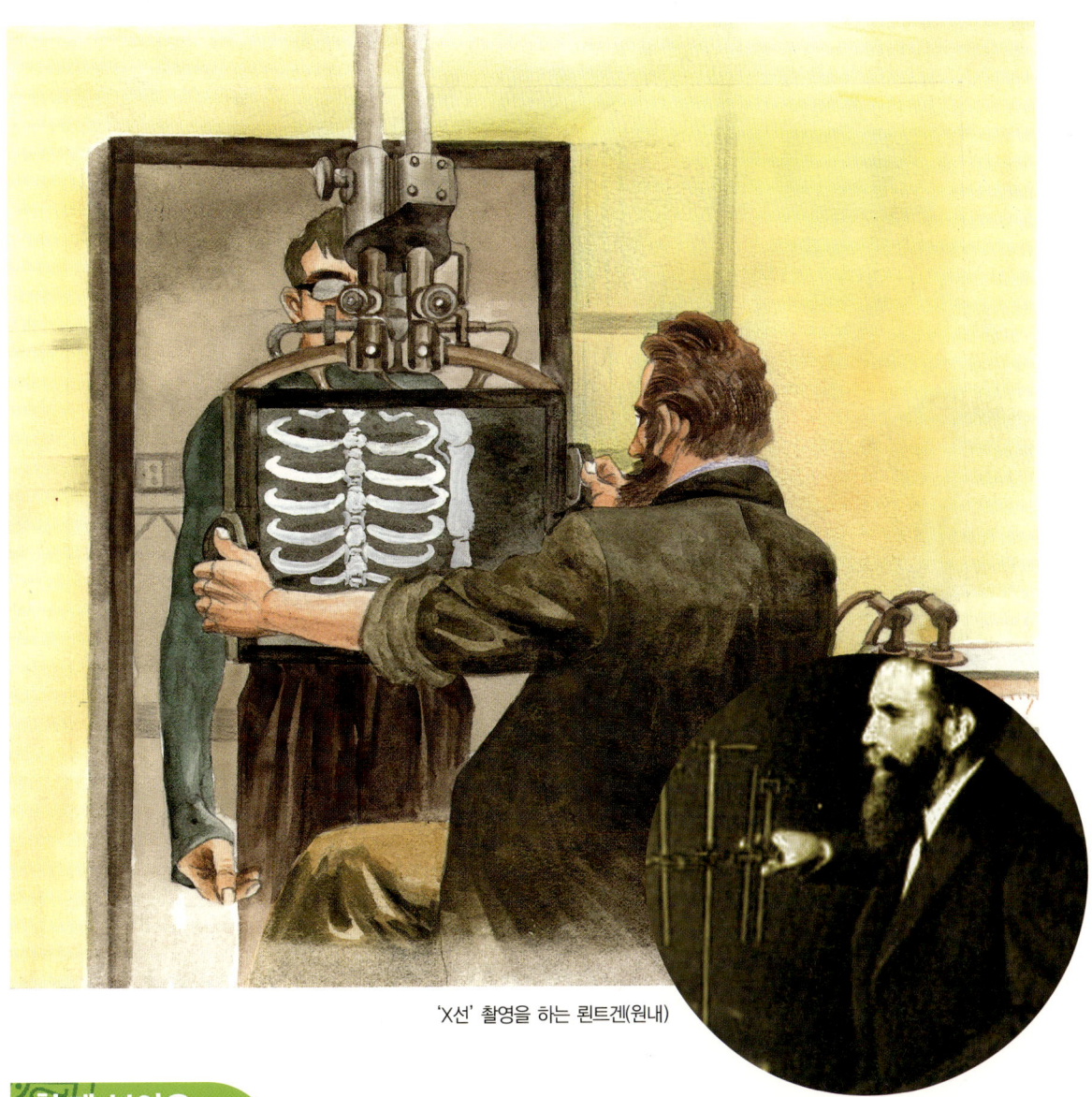

'X선' 촬영을 하는 뢴트겐(원내)

함께 보아요

방사선 : 방사성 원소의 붕괴에 따라 물체에서 방출되는 전자기파. 프랑스의 물리학자 베크렐이 우라늄 화합물에서 발견한 것으로 알파선, 베타선, 감마선이 있다.

쿤트(August A. E. E. Kundt, 1839~1894) : 독일의 물리학자. 슈베린에서 태어나 베를린 대학, 스위스 연방 공과 대학, 뷔르츠부르크 대학, 슈트라스부르크 대학의 교수를 지냈다. 그는 소리를 연구하는 음향학과 빛을 연구하는 광학 분야에서 많은 업적을 남겼다. 특히 음향학에서는 기체와 고체 중에서 소리의 속도를 측정하는 '쿤트의 실험' 장치를 고안하였다. 그 밖에 자기광학 분야에서도 패러데이 효과에서의 '쿤트의 상수' 등의 업적을 남겼다.

크룩스관 : 관 속의 기체 압력이 수은주 압력 0.1mm 정도 이하인 방전관으로 진공 방전의 시험에 쓴다.

인간 회복을 외친 프랑스 사상가
루소

본명 : Jean Jacques Rousseau
생애 : 1712~1778

루소는 1712년 스위스 제네바에서 가난한 시계공의 아들로 태어났다. 어머니는 그를 낳자마자 사망했고, 아버지마저 그가 10세 때 집을 나갔으므로 숙부의 집에서 공장의 심부름 등을 하면서 어렵게 자랐다. 16세 때 제네바를 떠나 각지를 떠돌며 청년기를 보냈다. 이 시기에 바랭이라는 남작 부인을 만나 10년 동안 그녀의 집 집사로 일하면서 철학, 정치, 과학, 음악 등을 공부하여 문학가와 사상가로서의 기반을 닦았다.

1742년 프랑스 파리로 가서 *볼테르 등의 사상가와 친분을 쌓게 되었다. 1749년 『학문과 예술론』이 아카데미 현상 논문에 당선되어 사상가로서 인정받게 되었다. 1755년에는 『인간 불평등 기원론』, 『정치 경제론』, 『언어 기원론』 등을 써서 볼테르, 디드로를 비롯한 *백과전서파 철학자들과 견해 차이를 분명히 하였다.

그 후에 연애 소설 『신 엘로이즈』, 인간의 자유와 평등을 논한 *『민약론』(사회 계약론), 『에밀』 등의 대작을 출판하였다. 그런데 『신 엘로이즈』가 큰 성공을 거두자 파리 대학 신학부가 루소의 사상이 위험하다며 파리 고등법원에 고발하였다. 유죄가 확정되어 체포령이 내려지자 루소는 스위스를 거쳐 영국으로 도피하였다. 얼마 뒤에 프랑스로 돌아와 각지를 전전하면서 자전적 작품인 『고백록』(전12권)을 집필하였다.

1778년 파리 북쪽 에르므농빌에서 66세의 일기로 세상을 떠났다. 1794년 그의 유해는 팡테옹(위인들을 합사하는 파리의 성당)으로 옮겨져서 볼테르와 나란히 묻혔다.

루소는 평생 '인간 회복'을 주장하였다. 인간은 자연 상태에서는 자유롭고 행복하고 선량하였으나, 인간 스스로 만든 사회 제도와 문화에 의해 부자유스럽고 사악한 존재가 되었다고 주장했다. 당시의 사회와 문화가 인간 본래의 모습을 손상시키고 있다고 통렬하게 비판하며, 본래 인간의 모습을 되찾으려면 자연으로 돌아가야 한다고 역설하였다.

루소의 주장은 자유 · 평등 · 박애를 내건 *'프랑스 혁명'의 사상적 바탕이 되었으며, 오늘날의 민주주의 이론으로 발전하였다. 저서로 위의 작품들 외에 『달랑베르에게 보내는 연극에 관한 편지』, 『루소, 장 자크를 재판한다』, 『고독한 산책자의 몽상』(미완성) 등이 있다.

루소의 동상(왼쪽), 루소 박물관(오른쪽 위), 루소의 무덤(오른쪽 아래)

함께 보아요

민약론 : 1762년에 루소가 발표한 현대 민주주의의 선구적 이론. 사회나 국가의 성립은 국민의 자유로운 계약에서 이루어진 것이며, 그 주권은 국민에게 있다고 주장하였다. 19세기 이후 절대 왕권에 반대하는 민주주의 혁명에 커다란 영향을 주었다.

백과전서파 : 18세기 프랑스 계몽 시대에 『백과전서』의 집필과 간행에 참여했던 계몽 사상가들을 통틀어 이르는 말. 가톨릭 교회와 절대 왕정에 반대하는 개혁을 지향하였으며, 이성적·합리주의적 태도로써 근대적인 지식과 사고 방법을 전파하여 프랑스 대혁명의 사상적 배경이 되었다. 디드로, 달랑베르, 볼테르, 케네 등이 대표적 인물이다.

볼테르 : 336쪽 '참고 인물' 참조.

프랑스 혁명 : 1789년부터 1799년까지 프랑스에서 일어난 시민 혁명. 부르봉 왕조를 무너뜨리고 프랑스의 사회, 정치, 사법, 종교적 구조를 크게 바꾸어 놓았다.

루스벨트

뉴딜 정책을 펴서 경제를 살린 미국 대통령

본명 : Franklin Delano Roosevelt
생애 : 1882~1945

루스벨트는 1882년 미국 뉴욕 주 하이드파크에서 부유한 집안의 아들로 태어났다. 하버드 대학을 졸업한 그는 1904년 다시 컬럼비아 대학에서 법률을 공부하고, 1907년에 변호사를 개업하였다.

1910년 루스벨트는 뉴욕 주의 민주당 상원의원으로 당선되어 정계에 진출하였다. 그 뒤 윌슨의 대통령 선거를 지원하여 당선시키고, 해군 차관보로 임명되어 제1차 세계 대전 때 크게 활약하였다.

1920년 루스벨트는 민주당 부통령 후보로 지명되어 대통령 후보인 콕스와 함께 선거에 나섰으나 공화당 대통령 후보인 하딩에게 패하고 말았다. 그 이듬해 여름, 루스벨트는 갑자기 온몸에 열이 나고 다리에 심한 통증을 느끼다가 결국 걸을 수 없게 되었다. 39세의 나이에 소아마비에 걸려 불구가 되고 만 것이다. 그러나 루스벨트는 강한 의지로 건강을 회복하여 정계에 복귀하였고, 1928년 뉴욕 주지사에 당선되었다.

1932년 민주당 대통령 후보로 지명된 루스벨트는 후보 수락 연설에서 처음으로 '뉴딜(New Deal)'을 선언하였다. 당시 미국은 1929년 이래 몰아닥친 대공황으로 물가는 치솟고 일자리가 없어서 수천 만 명의 실업자들이 득실거렸다. 이런 어려운 상황에 미국 국민들은 루스벨트를 대통령으로 선택했다.

대통령에 취임한 루스벨트는 국민들의 기대대로 경제공황을 극복하기 위해 강력한 내각을 조직하고 *'뉴딜 정책'을 추진하여 국민들의 생활을 안정시켰다. 또한 외교적으로도 공산 국가인 소련을 승인하고, 식민지였던 필리핀을 독립시켰다. 이런 업적으로 인해 루스벨트는 1936년 대통령에 재선되었고, 1940년에도 세 번째로 대통령에 당선되었다.

1939년 제2차 세계 대전이 일어나자 미국은 연합국인 영국과 프랑스를 원조하였다. 그러나 1941년에 일본이 하와이의 *진주만을 폭격하자 미국도 본격적으로 전쟁에 뛰어들었다. 그 후로 루스벨트는 *카이로 회담, *테헤란 회담, *얄타 회담에 참석하여 연합국의 승리에 크게 이바지하였다.

1944년 대통령에 네 번째로 당선된 루스벨트는 세계 평화를 위해 국제 연합 구상을 구체화하는 데 노력하였다. 그러나 1945년 4월, 뇌출혈로 쓰러져 제2차 세계 대전이 끝나는 것을 보지 못하고 63세의 나이로 세상을 떠났다.

루스벨트의 휠체어 탄 청동좌상(왼쪽), 얄타 회담에서의 처칠·스탈린과 함께 한 루스벨트(오른쪽 위), 루스벨트의 저택(오른쪽 아래)

함께 보아요

뉴딜 정책 : 1933년 미국의 대통령 루스벨트가 경제 공황에 대처하기 위하여 시행한 경제 부흥 정책. 종래의 무제한적인 경제적 자유주의를 수정하여 정부가 경제 활동에 적극적으로 개입해서 경기를 조정하여야 한다는 기본 방침 아래, 은행에 대한 정부 통제의 확대, 관리 통화제 도입, 농업 생산 제한제 도입 등을 시행하였다.

얄타 회담 : 1945년 2월, 크림 반도의 얄타에서 열린 연합국 수뇌 회담. 미국의 루스벨트, 영국의 처칠, 소련의 스탈린이 참석하여 패전국에 대한 처리, 국제 연합의 창설, 소련의 대일 참전 등에 관하여 협의하였으며, 얄타 비밀 협정을 체결하였다.

진주만 : 미국 하와이 주 하와이 제도의 오아후 섬에 있는 만. 일본의 기습으로 태평양 전쟁이 시작된 곳으로 유명하다.

카이로 회담 : 1943년에 카이로에서 미국, 영국, 중국 사이에 열린 회담. 미국 대통령 루스벨트, 영국 수상 처칠, 중국 주석 장제스 및 외교 사절들이 일본에 대한 군사 행동과 전후 처리에 관하여 협의하였다.

테헤란 회담 : 제2차 세계 대전 중인 1943년에 미국 대통령 루스벨트, 영국 수상 처칠, 소련 수상 스탈린이 테헤란에서 행한 회담. 미국·영국·소련 세 나라의 공동 작전에 관한 선언을 발표하였으며, 프랑스 상륙 작전과 소련의 대일전 참가 등을 결정하였다.

독일의 종교 개혁자
루터

본명 : Martin Luther
생애 : 1483~1546

　루터는 1483년 독일 작센안할트 주 아이슬레벤에서 태어났다. 그의 아버지는 광부로 일하다가 광산업을 경영하여 크게 성공하였다. 독실한 가톨릭 신자였던 아버지는 루터를 법률가로 출세시키려고 당시 독일에서 가장 우수한 대학인 에르푸르트 대학에 입학시켰다.
　1505년 대학에서 법률 공부를 시작할 무렵, 루터는 친구와 함께 도보 여행을 떠났다. 그런데 친구가 갑자기 벼락을 맞아 죽는 사고가 발생하였다.
　루터는 그 충격으로 대학을 그만두고 에르푸르트의 아우구스티누스 수도원에 들어갔다. 그곳에서 수도 생활을 하며 1507년에 신부가 되었고, 신학 교육을 받아 수도회와 대학에서 중책을 맡게 되었다. 1512년에는 비텐베르크 대학에서 신학 박사가 되었고, 이듬해부터 성서학 강의를 시작하였다.
　그러던 어느 날, 루터는 성서를 읽다가 "사람이 구원을 받는 것은 행위에 의한 것이 아니고, 오직 예수 그리스도를 믿는 신앙에 있다."는 진리를 깨달았다. 그러나 당시 로마 교회들은 신도들에게 무거운 세금을 거둬서 큰 교회를 짓고 성직자들도 호화로운 생활을 하고 있었다. 게다가 *'면죄부'라는 증서를 발행하여, 이것을 사야 천당에 갈 수 있다고 선전하였다.
　1517년 루터는 날이 갈수록 교회와 성직자들의 타락이 심해지자 「95개조 논제」를 내놓았다. 이 의견서에 "죄를 용서하는 것은 하나님뿐이고, 면죄부는 아무런 힘이 없다."고 분명히 기록하였다.
　*로마 교회에서 루터에게 그 의견서를 취소하라고 명령했다. 그러나 루터는 지시를 따르지 않았고, 결국 교황은 파문 칙령을 내렸다. 또 1521년에는 *'신성 로마 제국' 의회에 불려나가 그의 주장을 취소할 것을 강요당했다. 그러나 루터는 끝내 이를 거부했고, 결국 제국에서 추방되는 처분을 받았다.
　그 뒤로 루터는 9개월 동안 작센 바르트부르크 성에 숨어 지내면서 신약성경을 독일어로 번역하였다. 때마침 발명된 활판 인쇄술 덕분에 독일어 성경은 순식간에 온 나라에 보급되었고, 종교 개혁은 더욱 활발하게 추진되었다.

그 후로도 루터는 계속 종교 개혁을 추진하여 마침내 유럽 각지에 *개신교 교회가 탄생하게 되었다. 1546년 고향 아이슬레벤에서 병을 얻어 63세의 나이로 세상을 떠났다.

저서로 『그리스도인의 자유에 대하여』, 『로마서 강의』와 그의 업적을 기록한 100권에 달하는 『루터 전집』이 있다.

루터파의 모임(왼쪽), 바덴베르크 교구에서 설교하는 루터(오른쪽)

함께 보아요

개신교 : 16세기 종교 개혁의 결과로 로마 가톨릭에서 떨어져 나와 성립된 종교 단체. 프로테스탄트라고도 한다.

로마 교회 : 로마 교황을 최고 통치자로 한 교회들을 통틀어 이르는 말이다.

면죄부 : 중세에 로마 가톨릭 교회가 금전이나 재물을 바친 사람에게 그 죄를 면한다는 뜻으로 발행하던 증서. 800년경에 레오 3세가 시작하여 대대로 교회 운영의 재원으로 상품화되었다가, 15세기 말기에는 대량으로 발행하여 루터의 비판을 불러일으키고 종교 개혁의 실마리가 되었다.

신성 로마 제국 : 962년 독일의 오토 1세가 로마 교황으로부터 대관을 받은 때부터 1806년 프란츠 2세가 나폴레옹에 패하여 제위에서 물러날 때까지의 독일 제국의 정식 명칭이다.

남아프리카를 탐험한 영국의 선교사
리빙스턴

본명 : David Livingstone
생애 : 1813~1873

리빙스턴은 1813년 영국 스코틀랜드에서 가난한 장사꾼의 아들로 태어났다. 그는 집안이 너무 가난하여 초등학교를 마치고 방적 공장에 다니면서 밤에는 라틴어 등을 공부하였다.

그 뒤 고학으로 글래스고 대학에 들어가 그리스어, 신학, 의학 등을 배웠고, 런던 전도 협회에 들어가 의사와 전도사 자격을 얻었다. 1840년 런던 전도 협회의 의료 선교사가 된 그는 남아프리카 끝에 있는 엘리자베스 항구로 파견되었다. 리빙스턴은 한 원주민 마을에서 선교 활동을 하며 아프리카 내륙 지방에 대한 탐험을 준비하였다.

1841년 엘리자베스 항구를 출발한 리빙스턴은 *'칼라하리 사막'을 지나, 다시 북서쪽으로 아프리카 내륙을 가로질러 *루안다에 도착하였다. 탐험 도중에 지나는 여러 마을에서 원주민에 대한 선교와 의료 활동을 벌였기 때문에 루안다에 도착하기까지는 10년이 넘게 걸렸다.

리빙스턴은 1852년부터 1856년에 케이프타운을 출발하여 아프리카 대륙을 동서로 횡단하는 탐험을 한 후 인도양 연안인 켈리마네에 도착하였다. 그는 이 여행에서 아프리카 최대의 *'빅토리아 폭포'와 *'잠베지 강'을 발견하였다.

1856년 리빙스턴은 16년 만에 영국으로 돌아와 그 동안의 탐험을 기록한 『남아프리카 전도 여행기』(전2권)를 출간하였다. 1858년에는 켈리마네 주재 영국 영사로 부임했다가 다시 동아프리카 내륙을 탐험했는데, 이 여행에서는 *말라위(니아사) 호 등을 발견하였다. 또 그 인근의 노예 사냥 실태를 폭로함으로써 노예 무역 금지에 이바지하였다.

1864년에 귀국한 그는 『잠베지 강과 그 지류』(2권)를 발간하고, 1866년에 세 번째로 아프리카로 건너갔다. 1871년 온갖 어려움을 겪으며 콩고 강 지류에 이르렀으나, 열병에 걸려 사경을 헤맸다. 이 때 탕가니카 호반 인근에서 *스탠리의 수색 탐험대를 만나 극적으로 구조되었다. 그 후 스탠리 일행과 함께 조사를 계속하다가, 1873년 방궤울루 호 부근 마을에서 이질에 걸려 60세의 나이로 세상을 떠났다. 이 때의 탐험 기록은 『중앙아프리카에서의 리빙스턴의 최후 일지』(2권)에 기록되어 있다.

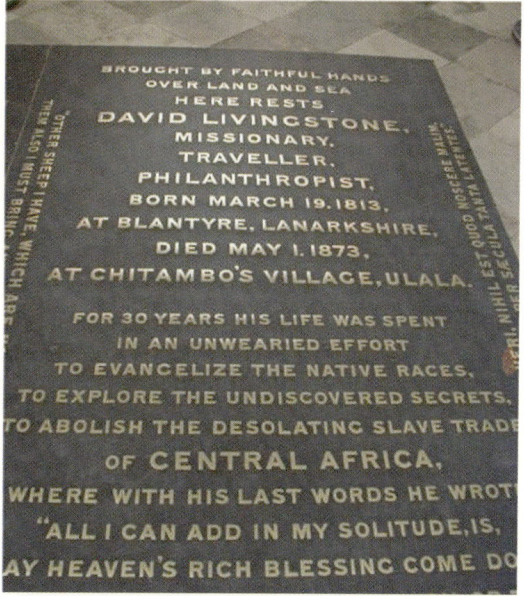

리빙스턴의 동상(왼쪽), 리빙스턴의 묘비(오른쪽 위), 리빙스턴의 초상화(오른쪽 아래)

함께 보아요

루안다 : 아프리카 남서부에 있는 앙골라의 항구 도시. 대서양에 면한 무역항으로 6세기경부터 노예 무역의 중심지였다. 앙골라의 수도이다.

말라위 호 : 동아프리카 말라위, 모잠비크, 탄자니아의 국경에 있는 호수. 시레 강이 되어 잠베지 강으로 흘러 들어간다. 니아사 호라고도 한다.

빅토리아 폭포 : 아프리카 남부 잠베지 강에 있는 폭포로 높이는 120m, 너비는 1,700m이다.

잠베지 강 : 아프리카 남동부를 흐르는 강. 앙골라 동부에서 시작하여 인도양의 모잠비크 해협으로 흘러든다. 중류에는 빅토리아 폭포, 하류에는 카리바 호가 있다. 길이는 3,500km이다.

칼라하리 사막 : 아프리카 남부에 있는 사막. 높이가 820m에서 1,200m인 고원을 이루며 보츠와나와 남아프리카 공화국에 걸쳐 있고 칼라하리 국립 공원이 있다. 면적은 약 93만 km²이다.

스탠리 : 337쪽 '참고 인물' 참조.

남북 전쟁을 승리로 이끌어 흑인 노예를 해방시킨 미국 대통령
링컨

본명 : Abraham Lincoln
생애 : 1809~1865

미국 제16대 대통령인 링컨은 1809년 켄터키 주 호젠빌에서 가난한 농민의 아들로 태어났다. 아버지가 농사일이나 목수 일을 하면서 떠돌아다녔기 때문에 링컨은 초등학교도 제대로 다니지 못했다.

그러나 링컨은 상점 점원, 측량기사 등의 일을 하면서도 독학으로 열심히 공부하여 1837년에는 변호사 시험에 합격하였다. 그 뒤 링컨은 정치에 뛰어들어 1847년에 연방 하원의원에 당선되었다. 그러나 미국과 멕시코가 전쟁을 벌이는 것에 반대하여 하원의원에 재선되지는 못했다. 다시 변호사 생활로 돌아온 그는 뉴올리언스를 여행하면서 흑인 노예들의 비참한 생활을 목격하게 되었다.

1850년에 노예 문제가 전국적인 문제로 부상하자, 링컨은 1856년에 노예 제도 반대를 주장하는 공화당에 입당하였다. 1858년에는 일리노이 주 상원의원 선거에 출마하여 민주당의 더글러스 후보와 치열한 선거전을 벌여 전국적으로 유명해졌다. 결국 선거에서는 패배했지만 7회에 걸친 공개 토론으로 링컨의 이름은 전국에 널리 알려지게 되었다.

1860년 공화당의 대통령 후보가 된 링컨은 민주당 후보를 누르고 대통령에 당선되었다. 노예 제도 폐지를 주장하는 링컨이 당선되자 남부의 여러 주들이 잇달아 합중국을 탈퇴하여 남부 연합국을 결성하였다.

1861년 3월 링컨이 대통령으로 취임하자, 4월에 남군이 섬터 요새를 공격하여 남북 전쟁이 발발하였다. 남북 전쟁은 처음에는 북군이 불리하였다. 그러나 해외 여러 나라들이 응원하고 남부의 흑인 부대가 합류하여 전세는 역전되었다.

1863년 11월, 링컨은 *게티즈버그 국립 묘지 설립 기념식 연설에서 "국민에 의한, 국민을 위한, 국민의 정부는 지상에서 영원히 사라지지 않을 것이다."라는 유명한 말을 남겼다. 전쟁 중인 1864년의 대통령 선거에서는 재선될 전망이 불투명하였으나, *그랜트 장군이 총사령관으로 임명된 후 승리가 계속된 것이 유리하게 작용해서 재선에 성공하였다.

1865년 4월 9일, 4년 동안 계속된 남북 전쟁은 남군 사령관 리가 북군 사령관 그랜트에게 항복함으로써 북군의 승리로 끝났다. 이 전쟁의 승리로 남부의 수많은 흑인 노예들은 마침내 자유의 몸이 되었다. 그러나 5일 후인 1865년 4월 14일, 링컨은 워싱턴의 포드극장에서 연극을 관람하다가 남부인 배우 부스에게 저격을 당했다. 병원으로 급히 옮겨졌으나, 그 다음날 56세를 일기로 세상을 떠났다.

링컨 기념관(위), 링컨 동상(원내)

함께 보아요

게티즈버그 : 미국 펜실베이니아 주 남부에 있는 도시. 가구, 직물 제조업이 발달하였으며, 농산물의 집산지이다. 남북 전쟁의 격전지로 국립 묘지와 국립 군사 공원이 있다.

그랜트(Ulysses S. Grant, 1822~1885) : 미국의 군인, 정치가. 오하이오 주에서 태어나 웨스트포인트 사관학교를 졸업하고 군대에 들어갔다. 멕시코 전쟁에 참전하여 대위로 승진한 뒤, 1854년에 제대하였다. 1861년 남북 전쟁이 시작되자 군대에 들어가 수많은 공을 세워서 링컨 대통령의 인정을 받아 1863년 말에 북군 총사령관에 임명되었다. 1865년 4월, 버지니아 주 아포머톡스에서 남군 사령관 리를 항복시켜 전쟁을 사실상 종결시키고 국민적 영웅이 되었다. 1868년에는 공화당 대통령 후보에 지명되어 제18대 대통령에 당선되었다. 이후 1872년에도 재선되었으나 부패가 잇달아 역대 대통령 가운데서 혹평을 받는 한 사람이 되었다. 저서에 『회고록』이 있다.

마네

인상주의 미술의 아버지로 불리는 프랑스 화가

본명 : Édouard Manet
생애 : 1832~1883

마네는 1832년 프랑스 파리에서 법관의 맏아들로 태어났다. 어려서부터 그림 그리기를 좋아했지만 아버지의 반대가 심해서 17세 때 남아메리카로 가는 배의 견습 선원이 되었다. 1년간의 항해를 마치고 파리로 돌아온 그는 마침내 아버지의 허락을 받아 *쿠튀르의 아틀리에에 들어가 미술 공부를 할 수 있었다.

그러나 역사 화가인 스승 쿠튀르의 그림 경향이 너무 학문적이어서 아틀리에를 나왔다. 그리고는 홀로 *루브르 박물관이나 미술관 등을 돌아다니며 옛날 그림들을 참고하여 독학으로 그림 공부를 하였다.

그 뒤, 마네는 홀로 작업한 작품들을 살롱전에 출품하였다. 그러나 마네의 그림은 당시 화가들의 작품과는 달라서 번번이 낙선하다가, 1861년에야 겨우 입선할 수 있었다.

1863년 *낙선전에 전시된 「풀밭 위의 점심 식사」와 살롱 입선작인 「올랭피아」로 세상의 주목을 받기 시작했다. 이 두 작품에 대한 칭찬이 아닌 비평에 관심이 집중되었던 것이다.

그런데 그것이 오히려 밝고 참신한 마네의 작품을 돋보이게 하는 계기가 되었다. 이 사건을 계기로 프랑스 화단에서 마네를 지지하는 화가들이 늘어났고 피사로, 모네, *시슬레 등 젊은 *인상주의 화가들에게 커다란 자극과 용기를 주었다.

마네는 만년에 레지옹 도뇌르 훈장을 받을 정도로 화가로 인정을 받았지만, 류머티즘이 발병하여 육체적으로 피로가 비교적 적은 파스텔화를 그렸다.

마네는 세련된 도시 감각의 소유자로 주위의 활기 있는 현실을 예민하게 포착하는 필력에서는 유례없는 화가였다. 기존 화가들의 어두운 화면에 밝음을 도입하는 등 전통과 혁신을 연결하는 중개 역할을 하여 미술사에 커다란 공적을 남겼다. 1883년 51세의 나이로 파리에서 세상을 떠났다.

주요 작품으로 위의 작품들 외에 「막시밀리안의 처형」, 「폴리베르제르의 술집」 등 많은 작품이 있다.

마네의 그림 「피리부는 소년」(왼쪽), 그림 「풀밭 위의 점심 식사」 (오른쪽 위), 그림 「폴리베르제르의 술집」(오른쪽 아래)

함께 보아요

낙선전 : 1863년 프랑스의 관청에서 주최한 전람회에서 낙선한 미술 작품들을 모아 전시한 전람회. 마네의 「풀밭 위의 점심 식사」 등이 출품되어 커다란 반향을 불러일으켰으며, 인상주의 탄생의 계기가 되었다.

루브르 박물관 : 프랑스 파리에 있는 국립 미술 박물관. 본디 왕궁이었던 것을 나폴레옹 1세가 박물관으로 개장하였다. 고대 이집트, 그리스, 로마의 미술품과 중세에서 현대에 이르는 회화, 조각 등 다양한 예술품을 소장하고 있다.

시슬레 : 337쪽 '참고 인물' 참조.

인상주의 : 19세기 후반 프랑스에서 일어난 근대 미술의 한 경향. 사물의 고유색을 부정하고 태양 광선에 의하여 시시각각으로 변해 보이는 대상의 순간적인 색채를 포착해서 밝은 그림을 그렸다. 드가, 르누아르, 마네, 모네 등이 대표적 작가이다.

쿠튀르(Thomas Couture, 1815~1879) : 프랑스의 화가. 프랑스 상리에서 태어나 1847년 살롱전에 출품되어 논란을 일으킨 「퇴폐기의 로마인들」이라는 작품의 작가로 잘 알려져 있다. 들라로슈 등에게 그림을 배웠고, 주로 역사적 장면이나 초상화를 잘 그렸다. 그의 작품은 부분적으로는 결점을 찾아보기 힘들지만 전체적으로 어색한 효과를 만들어낸다는 평을 받았다. 그러나 형식에 얽매이지 않은 그의 작품은 개념적으로나 기법에서 활기가 넘쳤다. 화가보다 미술 교육가로 더 명성을 얻었는데 제자로는 마네, 샤반, 라투르 등이 있다.

무선 전신을 발명한 이탈리아의 발명가
마르코니

본명 : Guglielmo Marconi
생애 : 1874~1937

마르코니는 1874년 이탈리아의 볼로냐에서 부유한 실업가의 아들로 태어났다. 과학에 관심이 많았던 그는 아버지의 서재에 갖춰져 있던 많은 과학 서적들을 읽으며 과학자가 되겠다는 꿈을 키웠다.

1894년 마르코니는 이탈리아 북부 항구 도시 리보르노 공과 대학에 들어가서 전기에 관해 공부하고 있었다. 그 때 독일의 물리학자인 *헤르츠가 사망했다. 마르코니는 헤르츠가 발견한 헤르츠파를 이용하여 무선 전신 실험을 시작하였다.

1895년 수많은 실험을 거친 끝에 마르코니는 마침내 집에서 2,400m 떨어진 언덕까지 전신을 보내는 데 성공하였다. 마르코니는 즉시 정부에 특허 신청을 냈다. 그러나 무선 전신이 무엇인지 몰랐던 이탈리아 관리들은 특허를 내주지 않았다.

1896년 마르코니는 어쩔 수 없이 영국으로 건너가서 특허를 받았다. 그리고는 런던 체신청 직원들이 지켜보는 가운데 공개 실험을 하여 세상을 깜짝 놀라게 하였다.

1897년 마르코니는 런던에 '마르코니 무선 전신사'를 설립하고, *'도버 해협'에서 영국~프랑스 간의 통신을 실현시켰다. 1901년 12월에는 대서양을 사이에 두고 영국에서 발신한 통신이 캐나다의 뉴펀들랜드 주 세인트존스에서 수신하는 역사적인 성공을 거두었다.

그 뒤로도 연구를 거듭하여 1902년에 자기검파기, 1905년 수평지향성 안테나 등을 발명하였다. 또한 유능한 과학자들을 회사의 고문으로 맞아들여 통신 거리를 연장시키는 등 많은 노력을 기울였다.

1909년 마르코니는 무선 전신을 발명한 업적을 인정받아 브라운과 공동으로 노벨 물리학상을 수상하였다. 1919년에는 *'파리 평화 회의'의 이탈리아 *'전권 대사'가 되어 외교관으로도 활동하였다.

1937년 63세의 나이로 세상을 떠났다.

함께 보아요

도버 해협 : 영국 남동부와 프랑스 북동부 사이에 있는 해협. 영국과 유럽 대륙을 연결하는 최단거리의 수로로 영국의 도버 시와 프랑스의 칼레 시 사이를 연결하며, 해협의 너비는 30km에서 40km이고, 깊이는 35m에서 55m에 달한다.

전권 대사 : 국제 조약의 체결, 국제 회의, 외교 교섭 등에 국가를 대표하는 권한을 위임받아 파견되는 외교 사절이다.

파리 평화 회의 : 1919년에 제1차 세계 대전의 종결을 위해 전쟁에 승리한 나라들이 파리에서 개최한 강화 회의. 미국, 영국, 프랑스의 3국이 주도권을 장악하고 독일과 베르사유 조약을, 오스트리아와 생제르맹 조약을, 불가리아와 뇌이 조약을, 헝가리와 트리아농 조약을, 터키와 세브르 조약을 체결하였다.

헤르츠(Heinrich R. Hertz, 1857~1894) : 독일의 물리학자. 함부르크에서 태어나 고등 공업학교를 졸업하고 베를린 대학에서 물리학을 공부하였다. 1883년 킬 대학에서 이론물리학을 강의했고, 1885년 카를스루에 고등 공업학교 실험물리학 교수가 되었다. 1889년 본 대학 교수가 되었으나, 1894년 만성 패혈증으로 건강이 악화되어 37세로 요절하였다. 그는 공명자를 이용하여 전자기파의 존재를 확인하였으며, 그 전파 속도가 빛의 속도와 같다는 것도 입증하였다. 또 포물면 거울을 사용해서 맥스웰 이론의 정확성을 입증하였다.

마르코 폴로

『동방견문록』을 남긴 이탈리아의 여행가

본명 : Marco Polo
생애 : 1254~1324

마르코 폴로는 1254년 이탈리아의 항구 도시 베네치아에서 상인의 아들로 태어났다. 마르코가 태어났을 때 보석 상인인 아버지 니콜로와 삼촌 마테오는 세계 여러 나라를 돌아다니며 장사를 하고 있었다. 그들이 베네치아로 돌아온 것은 마르코가 15세가 되었을 무렵이었다.

1271년 17세가 된 마르코는 아버지와 삼촌을 따라 동방 여행길에 동행하였다. 그들은 바닷길이 아닌 육로를 이용하여 터키의 시바스를 거쳐, 이라크의 수도 바그다드로 갔다. 그 곳에서 북쪽으로 방향을 돌려 이란의 타브리즈를 거쳐, '세계의 지붕'이라고 불리는 *'파미르 고원'을 넘어 타림 분지에 이르렀다.

계속해서 카스, 허텐, 체르첸 등 타클라마칸 사막 남쪽에 있는 오아시스 도시들을 지나 2년 만에 중국 원나라 땅인 둔황에 도착했다. 그 후 간저우에서 1년간 머물다가 1275년 원나라 황제 *쿠빌라이의 여름 궁전이 있는 상도에 도착했다.

원나라 황제는 매우 기뻐하며 21세의 용기있는 마르코에게 벼슬을 주고 신하로 삼았다. 그 후로 마르코는 17년 동안 원나라에 머무르면서 정치와 외교에 간여하고 중국 각지를 여행하였다.

1292년 마르코 일행은 이란을 통치하던 몽골 왕조인 *일한국의 아르군칸에게 시집을 가는 원나라 공주의 안내자로 선발되었다. 수십 년 만에 겨우 원나라를 떠날 수 있게 된 마르코 일행은 육로가 아닌 뱃길로 공주를 수행했다. 그들이 탄 배가 자바, 말레이시아, 스리랑카를 경유하여 이란의 *호르무즈에 도착했을 때 아르군칸은 이미 죽고 없었다.

마르코 일행은 원나라 공주를 아르군의 동생에게 맡겨놓고 1295년에야 겨우 고향 베네치아로 돌아올 수 있었다. 마르코 폴로는 17세의 어린 나이에 여행을 떠나서 41세의 중년이 되어 고향으로 돌아온 것이었다.

그 뒤 마르코 폴로는 베네치아와 제노바의 전쟁이 일어났을 때 포로로 잡혀 제노바 감옥에 투옥되었다. 이 때 감옥에서 이야기 작가인 루스티켈로를 만나 중국에서 보고 들은 이야기들을 글로 쓰게 하였다. 이것이 바로 현재 전해지고 있는 마르코 폴로의 『동방견문록』이다. 이 책은 13세기에서 14세기의 이란, 중앙아시아, 몽골의 역사와 자연 및 민속 등을 연구하는 데 귀중한 자료가 되고 있다.

마르코 폴로의 생가(왼쪽), 마르코 폴로의 여행기(오른쪽)

함께 보아요

일한국 : 1258년에 칭기즈칸의 손자인 훌라구가 이란과 소아시아를 중심으로 세운 왕조. 가잔칸 시대에 이슬람교를 국교로 하고 전성시대를 이루다가 1411년 티무르에게 멸망하였다.

쿠빌라이(世祖, 1215~1294) : 몽골 제국 제5대 칸이며 중국 원나라의 시조. 칭기즈칸의 손자로 1251년에 형 몽케가 제4대 칸의 자리에 오르자 중국 방면의 대총독에 임명되었다. 이 때 그는 고비 사막 남쪽의 금연천을 근거지로 삼고 지금의 중국 윈난 성에 있던 대리국을 멸망시켰으며, 티베트와 베트남까지도 공격하였다. 1259년 남송을 무찌르던 형 몽케칸이 쓰촨의 병영에서 병사하자, 이듬해에 대칸의 자리에 올랐다. 4년 동안 막냇동생 아리크부카와 싸워서 굴복시키고 1271년에 나라 이름을 원이라 하였다. 이어 1279년에 남송을 멸망시키고 이민족으로서는 최초로 중국을 통일하였다. 그는 35년간 원나라의 황제로 제위하면서 중앙 집권제를 확립하였고, 금나라와 당나라의 제도를 본받아 관제와 세제를 정비하였다. 또한 미얀마, 참파, 자바 등을 쳐서 일본을 제외한 동아시아의 대부분을 원나라의 속국으로 만들었다.

파미르 고원 : 중앙아시아 남동쪽에 있는 고원. 타지크를 비롯하여 중국, 인도, 아프가니스탄 등에 걸쳐 있다. 티베트 고원과 히말라야, 카라코람, 쿤룬, 톈산 등의 산맥이 모여 이룬 것으로 '세계의 지붕'이라고 한다.

호르무즈 : 페르시아 만 어귀의 호르무즈 해협 북쪽에 있는 섬. 이란의 영토로 13세기부터 국제 무역항으로 발달하였다.

마르크스

마르크스주의를 제창한 독일의 철학자

본명 : Karl Heinrich Marx
생애 : 1818~1883

마르크스는 1818년 프로이센에서 유대인 변호사의 아들로 태어났다. 1835년 본 대학에 입학하여 그리스 로마 역사 등을 배우다가, 이듬해에 베를린 대학으로 옮겨서 법률과 철학을 공부하였다.

1841년 에피쿠로스의 철학에 관한 논문으로 예나 대학에서 박사 학위를 받고 교수가 되기 위해 본으로 갔다. 그러나 대학 시절 스승인 바우어가 잘못도 없이 해직되는 것을 보고 대학 교수의 꿈을 포기했다.

1842년 마르크스는 새로 창간된 반정부 신문인 〈라인 신문〉에 글을 쓰기 시작하여, 그 해 10월에 편집장이 되었다. 그 이듬해에 정부의 탄압으로 신문이 폐간되자 파리로 가서 경제학과 프랑스의 사회주의를 연구하였다. 이 때 평생의 친구인 경제학자 *엥겔스를 만나 혁명가의 길을 걷게 되었다.

1845년 프로이센 정부의 요청으로 프랑스에서 추방되어 벨기에의 브뤼셀로 갔다. 1847년 영국 런던에서 공산주의자 동맹이 결성되자 엥겔스와 함께 가입하여 공동으로 *'공산당 선언'을 발표하였다.

이듬해 프랑스 파리에서 왕정에 반대하는 시민들이 일으킨 혁명이 유럽 여러 나라로 확산되었다. 마르크스는 브뤼셀, 파리, 쾰른 등지를 돌아다니며 혁명에 참가하였다. 그러나 혁명은 좌절되고 그에게도 잇달아 추방령이 내려졌다.

런던으로 망명한 마르크스는 심한 가난 속에서 대영 박물관 도서관에 다니면서 경제학을 연구하고 많은 저서를 집필하였다. 이 당시 아버지의 방적 공장에서 근무하고 있던 엥겔스가 생활비를 대주었다.

그 후 유산 상속 등으로 생활 형편이 나아지자 마르크스는 계속 경제학을 연구하여 『경제학 비판』, 대표작인 『자본론 1권』 등을 펴냈다. 그러나 마지막 10년은 정신적인 침체에 빠져 많은 시간을 휴양지에서 보냈다. 1881년 평생의 친구인 엥겔스가 지켜보는 가운데 64세의 나이로 세상을 떠났다.

마르크스는 "앞으로 세계는 *자본주의가 몰락하고 온 세계가 *사회주의 사회로 바뀐다."

고 예언하였다. 그러나 1991년에 대표적인 사회주의 국가인 소련이 해체됨으로써 그의 이론은 잘못되었음이 입증되었다. 저서로 『독불년지』, 『경제학 철학 초고』, 『독일 이데올로기』, 『철학의 빈곤』 등 많은 작품들이 있다.

독일 베를린의 마르크스 거리(왼쪽), 마르크스의 묘지(오른쪽)

함께 보아요

공산당 선언 : 1848년 2월, 영국 런던에서 마르크스와 엥겔스가 공산주의자 동맹의 국제적 강령으로서 발표한 선언. 사회주의의 원리를 간결하고 이론적으로 정리하였으며, 프롤레타리아 혁명의 승리를 선언하고 모든 노동자의 단결을 호소하였다.

사회주의 : 사유 재산 제도를 폐지하고 생산 수단을 사회화하여 자본주의 제도의 사회와 경제적 모순을 극복한 사회 제도를 실현하려는 사상. 공산주의, 무정부주의, 사회 민주주의 등을 포함한다.

엥겔스(Friedrich Engels, 1820~1895) : 독일의 사회주의자. 프로이센 라인 주 바르멘에서 부유한 공장주의 아들로 태어났다. 1841년 베를린의 근위 포병연대에 복무하면서 베를린 대학에서 철학 등의 강의를 들었다. 1842년 아버지의 공장이 있는 영국 맨체스터로 가던 도중에 쾰른에서 마르크스와 만났다. 영국에 머무르는 동안 사업에 종사하면서 자본주의 분석 연구에 관심을 갖게 되었고, 자유주의 경제이론의 모순점을 제시하여 마르크스로부터 인정을 받았다. 그 해에 파리에서 마르크스와 다시 만나 가까운 친구가 되었다. 1847년 공산주의자 동맹을 창설하였고, 1848년 2월 마르크스와 공동으로 「공산당 선언」을 발표하였다. 마르크스와 『독일 이데올로기』에서 유물사관을 제시하여 마르크스주의의 철학적 기초를 확립함과 동시에 공산주의의 연대와 결집을 목표로 공산주의 통신 위원회를 창설하였다. 마르크스가 사망한 뒤에는 그의 유고를 정리하여 『자본론 제2·3권』을 편집하는 한편, 노동 운동의 발전에 많은 영향을 끼쳤다.

자본주의 : 생산 수단을 자본으로서 소유한 자본가가 이윤 획득을 위하여 생산 활동을 하도록 보장하는 사회 경제 체제이다.

마오쩌둥

중국을 공산화시킨 정치가

본명 : 毛澤東
생애 : 1893~1976

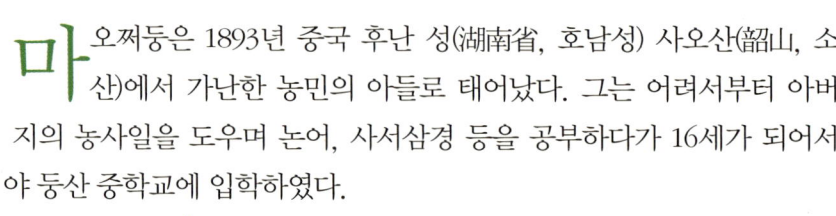

마오쩌둥은 1893년 중국 후난 성(湖南省, 호남성) 사오산(韶山, 소산)에서 가난한 농민의 아들로 태어났다. 그는 어려서부터 아버지의 농사일을 도우며 논어, 사서삼경 등을 공부하다가 16세가 되어서야 둥산 중학교에 입학하였다.

1911년 10월, *신해혁명이 일어나자 혁명군에 입대하여 청나라 정부군과 싸웠다. 이듬해에 혁명군에서 제대한 그는 제1중학을 거쳐 제1사범학교에 입학하였다. 마오쩌둥은 이 학교에서 영국에 유학하고 돌아온 양창지(楊昌濟)로부터 많은 사상적 영향을 받았다.

1918년 대학을 졸업하고 베이징으로 가서 양창지의 소개로 베이징 대학 도서관 주임인 리다자오(李大釗, 이대소)의 조교로 일했다. 또한 비밀 학생 단체들과 접촉하면서 *무정부주의와 러시아 혁명에 관한 책을 많이 읽고 공산주의자가 되었다.

1922년 마오쩌둥은 양창지의 딸과 결혼하고, 7월에는 상하이(上海, 상해)의 중국 공산당 창립 대회에 후난성 대표로 참가하였다. 1927년에는 우한으로 가서 중국 공산당 중앙 농민부장이 되었고, 농민으로 구성된 인민해방군 3,000여 명을 조직하여 지휘하였다.

1934년 10월, 장제스(蔣介石, 장개석)의 국민당군이 공격하자 루이진에서 산시 성(山西省, 산서성) 옌안(延安, 연안)까지 1만 2,500km에 이르는 대이동을 시작하여 당 지도권을 장악하였다. 1937년에는 중일 전쟁이 일어나자 인민해방군을 이끌고 일본군에 대항하여 싸웠다. 1945년 4월, 중앙 제7차 전국 대표 대회에서 중앙 위원회 주석이 되었다. 제2차 세계 대전이 끝난 후에는 국민당의 장제스와 내전을 벌여 승리하고 중국을 통일하였다.

1949년 10월 1일, 베이징(北京, 북경)에 중화인민공화국을 세우고 국가 주석 및 혁명 군사 위원회 주석이 되어 10억 중국인의 지도자가 되었다. 그 후 마오쩌둥은 강력한 독재 정치로 중국의 자립을 강조하며 미국과 소련에 버금가는 강대국으로 키우기 위해 노력하였다.

1976년 4월, 자유를 열망하는 국민들이 * '톈안먼(天安門, 천안문) 사건'을 일으키자 중국의 위대한 영웅으로 불리던 독재자 마오쩌둥은 완전히 고립된 채 83세의 나이로 세상을 떠났다.

마오쩌둥 동상(왼쪽), 마오쩌둥 기념관(오른쪽 위), 마오쩌둥 생가(오른쪽 중간), 마오쩌둥 묘역(오른쪽 아래)

함께 보아요

무정부주의 : 일체의 정치 권력이나 공공적 강제의 필요성을 부정하고 개인의 자유를 최상의 가치로 내세우려는 사상이다.

신해혁명 : 1911년에 청나라를 무너뜨리고 중화민국을 세운 혁명. 10월에 우창에서 봉기하여, 그 이듬해 1월에 쑨원을 임시 대총통으로 하는 임시 정부를 수립하였으나, 혁명 세력이 약한 탓에 위안스카이(袁世凱, 원세개)가 대총통에 취임하여 군벌 정치를 폈다.

톈안먼(天安門, 천안문) 사건 : 1976년 4월 5일, 중국 베이징의 톈안먼 광장에서 국민들이 정권에 대하여 항의 시위를 함으로써 일어난 유혈 사태. 저우언라이(周恩來, 주은래)를 추도하기 위하여 모인 군중들이 마오쩌둥을 비난하는 구호를 외치자, 이를 군사력으로 제압하여 야기되었다. 중국 민주화 운동의 상징이 되었다.

03 일화 이야기로 보는 역사 인물

링컨이 대필한 편지

미국의 남북 전쟁은 흑인 노예 제도 폐지를 주장하는 북부와 노예 제도를 계속 유지하자는 남부 사이에 벌어진 전쟁입니다.

당시 미국 대통령이던 링컨은 자주 전쟁터나 병원을 방문하여 북군 병사들을 격려하고 위로했습니다.

남북 전쟁이 한창이던 1863년, 링컨은 전쟁에서 부상당한 병사들이 입원해 있는 한 병원을 방문했습니다.

링컨은 병원을 둘러보며 부상병들을 위로하고 군의관을 불렀습니다.

"군의관, 지금 이 병원에서 내 도움이 가장 절실한 병사에게 안내해주시오."

"아, 알겠습니다."

군의관은 고개를 갸웃하며 한 부상병에게 링컨을 안내했습니다. 그 병사는 적이 쏜 포탄에 맞아 한쪽 다리가 잘려나가고 몸에도 큰 부상을 입은 상태였습니다. 군의관은 귓속말로 그 병사는 부상이 심해서 살아날 가망성이 거의 없다고 말했습니다.

링컨은 안쓰러운 얼굴로 부상병에게 다가갔습니다. 온몸에 붕대를 칭칭 감고 있는 부상병은 눈을 꼭 감은 채 신음 소리를 내고 있었습니다.

링컨이 부상병의 손을 꼭 잡으며 말했습니다.

"내가 당신을 도울 수 있는 일이 없겠습니까?"

"……?"

부상병이 힘겹게 눈을 뜨고 링컨을 바라보았습니다. 그러나 부상병은 눈앞의 신사가 미국 대통령이라는 사실을 전혀 알지 못했습니다. 그 당시는 라디오나 텔레비전이 없던 시대였으니까요.

부상병이 고통스러운지 인상을 잔뜩 찌푸리며 말했습니다.

재미있게 읽고 나면 역사가 쏙쏙!

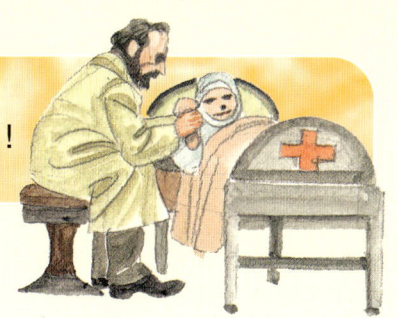

"누구신지 모르지만 정말 친절하시군요. 그렇다면 제 부모님께 편지 한 통만 써 주실 수 있겠습니까?"

"물론입니다. 부모님께 전하고 싶은 말이 있으면 불러주십시오. 그러면 제가 받아 적겠습니다."

링컨은 펜과 종이를 들고 부상병의 곁에 앉았습니다. 부상병은 고통을 참아가며 나지막한 목소리로 편지에 적을 내용을 부르기 시작했습니다.

"어머니, 아버지. 무척 보고 싶습니다. 동생들도 잘 있는지 궁금합니다. 저는 군대에서 주어진 임무를 수행하던 중에 큰 부상을 당했습니다. 아무래도 쉽게 회복되지 못할 것 같습니다. 만약에 제가 죽더라도 너무 슬퍼하지 마세요."

부상병은 통증 때문에 더 이상 말을 잇지 못하고 괴로워했습니다. 링컨은 부상병을 대신하여 편지를 마무리 짓고 마지막에 이렇게 적었습니다.

"조국을 위해 몸을 바친 당신의 아들을 위해 미합중국 대통령 에이브러햄 링컨이 이 편지를 대필했습니다."

한참을 괴로워하던 부상병이 통증이 가라앉자 링컨에게 편지를 보여달라고 했습니다. 링컨은 정성스럽게 쓴 편지를 부상병이 읽기 편하도록 눈앞에 대주었습니다. 부상병이 편지를 읽어보고 휘둥그런 눈으로 링컨을 바라보았습니다.

"다, 당신이 정말 미합중국 대통령입니까?"

"그렇습니다. 제가 미합중국 대통령 링컨입니다. 나라의 평화를 위해 전쟁터에서 용감하게 싸운 귀하를 위해 제가 해줄 것이 또 없겠습니까?"

부상병이 잠시 생각하더니 링컨에게 말했습니다.

"대통령님, 제 손을 잡아주시겠습니까? 그러면 고통 없이 편안하게 이 세상을 떠날 수 있을 것 같습니다."

링컨은 말없이 고개를 끄덕이며 부상병의 손을 꼭 잡아주었습니다. 그리고는 자상한 아버지처럼 이런저런 이야기를 들려주었습니다. 부상병은 링컨의 이야기를 들으며 편안한 얼굴로 눈을 감았습니다.

이야기로 보는 역사 인물

마젤란

최초로 세계 일주를 한 에스파냐 항해가

본명 : Ferdinand Magellan
생애 : 1480~1521

마젤란은 1480년 포르투갈에서 하급 귀족의 아들로 태어났다. 그는 청년 시절에 포르투갈 마누엘 왕의 관리로 있다가 1504년 포르투갈령인 인도 총독의 부하가 되어 동남아시아로 건너갔다. 그 곳에서 새로운 뱃길을 개척하는 등 많은 공을 세우고 1511년에 귀국하였다. 그 공으로 왕의 신임을 받았지만 원정군을 이끌고 아프리카 모로코로 갔다가 *무어인과의 거래를 왕이 오해하여 불신을 받게 되었다. 그 일로 마젤란은 1517년에 포르투갈을 떠나 이웃나라인 에스파냐로 건너갔다.

그 무렵 에스파냐와 포르투갈은 *'몰루카 제도'에서 나는 향료를 차지하기 위해 치열한 싸움을 벌이고 있었다. 마젤란은 향료를 구하기 위해 항해에 필요한 자금을 구하고 에스파냐 국왕인 카를로스에게 허락을 받았다.

1519년 8월, 지구가 둥글다는 것을 알고 있던 마젤란은 동쪽에 있는 몰루카 제도로 가기 위해 서쪽 항로를 택했다. 선박 5척과 선원 270명으로 *세비야를 출발하여 아메리카 대륙으로 항해하였다. 그 해 12월 중순, 브라질 리우데자네이루에 도착한 마젤란은 계속 남하하여 이듬해 11월에는 남아메리카 대륙 남쪽 끝에 있는 해협에 이르렀다. 마젤란은 이 해협을 *'마젤란 해협'이라 이름 짓고 항해를 계속하였다. 그런데 그 해협에서 심한 폭풍우로 배 1척이 침몰하고, 다른 1척은 겁에 질려 도망가고 말았다.

이윽고 그 해협을 지나자 잔잔하고 넓은 바다가 나타났다. 마젤란은 그 바다를 '퍼시픽 오션(Pacific ocean, 태평양)'이라고 이름 짓고, 남은 3척의 배로 3개월 동안 서쪽으로 나아갔다. 섬이 보이지 않자 선원들은 불안에 떨었지만 마젤란은 계속 항해하여 1521년 3월, 마침내 괌 섬에 도착했다.

그 며칠 뒤에는 필리핀 군도에 도착하여 세비야에서 데려온 수마트라인 노예의 통역으로 원주민과 우호 관계를 맺었다. 그러나 1521년 4월 27일, 막탄 섬의 원주민을 토벌하다가 독화살을 맞고 부하 12명과 함께 전사하였다.

남은 선원들은 엘카노를 새 지휘자로 삼고 서쪽으로 계속 항해하였다. 선원이 부족하여 배 1척은 불사르고 11월에 몰루카 제도에 도착했다. 그런데 배 1척이 또 난파되자 마지막 남은 빅토리아 호에 향료를 가득 싣고 인도양과 아프리카 남쪽을 지나 1522년 9월 8일, 마침내 세비야에 도착하였다. 이 때 생존자는 엘카노 등 18명뿐이었다. 후세 학자들은 마젤란이 죽은 지점이 몰루카 제도의 경선을 넘었기 때문에 최초로 '세계 일주'를 완수하였다고 결론지었다.

필리핀 세부에 있는 마젤란 동상(왼쪽), 마젤란 묘비(오른쪽 위), 마젤란의 여행 지도(오른쪽 아래)

함께 보아요

마젤란 해협 : 남아메리카 대륙 남쪽 끝과 푸에고 섬 사이에 있는 해협. 대서양과 태평양을 이어주는 해협으로 1520년 마젤란이 세계 일주를 하다가 발견하였으며, 세계에서 손꼽히는 험한 항로이다. 기항지는 푼타아레나스이고 길이는 약 600km이다.

몰루카 제도 : 인도네시아 동부 셀레베스 섬과 뉴기니 섬 사이에 있는 섬들. 일년 내내 바람이 불지 않는 적도 무풍대에 속하며, 과거에는 포르투갈과 에스파냐의 쟁탈지였다. 현재는 인도네시아의 일부이며 정향, 육두구 등의 향료가 많이 난다.

무어인 : 8세기경에 이베리아 반도를 정복한 이슬람교도를 부르던 말. 본래는 모로코의 모리타니아, 알제리, 튀니스 등지의 베르베르인을 주체로 하는 여러 원주민 부족을 가리켰다. 11세기 이후에는 북아프리카나 아시아의 이슬람교도를 뜻하는 말로 쓰였다가, 15세기경부터는 이슬람교도를 이르는 말이 되었다.

세비야 : 에스파냐 남부 안달루시아 지방의 과달키비르 강 연안에 있는 항구 도시. 철강, 도자기, 직물 공업이 활발하며 담배 공장이 있다. 15세기 말기 이후, 서인도 무역을 독점하여 번영하였다. 로마 시대와 이슬람 시대의 유적이 많다.

마크 트웨인

『톰 소여의 모험』을 쓴 미국의 소설가

본명 : Mark Twain
생애 : 1835~1910

　본명이 사무엘 클레멘스(Samuel Clemens)인 마크 트웨인은 1835년 미국 미주리 주에서 가난한 개척민의 아들로 태어났다. 4세 때 가족을 따라 미시시피 강가의 해니벌이라는 마을로 이사를 하였다. 12세 때 아버지가 사망하자 학교를 그만두고 인쇄소의 견습공이 되어 일하다가 각지를 떠돌아다녔다.

　1857년 마크 트웨인은 *'미시시피 강'의 수로 안내인이 되었는데, 해니벌로 이사한 뒤부터 이 시기까지의 생활과 경험은 훗날 그의 작품에 커다란 영향을 주었다. 그의 필명인 '마크 트웨인'은 강의 뱃사람들이 쓰는 용어로 안전 수역을 나타내는 '두 길'(한 길은 6ft)을 뜻한다.

　1861년 남북 전쟁이 일어나자 그는 수로 안내인 자리를 잃고 남군에 들어갔다. 그러나 2주일 만에 도망쳐 나와서 관리가 되어 네바다 주로 부임하는 형 오라이언을 따라 서부로 갔다. 그 후 광산기사를 거쳐 신문기자로 일하다가 많은 작가들과 친분을 쌓으며 스스로도 글을 쓰기 시작했다.

　1867년 처녀 단편집인 『캘리베러스군의 명물, 뛰어오르는 개구리』를 출판했는데, 이 작품은 야성적이고 무척 재미있어서 그는 단번에 유명 작가가 되었다.

　마크 트웨인은 역사가 짧은 미국에서 태어나고 자랐기 때문에 유럽의 역사와 예술을 대수롭지 않게 여겼다. 또 그것을 모른다고 해서 스스로를 낮출 필요는 전혀 없다고 생각하며 자신 있게 미국적인 글을 썼다.

　그러나 1870년 미국 동부의 석탄 부자의 딸인 올리비어 랭든과 결혼한 뒤에는 유럽의 역사와 문화를 공부하여 이전과는 다른 글을 쓰게 되었다. 한편으로 1900년부터 세상을 떠날 때까지는 미국의 *제국주의적 침략을 비판하고 반제국주의, 반전 활동에 열성적으로 참여하였다.

　마크 트웨인은 어른은 물론 전 세계 어린이들이 즐겨 읽는 많은 명작을 남기고 1910년 75세를 일기로 세상을 떠났다. 저서로 *『톰 소여의 모험』, 『미시시피 강의 생활』, 『허클베리 핀의 모험』, 『왕자와 거지』, 『인간이란 무엇인가』 등 많은 작품이 있다.

미국 코나티켓에 있는 생전의 마크 트웨인의 집(왼쪽), 마크 트웨인의 고향에 있는 박물관(오른쪽)

함께 보아요

미시시피 강 : 미국 중앙부를 흐르는 세계에서 세 번째로 긴 강. 본류는 아이태스커 호에서 시작하며, 삼각주를 이루어 멕시코 만으로 흘러 들어간다. 길이는 6,300km이다.

제국주의 : 우월한 군사력과 경제력으로 다른 나라나 민족을 정벌하여 대국가를 건설하려는 침략주의적 경향을 말한다.

톰 소여의 모험 : 마크 트웨인이 1876년에 발표한 장편 소설. 미시시피 강변을 무대로 장난꾸러기 소년 톰과 그의 친구들이 갖가지 모험을 통하여 보물을 찾아내는 과정을 해학적으로 그렸다.

이슬람교의 개조
마호메트

본명 : Muhammad Mahomet
생애 : 570?~632

마호메트는 아라비아 반도 *메카의 명문인 하심 가문에서 태어났다. 그는 아버지가 일찍 죽어서 할아버지의 손에 자라다가 숙부 아브 탈리브의 보호를 받았다.

마호메트는 어릴 때부터 *대상인 숙부를 따라 시리아 등지를 왕래하였다. 청년 시절에는 대상인의 미망인인 하디자에게 고용되어 일했는데, 마호메트의 성실함에 반하여 그녀가 먼저 구혼을 하였다. 595년 마호메트는 10여 세나 많은 하디자와 결혼하였고 3남 4녀를 낳았다. 그러나 아들들은 모두 일찍 죽었다.

부자인 아내 덕분에 편안하게 살던 마호메트는 점차 세상을 바라보게 되었다. 그 당시 많은 아라비아 사람들은 가난 때문에 갓난아기를 예사로 죽이는 나쁜 관습이 있었다. 게다가 여러 부족으로 나뉘어져 있어서 싸움이 끊이질 않았고, 부족마다 각각 다른 신을 섬기고 있었다.

610년경 40대가 된 마호메트는 가난한 아라비아 사람들을 위해 뭔가 해야겠다고 결심하고 메카 교외의 히라 산에 있는 동굴에 들어가 명상을 하였다. 그렇게 몇 달이 지났을 때 천사 *가브리엘로부터 알라신의 계시를 받았다고 한다.

그 후 마호메트는 자신이 *알라의 사도이며 아라비아의 예언자라고 굳게 믿고 새로운 종교인 이슬람교를 창시하였다. 마호메트는 천사 가브리엘에게 받은 가르침을 사람들에게 전하기 시작했다. '아라비아의 유일한 신은 알라이며, 알라 앞에서 모든 인간은 평등하다.'는 *『코란』의 가르침을 설교한 것이다. 그 가르침에 부인 하디자가 최초의 신도가 되었고, 사람들도 점차 이슬람교를 믿게 되었다.

이슬람교도 수가 늘어나자 613년 메카의 지배층인 부자와 관리들이 박해를 가하기 시작했다. 622년 마호메트는 메카 지배층의 박해를 피해 70여 명의 제자를 데리고 메카 북쪽에 있는 메디나로 가서 그 곳의 지도자가 되었다.

마호메트는 메디나에서 군대를 양성하여 630년 마침내 메카를 정복하였다. 그 후로 날이 갈수록 마호메트를 따르는 이슬람교도가 늘어나자 아라비아 전역의 각 부족들도 이슬람교를 받아들였다.

마호메트는 이슬람교를 만든 지 20여 년 만에 아라비아 반도를 통일하고, 632년 6월 62세의 나이로 세상을 떠났다. 마호메트가 창시한 이슬람교는 오늘날 그 신도 수가 5억 명에 이르며 불교, 기독교와 더불어 세계 3대 종교로 불리고 있다.

그림 「마호메트의 승천」(왼쪽), 코란(오른쪽 위), 여행하는 마호메트(오른쪽 아래)

함께 보아요

가브리엘 : 성경에 나오는 천사의 하나. 계시를 담당하는데 구약에서는 다니엘이 본 환영을 해석해주었고, 신약에서는 마리아에게 세례 요한의 탄생과 예수의 탄생을 알려주었다. 이슬람교에서도 4대 천사 가운데 하나로 여긴다.

대상 : 사막이나 초원과 같이 교통이 발달하지 않은 지방에서 낙타나 말에 짐을 싣고 떼를 지어 먼 곳으로 다니면서 특산물을 교역하는 상인의 집단을 말한다.

메카 : 사우디아라비아 남서부에 있는 홍해 연안의 도시. 이슬람교의 창시자인 마호메트가 태어난 곳으로 이슬람교 최고의 성지이다. 로마 시대부터 중요한 교역지이며, 종교적인 유적이 많아 세계 각처에서 이슬람교도의 순례가 끊이지 않는다.

알라 : 이슬람교의 유일·절대·전능의 신. 원래 아랍인들 사이에서 천지창조의 신을 '알라'라고 불렀는데, 마호메트가 이슬람교의 유일신으로 받들었다. 인간의 지각으로 알 수 없는 절대적인 인격신으로 여기기 때문에 신상이나 조각 등으로 나타내지 않는다.

코란 : 이슬람교의 경전. 마호메트가 천사 가브리엘을 통해 받은 알라의 계시 내용과 계율 등을 기록한 것으로 이슬람교도의 신앙뿐만 아니라 일상생활의 규범을 서술하고 있다. 7세기 중기에 제3대 칼리프 오스만에 의하여 최종적으로 완성된 것으로 총 30편 114장 6,342구절로 되어 있다.

막사이사이

필리핀의 민주화를 위해 노력한 정치가

본명 : Ramon Magsaysay
생애 : 1907~1957

막사이사이는 1907년 필리핀의 루손 섬 이바에서 태어났다. 그는 어려서부터 철공소를 운영하는 아버지의 일을 도왔으므로, 청소년 때는 훌륭한 기계공이 되어 있었다.

가난한 집안 형편 때문에 스스로 돈을 벌어서 공부한 그는 1932년 호세 리살 대학을 졸업하고 마닐라에 있는 운수 회사에 취직했다. 그는 회사에서도 뛰어난 능력을 발휘하여 얼마 후에는 지점장으로 승진하였다.

1941년 일본이 태평양 전쟁을 일으켜 필리핀을 침략하자 그는 회사를 그만두고 *게릴라 부대를 조직하여 일본군에 맞서 싸웠다. 일본군과의 전쟁에서 많은 공을 세운 그는 제2차 세계 대전 말기인 1945년 삼바레스 주지사가 되었다. 그 이듬해에는 자유당 소속의 하원의원이 되었고, 1950년에는 국방장관으로 임명되었다.

그 당시 필리핀은 *후크발라하프(후크단)라는 공산 게릴라 단체가 곳곳에서 정부군을 공격하여 내전 상태에 빠져 있었다. 필리핀 정부에서는 공산 게릴라를 토벌하기 위해 막사이사이를 최고 책임자로 임명하였다.

막사이사이는 미국의 원조를 받아 정부군을 이끌고 공산 게릴라들을 진압하여 '태평양의 아이젠하워'라는 별명을 얻게 되었다.

1953년 국민당에 입당한 그는 공산 게릴라를 진압한 공로로 필리핀의 제3대 대통령에 당선되었다. 그 후 참다운 민주정치를 실현하기 위하여 정치, 경제 등 사회 전반에 팽배해 있던 부정과 부패를 몰아내고 국민들을 위해 열심히 일했다.

1957년 *'세부 섬'에서 돌아오는 길에 비행기 추락 사고로 많은 수행원들과 함께 50세의 나이로 세상을 떠났다.

1958년 자유를 위한 그의 공적을 기리기 위하여 록펠러 재단의 기금으로 *막사이사이상이 제정되었다.

막사이사이의 동상(왼쪽), 막사이사이의 사진이 실린 타임지 표지(오른쪽 위), 막사이사이의 필리핀 대학(오른쪽 아래)

함께 보아요

게릴라 : 주로 적의 배후나 측면에서 기습, 교란, 파괴 등의 활동을 하는 비정규 부대를 말한다.

막사이사이상 : 필리핀의 대통령이었던 막사이사이의 업적을 추모하고 기념하기 위하여 제정된 국제적인 상. 1958년에 록펠러 재단의 기금으로 막사이사이 재단을 설립하여 정부 공무원, 공공 봉사, 사회 지도, 국제 이해 증진, 언론·문화의 5개 부문에 걸쳐 해마다 시상한다.

세부 섬 : 필리핀 중앙부에 있는 화산섬. 필리핀에서 인구 밀도가 가장 높은 섬으로 주위의 작은 섬과 함께 세부 주를 이룬다. 마닐라삼, 사탕수수, 면화, 담배, 카카오 등의 농산물이 풍부하다. 석탄이 나며 정유업도 활발하다. 면적은 4,411㎢이다.

후크발라하프(후크단) : 항일 의용군이라는 뜻으로, 1942년에 일본군이 필리핀을 침공했을 때 중부 루손 섬의 농민 조합을 중심으로 결성된 항일 게릴라 조직. 항일 게릴라전을 벌이며 완전 독립과 토지 개혁을 요구하였다. 제2차 세계 대전이 끝난 뒤에는 필리핀을 공산화시키기 위한 공산 게릴라가 되어 정부군과 잦은 충돌을 일으켰으나 막사이사이에 의해 진압되었다.

만델라

남아프리카 공화국 최초의 흑인 대통령

본명: Nelson Rolihlahla Mandela
생애: 1918~

만델라는 1918년 남아프리카 공화국의 트란스케이 움타타에서 템부족 추장의 아들로 태어났다.

그 당시 남아프리카 공화국은 영국의 식민지였다. 전체 국민의 80%가 흑인이고 백인은 20%에 불과한데도 백인들이 정치, 경제 등 사회 모든 분야를 장악하고 있었다. 흑인들은 투표권도 없이 백인들이 경영하는 농장과 공장에서 적은 임금을 받으며 노예처럼 일했다. 또 흑인들은 백인들이 다니는 식당이나 찻집에도 마음대로 드나들 수 없었다.

만델라는 차별받는 흑인 동포들을 보면서 흑인들도 백인들과 동등한 대우를 받으며 살 수 있는 나라를 만들어야겠다고 결심했다. 1940년 포트헤어 대학에 다니던 만델라는 흑인들의 인권을 되찾자는 시위를 주동하다가 퇴학을 당했다.

1944년에는 운동을 본격화하기 위해 '아프리카 민족회의 청년 연맹'을 창설하였다. 1952년에는 흑인으로서는 처음으로 요하네스버그에 법률상담소를 열고 *'인종 격리 정책' 반대 운동에 나서는 등 흑인 인권 운동을 주도하였다.

이 일로 1952년과 1956년 두 차례에 걸쳐 체포되었으며, 1960년 3월 샤프빌 흑인 학살 사건을 계기로 평화 시위 운동을 중단하고 무장 투쟁의 지도자가 되었다. 1962년 다시 체포되어 5년형을 선고받았으며, 1963년에서 1964년 범죄 혐의 추가로 재판을 받고 종신형을 선고받았다.

1979년 옥중에서 자와할랄 네루상, 1981년에 브루노 크라이스키 인권상, 1983년에는 유네스코의 시몬 볼리바 국제상을 받았다. 1990년 2월에 석방될 때까지 27년간 복역하면서 세계 인권 운동의 상징적인 존재가 되었다.

1991년 7월 *'아프리카 민족회의(ANC)' 의장으로 선출된 뒤, *'드 클레르크'의 백인 정부와 협상을 벌여 350여 년에 걸친 인종 분규를 종식시켰다. 이 공로로 1993년에 드 클레르크와 함께 노벨 평화상을 공동 수상하였다. 이어 1994년 5월에는 남아프리카 공화국 최초로 흑인 참여 자유총선거에 의하여 구성된 다인종 의회에서 대통령에 선출되었다.

저서로 자유를 위한 투쟁 의지를 밝힌 『투쟁은 나의 인생』, 자서전 『자유를 향한 머나먼 여정』이 있다. 1995년 7월과 2001년 3월, 두 차례에 걸쳐 한국을 방문하였다.

만델라의 동상(왼쪽), 만델라가 복역했던 감방(오른쪽 위), 만델라 광장(오른쪽 아래)

함께 보아요

드 클레르크(Frederik W. de Klerk, 1936~) : 남아프리카 공화국의 정치가로 요하네스버그의 정치 명문가에서 태어났다. 대학에서 법학을 공부하고 변호사로 활동하다가, 1972년 국민당 소속 국회의원으로 정계에 입문하였다. 1989년 8월 보타 대통령이 사임하자 대통령 권한 대행으로 있다가, 그 해 9월에 치러진 총선거에서 승리하여 대통령에 취임했다. 그는 취임 즉시 인종 차별 정책을 완화하였고, 1990년 2월에 만델라를 석방했으며, 아프리카 민족회의(ANC)의 합법화 등 혁명적인 조치를 단행하였다. 1992년 3월 백인들을 상대로 흑인들의 참정권에 관한 투표를 실시하여 68.7%의 지지를 얻어냄으로써, 1994년 5월에 남아프리카 공화국 최초의 흑인 참여 자유총선거가 실시되었다. 이 선거에 의하여 구성된 다인종 의회에서 국민당을 누르고 압승한 ANC 의장인 만델라가 대통령으로 선출되었다. 제2당을 차지한 국민당의 드 클레르크는 부통령으로 강등되었으나, 1993년에 인종 차별 정책을 철폐한 공로로 만델라와 함께 노벨 평화상을 수상하였다.

아프리카 민족회의(ANC : African National Congress) : 남아프리카 공화국의 흑인 해방 조직이다.

인종 격리 정책 : 인종에 따라 사회적인 여러 권리를 차별하는 정책이다.

제2차 세계 대전과 6·25 전쟁의 영웅
맥아더

본명 : Douglas MacArthur
생애 : 1880~1964

맥아더는 1880년 미국 아칸소 주의 리틀록에서 군인의 아들로 태어났다. 아버지인 아서 맥아더는 미국·에스파냐 전쟁에서 큰 공을 세웠고 미국의 필리핀 주둔군 사령관을 지내기도 하였다.

1903년 맥아더는 미국 육군 사관학교를 수석으로 졸업하고 필리핀에서 보병 소위로 근무하기 시작했다. 그 후 중국, 인도 등 아시아 여러 나라를 돌아다니며 동부 아시아에 대한 공부를 많이 하였다. 제1차 세계 대전이 한창이던 1917년에는 프랑스로 건너가서 많은 전공을 세웠다.

1919년 맥아더는 39세의 젊은 나이로 미국 육군 사관학교의 교장이 되었고, 1930년에는 50세의 나이에 대장으로 진급하였다. 이 두 가지는 미국 역사상 가장 젊은 나이에 이룩한 것이었다.

1937년 맥아더는 현역에서 퇴역했다. 그러나 미국과 일본의 관계가 긴박하게 돌아가자, 1941년 7월 현역에 복귀하여 미국 극동군 사령관으로 필리핀에 주둔하였다. 1942년 초 *'태평양 전쟁'을 일으킨 일본이 필리핀을 공격하자, 맥아더는 마닐라를 빼앗기고 오스트레일리아로 후퇴하였다.

그 해 가을부터 *뉴기니 작전을 비롯한 반격 작전을 전개하여, 1945년 7월에는 필리핀을 되찾고, 8월 15일에는 일본을 항복시켜 일본 점령군 최고 사령관이 되었다. 이 때 원수로 진급한 맥아더는 도쿄에 맥아더 사령부를 설치하고 일본의 민주화와 경제 재건을 위해 많은 도움을 주었다.

1950년 6·25 전쟁이 일어나자 맥아더는 유엔군 최고 사령관이 되어 인천 상륙 작전을 지휘하였다. 어느 누구도 생각지 못했던 통쾌한 작전으로 전세를 역전시켜서 북한군을 중국 국경까지 몰아내는 데 성공하였다.

그러나 중공군의 개입으로 후퇴를 하게 되자 맥아더는 만주 폭격과 중국 연안을 봉쇄하자고 주장했다. 이 때문에 *트루먼 대통령과 의견 대립이 생겨서 1951년 4월, 사령관 직위에서 해임되었다.

그 후 미국 의회에서 "노병은 죽지 않고 사라질 뿐이다."라는 유명한 말을 남기고, 1964년 4월 84세를 일기로 세상을 떠났다.

맥아더 동상(왼쪽), 1950년 도쿄에서의 맥아더(오른쪽 위), 이승만과 맥아더(오른쪽 아래)

함께 보아요

뉴기니 : 오스트레일리아 북쪽 아라푸라 해와 토러스 해협 사이에 길게 놓여 있는 섬. 금, 은, 석유와 열대 농산물이 나며, 진귀한 동물이 많다. 인도네시아령 서이리안이 중심이 되며, 동부는 오스트레일리아의 신탁 통치령을 거쳐 1975년에 파푸아뉴기니로 독립하였다. 면적은 77만 1,900㎢이다.

태평양 전쟁 : 1941년부터 1945년까지 일본과 연합국 사이에 벌어진 전쟁. 제2차 세계 대전의 일부로서 일본의 진주만 기습으로 시작되어 일본의 무조건 항복으로 끝났다.

트루먼(Harry S. Truman, 1884~1972) : 미국 제33대 대통령. 미국 미주리 주의 라마에서 농부의 아들로 태어났다. 제1차 세계 대전이 일어나자 육군 포병대에 입대하여 프랑스 전선에서 싸웠다. 전쟁이 끝난 뒤에 법률학교를 졸업하고 판사로 근무하면서 많은 업적을 쌓았다. 1834년 루스벨트의 정책을 지지하여 미주리 주 민주당 상원의원에 당선되었고, 1944년에는 부통령이 되었다. 1945년 4월, 루스벨트 대통령이 갑자기 사망하자 대통령직을 승계하였다. 그 후 제2차 세계 대전을 승리로 이끌고 미국의 경제 회복에 힘썼다. 1947년 3월에는 '트루먼 독트린'을 선언하여 소련을 비롯한 공산주의 세력의 확산을 저지하였다.

중국 전국 시대의 유교 사상가
맹자

본명 : 孟子, 이름은 맹가, 자는 자여 또는 자거
생애 : BC 372?~BC 289?

중국 *제자백가의 한 사람인 맹자는 산둥 성(山東省, 산동성) 쪼우셴(鄒縣, 추현) 현에서 태어났다. 맹자는 4세 때 아버지를 여의고, 홀어머니의 헌신적인 배려와 지도를 받으며 자랐다.

맹자와 어머니는 처음에 공동묘지 근처에 살았다. 맹자가 날마다 장례식을 올리는 놀이를 하자 어머니는 시장 근처로 이사했다. 그러나 이번에는 물건을 사고파는 놀이를 하였다. 어머니는 다시 서당 옆으로 이사를 갔다. 그러자 비로소 맹자는 공부하는 흉내를 내었다. 이처럼 자식을 기르는 데 좋은 환경을 찾아 세 번이나 이사를 했다는 고사가 '맹모삼천지교(孟母三遷之敎)'이다.

또 하루는 맹자가 공부가 힘들다며 그만두려 하였다. 그러자 어머니는 힘들여 짜고 있던 베를 칼로 끊으면서 학문을 크게 이루라고 꾸짖었는데, 이 고사성어가 바로 '맹모단기지교(孟母斷機之敎)'이다.

청년이 된 맹자는 더 많은 학문을 배우기 위해 노나라로 가서 공자의 손자인 자사의 문하생에게 유교 사상을 배웠다. 그리하여 공자의 인의 사상을 더욱 발전시켜서 세 가지 주장을 내놓았다. 맹자의 사상은 인의설(仁義說)과 그 기초가 되는 성선설(性善說), 그리고 이에 입각한 왕도정치(王道政治)이다.

맹자는 인의설에서 '인은 사람의 마음이요, 의는 사람의 길'이라고 하였다. 이 말은 곧 사람이 마음을 실천함에 있어서 옳은 길을 따라야 한다는 것이다.

성선설은 사람의 본성은 선천적으로 착하지만 나쁜 환경과 물질에 대한 욕심 때문에 악하게 된다는 학설이다. 또 왕도정치는 왕은 국민에 대한 사랑을 바탕으로 나라를 다스려야 하며, 경제적으로 넉넉하게 한 다음에 도덕 교육을 해야 한다는 주장이다.

맹자는 자신의 주장을 펼치기 위해 기원전 320년경부터 약 15년 동안 제자들을 데리고 여러 나라의 왕들을 찾아다녔다. 그러나 각 나라의 왕들은 맹자의 주장을 채택하지 않았다. 그 당시 제후들이 찾던 것은 맹자가 주장하는 왕도정치보다는 *부국강병책과 외교적인 책모였기 때문이다.

그 후 맹자는 고향으로 돌아와 제자들을 가르치며 자신이 왕들이나 제자들과 나누었던 대화를 엮어 『맹자』를 집필하였다. 맹자의 사상이 고스란히 담겨 있는 이 책은 오랫동안 읽히지 않다가 당나라 때 *한유가 세상에 알렸다. 그것이 북송으로 계승되었고, 남송의 주희가 4서의 하나로 삼았다.

맹자의 강의당(위), 맹자의 묘지 정문(아래)

함께 보아요

부국강병 : 나라를 부유하게 만들고 군대를 강하게 하는 것을 말한다.

제자백가 : 중국 춘추 전국 시대의 여러 학파. 공자, 관자, 노자, 맹자, 장자, 묵자, 열자, 한비자, 윤문자, 손자, 오자, 귀곡자 등의 유가와 도가, 묵가, 법가, 명가, 병가, 종횡가, 음양가 등을 통틀어 이른다.

한유(韓愈, 768~824) : 중국 당나라 때의 문인으로 당송 팔대가의 한 사람이다. 하급 관리의 막내아들로 태어나 아버지를 일찍 여의고 형 밑에서 자랐다. 25세에 과거에 급제하여 감찰어사, 이부시랑 등 여러 벼슬을 지냈다. 그는 벼슬살이를 하면서도 뛰어난 문장력으로 중국 문학사에 커다란 업적을 남겼다. 먼저 그 때까지의 중국 문장은 너무 형식적이어서 뜻을 이해하기가 어려웠는데, 그는 누구나 자유롭게 쓸 수 있는 옛글을 부활시켰다. 또 시에도 글자 하나하나의 변화에 주의를 기울여 표현해서 송나라의 시에 커다란 영향을 끼쳤다. 또한 도교와 불교를 배격하고 유교를 높게 평가하여 도학의 선구자가 되었다.

맹자 123

멘델

'멘델의 법칙'으로 유전학을 개척한 오스트리아의 과학자

본명 : Gregor Johann Mendel
생애 : 1822~1884

멘델은 1822년 오스트리아령이던 체코의 힌치체에서 가난한 농부의 아들로 태어났다. 1840년 독일 올뮈츠에 있는 고등학교에서 공부했지만 집안이 가난하여 대학 진학을 포기해야 했다.

이 때 물리 선생님이 "수도원에 들어가서 신부가 되면 식생활도 해결되고 학문도 자유롭게 연구할 수 있다."고 권유하였다. 그리하여 멘델은 고향 근처 브륀(체코의 브르노)에 있는 성 아우구스티노 수도원에 들어가 그레고르라는 이름을 받았다. 선생님의 말대로 이 교단에는 철학자, 수학자, 식물학자 등이 많이 소속되어 있어서 멘델은 학비 걱정 없이 자유롭게 공부할 수 있었다.

멘델은 열심히 공부하여 1847년에 신부가 되었고, 근처 고등학교에서 수학과 그리스어를 가르쳤다. 1851년 멘델의 학구열에 감명을 받은 수도원 원장이 학자금을 지원하여 빈 대학에 입학하였다. 멘델은 2년간 빈 대학에서 물리학, 수학, 식물학 등을 배우고, 1854년에는 브륀 국립 종합학교의 교사가 되었다.

멘델은 1853년부터 수도원 뜰에 다양한 품종의 완두콩을 재배하여 유전에 관한 실험을 하였다. 그 당시는 유전 물질은 액체와 같이 서로 섞여서 전달된다는 혼합유전설이 유력한 학설이었다. 그러나 멘델은 이 학설이 잘못됐다고 생각하여 계속 연구하였다. 또한 다윈이 쓴 『종의 기원』을 읽고 유전에 관한 연구가 생물 진화의 수수께끼를 푸는 열쇠가 된다는 확신을 갖게 되었다.

멘델은 34종의 완두콩을 2년간에 걸쳐 재배하여 형질이 안정된 22종의 완두콩을 골라냈다. 그 완두콩을 교배한 다음 잘 키워서 그 형질이 나타나는 수학적인 법칙성에 주목하여 8년간의 실험 끝에 * '멘델의 법칙'을 만들어냈다.

1865년 멘델은 이 법칙을 브륀의 학회에 발표하고, 이듬해에는 학회지에 「식물 교잡에 관한 실험」이라는 제목으로 게재하였다. 그러나 당시의 생물학자들이 '멘델의 법칙'을 이해하지 못했기 때문에 20세기가 될 때까지 그의 업적은 빛을 보지 못했다.

1868년 수도원 원장이 된 멘델은 직무에 힘쓰다가, 1884년 62세를 일기로 세상을 떠났다.

함께 보아요

멘델의 법칙 : 오스트리아의 유전학자 멘델이 1865년에 발표한 세 가지 유전 법칙으로 단성 잡종의 제1대에 우성 형질이 표면에 나타나고, 열성 형질은 가려진다는 '우열의 법칙'과 잡종 제1대에는 대립 형질 가운데서 우성의 형질만이 나타나지만, 잡종 제2대에는 우성과 열성의 형질이 3 : 1의 비율로 분리하여 나타난다는 '분리의 법칙'이 있다. 그리고 2쌍 이상의 대립 형질이 동시에 유전하는 경우, 그 각각의 대립 형질은 다른 형질에 관계없이 서로 완전히 독립하여 유전된다는 '독립의 법칙' 등이 있다.

전신을 발명한 미국의 화가
모스

본명 : Samuel Finley Breese Morse
생애 : 1791~1872

모스는 1791년 미국 매사추세츠 주 찰스타운에서 태어났다. 그의 아버지 제디다이어는 유명한 목사이면서 지리학자였다.

모스는 부유한 가정에서 어린 시절을 보내고, 14세에 예일 대학에 입학하여 전기학과 그림을 배웠다. 대학을 졸업한 후에는 과학자와 미술가의 갈림길에서 고민하다가, 결국 화가가 되기로 결심하고 그림 공부에 전념하였다.

1811년 모스는 영국으로 건너가서 그림 공부를 하여 초상화가로 이름을 얻었다. 그러나 생활이 너무 어려워서 미국으로 돌아와 1825년에 내셔널 디자인 아카데미라는 미술학교의 초대 교장을 지냈다. 그 뒤 뉴욕 대학의 미술 교수가 되면서 생활도 안정되고 사회적인 지위도 얻게 되었다. 그러나 얼마 뒤에 아내와 부모가 세상을 떠나자 1829년 유럽으로 건너가 이탈리아 등지에서 미술 연구를 하였다.

1832년 모스는 이탈리아에서 배를 타고 돌아오다가 미국의 전기 학자 찰스 잭슨이 사람들을 모아놓고 전자석으로 실험을 하는 광경을 보게 되었다. 모스는 이것을 보고 전자석을 이용하여 신호를 멀리 보내는 *전신기를 만들어야겠다고 결심했다.

그는 미국으로 돌아와 대학 동료인 게일과 공장주 베일의 도움을 받아 독자적인 알파벳 기호와 자기장치를 완성하였다. 1837년 모스는 그 알파벳 기호를 전선을 통해 51m까지 보내는 데 성공하였다. 그 알파벳 기호가 개량된 것이 지금의 *'모스 부호'이다.

모스는 이 기호와 장치로 미국에서 특허를 받고, 유럽에서도 특허 신청을 했으나 유럽 여러 나라들은 받아들이지 않았다. 그러나 1843년 미국 정부로부터 워싱턴에서 볼티모어 간의 시험선 가설비 3만 달러를 획득하였다. 그리하여 이듬해 5월에 '하느님이 만드신 것'이라는 유명한 말을 베일 앞으로 송신하였다.

1856년 시블리가 웨스턴유니언 전신 회사를 설립한 다음부터 모스는 특허를 통해 처음으로 발명에 대한 보상을 받게 되었다.

1872년 81세를 일기로 모스는 세상을 떠났다.

모스의 동상(왼쪽), 모스의 전신기 시연 모습(오른쪽 위), 모스의 전신기(오른쪽 중간), 모스의 카메라(오른쪽 아래)

함께 보아요

모스 부호 : 점과 선을 배합하여 문자와 기호를 나타내는 전신 부호. 미국의 발명가 모스가 고안한 것으로, 특히 무선 전신이나 섬광 신호 등에 쓴다.

전신기 : 문자나 숫자를 전기 신호로 바꾸어 전파나 전류로 보내는 통신 기계이다.

모차르트

고전파 음악을 완성한 오스트리아의 천재 음악가

본명 : Wolfgang Amadeus Mozart
생애 : 1756~1791

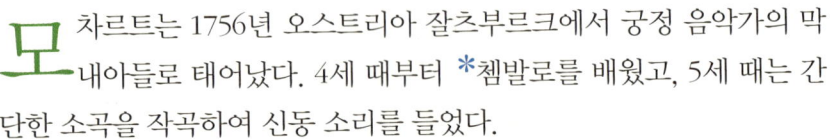

모차르트는 1756년 오스트리아 잘츠부르크에서 궁정 음악가의 막내아들로 태어났다. 4세 때부터 *쳄발로를 배웠고, 5세 때는 간단한 소곡을 작곡하여 신동 소리를 들었다.

아버지는 모차르트의 뛰어난 재능을 알리기 위해 6세 때부터 연주 여행을 데리고 다녔다. 1762년 7월, 독일 뮌헨에서 연주하고 오스트리아 빈으로 가서 마리아 테레지아 여왕 앞에서 뛰어난 연주를 하여 많은 칭찬을 받았다.

모차르트는 3년(1763~1766) 동안 서유럽을 일주하다시피한 이 여행을 통해 작곡가로서의 활동에 큰 영향을 받았다. 이 시기 파리에서 슈베르트를 만났고, 런던에서는 바흐의 막내아들인 크리스티안 바흐를 만나 피아노의 작곡 등에 많은 영향을 받았다.

1769년 13세의 어린 나이로 잘츠부르크의 궁정 음악가가 되었고, 이듬해에는 이탈리아로 연주 여행을 갔다가 로마 교황에게서 황금박차 훈장을 받기도 하였다.

1769년부터 1773년 사이에 3번에 걸쳐 이탈리아 여러 곳을 두루 여행하면서 기악과 성악 등을 직접 접한 것이 이후에 작곡한 교향곡, 오페라, 교회 음악 작곡에 풍부한 자극이 되었다. 1777년 가을부터 1779년까지는 어머니와 함께 다른 궁정에 취직하기 위하여 만하임, 파리 등지를 여행하였다. 이 때 *만하임 악파와 만났으며 「파리 교향곡」 등 많은 작품을 작곡하였다. 또한 이 여행에서 사랑하는 여인 아로이지아 베버를 만났고, 어머니의 죽음 등 많은 인생 경험도 하였다.

1782년 모차르트는 빈으로 가서 오페라 「후궁으로부터의 도주」와 「하프나 교향곡」, 「피아노 협주곡」 등을 작곡하였다. 이 당시에 작곡한 교향곡이나 현악 4중주곡은 *하이든의 작품과 함께 *고전파 시대의 전형적인 스타일을 확립하는 작품이 되었다. 하이든과는 1785년경에 직접 알게 되어 서로 조언을 주고받는 사이가 되었다.

빈에서 모차르트의 작품 세계는 한층 무르익었으나, 빈의 청중들의 기호로부터는 차차 멀어져서 생활은 어려워지고 친구들로부터 빌린 빚도 많아졌다. 이렇게 어려운 가운데서도 「피가로의 결혼」, 「돈 조반니」 등 훌륭한 오페라를 작곡하였다.

1787년 열렬한 후원자인 아버지가 세상을 떠났으나 모차르트는 경제적 궁핍 속에서도 이른바 3대 교향곡을 작곡하였다. 1789년 베를린 여행에서는 프로이센의 국왕 프리드리히 빌헬름 2세로부터 작곡 의뢰를 받기도 하였다. 1791년 8월 의뢰받은 오페라 「티투스제의 인자」의 상연을 위해 프라하로 갔으나, 이 때부터 건강이 나빠지기 시작했다. 그 해 9월에는 징그슈필의 대작 「마적」을 완성하여 성공을 거두었으나 「레퀴엠」을 미완성인 채로 남겨두고, 12월 5일 빈에서 35세의 아까운 나이로 세상을 떠났다.

　모차르트는 하이든과 더불어 고전파 음악의 양식을 확립한 천재 작곡가이다. 젊은 나이에 세상을 떠났지만 어려서부터 작곡을 했기 때문에 성악, 기악 등 모든 영역에 걸쳐 무려 600여 곡의 많은 작품을 남겼다.

모차르트의 석상(왼쪽), 모차르트의 묘비(중간), 모차르트의 동상(오른쪽)

함께 보아요

고전파 음악 : 18세기 중엽부터 19세기 초까지 하이든, 모차르트, 베토벤 등이 오스트리아 빈을 중심으로 발달시킨 음악. 균형과 조화의 형식미와 인간 내면의 객관적 표현을 중시하였으며, 소나타 형식을 확립하고 유동적인 화성법, 교향곡, 실내 악곡, 협주곡 등의 발달에 기여하였다.

만하임 악파 : 18세기 중엽에서 말엽에 걸쳐 만하임의 궁정에서 활약한 음악가를 통틀어 이르는 말. 전 고전 악파에 속하며, 특히 바이올린 등의 각종 악기의 정확한 주법을 발달시켜 빈 고전파에 많은 영향을 주었다. 대표적 인물로는 작곡가 슈타미츠 등이 있다.

쳄발로 : 16세기에서 18세기에 널리 쓰인 건반 악기. 피아노가 해머로 현을 치는 것과는 달리 픽(pick)으로 현을 퉁겨 섬세하고 화려한 음색을 낸다.

하이든(Franz J. Haydn, 1732~1809) : 교향곡의 아버지라 불리는 오스트리아의 작곡가. 오스트리아 동부 로라우라는 작은 마을에서 목수의 아들로 태어나 어려서부터 음악에 뛰어난 재능을 보였다. 8세 때 빈의 성 스테파노 성당 소년 합창단으로 들어가 오스트리아 여왕 마리아 테레지아의 총애를 받았다. 변성기가 되어 17세 때 합창단을 그만두고 10여 년 동안 방황하며 독학으로 작곡 공부를 하였다. 1761년 헝가리의 에스테르하지 후작 집안의 부악장으로 들어가 5년 후에 악장이 되었고, 그 곳에서 30년가량 근무하며 많은 작품을 남겼다. 그는 주로 교향곡과 현악 4중주곡 등을 작곡했는데, 만년에는 「천지창조」, 「사계」 등의 교회 음악을 작곡하기도 하였다. 1809년 77세의 나이로 세상을 떠났다.

르네상스 최대의 조각가 겸 화가
미켈란젤로

본명: Michelangelo di Lodovico Buonarroti Simoni
생애: 1475~1564

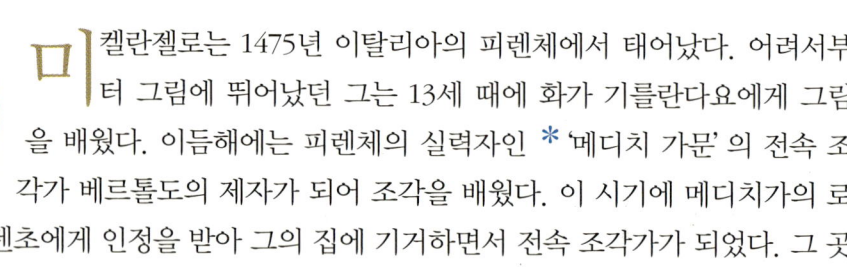

미켈란젤로는 1475년 이탈리아의 피렌체에서 태어났다. 어려서부터 그림에 뛰어났던 그는 13세 때에 화가 기를란다요에게 그림을 배웠다. 이듬해에는 피렌체의 실력자인 *'메디치 가문'의 전속 조각가 베르톨도의 제자가 되어 조각을 배웠다. 이 시기에 메디치가의 로렌초에게 인정을 받아 그의 집에 기거하면서 전속 조각가가 되었다. 그 곳에서 인문학자들을 만나고 고전 문학이나 성서를 탐독하면서 조각을 위한 인체 해부에도 전념하였다.

1492년 로렌초가 죽고 프랑스군이 피렌체를 침입하자, 미켈란젤로는 볼로냐로 피난 갔다가 1496년에 로마로 돌아왔다. 그는 로마에서 「바쿠스」와 「피에타」 등의 대리석 조각을 제작하여 조각가로 이름을 날리게 되었다.

1501년에는 피렌체로 돌아와 피렌체 시청으로부터 의뢰받은 「다비드」의 대리석상을 3년에 걸쳐 완성하였다. 1504년에는 피렌체 시청에 「카시나의 싸움」의 벽화를 의뢰받아 건너편 벽면에 「안기리의 기마전」을 그리고 있던 레오나르도 다 빈치와 경쟁하였다.

1506년 12월, 미켈란젤로는 로마 교황 율리우스 2세에게 불려가서 1508년에 *'시스티나 대성당'의 천장화를 위촉받았다. 보수도 지불되지 않는 악조건 속에서도 그는 4년여에 걸쳐 1512년 마침내 미술 사상 가장 위대한 대작을 완성하였다. 이 천장화에는 「천지창조」, 「인간의 타락」, 「노아 이야기」 등 구약성서의 내용이 마치 살아 움직이는 것 같은 유명한 그림들이 그려져 있다.

1520년 피렌체의 메디치가에서 사당을 장식할 조각 의뢰를 받아, 1524년부터 제작에 착수하여 10년 동안 작업을 했지만 끝내 미완성으로 끝나고 말았다. 그러나 이 사당을 구성하는 「저녁」과 「낮」의 두 남성상(미완성)과 「성모자상」(미완성)은 르네상스 조각의 걸작으로 꼽힌다.

미켈란젤로는 메디치 가의 군주 알렉산드로와 사이가 좋지 않았으므로 1534년에 로마로 갔다. 그 해에 교황 바오로 3세로부터 시스티나 성당의 안쪽 벽화를 그려달라는 의뢰를 받고 다음해부터 홀로 작업을 시작하였다. 그리하여 6년 만인 1541년에 대표작인 「최후의 심판」을 완성하였다. 성난 그리스도가 천국으로 오르는 자와 지옥으로 떨어지는 자를 심판하는 결정적인 장면이 묘사된 이 작품은 기독교 미술의 최고봉으로 꼽히고 있다.

미켈란젤로는 그 후로도 왕성하게 작품 활동을 하여 「바울로의 개종」 등의 작품을 제작하고 1564년 89세를 일기로 세상을 떠났다.

예수의 죽음을 슬퍼하는 성모를 조각한 「피에타」(왼쪽), 미켈란젤로의 그림 「천지창조」(오른쪽 위), 그림 「최후의 심판」(오른쪽 아래)

함께 보아요

메디치 가문 : 르네상스 시대 이탈리아의 명문가. 피렌체의 지배자로 13세기 말부터 동방 무역과 금융업으로 번성하였다. 문화와 예술을 보호하고 장려하여 르네상스에 크게 공헌하였다. 군주, 교황 등을 많이 배출하였으나, 18세기에 단절되었다.

시스티나 대성당 : 이탈리아 로마 바티칸 궁전에 있는 성당. 교황 식스투스 4세의 명으로 1473년에서 1481년에 건립되었으며, 벽면에 있는 미켈란젤로의 벽화 「최후의 심판」으로 유명하다.

농촌을 사랑한 프랑스 농민 화가
밀레

본명 : Jean Francois Millet
생애 : 1814~1875

  프랑스의 화가인 밀레는 1814년 노르망디의 한 농촌 마을에서 태어났다. 그는 어려서부터 엄격한 가톨릭교도인 할머니의 가르침을 받으며 자랐다.

  1833년 아버지의 권유로 셰르부르로 가서 화가 무셸과 랑그루야를 스승으로 모시고 그림을 배웠다. 1837년에는 셰르부르 시의 장학금을 받아 파리로 가서 들라로슈의 제자가 되었다.

  1840년에는 살롱전에 초상화를 출품하여 입선하였다. 그 후로 「성 히에로니무스」, 「오이디푸스」 등을 그렸으나 사람들의 관심을 받지 못했다.

  밀레는 그림이 팔리지 않아서 생활이 어려워지자 어쩔 수 없이 나체화를 그리기 시작했다. 먹고살고자 나체화를 그렸는데, 사람들은 '밀레는 나체화밖에 그리지 못하는 화가' 라는 비난을 퍼부었다.

  이에 큰 충격을 받은 밀레는 나체화를 그만두고 1848년에 「키질하는 사람」을 살롱전에 출품하였다. 그런데 이 그림이 호평을 받자 계속해서 농민들의 생활을 그리기로 결심하였다.

  1849년 밀레는 파리 교외의 바르비종으로 이사하였다. 그 곳에서 직접 농사를 지으며 농촌의 풍경과 농민들의 생활을 그리기 시작했다. 가난과 싸우면서도 진실한 마음으로 농민들의 생활을 그려 마침내 *바르비종파의 대표적 화가가 되었다.

  그 당시 대부분의 바르비종파 화가들은 농촌 풍경을 즐겨 그렸다. 그러나 밀레는 경건하면서도 시적인 감정이 깃들어 있는 일상적인 농민들의 생활을 즐겨 그렸다. 이 때문에 현재 유럽에서는 밀레를 최고의 화가 중 한 사람으로 추앙하고 있다.

  사상가로 유명한 루소와도 절친했던 그는 만년에 프랑스의 최고 훈장인 레종 도뇌르 훈장을 받기도 하였다.

  밀레는 경건한 삶의 모습을 담은 훌륭한 작품들을 많이 남기고 1875년 61세를 일기로 세상을 떠났다.

  주요 작품으로 「이삭줍기」, 「양치는 소녀」, *「만종」 등이 있다.

밀레의 그림 「감자 심는 사람」(위), 그림 「이삭줍기」(왼쪽), 밀레의 생가(오른쪽)

함께 보아요

만종 : 프랑스의 화가 밀레가 1859년에 그린 그림으로 해지는 저녁 들판에서 교회의 종소리를 들으며 기도하는 젊은 농민 부부의 모습을 그렸다.

바르비종파 : 1830년 무렵 프랑스 파리 교외의 퐁텐블로라는 숲 속에 있던 바르비종이란 경치 좋은 마을을 중심으로 농촌 풍경과 농민 생활 등을 낭만적이고 서정적으로 그렸던 유파로 밀레, 코로 등이 대표적 작가이다.

밀레 133

바흐
서양 음악의 아버지

본명 : Johann Sebastian Bach
생애 : 1685~1750

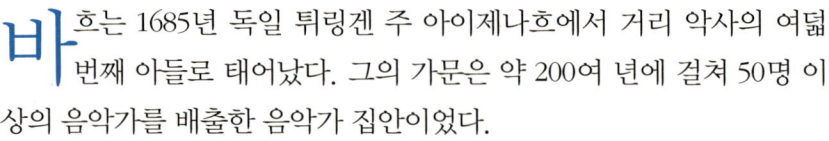

바흐는 1685년 독일 튀링겐 주 아이제나흐에서 거리 악사의 여덟 번째 아들로 태어났다. 그의 가문은 약 200여 년에 걸쳐 50명 이상의 음악가를 배출한 음악가 집안이었다.

바흐는 어려서부터 아버지에게 바이올린을 배웠으나, 10세 무렵에 부모가 모두 세상을 떠나 고아가 되고 말았다. 그 후로 성당의 오르간 연주자였던 큰형 요한 크리스토프의 집에 살면서 독일 오르간 음악의 전통을 익히게 되었다.

1700년 큰형의 가족이 늘어나자 뤼네부르크로 가서 그 곳 고등학교에 장학생으로 들어갔다. 그는 학교에서 루터파의 교육을 받으며 교회 합창단원으로도 활동하였다. 1703년 고등학교를 졸업하고 *바이마르 궁정악단의 바이올린 주자를 거쳐 아른슈타트의 교회 오르간 연주자로 채용되었다. 바흐는 오랫동안 희망했던 성능 좋은 오르간이 설치된 새로운 직장에서 오르간 연주법과 작곡을 공부하여 「토카타와 푸가」 등의 작품을 썼다.

1707년 가을, 바흐는 사촌 누이인 마리아 바르바라와 결혼하였다. 이듬해에는 바이마르로 돌아와서 궁정 예배당의 오르간 주자가 되었다. 약 10년간 바이마르에서 오르간 주자로 활동하며 명성이 높아졌고 작품도 점차 원숙해졌다. 이 시기에 「전주곡과 푸가」, 「토카타」 등의 오르간 작품을 많이 남겼다. 따라서 이 시기를 '오르간곡의 시대'라고 부른다.

1717년 바흐는 희망했던 궁정악단장의 지위를 얻지 못하자 바이마르를 떠나 괴텐으로 이사하였다. 괴텐 궁정악단장이 된 그는 17인으로 구성된 궁정악단을 이끌고 자유롭게 작곡과 연주에 열중하였다. 이 시기에 3개의 「바이올린 협주곡」, 6곡의 「브란덴부르크 협주곡」 등 많은 작품을 썼다.

1720년 아내 마리아가 죽자, 이듬해에 안나 막달레나와 재혼하였다. 1723년에는 라이프치히의 성 토마스 교회의 악단장이 되어 죽을 때까지 27년간 교회 음악가로 보냈다. 이 시기에 140곡 이상의 교회 *칸타타와 「마태오 수난곡」을 포함한 몇 곡의 수난곡, 「마니피카트」, 「나단조 미사」 등 많은 *'교회 음악'을 작곡하였다. 따라서 이 시기를 '교회 음악의 시대'라고 부른다. 1750년 7월, 바흐는 뇌졸중으로 시력을 잃고 65세를 일기로 세상을 떠났다.

바흐는 오페라를 제외한 모든 음악에 손을 대어 당시에 유행하던 음악의 전통과 각 국민의 양식이 그의 천재적인 개성 속에 융화되어 긴장도가 높은 독특한 음악으로 발전하게 하였다. 이로 인해 그는 17세기 초엽에 시작된 * '바로크 음악'의 총괄자라고 불리고 있다.

또한 그의 자녀들 중에서 장남인 프리데만, 차남 에마누엘, 막내 크리스티안은 음악사에 찬란한 업적을 남겼다.

바흐의 동상(왼쪽), 바흐의 악보(오른쪽)

함께 보아요

교회 음악 : 기독교와 관계있는 성악이나 기악을 통틀어 이르는 말로 미사곡, 찬송가, 오라토리오, 수난곡 등이 있다.

바로크 음악 : 16세기 말부터 18세기 중엽에 걸쳐 유럽에서 유행한 음악 양식. 낮은 음을 기초로 단음악과 일정한 박자가 주기적으로 반복되는 박절적 리듬, 기악의 우위성을 확립하여 근대 음악의 기초가 되었다. 특히 오페라, 칸타타, 소나타, 협주곡, 오르간 음악 등의 발달을 가져왔다. 대표적인 음악가로는 이탈리아의 비발디, 독일의 바흐, 헨델 등이 있다.

바이마르 : 독일 중동부에 있는 도시. 바이마르 공국의 수도였던 18세기부터 19세기에 괴테, 실러 같은 이들이 모여들어 학술 문화의 중심지로 번창하였다. 1919년에 제정된 바이마르 헌법으로 유명하다.

칸타타 : 17세기에서 18세기까지 바로크 시대에 발전한 성악곡의 한 형식으로 독창, 중창, 합창과 기악 반주로 이루어지며, 이야기를 구성하는 가사의 내용에 따라 세속 칸타타와 교회 칸타타로 나눈다.

베이컨

영국 고전 경험론의 창시자

본명 : Francis Bacon
생애 : 1561~1626

베이컨은 1561년 영국 런던에서 귀족 가문의 아들로 태어났다. 엘리자베스 1세 때에는 의회 의원이 되었고, 제임스 1세 때에는 사법장관 등 기타 관직을 지냈다. 1613년에 검찰 총장, 1618년에는 대법관 등 갈수록 지위가 높아졌으나, 뇌물 사건에 연루되어 의회의 탄핵을 받아 관직과 지위를 모두 박탈당했다. 정계에서 물러난 뒤로는 만년을 실의 속에 보내면서 연구와 저술 활동에 전념하였다.

베이컨은 처음 철학을 연구할 때 우리 인류가 가지고 있는 정신적인 재산의 일람표를 작성하여, 거기에 무엇이 부족하고 무엇을 보충해야 하는지를 밝혀내려고 노력하였다.

많은 연구 끝에 그는 형식적인 *'스콜라 철학'만 따를 것이 아니라, 모든 우상을 없애고 오직 관찰과 실험을 통하여 얻은 경험만이 유일한 지식이라고 주장했다. 이러한 경험으로 자연을 올바르게 이해하고, 이것을 바탕으로 자연을 지배하는 것이 곧 학문이 해결해야 할 과제라고 생각하였다.

베이컨은 기억, 상상, 이성이라는 인간의 정신 능력 구분에 따라 학문을 역사, 시학(시를 연구하는 학문), 철학으로 구분하였다. 또 철학은 다시 신학과 자연 철학으로 나누었다. 이 중 베이컨이 가장 관심을 가지고 많은 업적을 남긴 분야는 *'자연 철학'이었다.

베이컨은 매우 냉정하면서도 현실적인 사람이었다. 그는 과학이 발전하기 위해서는 새로운 연구 방법을 찾아내야 한다고 주장했다. 하지만 그도 그 방법을 실제로 찾아내지는 못했다.

그러나 미래에는 과학이 인류의 삶에 가장 중요한 몫을 차지한다는 것을 예견했다. 인간의 정신을 더욱 발전시켜서 인간이 자연을 지배할 수 있도록 하려던 그의 꿈은 유럽의 근대 철학에 커다란 영향을 주었다.

영국 고전 *경험론을 세우고, *데카르트와 더불어 근대 철학의 아버지로 불리는 베이컨은 1626년 65세를 일기로 세상을 떠났다.

저서로『학문의 진보』,『뉴 아틀란티스』,『숲과 숲』,『수상록』 등 많은 책들이 있다.

베이컨을 묘사한 판화(왼쪽), 베이컨의 묘비상(오른쪽)

함께 보아요

경험론 : 인간이 사물을 분별하고 판단하는 능력은 경험에 있으며, 경험의 내용이 곧 사물을 분별하고 판단하는 내용이 된다는 이론이다. 경험하지 않은 상태에서 자기 직감적으로 판단하는 것은 인정하지 않는 철학이다.

데카르트(Rene Descartes, 1596~1650) : 프랑스의 철학자, 수학자, 물리학자. 프랑스 툴롱에서 귀족의 아들로 태어나 푸아티에 대학에서 법률을 공부했다. 대학 시절부터 그는 이론만 내세우는 스콜라 철학에 불만을 품고 있었다. 1618년 네덜란드로 가서 군 장교로 2년간 복무하고, 1629년부터는 네덜란드에 살면서 본격적으로 철학을 연구하여 '근세 철학의 아버지'로 불렸다. 그는 베이컨의 영향을 받아 "참다운 진리는 모든 사람들이 옳다고 인정하는 것, 아무도 의문을 갖지 않도록 확실한 것이어야 한다."고 생각하며 연구에 전념하였다. 그리하여 "나는 생각한다. 고로 나는 존재한다."는 말로 자신의 철학을 정리했다. 이 말은 자신이 지금 뭔가를 생각하고 있다는 사실이 그 어떤 사실보다 앞서는 가장 확실한 진리라는 것이다. 저서로 사상적 자서전인 『방법서설』이 있다.

스콜라 철학 : 8세기부터 17세기까지 중세 유럽에서 이루어진 신학 중심의 철학을 말한다. 가톨릭 교회의 부속학교에서 교회 교리의 학문적 근거를 체계적으로 확립하기 위하여 이루어진 기독교의 개념을 논리적으로 분석하여 연구하는 철학이다. 고대 철학의 전통적 권위에 의존하여 주로 아리스토텔레스나 플라톤의 철학을 이용하여 학문의 체계를 세우려 하였다. 대표적인 철학자는 토마스 아퀴나스이며, 내용이 형식적이고 까다로운 것이 특징이다.

자연 철학 : 자연 현상의 바탕이 되는 형이상학적 원리를 연구하며 자연 과학의 기초와 그 근본을 밝히려는 철학이다. 주로 자연 자체를 탐구하는 학문이다.

독일이 낳은 위대한 천재 음악가
베토벤

본명 : Ludwig van Beethoven
생애 : 1770~1827

베토벤은 1770년 독일의 본에서 태어났다. 그의 할아버지는 네덜란드에서 건너온 궁정악단 단원이었고, 아버지 요한도 궁정악단의 테너 가수였다.

술주정뱅이였던 아버지는 베토벤이 음악에 재능을 보이자 돈벌이를 시키려고 4세 때부터 혹독한 훈련을 시켰다. 아버지로부터 혹독한 피아노 지도를 받은 그는 7세 때에 쾰른에서 피아노 연주회를 가졌다. 11세 때부터는 학교를 그만두고 돈벌이를 위해 극장을 돌아다니며 연주를 하였다.

1782년 베토벤은 궁정 예배당 오르간 임시 연주자가 되었고, 2년 후에는 정식 멤버가 되었다. 아버지 대신 돈을 벌던 베토벤은 1787년 오스트리아의 빈으로 가서 흠모하던 모차르트 앞에서 연주를 갖게 되었다. 그러나 어머니가 위독하다는 소식을 듣고 빈으로 돌아왔으나, 어머니는 두 달 만에 세상을 떠나고 말았다.

베토벤은 그 때까지도 학교 교육을 받지 못해서 독일어도 제대로 쓰지 못했다. 그러나 다행히도 본의 명문가인 포 브로이닝 가에 출입하면서 많은 예술가들로부터 문학, 철학, 역사 등의 지식을 배울 수 있었다.

또한 이 시기에 평생의 은인인 폰 발트슈타인 백작을 만났다. 베토벤의 피아노 소나타 제21번 「발트슈타인 소나타」는 그에 대한 고마움을 표현하기 위해 작곡한 작품이다. 1792년 베토벤은 발트슈타인 백작의 도움으로 빈으로 가서 하이든과 살리에리로부터 작곡과 성악을 배워 연주가로서 인정을 받기 시작했다.

그러나 25세 경부터 귀에 이상 증세가 나타났고, 30세 무렵에는 말소리도 희미하게 들릴 정도로 병세가 악화되었다. 의사로부터 청력을 잃을 수도 있다는 말을 듣고 요양하기 위해 빈 교외의 하일리겐슈타트로 갔다. 그러나 날이 갈수록 청력은 더욱 나빠졌다. 절망감에 빠진 베토벤은 자살을 결심하고 장문의 유서를 썼다. 이것이 그 유명한 * '하일리겐슈타트의 유서' 이다.

그러나 베토벤은 이런 시련을 훌륭히 극복하고 마침내 늠름하고 강렬하고 웅장한 선율의 「크로이첼 소나타」, 「제5번 교향곡」(운명), 「제6번 교향곡」(전원), 「바이올린 협주곡」 등의 불후의 명작을 남길 수 있었다.

베토벤은 하이든, 모차르트와 더불어 *빈 고전파를 대표하는 작곡가이다. 하이든과 모차르트가 확립한 고전파의 형식이나 양식은 베토벤에 의하여 더 개성적으로 다듬어졌으며, 또한 그의 손으로 *낭만파에의 이행도 준비되었다.

베토벤은 평생을 독신으로 살다가 1827년 57세를 일기로 세상을 떠났다.

베토벤의 동상(왼쪽), 베토벤의 묘비(오른쪽 위), 베토벤의 악보(오른쪽 아래)

함께 보아요

빈 고전파 : 18세기 후반부터 19세기 초에 걸쳐 빈을 중심으로 고전파 음악을 확립한 작곡가들을 통틀어 이르는 말. 대표적인 인물로 하이든, 모차르트, 베토벤 등이 있다.

낭만파 음악 : 서양 음악사에서 낭만의 표출과 심정의 주관적 표현을 중시한 19세기의 유럽 음악으로 선구자는 베를리오즈이며 바그너, 쇼팽, 슈베르트 등이 대표적 작곡가이다.

하일리겐슈타트의 유서 : 1801년 베토벤은 의사로부터 청력을 잃을 수도 있다는 이야기와 함께 시골에서 요양할 것을 권유받고, 이듬해에 빈 교외의 하일리겐슈타트로 갔다. 그 곳에서 새로운 환경에 적응하면서 자연과 시골에 애정을 느끼게 되었다. 그러나 귓병이 전혀 차도를 보이지 않자 자포자기 상태에 빠졌고, 곧 죽을지도 모른다는 불안감에 휩싸였다. 그래서 유서를 쓰고 자신이 죽은 후에 개봉하라는 지시문을 남겼다. 두 명의 동생 앞으로 쓴 이 유서에는 그가 작곡한 어떤 음악보다도 그의 심정이 잘 표현되어 있다. 이 유서는 그 때 동생에게 전해지지는 않았으며, 그가 죽은 후에 발견되었다.

04 일화 이야기로 보는 역사 인물

 ### 마음의 귀로 명곡을 작곡한 베토벤

 1795년 25세가 된 베토벤은 피아노 연주자로 데뷔하여 청중들에게 많은 찬사를 받았습니다. 또 최고 작품으로 꼽히는 「피아노 3중주곡」 등을 발표하여 작곡가로서도 이름을 떨치게 되었습니다.
 그러나 이 무렵부터 귀에 이상 증상이 나타나기 시작했습니다. 연주회를 마치고 나면 귀가 먹먹하고 소리가 가느다랗게 들리는 것이었습니다.
 베토벤은 대수롭지 않게 생각하며 낮에는 연주회를 갖고 밤을 새워가며 작곡 작업을 하였습니다. **이처럼 건강은 돌보지 않고 무리하게 일을 한 탓에 30세가 됐을 때는 사람들의 말소리가 모깃소리처럼 가늘게 들렸습니다.**
 1801년 베토벤은 걱정이 되어 의사를 찾아갔습니다. 베토벤의 귀를 진찰하고 의사가 말했습니다.
 "베토벤, 지금처럼 무리하게 일을 하면 청력을 잃을 수도 있습니다. 연주회나 작곡 작업은 잠시 쉬고 조용한 시골로 가서 요양을 하십시오. 그러면 귓병이 나을지도 모르겠습니다."
 의사의 진단을 듣고 베토벤은 하늘이 무너지는 것 같았습니다. 음악가에게 청력은 목숨과도 같은 것이니까요.
 베토벤은 어쩔 수 없이 귓병을 치료하기 위해 빈의 외곽에 있는 한적한 시골 마을인 하일리겐슈타트로 갔습니다. 그 곳에서 푹 쉬면서 치료에 전념했지만 귓병은 나아지지 않았습니다. 오히려 귀에 대고 큰 소리로 소리를 질러야 겨우 알아들을 정도로 청력은 더욱 악화되었습니다.
 절망감에 빠진 베토벤은 자살을 결심하고 고향에 있는 두 동생에게 자신의 심정을 담은 유서를 썼습니다. 이 유서가 유명한 '하일리겐슈타트의 유서' 입니다.
 베토벤은 유서의 첫머리에 이렇게 적었습니다.

재미있게 읽고 나면 역사가 쏙쏙!

"아우들아, 보아라. 누구보다도 완벽해야 할 나의 청력이 나날이 나빠지고 있구나. 이제 음악을 할 수 없게 됐으니 살아갈 용기가 나지 않는다."

베토벤은 밤을 새워가며 유서를 쓰다가 새벽녘에 깜빡 잠이 들었습니다.

다음날 아침, 베토벤은 얼굴을 간질이는 따가운 햇살 때문에 눈을 떴습니다. 그 때 창밖의 나무 위로 새 한 마리가 날아왔습니다. 그 새가 날개를 활짝 펴고 친구 새를 불렀습니다. 그런데 이상하게도 그 새의 노랫소리가 베토벤의 귀에 생생히 들려왔습니다.

베토벤은 너무 기뻐서 만세를 불렀습니다. 어젯밤까지만 해도 아무런 소리도 들리지 않았는데, 새들의 아름다운 노랫소리를 들을 수 있게 되었으니까요.

'하나님이 밤 사이에 내 귓병을 다 낫게 해주셨구나.'

베토벤은 이렇게 생각하며 손바닥으로 양쪽 귀를 막아보았습니다. 그런데도 아름다운 새의 노랫소리는 또렷이 들려왔습니다.

'귓병이 낫지도 않았는데 새의 울음소리가 들리다니……!'

베토벤은 그제야 커다란 깨달음을 얻었습니다.

"그래! 소리는 귀로만 듣는 게 아니야. 마음의 귀로도 소리를 들을 수 있다는 것을 나는 왜 생각하지 못하고 어리석게도 스스로 목숨을 끊으려 했을까? 이제 피아노 연주는 할 수 없게 됐지만 아름다운 곡을 열심히 만들어서 많은 사람들에게 들려주자!"

베토벤은 이런 결심으로 포기 대신 희망을 선택했습니다. 하나님이 빼앗아간 청력을 운명으로 받아들이고, 연주자보다는 작곡자로서 전보다 더욱 왕성하게 작곡에 전념하였습니다. 그리하여 「영웅 교향곡」, 「운명 교향곡」, 「전원 교향곡」 등 세상에 길이 남을 훌륭한 명곡들을 작곡하였답니다.

베토벤의 생가

이야기로 보는 역사 인물

전화기를 발명한 미국의 과학자
벨

본명 : Alexander Graham Bell
생애 : 1847~1922

벨은 1847년 영국 스코틀랜드의 에든버러에서 태어났다. 그의 할아버지는 말더듬이를 위한 발음 교정학교를 운영했고, 아버지는 언어장애인들에게 말을 가르치는 *시화법을 만들어낸 의학자였다. 그런 집안의 영향으로 벨은 어렸을 때부터 시화법에 아주 뛰어났다. 에든버러 대학을 졸업한 벨은 말더듬이나 언어장애인들을 고쳐줄 생각으로 다시 런던 대학에 입학하여 의학을 공부하였다.

1870년 벨은 아버지와 함께 영국을 떠나 미국으로 이주했다. 벨은 보스턴의 농아학교에 취직하여 농아들에게 시화법을 가르쳤다. 이 때 벨이 농아들을 잘 가르쳐 말을 하게 되자 주위 사람들이 그를 존경하게 되었다. 그 후로 벨은 보스턴 대학의 *'음성 생리학' 교수가 되었다.

1875년 어느 날, 벨은 조수인 토머스 와트슨과 함께 전신 실험을 하고 있었다. 그런데 갑자기 수신기의 철판이 '부웅!' 하고 떨리는 것이었다. 벨이 자세히 살펴보니 송신기에서 보내는 신호에 따라 수신기의 철판도 떨리고 있었다. 벨은 그 날부터 사람의 목소리를 전류에 실어 보내는 연구에 몰두하였다.

그러던 어느 날, 벨은 전선을 늘어뜨리고 전화기의 실험 준비를 하다가 잘못하여 위험한 화공약품인 황산을 엎지르고 말았다. 벨은 깜짝 놀라서 얼떨결에 소리쳤다.

"와트슨, 급한 일이 생겼네. 어서 이리 오게!"

이 때 와트슨은 다른 방에 있다가 수화기를 통해 들려오는 벨의 목소리를 들었다. 그는 너무도 기쁜 나머지 이렇게 소리쳤다.

"들린다! 들려요, 교수님!"

와트슨은 감격에 겨운 얼굴로 벨에게 뛰어왔다. 밤낮을 가리지 않고 연구에 몰두했던 그들은 기쁨에 겨워서 부둥켜안고 눈물을 흘렸다. 이 날이 바로 전화기가 발명된 1876년 3월 10일이었다.

피나는 연구와 노력으로 전화기를 발명하여 지구 반대편에서도 상대방의 목소리를 또렷이 듣게 해준 벨은 이 발명으로 많은 돈을 벌었다. 1922년 78세를 일기로 세상을 떠났다.

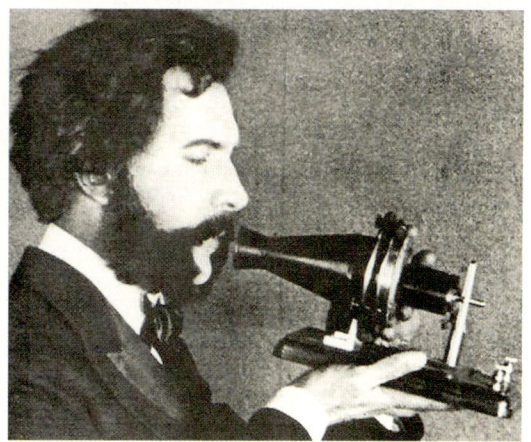

벨의 전화기 시연(왼쪽), 벨 박물관(오른쪽 위), 벨의 초기 전화 장비(오른쪽 중간), 벨의 프로토타입 전화기(오른쪽 아래)

함께 보아요

시화법 : 발음을 할 때 입술이나 혀의 움직임을 보고 발음법을 익히는 방법. 주로 말더듬이나 농아들의 발음 이상을 고치는 데 이용한다.

음성 생리학 : 성대, 목젖, 입천장, 이, 잇몸, 혀 등 음성을 내는 데 쓰이는 신체의 각 부분을 과학적으로 연구하는 학문을 말한다.

신고전주의 음악을 펼친 작곡가
브람스

본명 : Johannes Brahms
생애 : 1833~1897

브람스는 1833년 독일 함부르크에서 악단 콘트라베이스 연주자의 아들로 태어났다. 5세 때부터 아버지에게 바이올린과 첼로를 배웠고, 7세 때는 음악교사인 코셀에게 피아노를 배웠다.

그 뒤, 코셀이 브람스를 자신의 스승인 마르크센에게 추천하여 음악 학교에서 계속 공부할 수 있도록 도와주었다. 그러나 가정 형편이 나빠져서 학교를 그만두고 돈을 벌기 위해 술집, 식당, 파티석상 등에서 피아노를 연주해야 했다.

17세 때에 헝가리 출신의 바이올리니스트 요아힘을 알게 되었고, 1853년에는 그와 함께 연주 여행을 떠났다. 브람스는 이 여행에서 일생에 가장 큰 영향을 준 슈만 부부를 만났다.

*슈만은 브람스의 뛰어난 재능을 알아보고, 자신이 관계하던 음악 잡지 등에 소개하여 음악계에 진출할 수 있도록 도와주었다.

1854년 슈만이 신경 쇠약으로 자살을 시도하여 병원에 입원하자, 브람스는 슈만이 사망할 때까지 어려움에 처한 그의 집안을 도와주었다. 그 후 브람스는 데트몰트 궁정의 피아니스트로 일하면서 작곡에 몰두하였다.

1862년에는 오스트리아의 빈으로 이주하여 징아카데미 합창단의 지휘자가 되었다. 1868년에는 어머니의 죽음을 추도하는 대작 「독일 *레퀴엠」을 완성하였다.

1872년 브람스는 빈 음악인 협회 회장으로 취임하여 활동했고, 1878년부터는 해마다 걸작을 발표하였다. 「바이올린 협주곡」, 「바이올린 소나타」 등은 이 시기에 발표한 걸작들이다.

1879년 현재의 폴란드 남서부에 있는 브레슬라우 대학에서 명예박사 학위를 받았고, 이에 대한 답례로 「대학 축전 서곡」을 써 주었다. 이 무렵에 「피아노 협주곡 제2번」, 「현악 5중주곡」, 「비극적 서곡」 등 많은 명곡을 작곡하였다.

1897년 은인이며 평생 친구인 슈만의 부인 클라라가 세상을 떠나자, 지병인 간암이 악화되어 그 해 4월 64세를 일기로 세상을 떠났다. 브람스는 화려한 낭만주의 음악이 주류를 이루던 시대에 고전파 음악의 전통을 지킨 작곡가로 *슈트라우스와 *드보르자크 등에게 커다란 영향을 끼쳤다.

브람스의 동상(왼쪽), 브람스의 묘지(오른쪽)

함께 보아요

드보르자크 : 335쪽 '참고 인물' 참조.
레퀴엠 : 죽은 사람의 영혼을 위로하기 위한 미사 음악으로 진혼곡이라고도 한다.
슈만(Robert A. Schumann, 1810~1856) : 독일 낭만파 음악의 대표 작곡가. 독일 작센에서 서적상의 아들로 태어나 11세 때 처음 작곡을 하였다. 16세 때 아버지가 사망하자 어머니의 뜻에 따라 라이프치히 법과 대학에 들어갔다. 그러나 음악가가 되려는 꿈을 버리지 못하고 음악 공부에만 전념하였다. 1830년 음악 교사인 비크의 집에 기거하면서 피아노를 배우고 독학으로 작곡 공부도 하였다. 1832년 손가락을 다쳐서 피아니스트의 꿈을 버리고 작곡과 평론에만 전념하였다. 1834년「사육제」등을 발표하고, 음악 잡지〈음악신보〉를 발행하여 낭만주의 음악의 새 바람을 일으켰다. 이 시기에 브람스의 천재성을 알아보고 많은 도움을 주었다. 1856년 46세의 나이로 세상을 떠났다. 작품으로「제1, 봄의 교향곡」,「제3, 라인 교향곡」,「피아노 협주곡」등과 많은 가곡을 남겼다.

슈트라우스(Johann Strauss, 1825~1899) : '왈츠의 왕'이라 불리는 오스트리아의 작곡가. 그의 아버지도 '왈츠의 아버지'로 불리는 같은 이름의 요한 슈트라우스이다. 오스트리아 빈에서 태어나 7세 때부터 왈츠를 작곡할 정도로 음악에 뛰어난 재능을 보였다. 그러나 아버지는 아들을 고생시키지 않으려고 상업학교에 보내 은행 일을 배우게 하였다. 1843년 부모가 별거하자 피아노 교습으로 생계를 꾸리면서 작곡 이론을 공부하였다. 19세 때부터 15인조 악단을 조직하여 무도회 등에서 자신의 작품을 연주하여 인정을 받았다. 1849년 아버지가 사망하자 동생 요셉도 악단에 가담시켜 프라하와 바르샤바 등지로 연주 여행을 다녔다. 연주 생활 못지않게 작곡도 열심히 하여 왈츠「아름답고 푸른 도나우」,「예술가의 생애」,「빈 숲 속의 이야기」등과 오페레타「박쥐」,「집시 남작」등 많은 곡을 남겼다.

독일을 통일한 철혈 재상
비스마르크

본명 : Otto Eduard Leopold von Bismarck
생애 : 1815~1898

독일 제국의 초대 총리를 지낸 비스마르크는 1815년 프로이센의 쉰하우젠에서 귀족의 아들로 태어났다. 그는 괴팅겐 대학과 베를린 대학에서 공부하고, 1836년부터 1839년까지 프로이센의 관리로 근무하였다.

1848년 베를린의 *'3월 혁명' 때에는 왕정을 고수하자는 반혁명파로 활약했고, 보수당 창립 멤버의 한 사람이었다. 혁명 후인 1851년 프랑크푸르트에서 열린 독일 연방 의회에 프로이센 대표로 임명되어 프랑크푸르트로 부임하였다. 그는 독일의 통일 방식에 대해 오스트리아와의 협조를 주장했지만 오스트리아가 프로이센을 동등하게 취급하지 않아 자주 대립하였다.

비스마르크는 1859년 러시아 주재 대사, 1862년에 프랑스 주재 대사가 되면서 세상을 보는 안목이 넓어졌고, 1862년에는 프로이센의 총리로 임명되었다.

그는 취임 첫 연설에서 이른바 *'철혈 정책'을 주장하였다. 즉 "현재의 큰 문제는 언론이나 다수결에 의해서가 아니라 철과 피에 의해서 결정된다."고 하여 의회와 대립한 채 군비 확장을 강행하였다.

그리하여 1864년부터 1866년까지 전쟁을 벌여 북부 *'독일 연방'을 결성하였고, 프로이센·프랑스 전쟁에서 승리함으로써 독일의 통일을 이룩하였다. 1871년에는 독일 제국의 총리가 되어 1890년까지 이 지위를 유지하였다.

통일 독일의 통치자가 된 그는 경제적으로 *보호관세 정책을 써서 자본주의의 발전을 도왔고, 외교적으로도 유럽의 평화 유지를 위해 노력하였다. 또 오스트리아와 동맹을 맺고 숙적인 프랑스를 견제하여 독일의 지위를 튼튼하게 하였다.

비스마르크의 집권 시기에 독일 공업은 유럽에서 가장 발전하였지만 국내에는 많은 반대 세력이 있었다. 가톨릭교도를 억압하고 사회주의 세력에 대해서도 강력한 진압 정책을 폈기 때문이었다.

1888년 *'빌헬름 2세'가 즉위하자, 비스마르크는 그와 잦은 의견충돌을 일으켜서 1890년에 총리직을 사임하였다. 그 당시 역사의 귀중한 자료가 되고 있는 『회상록』(3권)을 남기고, 1898년 83세의 나이로 세상을 떠났다.

비스마르크의 동상(왼쪽), 비스마르크 기념관(오른쪽 위), 비스마르크 박물관(오른쪽 아래)

함께 보아요

3월 혁명 : 1848년 3월에 유럽 여러 나라에서 일어난 자유주의 혁명 운동. 프랑스 2월 혁명의 영향으로 독일을 비롯한 유럽 여러 나라에서 일어났으며, 출판의 자유, 세제 개혁, 의회 개조 등을 주장하였다.

독일 연방 : 1815년 빈 회의의 결정으로 전 독일의 35개 군주국과 4개 자유 도시를 통합하여 조직한 연방 국가. 프로이센·오스트리아 전쟁 후에 비스마르크가 해체하였다.

보호관세 : 국내 산업을 보호하고 장려하기 위하여 수입품에 높은 세금을 부과하는 정책을 말한다.

빌헬름 2세(Wilhelm Ⅱ, 1859~1941) : 독일 황제 겸 프로이센 왕(재위 1888~1918). 독일 포츠담에서 프리드리히 3세의 장남으로 태어났다. 본 대학을 졸업하고 육군에 근무하다가 1888년 황제로 즉위하여 독선적인 총리 비스마르크를 파면하였다. 그 뒤 실권을 장악하고, 독일의 해외 진출 정책을 추진하였다. 그러나 그의 정책이 너무 독선적이어서 독일을 국제적으로 고립시켜 제1차 세계 대전으로 이끄는 결과를 낳았다. 제1차 세계 대전 때는 독일군의 최고 권력자였으나 실권은 군 수뇌부가 행사하였다. 1918년 11월, 독일 혁명이 일어나자 퇴위하여 네덜란드로 망명하였다. 저서로 『사건과 인물, 1878~1918』이 있다.

철혈 정책 : 1862년에 비스마르크가 제창한 독일의 통일 정책. 자유주의자의 반대를 무시하고 무력으로 통일을 수행하려 한 정책이다.

영국의 전성기를 이룬 여왕
빅토리아 여왕

본명 : Alexandrina Victoria
생애 : 1819~1901
재위 기간 : 1837~1901

빅토리아 여왕은 1819년 조지 3세의 넷째 아들인 켄트 공의 딸로 태어났다. *하노버 왕가의 마지막 군주인 그녀는 태어난 이듬해에 아버지가 사망하여 독일 출신의 어머니와 독일인 보모의 손에서 엄하게 자랐다.

1837년 큰아버지인 윌리엄 4세가 사망하자 그녀는 18세의 나이로 왕위에 올랐다. 그러나 독일 하노버 가에서는 여자의 상속권이 인정되지 않았기 때문에 '하노버 왕가'가 성립한 이후로 계속된 영국과 독일 하노버의 동일 군주 관계는 끝나고 그녀는 영국 왕위만을 계승하였다.

1840년 그녀는 사촌인 색스코버그 고터 가의 앨버트 공과 결혼하였다. 독일 출신인 앨버트 공은 고결한 인격과 풍부한 교양을 가진 사람으로 여왕에게 좋은 조언자가 되어주었다. 남을 배려할 줄 몰랐던 그녀가 온 국민이 존경하는 여왕이 될 수 있었던 것은 남편인 앨버트 공의 헌신적인 뒷받침 덕분이었다.

1861년 앨버트 공이 42세의 나이로 사망하자 그녀는 슬픔에 빠져 버킹엄 궁전에 틀어박힌 채 나랏일을 돌보지 않았다. 그러나 총리이자 그녀의 열렬한 후원자였던 *디즈레일리의 설득으로 안정을 되찾고, 1877년에는 디즈레일리가 바치는 인도 여왕의 왕관을 받았다.

그녀는 앨버트 공과의 사이에 9명의 자녀를 두었고 독일, 러시아 왕가와 혼인 관계를 맺었다. 손자들의 재롱을 보며 행복한 말년을 보낸 그녀는 *'보어 전쟁'이 한창이던 1901년 64년간의 치세를 마치고 82세의 나이로 세상을 떠났다.

빅토리아 여왕이 다스리던 *'빅토리아 시대'는 영국 역사상 가장 번영을 구가하던 시대였다. 강력한 군사력과 경제력을 바탕으로 세계를 지배해서 '해가 지지 않는 나라'라는 말을 들을 정도로 전 세계에 걸쳐 많은 식민지를 경영하였다.

그런 빛나는 시대에 살면서도 여왕은 "군림은 하되 통치는 하지 않는다."는 원칙을 철저히 따랐다. 국가의 통치는 디즈레일리 총리 등 관리들에게 맡기고 여왕은 어디까지나 본분을 지킬 뿐 자신의 의사를 강요하지 않았던 것이다.

빅토리아 여왕(왼쪽), 빅토리아 여왕의 분수대(오른쪽)

함께 보아요

디즈레일리(Benjamin Disraeli, 1804~1881) : 영국의 문학가, 정치가. 런던에서 유대계 상인의 아들로 태어났다. 어릴 때부터 문학에 흥미를 가지고 때때로 정치 소설을 썼는데, 1826년 소설 『비비언 그레이』를 발표하여 소설가로 알려졌다. 그 후 뛰어난 웅변력으로 1837년 정계에 입문하였다. 이후로 『코닝스비』, 『시빌』, 『탱크렛』 등의 정치 소설을 써서 민주주의를 주장하였다. 1852년부터 1868년 사이에 세 차례나 재무장관을 지냈고, 1874년 총선거에서 휘그당을 물리치고 다시 내각을 조직하여 1880년까지 정권을 잡았다. 그 동안 1875년 수에즈 운하 주식을 매입하여 이집트 진출의 발판을 구축하였고, 1877년에는 빅토리아 여왕에게 제관을 바쳐서 영국 제국을 성립시켰다. 1878년에는 러시아의 야망을 누르고 사이프러스 섬을 획득하는 등 제국주의적 대외 진출을 추진하였다. 그는 국내적으로도 많은 사회 정책을 추진하여 국민 생활을 안정시켰고, 빅토리아 시대의 번영기를 주도하였다.

보어 전쟁 : 1899년에 영국이 남아프리카의 금과 다이아몬드를 획득하기 위하여 보어인(네덜란드계 백인)이 건설한 트란스발 공화국과 오렌지 자유국을 침략하여 벌어진 전쟁이다. 두 나라는 필사적으로 저항하였으나, 1902년에 영국령 남아프리카에 병합되었다.

빅토리아 시대 : 1837년부터 1901년까지 영국의 빅토리아 여왕이 다스리던 시대. 영국 역사상 가장 번영을 구가하던 시대로 강력한 경제력과 군사력으로 세계를 지배하였다.

하노버 왕가 : 1714년에서 1901년까지 영국을 지배하던 왕조. 독일의 하노버 가 출신인 조지 1세로부터 시작하여 제6대인 빅토리아 여왕까지이며, 1917년에 윈저로 이름을 바꾸었다.

빌 게이츠

개인용 컴퓨터의 운영체제를 개발한 미국의 기업가

본명 : William H. Gates
생애 : 1955~

빌 게이츠는 1955년 워싱턴 주 시애틀에서 변호사의 아들로 태어났다. 1967년 시애틀의 명문 중·고등학교인 레이크사이드에 입학하여 12세의 나이에 처음 컴퓨터를 접했다. 또 이 학교에서 마이크로소프트사의 공동 창업자인 2년 선배, 폴 앨런을 처음 만났다.

1973년 아버지의 권유로 하버드 대학 법학과에 입학했으나, 얼마 뒤에 수학과로 옮겼다. 1974년 앨런과 함께 최초의 소형 컴퓨터용 프로그램 언어인 베이직(BASIC)을 개발하였다. 1975년에는 대학을 중퇴하고 뉴멕시코 주 앨버커키에서 앨런과 공동으로 마이크로소프트사를 설립하였다. 그 후로 포트란(FORTRAN) 등 후속 프로그램을 출시하여 3년 만에 매출 100만 달러를 달성하였다.

1981년 세계 최대의 컴퓨터 회사인 IBM사로부터 퍼스널 컴퓨터에 사용할 운영체제 프로그램 개발을 의뢰받고 도스(DOS)를 개발하여 현재의 기틀을 마련했다. 1990년대 초반에는 도스보다 훨씬 사용이 편리한 그래픽 환경을 지원하는 윈도우즈 3.1을 개발했다. 1995년 8월에는 '윈도우즈 95'를 출시하여 개인용 컴퓨터 운영체제의 획기적인 전환을 가져왔다. '윈도우즈 95'는 발매 4일 만에 전 세계에서 100만 개 이상의 판매 실적을 올리는 대기록을 세웠다. 그 후로도 윈도우즈 98, 윈도우즈 2000, 윈도우즈 XP, 마이크로소프트 오피스, 인터넷 익스플로러 등 종합 소프트웨어를 개발하여 시장을 독점하였다. 이런 성공에 힘입어 마이크로소프트사는 연평균 수익 성장률이 39%를 기록할 정도로 초고속 성장을 거듭하였다.

그러나 1999년 미국 연방법원이 마이크로소프트사에 *독점금지법을 위반했다는 판결을 내렸다. 빌 게이츠는 최고의 변호인단을 구성하여 항소했지만 판결은 뒤바뀌지 않았다. 그 후로 빌 게이츠는 여론을 무마하기 위해 대학 시절 친구이자 창립 멤버인 스티브 발머에게 최고 경영자 자리를 물려주고 경영 일선에서 물러났다.

1992년 빌 게이츠는 36세의 젊은 나이에 63억 달러를 벌어서 미국 경제지 포브스가 선정하는 미국 백만장자 서열 1위에 처음 올랐다. 그 후로 현재까지 빌 게이츠는 여전히 세계 최고의 거부로 군림하고 있다. 저서로 『생각의 속도』, 『미래로 가는 길』 등이 있다.

빌 게이츠의 MS 캠퍼스(위), 빌 게이츠의 저택(아래)

함께 보아요

독점금지법 : 시장 또는 상품의 독점을 방지하기 위하여 제정한 법률. 국민 경제의 발전을 위하여 기업 간의 자유 경쟁을 조성하며, 기업의 사적인 독점이나 부당 거래, 불공정한 경쟁 방법 등을 규제하기 위하여 마련한 법률이다. 정식 명칭은 '독점 규제 및 공정 거래에 관한 법률'이다.

『사기』를 지은 고대 중국의 역사가
사마천

본명 : 司馬遷, 자는 자장
생애 : BC 145?~BC 86?

사마천은 중국 한나라 때 허난 성(河南省, 하남성) 룽먼(龍門, 용문)에서 대대로 사관을 지낸 집안의 아들로 태어났다. 그의 아버지 사마담은 천체를 관측하여 달력을 만들고, 문헌이나 기록을 관리하는 태사령 벼슬에 있었다.

사마천은 어릴 적부터 아버지에 의해 의도적으로 역사가로서의 소양을 키워 나갔다. 아버지의 가르침 덕분에 10대에 이미 고문서에 통달하였고, 20대에는 중국의 주요 사적지를 직접 답사하는 귀중한 체험을 하였다. 사마천은 그 후에 낭중이라는 벼슬에 올라 황제인 *무제를 수행하여 강남, 산둥(山東, 산동), 허난 등의 지방을 두루 여행하였다.

기원전 110년 아버지가 죽으면서 자신이 시작한 『사기』의 완성을 유언으로 남겼다. 사마천은 그 유지를 받들어 기원전 108년에 태사령이 되면서 황실 도서관에서 자료 수집을 시작하였다. 당시까지 남아있던 각종 서적, 상소문 등을 꼼꼼히 읽었다. 기원전 104년 사마천은 천문 역법의 전문가로서 당시의 달력인 태초력을 완성하고, 본격적으로 『사기』의 저술에 착수하였다.

그러던 중 예기치 않은 시련이 닥쳐왔다. 기원전 99년 절친한 친구인 한나라 장군 이능이 *흉노와 싸우다가 패하여 포로가 된 사건이 발생했다. 이능의 처분을 결정하는 자리에서 황제를 비롯한 모든 신하들은 이능의 가족까지 죽이자는 데 의견을 모으고 있었다. 그러나 사마천은 홀로 이능의 충절과 용감함을 들어 변호하였다. 격분한 무제는 사마천에게 사형을 선고하였다.

그 당시 사형을 면하는 방법은 두 가지가 있었다. 그 하나는 나라에 50만 전을 내는 것이고, 다른 하나는 생식기를 절단하는 '궁형'을 받는 것이었다. 생활이 넉넉지 못했던 사마천은 아버지의 유언을 받들기 위해 죽음보다 더 치욕적인 궁형을 택하였다.

그 후 2년간의 옥중 생활을 겪으면서도 『사기』의 저술을 계속하였다. 기원전 95년에는 황제의 신임을 회복하여 환관의 최고직인 중서령이 되었고, 기원전 90년에는 마침내 20년간의 고생 끝에 『사기』 130권을 완성하였다.

사마천이 완성한 『사기』는 중국 최초의 임금인 황제로부터 자신이 살았던 한나라 무제 때까지 역대 왕조의 사적을 *기전체로 쓴 소중한 역사책이다.

사마천의 『사기집해』(원내)

함께 보아요

기전체 : 역사 서술 체제의 하나. 역사적 인물의 개인 전기를 이어감으로써 한 시대의 역사를 구성하는 기술 방법이다. 사마천의 『사기』에서 비롯된 것으로서 제왕의 전기인 본기, 신하의 전기인 열전을 중심으로 하여 연표·세계표·인명표 등으로 된 표, 관직·재정·지리·예·천문·역법 등과 같은 사회의 주요 분야의 변천 과정을 기술한 지 등으로 구성되어 있다.

무제(武帝, BC 156~BC 87) : 중국 한나라의 제7대 황제(재위 BC 141~BC 87). 이름은 유철이고, 묘호는 세종이다. 즉위 초에 부왕 때의 권력 있는 대신들을 면직시키고 어질고 능력이 뛰어난 선비들을 등용하여 관리들의 자질을 향상시켰다. 오경박사를 두어 유학을 발전시켰고, 기원전 127년부터 자신의 아들들에게 여러 지방을 다스리게 하여 중앙 집권화를 강화시켰다. 또 많은 운하를 만들어 농사와 운송을 도왔고, 흉노 등을 토벌하여 영토를 확장하였다. 또한 기원전 108년에 고조선을 공격하여 멸망시키고, 낙랑·진번·임둔·현도 4군을 두어 군현제를 실시하였다. 그러나 영원히 죽지 않는 불로장생을 믿어 도인 등을 거느리고 각지를 순행하여 많은 국가 재산을 낭비하였다. 이로 인해 관리들의 부정이 심해지고, 백성들의 생활도 궁핍해졌다. 기원전 87년 69세의 나이로 세상을 떠났다.

흉노 : 중국의 이민족인 5호 가운데 진나라, 한나라 때에 몽골 고원에서 활약하던 기마 민족. 기원전 3세기 말에 묵돌 선우가 모든 부족을 통일하여 북아시아 최초의 유목 국가를 건설하고 전성기를 맞았다. 그러나 한나라 무제의 잦은 침공으로 쇠약해져서 1세기경에 남북으로 분열되었다.

불교의 개조
석가모니

본명 : Gautama Siddhartha
생애 : BC 563?~BC 483?

석가모니는 히말라야 산맥 기슭에 살던 샤키아족이 세운 작은 나라의 왕자로 태어났다. 아버지는 정반왕이었고, 어머니는 마야 부인이었다. 석가모니에서 '석가'는 민족의 명칭이고, '모니'는 성자라는 뜻이다. 석가모니의 본래 성은 고타마이고 이름은 싯다르타인데, 깨달음을 얻어 붓다 또는 부처라 불리게 되었다.

마야 부인은 당시의 풍속대로 아이를 낳으려고 친정으로 가다가 *'룸비니 동산'에서 석가모니를 낳았다. 그러나 아이를 낳은 지 7일 만에 세상을 떠나서 석가모니는 이모의 보살핌을 받으며 자랐다.

석가모니는 다음 왕위를 이을 왕자로써 학문과 예술 등 훌륭한 교육을 받고 성장하여 16세에 귀족의 딸인 아쇼다라와 결혼하였다. 그 얼마 뒤에는 아들 *라훌라도 태어나서 행복한 나날을 보냈다.

그러던 어느 날, 석가모니는 문득 인생의 괴로움에 대해 생각하게 되었다. 사람이 태어나서 나이가 들어 늙고 병이 들어 죽어가는 모습을 보며, 그런 고통에서 구원을 받으려면 어떻게 해야 할까를 고민하게 되었다. 날마다 그런 고민에 빠져 있다가 29세 때 고통의 본질을 찾고 해탈을 얻고자 가족과 모든 지위를 버리고 출가하였다.

석가모니는 갠지스 강을 건너 *마가다국의 왕사성으로 갔다. 그 곳에서 2명의 선인으로부터 많은 가르침을 받았다. 그러나 그 가르침만으로는 괴로움에서 해탈할 수 없어서 *부다가야 부근의 산 속으로 들어갔다. 그 곳에서 당시 출가자들처럼 6년간 고행에 전념하였으나 해탈을 이룰 수는 없었다.

고행만으로는 해탈을 이룰 수 없음을 깨달은 석가모니는 보리수 아래에 자리 잡고 깊은 사색에 정진하여 마침내 35세 때에 깨달음을 얻었다. 사람이 살아가면서 공포나 고통, 애정과 욕심에도 흔들리지 않는 방법을 깨달은 것이었다.

그 후로 석가모니는 전부터 고행을 함께했던 5명의 수행자들에게 처음으로 자신이 깨달은 가르침을 전했다. 그 이후로도 세상을 떠날 때까지 45년 동안 갠지스 강을 중심으로 설법을 전파하여 제자의 수가 늘어갔다.

석가모니가 세상을 떠난 후에는 *십대 제자들이 중심이 되어 불교를 전파하여 온 세상에 널리 퍼지게 되었다. 그리하여 현재 불교는 기독교, 이슬람교와 더불어 세계 3대 종교가 되었다.

석가모니의 고향 룸비니에 있는 사원(왼쪽), 석가모니의 일생을 그린 그림(오른쪽)

함께 보아요

라훌라 : 석가모니의 십대 제자 가운데 한 사람. 석가모니의 아들로서 아버지의 권유로 출가하여 계율을 엄격히 지켜 밀행의 1인자로 불렸다. 후에 사미의 시조가 되었다.

룸비니 동산 : 석가모니가 태어난 곳으로 중인도 카필라바스투의 성 동쪽에 있던 꽃동산. 지금의 인도와 국경을 이루는 네팔 남부 타라이 지방에 해당한다.

마가다 : 기원전 6세기에서 기원전 1세기에 인도의 갠지스 강 중류에 있었던 고대 왕국. 고대 인도의 정치와 문화의 중심지로 불교의 발상지이며, 기원전 27년에 안도라에 멸망하였다.

부다가야 : 인도 비하르 주 가야 시의 남쪽 8km 지점에 있는 불교의 성지. 석가모니가 이곳의 보리수 아래에서 깨달음을 얻었다고 한다.

십대 제자 : 석가모니의 뛰어난 제자 10명. 두타제일 마하가섭, 다문제일 아난타, 지혜제일 사리불, 신통제일 목건, 천안제일 아나율, 해공제일 수보리, 설법제일 부루나, 논의제일 가전연, 지율제일 우바리, 밀행제일 라훌라를 말한다.

세르반테스

『돈키호테』를 쓴 에스파냐의 작가

본명 : Miguel de Cervantes Saavedra
생애 : 1547~1616

세르반테스는 1547년 에스파냐의 알칼라 데 에나레스에서 외과의사의 아들로 태어났다. 어린 시절 집이 가난하여 자주 이사를 다녔기 때문에 마드리드의 조그만 사숙(글방)에서 잠시 공부한 것 외에는 학교 교육을 받지 못했다. 그러나 글자가 적힌 종이가 떨어져 있으면 반드시 주워 읽을 정도로 독서광이었다.

1570년 그는 이탈리아로 가서 추기경의 시중을 들다가 이탈리아 주재 에스파냐 군대에 입대하였다. 1571년에는 세계 3대 해전 중의 하나인 *'레판토 해전'에 참전하여 에스파냐 등의 기독교 연합군이 *'오스만 제국'을 물리치는 데 큰 공을 세웠다. 그러나 이 전쟁에서 총상을 입고 평생 왼손을 쓸 수 없게 되었다.

1575년 무공훈장을 받고 동생과 함께 에스파냐로 귀국하다가 터키 해적선의 습격을 받아 알제리에서 5년간 노예 생활을 하였다. 세르반테스는 노예 생활을 하면서도 동료 포로가 죽을 위기에 처하면 발벗고 나서서 도와주었기 때문에 그들의 존경을 받았다. 세르반테스의 당당함에 감복한 성주는 1580년 노예에서 해방시켜 주었다.

11년 만에 에스파냐로 돌아온 세르반테스는 1584년 부유한 농가의 딸 카타리나와 결혼하였고, 이듬해에 처녀작 소설 『라 갈라테아』를 출판하였다. 그러나 아버지가 사망해서 온 가족을 부양해야 했기 때문에 1587년에 세빌냐로 가서 에스파냐 *무적함대의 식량징발계원, 세금 수금원 등의 일을 하였다. 이 시기에 몇 번 감옥에도 들락거리는 등 어려운 세월을 보내면서 그의 이름을 세상에 널리 알린 『돈키호테』가 탄생하였다.

1605년 세르반테스는 16세기 중세 기사들의 허황된 무협 연애담을 조롱하기 위해 쓴 소설 『돈키호테』 제1부를 출판하여 세상 사람들의 갈채를 받았다. 그러나 너무 싼 값에 판권을 팔아 넘겼기 때문에 그의 생활은 여전히 어려웠다. 그런 어려운 생활 중에도 활발하게 창작 활동을 하여 『모범 소설집』, 『파르나소에의 여행』 등을 출판하였다.

1615년 세르반테스는 『돈키호테』 제2부를 출판하고, 이듬해 4월 23일 셰익스피어와 같은 날에 69세를 일기로 세상을 떠났다.

러시아의 작가 *도스토옙스키는 자신의 작품에서 하나님이 인간의 오만과 타락에 대해 심판하려 하자 "그래도 세르반테스가 『돈키호테』를 쓰지 않았습니까?"라는 말로 이 작품을 격찬하였다고 한다.

스페인 광장의 돈키호테 동상(왼쪽), 세르반테스 상 앞의 돈키호테 상(오른쪽)

함께 보아요

도스토옙스키(F. M. Dostoevskii, 1821~1881) : 러시아의 소설가. 모스크바에서 의사의 아들로 태어났다. 17세에 육군 중앙 공병학교에 입학하여, 재학 중에 발자크, 위고, 괴테 등의 작품을 열심히 읽었다. 24세 때 가난한 늙은 관리와 의지할 곳 없는 불행한 아가씨의 깨끗한 사랑 이야기를 그린 처녀작 『가난한 사람들』을 발표하여 당시 러시아의 유명한 비평가인 벨린스키로부터 '새로운 고골리'라는 찬사를 들었다. 그러나 이후에 발표한 10여 편의 작품은 비평가들의 혹평을 받았다. 그 후에 사랑과 협동으로 자본주의 사회의 모순을 극복하자는 '공상적 사회주의 사상'에 참가하여 동료 30명과 함께 체포되어 사형 선고를 받았으나, 사형 직전에 황제의 특사를 받아 4년간 시베리아에서 유형 생활을 하였다. 유형에서 풀려난 뒤에는 잡지사 경영 등의 실패로 도피생활을 하다가 1870년대에 대표작인 『카라마조프 가의 형제들』을 발표하였다. 그가 죽기 직전에 푸시킨 동상 제막식에서 행한 기념 연설은 러시아의 세계적 소명을 힘차고 분명하게 예언함으로써 청중들을 감동시켰다.

레판토 해전 : 1571년 그리스의 레판토 항구 앞바다에서 에스파냐, 베네치아, 로마 교황의 기독교 연합 함대가 오스만 제국(터키)의 함대와 싸워서 크게 이긴 싸움이다. 이 전투에서 승리한 기독교권은 실질적인 이득을 보지는 못하였으나 무패를 자랑하던 오스만 제국의 함대를 처음으로 격파하여 유럽인의 사기를 높였다.

무적함대 : 1588년 에스파냐 왕 펠리페 2세가 영국을 공격하기 위하여 편성한 대함대. 영국 해협을 항해하던 중에 영국 해군의 습격을 받아 패하였다.

오스만 제국 : 1299년에 오스만 1세가 셀주크 제국을 무너뜨리고 터키를 중심으로 한 소아시아에 세운 이슬람 제국. 1453년에 비잔틴 제국을 멸망시키고 이스탄불로 수도를 옮겨 번성하였다. 제1차 세계 대전 뒤, 1922년에 국민 혁명으로 멸망하였다.

세잔

근대 회화의 아버지로 불리는 프랑스의 후기 인상파 화가

본명 : Paul Cézanne
생애 : 1839~1906

세잔은 프랑스의 후기 인상파 화가로 1839년 프랑스 남부 엑상프로방스에서 부유한 집안의 아들로 태어났다. 어린 시절부터 그림 그리기를 좋아했던 그는 중학교 때 훗날 프랑스의 대문호가 된 친구 *'에밀 졸라'로부터 많은 영향을 받았다.

세잔은 1859년 아버지의 권유로 엑상프로방스의 법과 대학에 입학하였다. 그러나 파리에서 직장 생활을 하던 에밀 졸라의 권유로 1861년 학교를 그만두고 파리의 아카데미 스위스로 학교를 옮겼다. 그 곳에서 피사로, 기요맹 등을 알게 됐고, 후에 인상파 화가들과 인연을 맺는 계기가 되었다.

1863년 세잔은 화가가 될 결심을 하고 관립 미술학교의 입학 시험을 치렀으나 낙방하여 한 때 실의에 빠졌었다. 그러나 1872년 파리 근교 퐁투아즈에서 피사로와 만나 함께 살면서 그림 작업에 전념하였다. 이 시기에 인상파의 수법을 받아들여 인상파에 적극 참여하게 되었다.

1874년 파리의 한 사진관에서 '제1회 인상파전'이 열리자 세잔은 「목맨 사람의 집」이라는 작품을 출품하였다. 이 전람회에 출품된 작품들은 심한 비평을 받았지만 세잔은 빛과 색의 조화를 통해 인상파 화가로서의 자리를 굳혔다.

그러나 '제3회 인상파전' 이후로는 구도와 형상을 단순화한 거친 터치로 독자적인 화풍을 개척해 나갔다. 세잔은 계속해서 작품을 발전시켜 후에 나타난 야수파와 입체파에 커다란 영향을 주었으며, 이로 인해 '근대 회화의 아버지'라고도 불리게 되었다.

1896년 세잔은 인상파 화가들과 결별하고 고향인 엑상프로방스로 돌아가서 작품에만 몰두하였다. 그리하여 1900년부터는 그의 독특한 화풍이 널리 알려지기 시작하였다. 1906년 67세를 일기로 세상을 떠났다.

세잔의 작품은 살아생전에는 빛을 보지 못했지만, 현재에는 피카소를 비롯한 많은 화가들에게 영향을 주어 '20세기 회화의 참다운 발견자'라는 칭송을 받고 있다. 작품으로 전기 인상파 시절의 대표작인 「목맨 사람의 집」, 원숙기의 작품인 「에스타크」, 「카드놀이하는 사람들」, 그리고 후기 대표작인 「목욕하는 여인들」, 「생트빅투아르 산」 등 많은 작품이 있다.

세잔의 작업실(왼쪽 위), 세잔의 그림 「목맨 사람의 집」(왼쪽 아래), 그림 「세잔 부인의 초상」(오른쪽 위), 세잔의 방(오른쪽 중간), 세잔의 자화상(오른쪽 아래)

함께 보아요

에밀 졸라(Emile Zola, 1840~1902) : 프랑스 자유주의 문학의 대표 작가. 파리에서 태어나 7세 때 아버지를 여의고 어렵게 자랐다. 출판사에 들어가 근무하다가 소설을 쓰기 시작했다. 그리하여 『루공 마카르 총서』 20권을 출판했다. 이 중에서 부자들의 방탕한 생활을 그린 『나나』, 『목로주점』, 탄광촌 사람들의 생활을 그린 『제르미날』은 명작으로 꼽힌다. 1902년 일산화탄소 중독으로 세상을 떠났다.

셰익스피어

영국이 낳은 위대한 극작가

본명 : William Shakespeare
생애 : 1564~1616

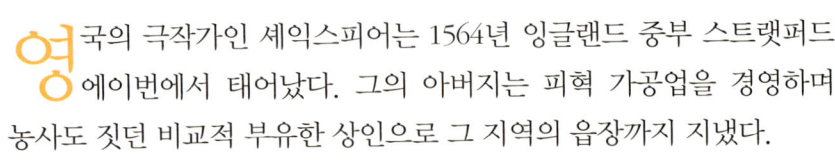

영국의 극작가인 셰익스피어는 1564년 잉글랜드 중부 스트랫퍼드 에이번에서 태어났다. 그의 아버지는 피혁 가공업을 경영하며 농사도 짓던 비교적 부유한 상인으로 그 지역의 읍장까지 지냈다.

셰익스피어는 어린 시절에는 비교적 부유하게 자랐지만, 13세 무렵에 갑자기 가세가 기울어 학교를 그만두고 집안일을 도와야 했다. 18세 때는 인근 마을 처녀와 결혼했고, 1587년에 런던으로 나왔다.

셰익스피어는 한동안 일정한 직업도 없이 방랑하다가 한 극장에서 일하기 시작했다. 극장에서 허드렛일을 하며 무대 연기를 익히고 틈틈이 글도 쓰다가 26세 때인 1590년 어엿한 극작가가 되었다.

그 당시 영국은 엘리자베스 1세가 다스리던 때라 국운이 융성하였다. 나라에서 예술의 발전을 위해 많은 뒷받침을 해주었기 때문에 셰익스피어는 자신의 재능을 마음껏 발휘할 수 있었다. 1592년 3월, 그가 쓴 『헨리 6세』가 한 극단에서 상연되었을 때는 많은 관객이 열광하였다.

그러나 1592년부터 1594년까지 2년간에 걸쳐 *페스트가 온 유럽을 휩쓸었다. 런던의 극장들이 폐쇄되었고, 이에 따라 런던의 극단도 전면적으로 개편되었다. 수천만 명의 목숨을 앗아 간 이 재앙이 오히려 신진 극작가인 셰익스피어에게는 기회가 되었다.

1594년 페스트가 물러갔을 때 셰익스피어는 '궁내부장관 극단'의 간부 단원이 되었다. 그는 이 극단에서 배우로 활동하며 극본과 시 쓰기에 전념하여 세계인이 열광하는 많은 명작을 남겼다.

셰익스피어는 1590년부터 1613년까지 23년 동안 극작가로 활동하면서 모두 37편의 희·비극을 발표했다. 그러나 그의 작품들은 사망한 지 200년이 지나서야 진가를 인정받아 그 위대함이 세상에 널리 알려지게 되었다. 그는 1616년 4월 23일, 52세를 일기로 고향에서 세상을 떠났다.

저서로 4대 비극이라 불리는 *『햄릿』, 『오셀로』, 『리어왕』, 『맥베스』를 비롯하여 『한여름 밤의 꿈』, *『로미오와 줄리엣』, *『베니스의 상인』 등 37편의 극본과 영문으로 된 최고의 시집인 *『소네트집』이 있다.

셰익스피어 희곡 모음집(왼쪽), 셰익스피어 테라코타상(오른쪽)

함께 보아요

로미오와 줄리엣 : 셰익스피어가 1597년에 발표한 희곡. 원수 사이인 이탈리아의 명문 몬터규 가의 아들 로미오와 캐풀렛 가의 딸 줄리엣의 비극적인 사랑을 다루었다.

베니스의 상인 : 셰익스피어가 1596년에 지은 전 5막으로 되어 있는 희곡. 포샤에게 구혼하려는 친구 바사니오를 위하여 안토니오는 악덕 고리대금업자인 샤일록에게 자신의 살 1파운드를 저당잡혀 돈을 구해준다. 그러나 안토니오는 기한이 되어도 그 돈을 갚지 못하여 살을 베어달라는 샤일록의 요구에 시달린다. 하지만 법률가로 변장한 포샤가 기지를 발휘해 그를 구한다는 내용이다.

소네트 : 14행의 짧은 시로 이루어진 서양 시가. 각 행을 10음절로 구성하며, 복잡한 운과 세련된 기교를 사용한다. 13세기에 이탈리아에서 시작되었고, 단테와 페트라르카에 의하여 완성되었다. 셰익스피어, 밀턴, 스펜서 등 그들의 작품들이 유명하다.

페스트 : 들쥐나 야생 설치류가 가지고 있는 페스트균이 일으키는 급성 전염병. 오한, 고열, 두통에 이어 권태, 현기증이 일어나며 의식이 흐려지게 되어 죽는다. 폐 페스트의 경우에는 피부가 흑자색으로 변한다. 1592년부터 1594년까지 서유럽에 페스트가 창궐하여 수천만 명이 목숨을 잃었다.

햄릿 : 셰익스피어의 4대 비극의 하나. 덴마크 왕가의 왕위 계승을 둘러싼 유혈 사건을 제재로 한 것으로 왕자인 햄릿이 부왕을 독살한 숙부와 불륜의 어머니에게 복수하는 이야기이다.

서양 철학의 시조
소크라테스

본명 : Socrates
생애 : BC 469?~BC 399

소크라테스는 고대 그리스의 철학자로 *아테네에서 조각가인 아버지와 산파인 어머니 사이에서 태어났다. 그는 어려서부터 아버지의 일을 도우며 조각을 배워서 훌륭한 조각가가 되었다. 그러나 그는 조각보다는 철학 서적을 즐겨 읽고 *소피스트들의 이야기에 귀를 기울이면서 진리 탐구에 몰두하여 철학자의 길을 걷게 되었다.

소크라테스가 40세 때 * '펠로폰네소스 전쟁' 이 일어났다. 소크라테스는 조국 아테네를 위해 전쟁에 출전하여 *스파르타군에 맞서 싸웠다. 그러나 아테네는 강력한 군사력을 앞세운 스파르타에 패하고 말았다. 많은 사람들이 처형되거나 국외로 추방되어 아테네의 민주정치는 무너지고 말았다.

그 얼마 뒤에 민주정치가 회복되었지만 그마저도 노예를 소유한 권력자와 돈 많은 부자들을 중심으로 한 정치였다. 게다가 소피스트들도 진리를 탐구하기보다는 출세에만 정신이 팔려 있었다.

소크라테스는 이런 사회를 못마땅하게 여기고 모두가 잘사는 사회를 만들기 위해 시민들을 상대로 대화를 나누었다. 길거리의 청년이나 마을 유지들에게 '사람을 행복하게 하는 것은 무엇인가?', '착하다는 것은 무엇인가?', '용기란 무엇인가?' 등에 관해 질문하였다. 그들의 대답을 듣고 나서는 '자기 자신의 혼을 가장 소중히 여겨야 한다.' 고 주장하였다.

소크라테스는 툭 튀어나온 두 눈에 찌그러진 코를 가진 추남이었지만 대화를 나눠본 시민들은 그의 진실한 말과 마음에 매료되었다. 날이 갈수록 소크라테스를 따르는 사람들이 늘어가자 권력자와 소피스트들은 그것을 못마땅하게 여기고 법정에 고발하였다.

기원전 399년 아테네 당국은 '청소년을 타락시키고 신을 모독하여 국가에 해를 끼치는 인물' 이라는 죄목으로 소크라테스를 체포하였다. 그러나 소크라테스는 법정에서도 당당하게 자신의 주장을 굽히지 않아 결국 사형을 선고받고 말았다.

친구와 제자들은 소크라테스에게 국외로 도망치라고 권유했다. 그러나 그는 "악법도 국법은 따라야 한다."는 말을 남기고 기꺼이 독배를 마시고 세상을 떠났다.

소크라테스의 가르침은 제자인 플라톤이 쓴 『소크라테스의 변명』, 『에우티프론』, 『크리톤』 등을 통해 후세에 전해져서 현재에도 많은 교훈을 주고 있다.

소크라테스 석상(왼쪽), 루브르 박물관에 있는 소크라테스 두상(오른쪽 위), 메트로폴리탄 박물관에 있는 그림 「소크라테스의 죽음」(오른쪽 아래)

함께 보아요

소피스트 : 기원전 5세기 무렵에 주로 아테네의 시민들을 상대로 교양이나 학예, 특히 변론술을 가르치는 일을 직업으로 삼던 사람들을 말한다. 프로타고라스, 고르기아스 등이 대표자였는데, 후기에는 자기의 이익을 위하여 변론술을 악용하는 경향이 있었기 때문에 궤변가를 뜻하게 되었다.

스파르타 : 고대 그리스의 도리아족이 펠로폰네소스 반도 중부의 라코니아에 세운 도시 국가. 귀족 정치를 실행하여 본토인을 노예화하고 자국민에게 군국주의식 교육을 베풀었다. 기원전 5세기에 펠로폰네소스 전쟁에서 아테네를 격파하고 그리스의 패권을 잡았다. 그러나 점차 쇠퇴하여 기원전 146년에 로마에게 멸망하였다.

아테네 : 기원전 8세기 무렵 아티카에 성립한 고대 그리스의 대표적인 도시 국가. 페르시아 전쟁에서 승리한 후 번영하였으나, 펠로폰네소스 전쟁에 패하여 기원전 339년에 마케도니아에 멸망하였다.

펠로폰네소스 전쟁 : 기원전 431년부터 기원전 404년까지 아테네를 중심으로 하는 델로스 동맹과 스파르타를 중심으로 하는 펠로폰네소스 동맹이 벌인 싸움으로 스파르타가 승리하였다.

고대 이스라엘의 '지혜의 왕'
솔로몬

본명 : Solomon
생애 : ?~BC 912?
재위 기간 : BC 971?~BC 932?

솔로몬은 예루살렘에서 *다윗 왕의 아들로 태어났다. 다윗 왕은 어릴 때부터 유난히 영특했던 솔로몬을 후계자로 삼았다.

기원전 971년 다윗 왕이 사망하자 솔로몬은 고대 이스라엘의 제3대 왕으로 즉위하였다. 솔로몬은 39년 동안 왕위에 있으면서 백성들을 위해 많은 일을 하였다.

구약성서 중에서 「아가」와 「잠언」 등은 그가 직접 쓴 것으로 전해지고 있다.

'지혜의 왕'으로 불리는 솔로몬의 일화 중에 '한 아기를 두고 두 어머니가 서로 자기 아기라고 싸우는 것을 현명하게 재판했다.'는 전설은 가장 유명한 이야기이다.

솔로몬이 왕위에 오를 당시 이스라엘은 여러 부족으로 나뉘어져 있어서 반대파들도 무척 많았다. 솔로몬은 무력으로 반대파들을 제압하고 대외 평화에 힘을 쏟아 *'솔로몬의 영화'라고 일컬어지는 *'이스라엘 왕국'의 전성기를 이룩하였다.

그 후로 솔로몬은 *페니키아에서 자재와 기술을 도입하여 예루살렘에 웅장한 신전을 건설하였다. 그 신전에 *'계약의 궤(언약궤)'를 안치하여 종교 중심으로 국가를 통치하였다.

정치적으로는 오랫동안 유지되어 온 부족 중심 제도를 무시하고 전국을 12개의 행정구역으로 나누었다. 그리고 각 지역에 장관을 파견하여 세금을 징수하거나 군사를 징발하는 등의 사무를 맡아보게 하였다.

경제적으로는 세계 교역의 요지에 위치한 예루살렘에 이집트, 페니키아, 아랍 상인들을 불러들여 통상을 장려하였고 조선소나 구리 공장 등을 설치하여 부를 축적하였다.

그러나 부족 간의 대립을 해소하지 못했으며 백성들에게 과도하게 세금을 부과하고 군사나 강제 노동에 징발하여 백성들의 불만이 많았다. 이 때문에 결국 솔로몬이 사망한 뒤에 이스라엘 왕국은 남북으로 분열되고 말았다.

그림 「솔로몬의 심판」(원내)

함께 보아요

계약의 궤 : 하나님과 이스라엘 민족의 계약의 증표로 지성소에 안치하였던 궤. 자귀나무로 만들어서 얇은 황금 판을 입힌 궤로 하나님이 그 곳을 내려다보고 계심을 상징한다. 궤 안에는 제사장 아론의 지팡이와 만나 및 십계 판이 들어 있다.

다윗(David, ?~BC 961) : 고대 이스라엘의 2대 왕. 이새의 아들로 소년 시절에 예언자인 사무엘이 사울 왕의 후계자로 지목하였다. 사울 왕을 섬기다가 블리셋의 거인 장군 골리앗을 돌로 때려죽여 용맹을 떨쳤다. 사울이 죽은 뒤 유대의 왕이 되었고, 기원전 994년에는 이스라엘의 왕이 되었다. 그는 예루살렘을 중심으로 유대교를 확립하였다. 그러나 만년에는 자식들 간에 왕위 계승 싸움이 일어나는 등 평온하지 못하였다. 하프의 명수이자 시인으로서 명성을 떨쳤으며, 구약성서 시편의 상당 부분은 다윗이 지은 것이라고 알려졌다. 그에 대한 기록은 구약성서 「사무엘」 상(上) 16장 이하와 「열왕기」 상 2장 및 「역대기」 상 11장에서 29장에 자세히 기록되어 있다.

솔로몬의 영화 : 이스라엘 왕국의 세 번째 왕인 솔로몬이 많은 세금을 받아 누린 부귀영화. 하나님 없이 이룩된 인류 문화의 허무함을 비유적으로 이르는 말이다.

이스라엘 왕국 : 솔로몬이 죽은 뒤 고대 유대인의 나라가 남북으로 갈렸을 때의 북쪽 나라. 사마리아에 도읍하여 한때 번성하였으나, 기원전 722년 아시리아에 의하여 멸망하였다.

페니키아 : 기원전 3000년 무렵에 페니키아인이 시리아 중부 지방에 건설한 도시 국가를 통틀어 이르는 말로 기원전 1세기 때 로마에 병합되었다.

'피아노의 시인'이라 불리는 폴란드의 작곡가
쇼팽

본명 : Frederic Francois Chopin
생애 : 1810~1849

작곡가이자 피아노 연주자인 쇼팽은 1810년 폴란드의 바르샤바 교외에서 태어났다. 그의 아버지는 프랑스인으로 바르샤바 육군 사관학교에서 프랑스어를 가르쳤고, 어머니는 폴란드 귀족의 딸로 피아노 솜씨가 아주 뛰어났다.

쇼팽은 어려서부터 어머니에게 피아노를 배웠고, 7세 때는 지브니에게 피아노를 배우며 작곡도 하기 시작했다. 쇼팽의 피아노 솜씨는 아주 뛰어나서 중학생 때 이미 러시아 황제 앞에서 연주하기도 하였다.

1829년 쇼팽은 음악학교를 졸업하고 바르샤바에서 첫 연주회를 가졌다. 이 때 직접 작곡한 피아노 협주곡을 발표하여 큰 박수를 받았다. 그 후로 프랑스, 이탈리아, 오스트리아 등지를 여행하다가 1831년 독일 슈투트가르트에 머물렀다.

이 시기에 폴란드 시민들이 일으킨 혁명이 러시아 군대에 의해 진압됐다는 소식을 듣고 쇼팽은 울분을 참지 못했다. 그는 바르샤바를 떠나올 때 친구들이 선물로 준 폴란드의 흙이 들어 있는 은컵을 감싸쥐며 러시아에 탄압받고 있는 조국 폴란드의 현실을 안타까워했다.

1832년 파리 연주회에서 큰 호평을 받고 사교계에 진출하여 프랑스 귀족 자녀들에게 피아노를 가르쳤다. 또한 이 무렵부터 작곡 작품도 출판되기 시작했으며 *발자크나 위고 등 프랑스의 저명한 문학가들과 사귀었다.

1837년 쇼팽은 독일 드레스덴에서 바르샤바 시절부터 사귀던 여자 친구와 약혼을 하였다. 그러나 폐결핵이 악화되어 헤어지고 상드라는 여자를 만났다. 어머니처럼 자상한 상드의 보살핌을 받으며 9년 동안 함께 살았으나 1846년에 헤어지고 말았다.

1846년 파리에서 2월 혁명이 일어났을 때 쇼팽의 건강은 더욱 악화되어 있었다. 쇼팽은 영국으로 건너가 연주회나 사교 모임에서 피아노를 연주하였다. 이 때 큰 인기를 얻었으나 습기가 많은 영국의 날씨 때문에 건강은 더욱 악화되고 말았다.

1849년 1월, 쇼팽은 파리로 돌아왔지만 건강은 회복이 불가능할 정도로 악화되어 있었다. 그리하여 결국 그 해 10월, 39세의 젊은 나이로 세상을 떠났다.

쇼팽은 피아노곡만 약 200여 곡을 작곡했다. 그 가운데는 *협주곡, *소나타, *야상곡 등 낭만파적인 작품이 많아서 '피아노의 시인'이라 불리게 되었다.

쇼팽의 묘지(왼쪽), 쇼팽의 동상(오른쪽 위), 쇼팽의 피아노(오른쪽 아래)

함께 보아요

발자크(Honore de Balzac, 1799~1850) : 프랑스의 소설가. 부유한 가정에서 태어났으나 어머니의 사랑을 받지 못해서 외롭게 자랐다. 그로 인해 학교에서도 열등생 취급을 받았다. 1816년 아버지의 권유로 파리 소르본 대학에서 법률을 공부하다가 작가가 되기 위해 대학을 중퇴하고 파리의 허름한 다락방에서 소설을 쓰기 시작했다. 그는 모든 작품에 『인간 희극』이라는 제목을 붙여서 100여 편의 작품을 썼으나 독자들의 사랑은 받지 못했다. 그러나 그의 작품들은 근대 사실주의와 자연주의 소설에 큰 영향을 끼쳤다.

소나타 : 16세기 중기 바로크 초기 이후에 발달한 악곡의 형식. 기악을 위한 독주곡 또는 실내악으로 순수 예술적 감상 내지는 오락을 목적으로 하며, 비교적 대규모 구성인 몇 개의 악장으로 이루어진다.

야상곡 : 조용한 밤의 분위기를 나타낸 서정적인 피아노곡. 19세기 초엽에 필드가 처음으로 작곡한 형식으로 특정한 박자와 형식은 없고 세도막 형식 또는 론도(2박자의 경쾌한 춤곡) 형식을 따른다. 쇼팽의 19곡이 가장 유명하다.

협주곡 : 독주 악기와 관현악이 합주하면서 독주 악기의 기교를 충분히 발휘하도록 작곡한 소나타 형식의 악곡을 말한다.

슈바이처

아프리카 흑인들을 위해 일생을 바친 성자

본명 : Albert Schweitzer
생애 : 1875～1965

슈바이처는 1875년 독일 알자스 지방 카이제르스부르크에서 목사의 아들로 태어났다. 제1차 세계 대전 후에 *알자스 지방이 프랑스 땅이 됐으므로 슈바이처는 프랑스 국적을 갖게 되었다.

어려서부터 음악을 좋아했던 슈바이처는 9세 때 교회에서 *'파이프 오르간'을 연주할 정도로 뛰어난 재능을 보였다. 스트라스부르 대학에서 신학과 철학을 공부하고 졸업 후에는 목사와 대학 강사, 파이프 오르간 연주가로 활약하였다.

그러던 어느 날, 슈바이처는 아프리카의 흑인들이 의사가 없어서 고통받고 있다는 말을 들었다. 이 때 그는 아프리카 사람들을 위해 일할 결심을 하고 모교 의학부의 청강생이 되어 의학을 공부하였다.

1913년 의사가 된 그는 부인과 함께 프랑스 식민지인 적도 아프리카(가봉 공화국)로 건너갔다. 오고우에 강변의 랑바레네에 자비로 병원을 세우고 병에 걸려 신음하는 흑인들을 치료해 주었다.

제1차 세계 대전이 일어나자 슈바이처는 독일인이라는 이유로 프랑스로 송환되고 병원도 폐쇄되었다. 그러나 1921년에 아프리카 생활을 회상하는 『물과 원시림 사이에서』를 출판하여 그의 의료사업은 세계 사람들의 주목을 받게 되었다.

슈바이처는 이런 호응 속에 다시 아프리카 랑바레네로 건너가서 의료사업을 재개하여 병원을 크게 확장하였다. 이 때부터 그는 '세계의 위인', '원시림의 성자' 등으로 불리며 세계 사람들의 존경을 받았다.

1928년에는 괴테상을 받았으며, 제2차 세계 대전 중에도 유럽으로 돌아가지 않고 전도와 진료에 전념하였다. 1951년 *'아카데미 프랑세즈' 회원이 되었고, 1952년에는 노벨 평화상을 수상했는데, 이 때 받은 상금으로 나환자촌을 건립하였다.

1960년 프랑스 식민지였던 적도 아프리카가 독립하여 가봉 공화국이 되었으나 슈바이처에 대한 흑인들의 존경심은 변함이 없었다. 흑인들을 위해 일생을 바친 슈바이처는 1965년 9월, 90세를 일기로 세상을 떠났다.

슈바이처는 아프리카 원주민들을 위한 의료사업 외에도 신학자, 철학자, 음악가로서 많은 업적을 남겼다. 특히 음악가로서는 뛰어난 파이프 오르간 연주자였고, 『독일과 프랑스의 오르간 제작법과 오르간 음악』이라는 저서를 발표하여 오르간 개량에도 커다란 업적을 남겼다.

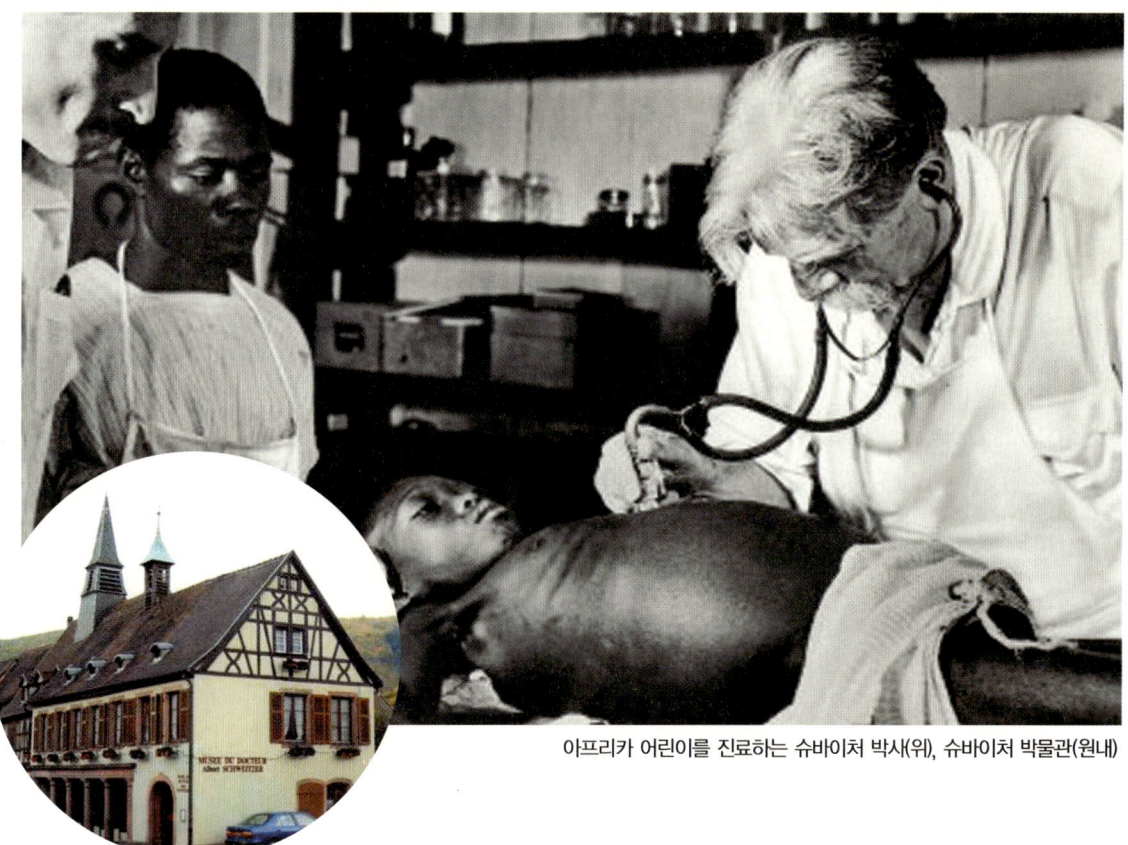

아프리카 어린이를 진료하는 슈바이처 박사(위), 슈바이처 박물관(원내)

함께 보아요

아카데미 프랑세즈 : 프랑스 학사원의 한 기관. 1635년 리슐리외가 문화, 예술, 일반의 중추 기관으로서 창립하였다. 프랑스어를 순화하고 문화의 전통을 유지하기 위하여 사전 편찬과 연구, 저작, 예술 작품에 대한 수상 등의 일을 한다.

알자스 : 프랑스 북동부, 독일 라인 강 서쪽 기슭에 있는 마을. 예로부터 독일과 프랑스의 분쟁 지역으로 라인 강 부근에서는 섬유·식품·금속·화학 공업이 발달하였고, 내륙에서는 밀·옥수수·포도 재배가 발달하였다.

파이프 오르간 : 크고 작으며 길고 짧은 여러 개의 관을 음계적으로 배열하고 바람을 보내 소리를 내는 건반 악기. 치는 사람이 손 건반, 다리 건반, 음전을 조작하여 연주한다. 장엄하고 신비로운 음률과 저음을 낼 수 있으며, 여러 가지 악기의 음을 낼 수 있다.

낭만파 음악 시대를 연 가곡의 왕
슈베르트

본명 : Franz Peter Schubert
생애 : 1797~1828

슈베르트는 1797년 오스트리아 빈 근교의 리히텐탈에서 태어났다. 아버지는 초등학교를 운영했고, 어머니는 요리사였다. 어릴 적부터 음악에 천재적인 재능을 보였던 그는 8세 때에 교회 합창단에서 가창, 바이올린, 피아노 등 기초적인 지도를 받았다.

11세 때는 아름다운 목소리를 인정받아 빈 궁정 예배당의 어린이 합창 단원으로 뽑혀서 국립 기숙 신학교에 들어갔다. 그 곳에서 궁정 오르간 주자인 루치카와 궁정 악장인 *살리에리에게 작곡을 배웠다. 16세 때는 1년 과정의 교원 양성학교를 수료하고, 아버지가 운영하는 초등학교 교사가 되었다.

1814년 슈베르트는 「실을 잣는 그레트헨」을 비롯한 많은 *가곡과 3곡의 「현악 4중주곡」 등을 작곡하였다. 이듬해에도 「들장미」, 「마왕」을 비롯한 약 145곡의 가곡과 2곡의 교향곡을 작곡하였다.

1816년 초등학교 교사를 그만두고 친구인 작곡가 쇼버의 집에 머물면서 작곡에 전념하였다. 이듬해에 쇼버의 소개로 유명한 성악가인 포글과 알게 되었는데, 그는 슈베르트의 가곡을 세상에 알린 최초의 가수가 되었다.

1818년 여름, 헝가리의 *에스테르하지 백작의 음악교사로 초빙된 것을 계기로 집을 나왔다. 그 후 빈 시내의 친구들을 찾아다니는 방랑 생활을 하면서 작곡을 계속하였다.

1824년 여름, 다시 에스테르하지 백작의 가정교사로 초빙을 받았는데, 그 후로 슈베르트는 어떤 자리도 맡지 않았다.

슈베르트는 결혼도 하지 않고 가난 속에서 음악만을 위해 살다가, 1828년 11월 31세의 젊은 나이에 세상을 떠났다. 그의 유해는 유언에 따라 전년에 사망한 벨링크 묘지에 있는 베토벤의 무덤 가까이에 묻혔다.

베토벤을 깊이 존경했던 슈베르트는 스스로 음악을 즐기며 다른 사람들도 즐겁게 해주려고 작곡을 하였다. 슈베르트는 짧은 생애에도 무려 998곡을 작곡했는데, 그 중 633곡이 가곡이라는 것이 특징이다. 가곡은 이전에는 별로 주목을 받지 못했으나 슈베르트에 의해 아름다운 가락과 하모니에 힘입어 비로소 독립된 음악의 한 부문으로 발전했던 것이다. 주요 작품으로 「송어」, 「아름다운 물방앗간의 처녀」, 「겨울 나그네」 등이 있다.

슈베르트의 초상화(왼쪽), 슈베르트의 묘지(오른쪽 위), 슈베르트의 악보 (오른쪽 아래)

함께 보아요

가곡 : 서양 음악에서 시에 곡을 붙인 성악곡. 보통 피아노 반주에 맞추어 부르며, 독창곡, 중창곡, 합창곡이 있다.

살리에리(Antonio Salieri, 1750~1825) : 이탈리아의 작곡가. 16세 때 빈으로 나와 가스만에게 음악을 배웠다. 그 후 황제 요제프를 알게 되어 궁정 소속 작곡가로 발탁되었고, 1788년에는 궁정악장이 되어 빈에 살게 되었다. 작곡가로서는 그루크와의 공동 작품인 오페라 「다나이드」가 1784년 파리에서 상연되어 성공을 거두었으며, 1786년 파리에서 초연된 오페라 「오라스」도 큰 성공을 거두어 이름을 떨쳤다. 작품으로 약 40곡에 이르는 오페라, 발레 음악, 교회 음악, 오라토리오 등이 있다. 제자인 베토벤이 그를 위하여 피아노와 바이올린을 위한 3곡의 소나타(작품 12)를 바쳤다고 한다.

에스테르하지 가문 : 헝가리의 명문가. 13세기 초부터 대대로 합스부르크 가의 황제들을 섬기며 유능한 장군과 정치가를 배출하였다. 18세기에서 19세기에는 하이든 등 많은 예술가의 후원자로 알려졌다. 본거지인 에스테르하지 성은 헝가리의 베르사유 궁이라 불린다.

05 일화 이야기로 보는 역사 인물

디즈레일리와 수에즈 운하

수에즈 운하는 유럽, 아시아, 아프리카 세 대륙의 중요한 통로 구실을 하고 있습니다. 지중해와 홍해를 연결함으로써 거의 전 세계를 연결하고 있는 이 운하의 중요성에 대해서는 다른 말이 필요 없을 정도입니다. 그런데 이 수에즈 운하가 영국의 지배하에 들어가게 된 과정은 너무나 간단합니다.

빅토리아 시대의 수상이었던 디즈레일리가 수에즈 운하의 주식을 구입하기로 결정하면서 그 이후의 세계 역사가 바뀌었다고 해도 지나치지 않습니다.

수에즈 운하는 원래 프랑스 사람인 레셉스에 의해 1869년 완공되었습니다. 완공된 이후에는 프랑스 투자가들과 이집트 왕의 공동 소유가 되었습니다. 그러자 수에즈 운하 건설에 냉담한 반응을 보였던 영국은 다급해졌습니다. 이 운하의 개통으로 인도로 가는 길이 희망봉을 돌아가는 것에 비해 절반으로 줄어들었기 때문입니다.

따라서 이 운하는 '인도에 이르는 생명선'으로서 영국의 상업적 이익에 매우 긴요한 것이 되었습니다. 개통 이래 이 운하를 가장 많이 이용한 것도, 이 운하에 가장 많은 관심을 보인 것도 영국일 수밖에 없었습니다.

영국은 수에즈 운하의 주식을 살 기회만을 노리고 있었습니다.
그 와중에 마침내 기회가 찾아왔습니다. 이집트 왕이 자기의 지분을 팔려고 내놓았던 것입니다.

프랑스 파리에서 유학했던 당시의 이집트 왕 이스마일은 이집트를 개화시키려고 여러 정책을 실행하고 있었습니다. 그는 행정, 법률 등을 정비하고 철도, 전신, 운하 등의 건설에 열중했습니다. 또한 수도 카이로를 비롯한 주요 도시를 유럽풍으로 정비했고 군사적 팽창도 꾀하였습니다.

하지만 이러한 사업에는 돈이 많이 필요했고, 그것은 주로 유럽의 은행가로부터 빚을 얻어 충당했습니다. 갈수록 빚이 늘어나자 이스마일은 1875년 수에즈 운하의 자기 소유 주식 17만

재미있게 읽고 나면 역사가 쏙쏙!

6,602주를 시장에 내놓았습니다.

이스마일은 프랑스가 사줄 것을 바랐지만, 당시 프랑스는 주식을 살 형편이 못 되었습니다. 1870년 프랑스는 프로이센과의 전쟁에서 패하여 50억 프랑의 배상금을 물어줘야 했기 때문입니다.

이 때 영국 수상 디즈레일리는 유태인 재벌 로스차일드의 저택에서 집주인과 저녁 식사를 하고 있었습니다. 집사가 이집트 왕이 수에즈 운하의 주식을 팔겠다는 내용의 전보를 가져왔습니다. 가격은 400만 파운드였습니다. 두 사람 사이에 잠시 침묵이 흘렀습니다. 드디어 수상이 로스차일드에게 말했습니다.

"우리가 삽시다."

다음날인 월요일, 디즈레일리는 각료 회의를 열고 각료 전원의 위임장을 받았습니다. 의회의 예산을 사용할 수 없었기 때문에 디즈레일리는 로스차일드에게 돈을 빌렸습니다. 그리고는 빅토리아 여왕에게 이렇게 보고했습니다.

"여왕 폐하, 이제 수에즈 운하는 폐하의 것입니다."

이틀 후 이집트 왕 소유의 수에즈 운하 주식이 영국 정부의 소유로 넘어갔다는 것이 신문에 보도되었습니다.

1882년 이집트에서 무력 저항이 발생하자 영국은 재빨리 무력을 동원하여 수에즈 운하를 점령했습니다. 하지만 이 점령은 제2차 세계 대전 이후까지 계속되었습니다.

그리하여 수에즈 운하는 1956년 나세르 대통령의 국유화 조치에 의해 이집트 소유로 돌아오기까지 영국의 지배 하에 있었던 것입니다.

수에즈 운하

이야기로 보는 역사 인물 173

*고전 경제학을 창시한 영국의 경제학자
스미스

본명 : Adam Smith
생애 : 1723~1790

영국의 경제학자인 아담 스미스는 1723년 스코틀랜드의 커콜디에서 태어났다. 세관 관리였던 아버지는 스미스가 태어나기도 전에 사망했기 때문에 그는 홀어머니 슬하에서 자랐다. 1737년 글래스고 대학에 입학하여 도덕 철학을 가르치던 해치슨 교수로부터 많은 영향을 받았다.

1740년부터 6년간 옥스퍼드 대학 내의 밸리올 대학에서 공부하고, 1751년 모교인 글래스고 대학의 교수가 되었다. 해치슨 교수의 후임으로 *'도덕 철학' 강의를 맡게 된 그는 1759년에 『도덕 감정론』이라는 저서를 펴내 전 유럽에 이름을 떨쳤다.

1764년 스미스는 청년 공작 바클루의 개인교사가 되어 프랑스 여행에 동행하였다. 이 여행에서 볼테르와 케네, 튀르고 등을 만났는데, 특히 *케네에게서 경제학에 관한 많은 영향을 받았다.

여행을 마치고 귀국한 스미스는 커콜디에서 『국부론』의 집필에 몰두하여 1766년에 발표하였다. 그 몇 년 뒤에 글래스고 대학의 총장이 되었고, 1787년까지 총장으로 재임하면서 평생 연구 생활을 하였다.

스미스의 연구 분야는 도덕 철학에서 법학, 경제학 등 많은 분야에 걸쳐 있는데, 『국부론』을 체계화시킨 경제학 연구가 가장 널리 알려져 있다. 이런 연구 업적으로 인해 스미스는 말년에는 '경제학의 아버지'라고 불리게 되었다. 한편으로 *'근대 경제학'이나 *'마르크스 경제학' 등은 그의 명저 『국부론』으로부터 출발했다고 해도 과언이 아니다.

아담 스미스는 『국부론』에서 부는 금이나 은만이 아니라 모든 생산물이라고 규정했다. 또 노동의 생산성 향상이 국민의 부를 증대시킨다고 보았으며 생산에서도 분업을 강조하였다. 또한 생산과 분배에는 자연적 질서가 작용하여 저절로 조화가 이루어진다고 보았다.

아담 스미스는 경제학과 도덕 철학 등을 연구하며 평생을 독신으로 살다가, 1790년 7월 67세를 일기로 세상을 떠났다.

스코틀랜드에 있는 스미스의 묘(왼쪽), 스미스의 흉상(오른쪽)

함께 보아요

고전 경제학: 자유 경쟁을 전제로 노동 가치설을 택하며, 시장을 매개로 하는 생산과 분배의 입체적 분석을 추진함으로써 경제학을 하나의 과학으로 체계화하여 후대의 경제학에 큰 영향을 끼쳤다. 스미스, 맬서스 등이 대표적인 고전 경제학자이다.

근대 경제학: 1870년대 이후에 서유럽의 여러 나라와 미국에서 발달해 온 이론적인 경제학. 고전학파는 생산, 공급, 비용을 중요시했으나, 근대 경제학에서는 소비, 수요, 효용을 강조하는 점이 특징이다.

도덕 철학: 도덕의 근본 원리를 연구하는 철학을 말한다.

마르크스 경제학: 마르크스와 엥겔스가 수립한 경제학 체계. 고전 경제학을 비판적으로 받아들여서 노동자가 임금 이상으로 생산한 가치가 자본가의 소득이 된다는 잉여 가치설을 중심으로 전개하였다. 그 방법으로 자본주의 사회의 생성, 발전, 사멸의 경제학적 운동 법칙을 해명하였다.

케네(F. Quesnay, 1694~1774): 중농주의를 창시한 프랑스의 경제학자. 파리 근교에서 태어나 파리 대학 의학부를 졸업하고, 외과 의학의 확립에 큰 공을 세웠다. 1749년부터 루이 15세의 고문 의사를 지내면서 귀족이 되었다. 유물론 철학자 디드로, 달랑베르, 스미스 등과 친하게 지내면서 시국의 관심사, 특히 농업 문제에 관한 토의를 갖기도 하였다. 또 디드로와 달랑베르가 편집하는 『백과전서』에 「소작인론」「곡물론」을 게재하기도 하였다. 경제학 분야에서는 『경제표』를 저술하여 농업만이 부를 창조하는 유일한 부문이며, 상업과 공업은 비생산적인 것으로 규정하여 중농주의의 체계를 확립하였다. 한편으로 국내 시장의 확장을 위하여 자유 방임 정책의 채용과 세제 개혁을 주장하였다.

스티븐슨

증기기관차를 발명한 영국의 발명가

본명 : George Stephenson
생애 : 1781~1848

증기기관차를 발명한 스티븐슨은 1781년 영국의 탄광 지대인 뉴캐슬 근처에서 태어났다. 그의 아버지는 마을 탄광에서 배수펌프 기관의 화부로 일했다.

스티븐슨은 가난한 집안을 돕기 위해 8세 때부터 탄광 일을 시작하여 14세에 기관실의 화부 조수가 되었다. 곧이어 기관공이 된 그는 갖가지 기관에 통달하게 되었다. 그러는 중에도 야학에 들어가서 열심히 공부하였다.

21세 때 결혼한 스티븐슨은 이듬해에 아내가 아들을 낳고 죽자 홀로 그 아들을 키워 대학에 보냈다. 그 아들이 바로 유명한 철도 기술자 로버트 스티븐슨이다.

그 몇 년 뒤, 탄광 기술 감독이 된 스티븐슨은 석탄을 빠르게 운반할 수 있는 *증기기관차를 만들어야겠다고 생각했다. 스티븐슨은 킬링워스 탄광의 사장을 설득하여 자금을 마련하고 많은 연구와 노력으로 증기기관차를 완성하여 블루처라는 이름을 붙였다. 블루처는 석탄을 가득 실은 짐차를 8량이나 달고 시운전에 성공하였다.

그러나 스티븐슨은 이에 만족하지 않고 증기기관차의 개량에 힘썼다. 그리하여 피스톤의 힘으로 바퀴를 돌리게 하는 등 오늘날 기차의 바탕이 되는 기관차를 완성하였다. 1822년 영국 북부 헤튼 탄광에 세계 최초로 철도가 부설되었고, 스티븐슨이 만든 증기기관차가 짐차를 끌고 달리게 되었다.

1823년 스티븐슨은 뉴캐슬에 세계 최초의 기관차 공장을 설립했다. 1825년에는 철도 기술자가 된 아들 로버트와 함께 스톡턴과 *달링턴 사이에 세계 최초의 철도를 완성하였다. 이 철도의 개통식 날, 스티븐슨이 만든 로커모션 호는 석탄을 실은 6량의 짐차와 손님을 실은 26량의 객차를 끌고 달려 세계 철도사의 신기원을 이룩하였다.

1830년 스티븐슨은 다시 리버풀과 맨체스터 사이에 철도를 부설하고, 여기에 자신이 만든 증기기관차 로켓 호를 달리게 하였다. 이것을 계기로 1830년부터 세계 모든 선진국들이 철도를 부설하기 시작했다.

그 후로 스티븐슨은 벨기에, 에스파냐 등지에 진출하여 철도 사업에 종사하였다. 1847년에는 철도 관계 기술자들이 중심이 되어 버밍엄에 세계 최초의 기계학회가 창설되었고, 스티븐슨은 초대 회장이 되었다. 그 이듬해인 1848년, 67세를 일기로 세상을 떠났다.

스티븐슨의 기관차 모형(아래)

함께 보아요

달링턴 : 영국 잉글랜드 북부에 있는 중공업 도시. 철강업과 기관차 차량 제조업이 활발하다. 1825년에 이곳과 스톡턴(Stockton)을 잇는 영국 최초의 철도가 개통되었다.

증기기관차 : 보일러에서 보낸 증기의 팽창과 응축을 이용하여 피스톤을 왕복 운동시킴으로써 동력을 얻어 달리는 기관차를 말한다.

시황제

중국 최초의 통일 제국을 건설한 황제

본명 : 始皇帝, 성은 영, 이름은 정
생애 : BC 259~BC 210
재위 기간 : BC 246~BC 210

최초로 중국을 통일한 시황제는 기원전 259년 진나라 장양 왕의 아들로 태어났다. 그 당시 중국은 진나라를 포함한 일곱 나라가 서로 세력을 다투던 *'전국 시대'였다. 기원전 246년 장양 왕이 죽자 시황제는 13세의 어린 나이에 왕으로 즉위하였다. 그러나 태후의 신임을 받는 대상인 *여불위와 노애가 권력을 장악하고 있어서 왕권은 미약했다.

기원전 238년 21세가 된 시황제는 친정을 시작하였다. 시황제는 먼저 노애의 반란을 진압하고 여불위를 제거한 다음, 이사 등 유능한 인물을 등용하여 강력한 부국강병책을 추진했다. 계속해서 기원전 230년부터 221년 사이에 한나라·위나라·초나라·연나라·조나라·제나라를 차례로 멸망시키고 중국을 통일하였다.

그 후에 스스로 시황제라 칭하고 강력한 중앙 집권 정책을 추진하였다. 법령의 정비, 전국적인 *군현제 실시, 문자·도량형·화폐의 통일, 전국 도로망의 건설 등을 강행하였다. 또 확대 건설한 수도 *셴양(咸陽, 함양)에 전국의 부자 12만 호를 강제 이주시켰고, 사상을 통일하기 위해 *분서갱유를 단행하였다.

시황제는 대외 정책에도 적극성을 보여 북으로는 흉노족을 물리쳐 황허(黃河) 이남의 땅을 수복하고, 요동에서 간쑤 성(甘肅省, 감숙성) 남부 민현(岷縣)에 이르는 만리장성을 건설하였다.

시황제는 성격이 사납고 신하를 엄격히 다스렸으며, 남을 믿지 않았다. 그러나 대단히 정력적이고 유능한 군주의 자질을 갖추어 직접 모든 정무를 처리하였다.

또한 성공을 과시하기 위해 5차에 걸쳐 전국을 순행하며, 자신의 공덕을 찬양하는 비석을 여러 곳에 세웠다. 그러나 *아방궁과 *수릉을 비롯한 대규모 토목공사를 벌여 국력을 낭비하였다. 특히 말년에는 불로장생의 선약을 구하는 등 어리석음을 보이기도 하였다.

기원전 210년 전국을 순행하던 도중 49세의 나이로 사망했다.

시황제가 죽자 그를 수행하던 이사와 조고가 유언을 위조하여 황자 호해를 제2대 황제로 옹립했다. 그러나 기원전 209년 이후에 시작된 반란으로 진나라는 급속히 약해졌고, 결국 기원전 207년 한나라를 세운 유방에게 멸망하였다.

시황제의 황릉 전경(왼쪽), 시황제의 황릉에서 발굴된 군사용 토용(오른쪽)

함께 보아요

군현제 : 전국을 군으로 가르고 군을 다시 현으로 갈라 중앙 정부에서 지방관을 보내 직접 다스리던 제도. 중국 진나라의 시황제 때에 지방 분권적인 봉건 제도의 약점을 없애기 위하여 실시한 중앙 집권적 성격을 띤 지방 행정 제도로, 우리 나라에서는 삼국 시대에 들여와 실시하였다.

분서갱유 : 중국 진나라의 시황제가 학자들의 정치적 비판을 막기 위하여 민간의 책 가운데 의약, 점술, 농업에 관한 것만을 제외한 모든 서적을 불태우고 수많은 학자들을 구덩이에 묻어 죽인 사건을 말한다.

수릉 : 임금이 죽기 전에 미리 만들어 두는 무덤을 말한다.

셴양 : 중국 산시 성(山西, 산서) 중앙부 웨이수이(渭水, 위수) 강의 북쪽 연안에 있는 도시. 전국 시대 진나라의 도읍이었으며, 현재 시가지 동쪽 교외에 그 유적이 있다. 교통의 요지로 곡물, 면화 등의 집산지이다.

아방궁 : 중국 진나라 시황제가 기원전 212년에 세운 궁전. 유적은 산시 성 시안 서쪽에 있다. 지나치게 크고 화려한 집을 비유적으로 이르는 말로도 쓰인다.

여불위(呂不韋, ?~BC 235) : 진나라의 재상. 원래는 하남의 대상인으로 조나라의 한단으로 갔을 때 볼모로 잡혀 있던 진나라의 왕자 자초를 도왔다. 그의 도움으로 귀국한 자초는 왕위에 올라 장양 왕이 되었고, 그 공로에 의해 그는 승상이 되었다. 장양 왕이 죽은 뒤 『사기』에 여불위의 친자식이라고 기록된 태자 정(시황제)이 왕위에 올랐다. 이로 인해 그는 최고의 상국이 되어 중부라는 칭호로 불리며 중용되었다. 그러나 태후(진시황의 어머니)의 간통 사건에 연루되어 파면되었고, 압박에 못 이겨 결국 자살하였다. 전국 시대 말기의 귀중한 사료인 『여씨춘추』는 그가 사람들을 시켜 편찬한 것이다.

전국 시대 : 중국 역사에서 춘추 시대 다음의 기원전 403년부터 진나라가 중국을 통일한 기원전 221년까지 약 200년간의 기간이다. 여러 왕국이 패권을 다투던 혼란기로 '전국 7웅'이라는 7개의 나라가 세력을 다투었다. 그러나 이 시기에 제자백가가 등장하여 학문의 중흥기를 이루었고, 토지의 사유제, 농사 기술의 발달 등으로 화폐가 유통되기도 하였다.

중국의 혁명 지도자
쑨원

본명 : 孫文, 자는 일선, 호는 중산
생애 : 1866~1925

쑨원은 1866년 중국 광둥 성(廣東省, 광동성) 샹산(香山, 향산)에서 가난한 농부의 아들로 태어났다. 어려서 서당에 다니다가 14세 때에 하와이에 살던 형 쑨메이에게로 가서 호놀룰루의 고등학교에서 공부하였다.

그는 18세 때 귀국하여 광저우(廣州, 광주)와 홍콩의 의학교에서 공부한 뒤, 1892년 마카오와 광저우 등지에 병원을 개업하였다. 외과 수술에 능했던 그의 병원은 날로 번성했으나, 홍콩에서 의학 공부를 할 때부터 뜻을 품었던 혁명 운동을 개시하였다.

쑨원은 마카오에서 청나라 왕정을 무너뜨리고 서양과 같이 개혁을 하여 모두가 잘사는 나라를 만들자며 동지들을 모았다. 그러자 포르투갈령이던 마카오의 총독이 쑨원을 위험인물이라는 이유로 추방하고 말았다. 이 때부터 쑨원은 본격적으로 혁명가의 길을 걷기 시작했다.

1894년 *청일 전쟁이 일어나자 쑨원은 하와이로 건너가 *'흥중회'를 조직하고 화교들을 모았다. 이듬해 10월에는 그들을 중심으로 광저우에서 군사를 일으켰으나 실패하고 일본으로 망명하였다. 1896년 하와이를 거쳐 영국 런던으로 가서 영문으로 『런던 피난기』를 발표하여 그의 이름과 중국의 사정을 세상에 널리 알렸다.

1905년 *러일 전쟁이 일어나자 쑨원은 일본 도쿄에서 유학생 등 혁명 세력을 통합하여 '중국 혁명 동맹회'를 결성하고 청나라를 반대하는 무장봉기를 하였다. 이 때 그는 중국 근대 혁명의 기본 이념으로 *'삼민주의'를 제창하였다.

1911년 10월, 미국에서 군자금을 모금하던 중에 신해혁명이 일어나자 열강의 원조를 기대하며 유럽을 거쳐 귀국하였다. 귀국 후 그는 임시 대총통에 추대되었고, 1912년 1월 1일 중화민국을 발족시켰다.

그러나 얼마 후에 북부 군벌들의 힘에 밀려 정권을 *위안스카이(袁世凱, 원세개)에게 넘겨주고 말았다. 그 후에도 쑨원은 사회를 개혁하기 위해 노력했으나 *제2혁명이 실패하자, 또 다시 일본으로 망명하였다.

쑨원은 러시아 혁명을 본받아 중국에서도 국민 혁명을 추진하기 위하여 북벌을 준비하였다. 그러나 뜻을 이루지 못한 채 "혁명은 아직 이룩되지 않았다."는 유언을 남기고, 1925년 베이징에서 59세의 나이로 세상을 떠났다.

쑨원의 묘지에 안치된 관(왼쪽), 쑨원의 기념관과 동상(오른쪽)

함께 보아요

러일 전쟁 : 1904년에 한반도와 만주에 대한 지배권을 둘러싸고 러시아와 일본 사이에 일어난 전쟁. 일본이 승리하여 1905년에 미국의 루스벨트 대통령의 중재로 포츠머스에서 강화 조약을 체결하였다. 그 결과 일본은 우리 나라에 대한 지배권을 묵인받고 중국의 랴오둥 반도(遼東半島, 요동반도)를 차지하여 대륙 침략의 발판을 마련하였다.

삼민주의 : 1905년 쑨원이 제창한 중국 근대 혁명의 기본 이념. 민족주의, 민권주의, 민생주의의 3원칙으로 이루어져 있다. 민권주의는 중국 내 여러 민족의 평등과 외국의 압박으로부터의 독립을 주장하는 사상이고, 민권주의는 모든 국민들에게 평등하게 참정권을 부여하자는 사상이며, 민생주의는 사회의 모든 계급적 압박을 없애고 국민의 생활을 풍족하게 하려는 사상이다.

위안스카이(袁世凱, 1859~1916) : 중국의 군인, 정치가. 허난(河南) 성에서 태어나 과거 시험에 떨어지자 군대에 들어갔다. 중국이 청일 전쟁에 패한 뒤 군대를 양성하여 정치, 군사 면에서 높은 지위를 차지했다. 조선에서 임오군란과 갑신정변이 일어났을 때는 군대를 이끌고 들어와 무력 간섭을 하였다. 1911년 신해혁명 때 내각 총리대신이 되었다가, 이듬해 쑨원이 중화민국을 세우자 강력한 군사력을 기반으로 초대 대총통이 되었다. 1915년 스스로 황제의 자리에 올랐다가 독재 정치에 반대하는 운동이 거세지자, 다음해에 황제의 자리에서 물러났다.

제2혁명 : 1913년 중국 국민당이 위안스카이의 탄압에 저항하여 일으킨 혁명 운동. 이 혁명의 실패로 위안스카이의 독재 권력이 강화되었다.

청일 전쟁 : 1894년 조선의 동학 농민 운동에 출병하는 문제로 일어난 청나라와 일본과의 전쟁. 일본은 평양, 황해, 웨이하이웨이(威海衛, 위해위) 등지에서 승리하고 1895년에 시모노세키 조약을 맺었다.

흥중회 : 1894년에 쑨원이 하와이에서 광둥 출신의 화교를 중심으로 결성한 비밀 혁명 결사. 1905년 도쿄에서 '중국 혁명 동맹회'로 개편하였다.

아르키메데스

'아르키메데스의 원리'를 발견한 고대 그리스 과학자

본명 : Archimedes
생애 : BC 287?~BC 212

아르키메데스는 시칠리아 섬의 *시라쿠사에서 천문학자의 아들로 태어났다. 그는 젊은 시절에 이집트 알렉산드리아의 *무세이온에서 수학자 코논에게 *기하학을 배웠다. 이 시기에 나선을 응용한 '아르키메데스의 나선식 펌프'를 만들었는데, 이 양수기는 지금도 논밭에 물을 대는 데 사용하고 있다고 한다.

아르키메데스는 특히 지렛대의 원리 응용에 뛰어난 기술자였다.

어느 날, 그는 시라쿠사의 히에론 왕에게 "긴 지렛대와 지렛목만 있으면 지구도 움직일 수 있다."고 장담하였다. 그러자 히에론 왕이 해변 모래톱에 군사들을 잔뜩 태운 군함을 올려놓고 그것을 물에 띄우라고 명하였다. 아르키메데스는 지렛대를 응용한 도르래를 이용하여 군함을 쉽게 물에 띄웠다.

또 한 번은 왕이 순금 왕관을 새로 장만했는데, 그 왕관에 은이 섞여 있다는 소문이 나돌았다. 왕은 아르키메데스에게 왕관이 순금으로 만들어졌는지 알아내라고 명했다. 몇 날 며칠을 고민하던 아르키메데스는 우연히 목욕탕에 들렀다가 물 속에서는 자기 몸의 부피에 해당하는 만큼 무게가 가벼워진다는 사실을 알아냈다.

아르키메데스는 너무도 기쁜 나머지 옷도 입지 않고 허둥지둥 집으로 달려가서 그 금관과 같은 분량의 순금덩이를 물 속에서 달아보았다. 저울대가 순금덩이 쪽으로 기울자 그는 금관이 위조품인 것을 알아냈다.

아르키메데스는 이 방법을 응용하여 *'아르키메데스의 원리'를 발견하였다. 즉 가짜 왕관에는 은이 섞여 있어서 같은 무게의 순금보다는 부피가 크고, 따라서 그만큼 부력도 커진다는 것을 알아낸 것이다.

그 당시 로마와 카르타고는 지중해의 패권을 둘러싸고 치열한 전쟁을 벌이고 있었다. 제2차 *'포에니 전쟁' 때 시라쿠사는 카르타고의 편을 들어 로마군의 공격을 받았다. 이 때 아르키메데스는 조국을 위해 지렛대를 응용한 각종 신무기를 개발하여 로마군을 괴롭혔다.

그 몇 년 후 시라쿠사가 로마에 함락되던 날, 아르키메데스는 뜰의 모래 위에 도형을 그리며 기하학 연구에 몰두하고 있었다. 이 때 사람의 그림자가 다가오자 "물러서라. 내 도형이 망가진다!"라고 소리쳤다. 그림자의 주인인 로마 병사는 아르키메데스를 몰라보고 단칼에 목을 쳐서 죽여버렸다. 이처럼 아르키메데스는 죽는 순간까지도 학자로서의 면모를 보였다.

저서로 『평면의 균형에 대하여』, 『포물선의 구적』, 『구와 원기둥에 대하여』 등이 있다.

사색하는 아르키메데스(왼쪽), 아르키메데스의 동상(오른쪽 위), 아르키메데스의 유레카 동상화(오른쪽 아래)

함께 보아요

기하학 : 도형 및 공간의 성질에 대하여 연구하는 학문을 말한다.

무세이온 : 기원전 3세기 초 이집트의 프톨레마이오스 2세가 알렉산드리아에 설치한 왕실 부속 연구소. 각지에서 초청된 학자들이 자연 과학과 문헌학을 연구하고 강의하였다. 헬레니즘 시대 학문 연구의 중심이 되었다.

시라쿠사 : 이탈리아 남쪽 끝 시칠리아 섬 동쪽 연안에 있는 도시로 기원전 8세기경 코린트의 식민 도시로 건설되었다. 포도주, 올리브유의 제조와 제염 등이 발달했다. 고대 극장, 신전 터, 해수욕장 등이 있어 관광지로도 유명하다.

아르키메데스의 원리 : 액체나 기체 속에 있는 물체는 그 물체가 차지하는 액체나 기체의 부피만큼 부력을 받는다는 법칙. 액체나 기체 또는 물체의 정지 및 운동에 관계없이 성립하는데, 기원전 220년 무렵에 아르키메데스가 발견하였다.

포에니 전쟁 : 기원전 264년에서 기원전 146년에 걸쳐 로마와 카르타고가 지중해의 지배권을 둘러싸고 벌인 싸움. 카르타고가 패망하는 것으로 끝났다.

아리스토텔레스

고대 그리스 최고의 철학자

본명 : Aristoteles
생애 : BC 384~BC 322

아리스토텔레스는 고대 그리스의 철학자로 기원전 384년 그리스 북부 지방의 작은 도시 스타게이로스에서 의사의 아들로 태어났다. 기원전 367년 17세의 아리스토텔레스는 아테네로 나와 플라톤이 세운 *아카데미아에서 공부하며, 플라톤이 죽은 기원전 347년까지 그 곳에 머물렀다.

그 후 여러 곳을 떠돌아다니며 철학을 연구하고 제자들을 가르쳤다. 이 시기에 *'마케도니아 왕국'에 초빙되어 알렉산드로스 왕자를 3년간 가르치기도 하였다.

기원전 335년 아리스토텔레스는 아테네로 돌아와 리케이온에 직접 학원을 열고 제자들을 가르쳤다. 현재 남아 있는 그의 저서 대부분은 이 시기에 강의한 내용들이다. 이 시기에 아리스토텔레스는 당시까지의 모든 학설을 정리하여 각각 학문의 형태로 정리했기 때문에 후세 사람들은 그를 '학문의 아버지'라고 부르는 것이다.

아리스토텔레스는 스승인 플라톤의 영향으로 '자연은 어떤 목적을 향해 움직인다.'는 세계관을 가지고 있었다. 또 모든 물질은 물, 불, 흙, 공기의 네 가지 원소로 이루어졌으며, 이들의 비율에 따라 물질의 성질이 달라진다고 믿었다.

또한 지구가 우주의 중심이라는 '천동설'도 그로부터 비롯되었다. 이러한 그의 생각은 17세기에 '과학 혁명'이 일어날 때까지 약 2000년 동안 서양의 세계관을 지배하였다.

한편으로 아리스토텔레스는 생물학에도 큰 관심을 보였다.

그 중에서도 해양 생물의 분류에 깊은 관심을 보여서 120종의 어류와 60종의 곤충을 포함한 약 500종이 넘는 동물들을 분류하고 관찰하였다. 이 당시 그가 분류한 동물은 18세기에 이르러 *린네가 *분류학을 체계화할 때까지 2000년 동안 그대로 쓰였다.

기원전 323년 마케도니아의 알렉산드로스 대왕이 바빌론에서 젊은 나이로 병들어 죽자 아테네 시민들은 마케도니아 왕국에 대한 반대 운동을 벌였다. 알렉산드로스의 스승이었던 아리스토텔레스는 신변에 위협을 느끼고 몸을 피했다가, 이듬해에 62세를 일기로 세상을 떠났다.

저서로『형이상학』,『정치학』,『시학』,『오르가논』등이 있다.

아리스토텔레스의 동상(왼쪽), 아리스토텔레스와 프톨레마이오스(오른쪽 위), 연구하는 아리스토텔레스(오른쪽 중간), 프랑스 루브르 박물관에 소장된 아리스토텔레스의 두상(오른쪽 아래)

함께 보아요

린네 : 291쪽 '함께 보아요' 참조.
마케도니아 왕국 : 기원전 7세기 후반에 도리아인이 마케도니아 지방에 건설한 고대 왕국. 기원전 4세기 무렵 알렉산드로스 대왕 때 전성기를 이루었으나, 기원전 168년 로마에 멸망하였다.
분류학 : 자연적 유연 관계를 바탕으로 동·식물을 나누는 학문. 생물계를 문, 강, 목, 과, 속, 종의 단계로 나누고, 이들의 상호 관계나 계통 분화를 연구한다.
아카데미아 : 그리스 철학자 플라톤이 제자들을 모아 철학을 가르치기 위해서 세운 세계 최초의 대학. 6세기까지 계속된 플라톤 학파의 이름이기도 하다.

아문센

최초로 남극점에 도달한 노르웨이의 탐험가

본명 : Roald Amundsen
생애 : 1872~1928

노르웨이의 탐험가인 아문센은 1872년 노르웨이 보르게에서 선원의 아들로 태어났다. 그는 소년 시절에 프랭클린이 쓴 『북극 탐험기』라는 책을 읽고 북극 탐험을 꿈꾸었다.

그 후에 크리스차니아(지금의 오슬로) 대학에 들어가 의학을 공부하다가 북극 탐험에 대한 꿈을 버리지 못하고 전공을 항해학과로 바꾸었다. 1895년 1등 항해사가 된 그는 2년 뒤에 벨기에의 남극 탐험대에 참가하여 1899년까지 활동하였다. 그 후로 탐험가 난센의 조언을 얻어 *북자극 및 *북서항로의 탐험을 계획하고, 1901년 그린란드 해양을 조사하였다.

1903년 아문센은 6명의 동료와 함께 소형선 이외아 호를 타고 북해에서 2년간 기상관측을 하였다. 이어 대서양에서 북극해를 거쳐 태평양에 이르는 북서항로를 개척하고, 1906년 알래스카 서부의 항구 도시 놈에 도착하였다. 그들은 이 항해에서 북자극의 위치도 확인하였다.

1909년 미국인 피어리가 북극점에 도달하자 아문센은 목표를 남극으로 바꾸고, 1910년 프람 호로 남극 탐험을 떠났다. 로스 해의 고래만 대빙벽에 기지를 설치하고 개썰매로 남극점을 향해 출발한 지 55일 만인 1911년 12월 14일, 인류사상 최초로 *남극점 도달에 성공하였다. 이것은 영국의 *스콧 일행보다 35일 앞선 것이었다.

1918년부터 1920년 사이에는 모드 호를 타고 *북동항로 항해에 성공하였고, 1926년에는 미국의 엘즈워스, 이탈리아의 *노빌레와 함께 비행선 노르게 호로 북극점 상공을 횡단하는 비행에 성공하였다.

1928년 노빌레 일행의 북극 탐험대가 행방불명되었다는 소식을 듣고, 아문센은 이들을 구출하기 위해 비행정으로 포름세 기지를 출발하였다. 그러나 끝내 돌아오지 못하고, 1928년 6월 56세의 나이로 조난사하고 말았다.

아문센이 남극 탐험에 사용한 이외아 호는 현재 미국 샌프란시스코의 금문 공원에 전시되어 있다.

저서로 『남극점』, 『북극해 최초 횡단』 등이 있다.

아문센의 동상(왼쪽), 남극 탐험 때의 아문센(오른쪽 위), 남극 탐험 당시 알래스카에 있는 아문센의 숙소(오른쪽 아래)

함께 보아요

남극점 : 지구 자전축의 남단, 남위 90도 지점. 해발 2,800m의 빙산 위에 있다.

노빌레 : 334쪽 '참고 인물' 참조.

북동항로 : 유럽에서 북동쪽으로 항해하여 북극해로 들어가서 태평양과 아시아에 이르는 항로. 16세기 이후 영국, 네덜란드, 제정 러시아의 탐험가들이 항로 개척에 노력하였으며, 1879년에 모든 항로가 열렸다.

북서항로 : 유럽에서 북서쪽으로 항해하여 태평양과 아시아에 이르는 항로. 16세기 후반부터 이 항로를 개발하기 위하여 많은 탐험이 있었으나, 1906년 아문센에 의해 항로가 열렸다.

북자극 : 북반구에서 지구 자기의 복각이 90도인 지점으로 자침이 가리키는 북쪽 끝을 말한다. 매년 약간씩 이동하지만 대개 캐나다 북부의 프린스 오브 웨일스 섬, 곧 북위 73도, 서경 100도의 지점이 이에 해당한다. 지리적으로 북극과 어느 정도 떨어져 있다.

스콧(Robert F. Scott, 1868~1912) : 영국의 명문 가문에서 태어나 어렸을 때부터 남극 탐험을 꿈꾸었다. 해군 유년학교를 졸업하고, 1901년부터 1904년까지 영국의 남극 탐험대 대장이 되어 로스 해 인근 지형을 조사하였다. 1910년 남극점을 정복하기 위해 동물학자와 지질학자가 포함된 탐험대를 조직하고, 이듬해 1월 남극 대륙 로즈 섬에 기지를 설치하였다. 이 때 아문센이 남극점 탐험을 떠난 것을 알게 된 그는 4명의 일행과 함께 영하 30도의 강추위를 뚫고 남극점 탐험을 떠났다. 그리하여 1912년 1월 18일 마침내 남극점에 도달하였으나, 그 곳에는 이미 35일 전에 남극점을 다녀갔다는 아문센의 메모가 남겨져 있었다. 큰 실망감을 느낀 스콧 일행은 돌아오다가 조난을 당하여 모두 사망하고 말았다.

아이젠하워

제2차 세계 대전을 승리로 이끈 미국의 군인

본명 : Dwight David Eisenhower
생애 : 1890~1969

미국의 제34대 대통령을 지낸 아이젠하워는 1890년 텍사스 주의 한 농가에서 일곱 형제 중 셋째 아들로 태어났다.

1909년 애벌린 고등학교를 졸업하고 크림 공장에서 2년간 일하다가 *웨스트포인트 육군 사관학교에 입학했다. 그는 사관학교 시절부터 명랑하고 포용력 있는 성격으로 인해 친구들로부터 '아이크' 라는 애칭으로 불렸다. 이 애칭은 그의 전 생애를 통해 다정다감하고 친근함을 느끼게 하는 이름으로 사용되었다.

1915년 육군 사관학교를 졸업하고 텍사스의 보병 연대에서 근무하였다. 제1차 세계 대전 때는 대위로 승진하여 탱크 부대를 이끌고 많은 전공을 세웠다.

1933년 육군 참모총장인 맥아더의 참모가 되었고, 1935년부터 1939년까지는 필리핀 군사 고문으로 있던 맥아더의 휘하에서 현지에 주둔한 미군의 훈련과 교육을 담당하였다.

제2차 세계 대전이 한창이던 1943년, 아이젠하워는 유럽 연합군 최고 사령관이 되어 연합군의 승리에 크게 기여하였다. 이 공로로 군인의 최고 영예인 원수가 되었고, 1945년에는 미국 육군 참모총장으로 승진하였다.

1948년 군대에서 제대한 그는 컬럼비아 대학 총장으로 취임하였다.

1950년 *나토군(유럽 연합군) 최고사령관을 지냈고, 1952년 공화당 전당대회에서 공화당의 대통령 후보로 선출되었다. 그 해에 치러진 대통령 선거에서 민주당의 스티븐슨 후보를 물리치고 미국의 제34대 대통령에 당선되었다. 그 후 제35대 대통령 선거에서도 당선되어 8년간 대통령을 지냈다.

아이젠하워는 대통령 재임 중에 국무장관 덜레스와 부통령 닉슨을 중용하여 미국의 번영과 평화를 위해 많은 노력을 하였다. 또 대외적으로도 6·25 전쟁과 *'인도차이나 전쟁'을 종결시켰다.

대통령 당선 직후인 1952년과 대통령 재임 중인 1960년 6월 두 차례 한국을 방문하기도 했던 그는 1969년 79세를 일기로 세상을 떠났다. 저서로 『유럽십자군』이 있다.

아이젠하워 동상(왼쪽), 아이젠하워의 생가(오른쪽 위), 병사들과 환담하는 제2차 세계 대전 당시의 아이젠하워(오른쪽 아래)

함께 보아요

나토군(유럽 연합군) : 1949년 4월, 미국과 서유럽의 여러 나라가 소련을 비롯한 동유럽 공산권의 세력에 대항하기 위해 북대서양 조약을 체결하여 그 가맹국들의 군사적 협력과 공동 방위를 위하여 결성한 군사 기구. 1950년 런던의 북대서양 조약 이사회의 결정에 따라 1951년부터 활동을 개시하였다. 지역에 따라 북부 유럽군, 중부 유럽군, 남부 유럽군 등이 있다.

인도차이나 전쟁 : 1946년 프랑스령 인도차이나의 독립을 둘러싸고 베트남 민주 공화국과 프랑스 사이에서 벌어진 전쟁. 1954년 7월, 제네바에서 체결한 휴전 협정에 의하여 전쟁이 종결되었다. 이로써 인도차이나 반도의 라오스와 캄보디아는 독립을 하였고, 베트남은 월맹과 월남으로 나뉘었다.

웨스트포인트 : 미국 뉴욕 주 허드슨 강의 서쪽 기슭을 이르는 이름. 미국 육군 사관학교를 달리 이르는 말이기도 하다.

아인슈타인

'상대성 이론'을 세운 미국의 물리학자

본명 : Albert Einstein
생애 : 1879~1955

아인슈타인은 1879년 독일 울름에서 유대인 전기공학자의 아들로 태어났다. 어린 시절에 가족이 뮌헨으로 이사하여 학교에 다녔으나, 학교 생활에 적응하지 못하고 고등학교를 중퇴하였다.

15세 때 아버지의 사업 실패로 이탈리아의 밀라노로 이주하였다가 전기공학자가 될 결심으로 재수 끝에 스위스 취리히 공과 대학에 입학하였다. 이 때부터 그는 물리학에 심취하여 전기공학보다 물리학을 더 열심히 공부하였다.

아인슈타인은 대학을 졸업한 뒤에 일자리가 없어서 고등학교 임시교사와 가정교사 등을 전전하였다. 대학을 졸업한 2년 뒤에야 친구의 도움으로 스위스 연방 베른 특허국에 일자리를 얻었다. 그 곳에서 5년간 근무하며 많은 연구 끝에 장차 세상을 흔들어 놓을 세 편의 논문을 준비하였다.

1905년 아인슈타인은 *「특수 상대성 이론」, *「광양자설」, *「브라운 운동 이론」 등 세계 물리학사에 길이 남을 세 편의 논문을 발표했다. 26세의 무명 과학자에 불과했던 그가 발표한 「특수 상대성 이론」은 당시까지 지배적이던 갈릴레이나 뉴턴의 역학을 송두리째 흔들어 놓았다. 아인슈타인은 이러한 공로로 1913년에 베를린 대학 교수로 초빙되었다.

제1차 세계 대전이 한창이던 1916년, 아인슈타인은 「특수 상대성 이론」을 중력 이론이 포함된 이론으로 확대하고자 「일반 상대성 이론」을 발표하였다. 이 이론에서 그는 '강한 *중력장 속에서는 빛이 구부러진다.'는 현상을 예언하였다. 이 이론은 1919년 영국의 개기 일식 관측에 의해 확인되었고, 1921년에는 노벨 물리학상을 수상하였다.

1933년 히틀러의 나치스가 정권을 장악하고 유대인을 박해하기 시작했다. 아인슈타인은 박해를 피해 미국으로 망명하였고, 프린스턴 고등 연구소의 교수로 취임하여 연구와 후진 양성에 힘썼다.

제2차 세계 대전 중 독일이 원자폭탄 연구에 몰두하기 시작했다. 아인슈타인은 미국으로 망명한 독일 과학자들의 대표로 루스벨트 대통령에게 독일의 사정을 알리는 편지를 보냈다. 이것이 미국에서의 원자폭탄 연구를 시작하게 된 *'맨해튼 계획'의 계기이다. 그 후로 아인슈타인은 프린스턴 고등 연구소에서 세계 각국의 과학자들과 연구를 하며 여생을 보내다가, 1955년 76세를 일기로 세상을 떠났다.

강의 중인 아인슈타인(왼쪽), 일본을 방문했을 때의 아인슈타인(오른쪽 위), 아인슈타인의 젊은 시절(오른쪽 아래)

함께 보아요

광양자설 : 빛은 입자로 이루어져 있다는 가설. 입자 하나하나는 진동수와 플랑크 상수의 곱으로 나타내는 에너지를 가지며, 빛은 광양자로서 전파된다는 내용이다. 1905년에 아인슈타인이 플랑크의 양자 가설을 발전시켜 확립하였다.

맨해튼 계획 : 제2차 세계 대전 때 실시된 미국의 원자 폭탄 개발 계획. 1942년에 시작하여 1945년에 완성되었으며, 그 결과 일본의 히로시마와 나가사키에 원자폭탄이 투하되었다.

브라운 운동 : 액체나 기체 안에 떠서 움직이는 미소 입자나 미소 물체의 불규칙한 운동. 주변의 열 운동을 하는 기체나 액체의 분자가 미립자에 불규칙하게 부딪쳐서 일어난다. 1827년에 영국의 식물학자 브라운이 물 속에 떠 있는 꽃가루 입자를 현미경으로 관찰하다 발견하였다.

상대성 이론 : 1905년에 아인슈타인이 처음으로 세운 '특수 상대성 이론'과 '일반 상대성 이론'을 통틀어 이르는 말. '특수 상대성 이론'은 빛의 속도는 모든 관측자에 대하여 같은 값을 가지며, 빛보다 더 빨리 운동하는 입자는 없다는 이론이다. 또 자연 법칙은 서로 같은 양식으로 운동하는 관측자에 대하여 같은 형식을 가진다고 하는 원리를 기초로 하여 세워졌다. '일반 상대성 이론'은 1915년에 이것을 일반화하여 모든 관측자에 대하여 이 법칙이 적용된다는 요청으로부터 만유인력 현상을 설명한다. 이 이론에 의하면 시간과 공간은 서로 밀접하게 연결되어 소위 4차원의 세계를 구성한다.

중력장 : 중력이 작용하고 있는 지구 주위의 공간. 일반적으로 지구에 한하지 않고 만유인력이 작용하는 힘의 마당을 말한다.

아펜젤러

배재학당을 설립하여 한국의 교육에 헌신한 미국 선교사

본명 : Henry Gerhard Appenzeller
생애 : 1858~1902

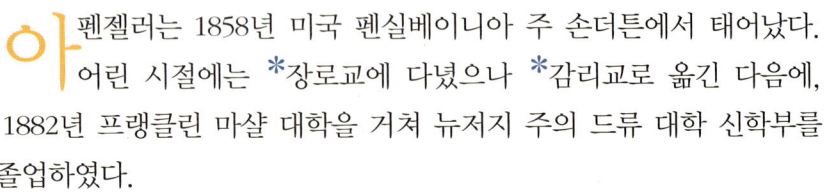

아펜젤러는 1858년 미국 펜실베이니아 주 손더튼에서 태어났다. 어린 시절에는 *장로교에 다녔으나 *감리교로 옮긴 다음에, 1882년 프랭클린 마샬 대학을 거쳐 뉴저지 주의 드류 대학 신학부를 졸업하였다.

1884년 아펜젤러는 엘라와 결혼한 직후에 미국 감리교 선교회로부터 한국 선교사로 임명을 받았다. 이듬해인 1885년(고종 22) 초 부인과 함께 한국으로 들어와서 한국 선교회를 창설하고 *'배재학당'을 설립하였다.

1887년 그는 한국 성경 번역부가 생기자 언더우드, 게일 등과 함께 성경을 한글로 번역하는 작업에 참여하였다. 그리하여 13년 만인 1900년 『마태오의 복음서』, 『마르코의 복음서』, 『고린도 전서』, 『고린도 후서』 등의 번역을 끝마쳤다.

1895년에는 폐간된 월간 잡지 〈한국휘보〉를 다시 발간하고, 그 편집을 맡아서 한국 사람들에게 자유주의 사상과 독립 정신을 일깨워주었다.

아펜젤러는 매클레이와 더불어 한국에 온 최초의 감리교 목사로서 가톨릭 교회만 있던 한국에 감리교를 전파하였다. 한편으로 그는 암기 위주의 한국 교육 방식을 이해 중심적인 교육 방식으로 고치는 데도 크게 공헌하였다.

1902년(광무 6) 8월, 전남 목포에서 성경 번역자 회의가 열렸다. 아펜젤러는 그 회의에 참석하려고 인천항에서 배를 타고 가다가 목포 앞바다에서 충돌 사고로 익사하였다. 한국의 근대 교육에 힘쓰다가 44세의 젊은 나이로 세상을 떠난 그의 유해는 서울시 마포구 양화진 외국인 묘지에 묻혀있다.

서울에서 태어난 그의 딸 앨리스 아펜젤러도 한국의 여성 교육을 위해 크게 공헌하였다. 1945년 이화 여자 대학 명예 총장으로 취임한 그녀는 학교 발전에 힘쓰다가, 1950년 교내에서 설교 도중 세상을 떠났다.

연세 대학교에 있는 아펜젤러관(위), 아펜젤러의 묘비(아래)

함께 보아요

감리교 : 기독교 신교의 한 교파로 18세기 초 영국의 웨슬리가 제창하였다. 감리교는 교리보다 사랑의 실천에 중점을 두고, 감리사와 감독을 두어 교회를 운영하게 하고 있다. 우리 나라에는 1864년에 매클레이와 아펜젤러가 선교하였다.

배재학당 : 조선 고종 12년(1885)에 미국의 북감리회 선교사인 아펜젤러가 서울에 세운 우리 나라 최초의 근대식 사립학교로 지금의 배재 중·고등학교의 전신이다.

장로교 : 개신교의 한 파로 가톨릭교의 교황권을 부정하고 교회의 운영을 장로들의 합의제로 하자는 칼뱅의 장로주의에서 비롯되었다.

안데르센

어린이에게 꿈과 희망을 심어준 덴마크의 동화 작가

본명: Hans Christian Andersen
생애: 1805~1875

동화 작가인 안데르센은 1805년 덴마크의 *오덴세에서 가난한 구두수선공의 아들로 태어났다. 그의 아버지는 문학을 좋아하여 어린 안데르센에게 『아라비안 나이트』 등 재미있는 이야기책을 자주 읽어주었다.

안데르센은 15세 때 배우가 되려고 홀로 코펜하겐으로 갔다. 그러나 고생을 참아가며 피나는 노력을 했어도 배우의 꿈은 이룰 수 없었다.

배우의 꿈을 접고 성악가가 되려고 열심히 공부했지만 목소리가 변하여 그 꿈도 이룰 수 없었다.

안데르센이 절망의 늪에 빠져 있을 무렵, 유망한 정치가이자 극장 지배인인 요나스 콜린을 만났다. 그의 도움으로 슬라겔세와 헬싱고르의 *라틴어학교에서 공부하고, 코펜하겐의 대학에 들어가 시와 소설, 희곡을 쓰기 시작했다.

안데르센은 파리와 로마 여행을 다녀와서 1835년, 소설 *『즉흥시인』을 발표했다. 이탈리아를 여행하면서 느낀 체험을 바탕으로 쓴 이 작품은 덴마크보다 독일에서 큰 호평을 받아 전 유럽에 이름을 떨치게 되었다.

같은 해에 발표한 최초의 『동화집』도 어린이들에게 선풍적인 인기를 끌게 되어 경제적으로도 풍족하게 되었다. 해마다 크리스마스가 되면 『안데르센 동화집』은 크리스마스 트리와 함께 각 가정에서 어린이들이 가장 받고 싶어하는 선물로 등장하게 된 것이다.

이런 성공에 힘입어 안데르센은 전 유럽을 여행하면서 많은 유명 인사들과 교류하였다. 그가 사귄 사람들은 시인, 문학가, 미술가는 물론이고 왕후와 저명한 정치가에까지 이르렀다.

1867년 안데르센은 고향 오덴세의 명예 시민으로 추대되었다. 1875년 평생을 독신으로 지내며 대부분의 생애를 해외 여행으로 보낸 안데르센은 5년간의 투병 생활 끝에 친구인 멜피얼 가의 별장에서 70세를 일기로 세상을 떠났다.

안데르센의 동화가 오늘날에도 널리 사랑받고 있는 것은 작품 속에 어린이의 꿈을 키워주는 아름다운 환상의 세계와 따스한 휴머니즘이 깔려 있기 때문이다.

저서로 『인어공주』, 『미운 오리새끼』, 『벌거숭이 임금님』, 『가난한 바이올리니스트』, 『그림 없는 그림책』 등 130여 편의 명작 동화가 있다.

안데르센의 동상(왼쪽), 안데르센의 동화 『미운 오리새끼』상(오른쪽 위), 안데르센의 생가(오른쪽 아래)

함께 보아요

라틴어 : 인도·유럽 어족의 하나인 이탤릭어파에 속하는 언어. 프랑스어, 이탈리아어, 에스파냐어, 포르투갈어, 루마니아어 등 로맨스어의 근원이 되었다. 그리스어와 함께 전문 용어의 원천이 되었으며, 아직도 로마 가톨릭 교회에서는 공용어로 사용되고 있다.

오덴세 : 덴마크의 핀(Fyn) 섬 북부에 있는 공업 도시. 기계, 조선업이 발달하였고, 역사적 건물이 많다. 동화 작가인 안데르센이 태어난 곳으로 유명하다.

즉흥시인 : 덴마크의 동화 작가 안데르센의 장편 소설. 이탈리아를 무대로 하여 가난한 즉흥시인 안토니오의 시와 사랑, 그리고 유랑 이야기를 그렸다. 1853년에 발간되었다.

알렉산드로스

대제국을 건설한 마케도니아의 위대한 왕

본명 : Alexandros the Great
생애 : BC 356~BC 323
재위 기간 : BC 336~BC 323

알렉산드로스 대왕은 기원전 356년 마케도니아 왕인 필립포스 2세의 맏아들로 태어났다. 알렉산더 대왕, 알렉산드로스 3세라고도 불리는 그는 13세 때 아리스토텔레스를 스승으로 모시고 3년 동안 윤리학·철학·문학·정치학 등을 배웠다.

알렉산드로스는 부왕에게서 전술, 행정 등을 배우고 기원전 338년에 카이로네이아 전투에 처음 참가하여 아테네와 테베의 연합군을 격파하였다. 그 2년 뒤에 아버지가 암살되자 군대의 추대를 받아 20세의 나이로 마케도니아의 왕위에 올랐다. 그는 즉시 그리스 도시 국가의 대표자 회의를 열고 *헬라스 연맹의 우두머리로 뽑혔다.

기원전 334년 알렉산드로스는 마케도니아군과 헬라스 연맹군을 거느리고 *페르시아 원정에 나섰다. 먼저 그라니코스 강변에서 페르시아군을 격파하고 페르시아의 지배하에 있던 그리스의 여러 도시들을 해방시켰다. 기원전 333년에는 페르시아 함대의 근거지인 티루스(티레)·가자 등을 점령하고, 시리아와 페니키아를 정복한 다음 이집트를 공격하였다. 이집트에서는 나일 강 하구에 자기 이름을 딴 알렉산드리아 시를 건설하였다.

기원전 330년에는 군대를 돌려 *메소포타미아로 가서 페르시아군과 싸워 승리하고, 계속 바빌론·수사 등 페르시아의 여러 도시를 점령하였다. 알렉산드로스는 군사들 중에서 지원자만 거느리고 동쪽으로 계속 진출하여 이란 고원과 인도의 인더스 강까지 점령하였다.

그러나 군사들에게 열병이 퍼지고 장마가 계속됐으므로 기원전 324년 페르세폴리스에 되돌아왔다. 기원전 323년 바빌론으로 돌아온 알렉산드로스는 아라비아 원정을 준비하다가 33세의 젊은 나이로 갑자기 세상을 떠났다.

알렉산드로스는 *호메로스의 시를 좋아해서 원정을 다닐 때에도 항상 그 책을 지니고 다녔다고 한다. 또 스승 아리스토텔레스의 영향을 받아 전쟁터에도 학자를 데리고 다니면서 각지를 탐험하며 측량을 시켰다고 한다.

또한 알렉산드로스는 자신이 정복한 땅에 알렉산드리아라는 이름의 도시를 70개나 건설하였다. 이 도시들은 그리스 문화가 동방으로 진출하는 거점이 되었고, *헬레니즘 문화의 형성에 큰 구실을 하였다. 알렉산드로스가 죽은 뒤 대제국은 마케도니아, 시리아, 이집트의 세 나라로 갈라졌다.

알렉산드로스와 예루살렘 사원(위), 알렉산드로스의 죽음을 묘사한 그림(원내)

함께 보아요

메소포타미아 : 서남아시아의 티그리스 강과 유프라테스 강 사이에 있는 지역. 이라크를 중심으로 시리아 북동부와 이란 남서부를 포함한다. 고대 문명 발상지의 하나이다.

페르시아 제국 : 기원전 559년에 키루스 2세가 현재의 이란 땅에 세운 나라. 다리우스 1세 때 전성기를 이루었으나 마케도니아에게 멸망하였다.

헬라스 : 고대 그리스인들이 자기 나라를 부르던 이름이다.

헬레니즘 : 기원전 334년 알렉산드로스 대왕의 동방 원정에서부터 기원전 30년 로마의 이집트 병합 때까지 그리스와 오리엔트가 서로 영향을 주고받음으로써 생긴 역사적 현상. 세계 시민주의, 개인주의적 경향이 나타났으며 자연 과학이 발달하였다.

호메로스(Homeros, BC 800?~BC 750) : 고대 그리스의 서사 시인으로 세계에서 가장 오래된 서사시 『일리아드』와 『오디세이아』를 썼다. 그에 대한 자세한 기록은 전해지지 않으나 여러 학자들의 조사에 의하면 소아시아의 키오스 섬에서 기원전 800년경에 태어난 것으로 추측되고 있다. 그의 대표작인 『일리아드』는 그리스 최고 영웅 아킬레스가 트로이의 맹장 헥토르를 죽이고 사촌 동생의 원수를 갚는다는 내용이다. 또 『오디세이아』는 그리스의 지혜로운 장수 오디세이가 커다란 목마를 이용하여 트로이를 무찌르고 돌아가다가 풍랑을 만나 갖은 모험 끝에 20년 만에 고향으로 돌아가 아내를 괴롭힌 장수들을 차례로 무찌른다는 내용이다.

암스트롱

인류 최초로 달 착륙에 성공한 미국의 우주 비행사

본명 : Neil Alden Armstrong
생애 : 1930~

미국의 우주 비행사인 암스트롱은 1930년 미국 오하이오 주 워퍼코네터에서 태어났다. 소년 시절부터 비행기 조종사가 꿈이었던 그는 퍼듀 대학에서 항공학을 공부하고 해군 비행학교에 진학했다. 1951년 비행사 자격증을 취득한 그는 제트기 조종사로 6·25 전쟁에 참전하여 78회나 출격하는 전공을 세웠다.

암스트롱은 전쟁이 끝난 뒤 *'미국 항공 우주국(NASA)'에 들어가 캘리포니아 공군 기지에서 항공기의 성능을 실험하는 조종사로 근무하였다. 그 곳에서 로켓 엔진을 장착한 초음속 실험기 등을 능숙하게 조종하여 1962년 제2기 우주 비행사로 선발되었다.

그 당시 미국은 인공위성과 유인 우주선 발사에서 모두 소련에 뒤져 있어서 자존심이 무척 상해 있었다. 이로 인해 소련보다 먼저 달에 인간을 착륙시키려고 1961년 *'아폴로 계획'을 세웠다.

암스트롱은 혹독한 우주 비행사 훈련을 마치고 1966년 3월, 제미니 8호의 선장이 되어 스콧과 함께 첫 우주 비행에 나섰다. 지구 궤도 위로 발사된 제미니 8호는 아제나 위성과 최초로 도킹에 성공하였다.

3년 뒤인 1969년 7월 16일, 미국의 *케이프케네디 우주 센터에서 아폴로 11호가 달을 향해 발사되었다. 이 우주선에는 선장인 닐 암스트롱, 올드린 2세, 콜린스 등 3명의 우주인이 타고 있었다. 지구를 출발한 지 5일 만인 7월 21일 오전 11시 56분, 아폴로 11호는 암스트롱과 올드린을 태우고 고요의 바다인 달에 착륙하였다. 콜린스는 사령선을 타고 달을 돌면서 달 표면을 사진기로 찍는 일을 맡았다.

달에 첫발을 내디딘 암스트롱은 기쁨에 겨워 이렇게 말했다.

"이것은 한 인간에 있어서는 작은 한 걸음에 불과하지만, 인류 전체에 있어서는 위대한 약진이다."

아폴로 11호는 달의 암석 등을 채취하고 7월 25일 태평양에 무사히 착륙했다. 인류 최초로 달에 착륙한 암스트롱은 그 해 가을 한국을 방문하였다.

암스트롱의 달 착륙 장면(위), 아폴로 11호의 승무원들 - 가운데가 암스트롱(아래)

함께 보아요

미국 항공 우주국(NASA) : 1958년에 미국의 우주 개발 계획을 추진하기 위하여 설립된 정부 기관. 케이프커내버럴 우주 센터, 마셜 우주 비행 센터 등 여러 시설과 거대한 연구 개발 기관이 있으나, 아폴로 계획 이후 그 규모가 축소되었다.

아폴로 계획 : 미국 항공 우주국(NASA)의 달 착륙 유인 비행 계획. 1961년에 계획이 결정되어, 1969년 7월 21일 아폴로 11호를 인류 최초로 달 표면에 착륙시키는 데 성공한 후, 1972년 12월에 여섯 번째로 달에 착륙한 아폴로 17호를 끝으로 계획이 완료되었다.

케이프케네디 : 미국 플로리다 반도 동쪽 연안에 있는 곶. 항공 우주국 기지, 미사일 실험장, 우주선과 인공 위성 로켓 발사장 등으로 유명하다. 케이프커내버럴의 옛 이름이다.

수나라의 제2대 황제 양제

본명: 煬帝, 이름은 양광
생애: 569~618
재위기간: 604~618

양제는 569년 수나라를 건국한 *양견의 둘째 아들로 태어났다. 604년 양제는 아버지 문제(양견)와 태자인 형을 죽이고 스스로 수나라 제2대 황제에 올랐다. 양제는 황제로 즉위한 직후 만리장성을 수축하고, 뤄양(洛陽, 낙양)에 현인궁이라는 웅장하고 화려한 궁전을 지었다.

또 *황허(黃河) 강과 *양쯔 강(揚子江, 양자강)을 잇는 *대운하를 만들게 하는 등 대규모의 토목공사를 자주 벌였다. 백성들의 피땀으로 이룩된 대운하는 북으로는 베이징, 남으로는 항저우(杭州, 항주)까지 연장되었는데, 진나라 시황제의 만리장성과 더불어 중국의 2대 토목공사로 불리고 있다.

양제는 이 운하에 배를 띄우고 화려한 순행을 하여 백성들의 원성을 샀다. 하지만 대운하가 개통됨으로써 중국 강남의 물자를 북으로 운송하게 되어 남북의 교류에 크게 기여하였다.

양제는 대외적으로는 북쪽과 서쪽의 여러 나라를 공격하여 영토를 확장했다. 그러나 세 차례에 걸친 고구려의 침략이 번번이 실패하여 국력이 크게 약해졌다.

612년 제1차 고구려 침공 때는 양제가 친히 113만 대군을 이끌고 전쟁을 지휘했으나 고구려 을지문덕 장군에게 살수에서 크게 패했다. 이것이 그 유명한 살수대첩이다.

그 이후로 수나라는 각지에서 반란이 일어났다. 반란의 원인은 양제가 전쟁이나 토목공사에 백성들을 자주 끌어들여 혹사시킨 데다가 가뭄과 수해까지 겹쳤기 때문이었다.

양제는 각처에서 일어난 반란으로 궁지에 몰리자 618년 장두(江都, 강도)에 머물며 그 해결 방법에 골몰하고 있었다. 그 때 황제에게 불만을 품고 있던 친위대장 우문화급이 양제를 살해함으로써 49년간의 파란만장한 생을 마감하였다. 양제의 죽음으로 수나라는 건국된 지 불과 37년 만에 당나라의 고조 이연에게 멸망하고 말았다.

사람들은 흔히 양제를 중국 역사상의 대표적인 폭군이며 수나라를 멸망시킨 군주라고 말한다. 그러나 양제는 법전을 정비하고 대운하를 완성하는 등 역사에 길이 남을 큰 업적을 남기기도 하였다.

함께 보아요

대운하 : 운하는 배의 운항을 위해 육지에 파놓은 큰 물길을 말한다. 대운하는 중국 동부의 베이징과 항저우를 연결하는 물길로 허베이(河北, 하북), 산둥, 장쑤(江蘇, 강소), 저장(浙江, 절강) 등 4개의 성을 지난다. 길이는 1,515km이다.

양견(楊堅, 541~604) : 수나라의 초대 황제. 중국 남북조 시대 서위의 공신이자 장군인 수국공 양충의 아들로 태어났다. 세월이 흘러 그의 딸 여화가 북주의 황태자비가 되자 막강한 권력을 갖게 되었다. 578년에는 사위인 선제가 황제로 등극하여 그의 권력은 더욱 막강해졌다. 게다가 선제가 2년 만에 죽자 외손자인 정제가 어린 나이로 즉위했다. 양견은 어린 정제에게 압력을 가하여 1년 만에 왕위에서 물러나게 하고, 581년 수나라를 세우고 황제에 올랐다. 그 후 양나라와 진나라를 멸망시키고 중국 대륙을 통일하였다. 그러나 고구려 침략이 번번이 실패하자 병을 앓다가 황위에 오른 지 23년 만에 둘째 아들 양광에게 암살되고 말았다.

양쯔 강 : 중국의 중심부를 흐르는 아시아에서 제일 큰 강. 티베트 고원 북동부에서 시작하여 윈난(雲南, 운남)·쓰촨(四川, 사천)·후베이(湖北, 호북)·장시(江西, 강서)·안후이(安徽, 안휘)·장쑤 등의 성을 거쳐 동중국해로 흘러들어간다. 이 유역은 예로부터 교통, 산업, 문화의 중심지였다. 길이는 6,300km이다.

황허 강 : 중국 서부에서 북부로 흐르는 강. 중국에서 두 번째로 큰 강으로 칭하이 성의 야허라다허쩌(雅合拉達合澤, 아합랍달합택) 산에서 시작하여 화베이 평야를 흘러 보하이 만으로 들어간다. 황토와 뒤섞인 누런 강물로 이루어져 있고, 중·하류는 중국 문명의 요람지로 유명하다. 길이는 5,464km이다.

한국에 근대식 학교를 설립한 미국 선교사
언더우드

본명 : Horace Grant Underwood
개명 : 元杜尤
생애 : 1859~1916

한국 이름이 원두우인 언더우드는 1859년 영국 런던에서 태어나 13세 때 가족을 따라 미국으로 이주하였다. 그 뒤 뉴욕 대학과 뉴브런즈윅 신학교를 졸업하고, 1885년 미국 장로교 외국 사절단이 되어 감리교 선교사인 아펜젤러와 함께 한국으로 건너왔다.

1886년 봄, 정동에 있는 자기 집 사랑방에 언더우드 학당을 세우고 학생들을 가르치기 시작했다. 언더우드 학당은 1905년에 경신학당으로 이름을 바꾸고 배재학당과 더불어 우리나라 초기의 근대식 학교로 성장하였다. 1887년에는 우리 나라 벽지를 찾아다니며 전도에 힘썼고, 9월에는 한국 최초의 교회인 새문안 교회를 세웠다. 1889년에는 기독교서회를 창설하고 성서 번역 위원회 회장이 되어 『영한사전』, 『한영사전』, 『한국어 소개』 등을 펴냈다. 1891년 미국으로 돌아가 2년간 머물며 뉴욕 대학에서 신학 박사 학위를 받고 한국으로 돌아왔다. 1900년에는 *'기독교 청년회'를 조직했고, 1915년에는 경신학교의 대학부인 '연희 전문학교'를 창설하였다. 1916년 언더우드는 병 때문에 미국으로 돌아갔다가 애틀랜타에서 57세를 일기로 세상을 떠났다.

서울에서 태어난 그의 아들 호레이스 호턴 언더우드도 한국의 교육과 선교 활동에 힘썼다. 한국 이름이 원한경인 그는 뉴욕 대학에서 의학 및 문학 박사 학위를 취득하고 한국으로 돌아와 경신학교 교사와 조선 신학 대학 교수 및 학장을 지냈다. 1933년에는 연희 전문 제3대 교장에 취임하였다. 또 영국 왕립 아시아 학회 조선지부 부회장으로 있으면서 그 학회지에 한국과 관련된 논문을 많이 발표하여 한국을 유럽에 널리 알렸다. 제2차 세계 대전 때는 일본에 의해 미국으로 강제 추방되었다가, 1945년 한국이 광복되자 다시 돌아왔다. 그 후로 미 군정청 고문, *'미소 공동 위원회' 고문 등을 지내다가, 1951년 6·25 전쟁 중에 부산에서 세상을 떠났다.

언더우드의 손자인 원일한도 연세 대학교 영문학 교수 및 총장, 대한 성공회 이사 등을 지내며 평생을 한국에서 교육자로 활동하였다. 이처럼 언더우드 가문은 3대에 걸쳐 한국의 교육과 종교 발전을 위해 노력하여 한국인들로부터 많은 존경을 받았다.

연세 대학교에 있는 언더우드관(사적 276호, 위), 언더우드 일가의 묘역(아래)

함께 보아요

기독교 청년회(YMCA) : 기독교에 바탕을 둔 국제적인 청년 운동 단체. 1844년에 윌리엄스가 영국에서 창립하여 이후 전 세계로 퍼졌으며, 인격 향상과 봉사 정신에 의한 사회 활동을 목적으로 한다. 한국 기독교 청년회는 1900년에 언더우드가 조직하였다.

미소 공동 위원회 : 1946년 1월에 미국과 소련의 대표가 서울에서 조직한 위원회. 1945년 12월, 모스크바 협정에 따라 한국의 신탁통치와 완전 독립 문제를 토의하기 위하여 열렸다. 여러 차례 회의 끝에 1947년 10월, 미국이 한국 문제를 유엔에 상정함으로써 자연적으로 해체되었다.

06 일화 이야기로 보는 역사 인물

 ## 고르디우스의 매듭을 끊은 알렉산드로스의 운명

고르디우스의 매듭은 굉장히 어려운 문제나 일을 뜻합니다.

이 말의 기원은 알렉산드로스 대왕의 시절로 거슬러 올라갑니다. 고르디우스의 매듭을 처음으로 푼 사람이 바로 알렉산드로스 대왕이기 때문입니다.

기원전 4세기경 그리스의 도시 국가들이 쇠퇴하고 그리스 북쪽에 있던 마케도니아가 두각을 나타내기 시작했습니다.

기원전 336년 아버지인 필립 왕이 암살되자 알렉산드로스는 20세의 젊은 나이에 왕위에 올랐습니다. 그리고 2년 뒤에 알렉산드로스는 마케도니아와 그리스 연합군을 이끌고 동방 원정길에 올랐습니다.

알렉산드로스는 먼저 소아시아에서 페르시아군을 몰아내고 소아시아의 중앙부에 있는 고르디우스로 들어갔습니다. 그 도시에는 커다란 제우스 신전이 세워져 있었습니다.

그 신전의 기둥에는 짐수레 한 대가 밧줄로 단단히 묶여 있었습니다. **그런데 그 밧줄에는 그 밧줄의 매듭을 푸는 사람이 아시아를 지배한다**는 전설이 전해 내려오고 있었습니다. 그러나 그 밧줄의 매듭은 너무나도 오묘하게 묶여 있어서 수많은 사람들이 매듭을 풀려고 나섰지만 아무도 풀지 못하고 있었습니다.

알렉산드로스는 이 이야기를 전해 듣고 신전으로 가서 허리에 차고 있던 칼을 뽑아 그 매듭을 싹둑 잘라버렸습니다. 그리고는 자신이 매듭을 풀었으니 이제 아시아를 지배할 수 있게 되었다고 생각했습니다.

거칠 것이 없어진 알렉산드로스는 이집트, 페르시아를 정복하고 기원전 327년에는 인도로 향했습니다. 그 당시 그리스 사람들은 인도의 인더스 강 너머에 동쪽 세계의 끝이 있고, 그 앞에는 넓은 바다가 펼쳐져 있다고 생각했습니다. 알렉산드로스도 인더스 강을 넘어 세계의 끝에 도달하여 그 곳에 자신의 이름을 새겨 넣는 꿈을 꾸었습니다.

재미있게 읽고 나면 역사가 쏙쏙!

   그러나 인더스 강을 넘어서도 아시아 대륙은 끝없이 펼쳐져 있었습니다. 게다가 알렉산드로스의 군대가 처음 경험하는 인도의 자연 환경은 너무나도 지독했습니다. 무더위와 장마가 군사들을 괴롭혔고, 원주민들의 저항도 만만치 않았습니다.

   알렉산드로스는 어쩔 수 없이 철수 명령을 내리고 기원전 324년에 페르시아의 수사로 돌아왔습니다. 그러나 이듬해 아라비아 원정을 준비하던 중에 말라리아에 걸려 32세의 젊은 나이에 죽고 말았습니다.

   그가 죽은 뒤 대제국은 마케도니아, 이집트, 시리아로 갈라지고 말았습니다. 사람들은 **고르디우스의 매듭을 칼로 잘라버렸기 때문에 알렉산드로스가 정복한 대제국도 조각조각 잘려나갔다**고 생각하게 되었습니다.

알렉산드로스와 다리우스 가족

이야기로 보는 역사 인물 205

에디슨

1,093종의 발명 특허를 받은 미국의 발명왕

본명 : Thomas Alva Edison
생애 : 1847~1931

에디슨은 미국의 발명가로 1847년 오하이오 주 밀란에서 제재소를 운영하는 사무엘 에디슨의 셋째 아들로 태어났다. 7세 때 온 가족이 미시간 주 포트휴런으로 이사하여 그 곳의 초등학교에 입학했다. 그러나 불과 3개월 만에 학교 생활에 적응하지 못해 퇴학을 당하고, 주로 어머니에게서 교육을 받았다.

에디슨은 집이 가난해서 12세 때부터 기차에서 과자나 신문을 팔았다. 그런 힘든 일을 하면서도 기차 화물칸에 실험실을 만들고 틈만 나면 연구에 몰두하였다. 어느 해에는 기차 실험실에서 연구를 하다가 불이 나서 차장에게 귀를 얻어맞아 청각 장애를 일으키기도 하였다.

에디슨은 15세 때 우연히 열차에 치일 뻔한 역장 아들의 목숨을 구해준 답례로 전신기술을 배우게 되었다. 그 후로 전신기술자가 되어 1869년까지 미국, 캐나다 등지를 돌아다니며 일했다.

에디슨은 그 무렵에 보스턴에서 패러데이의 『전기학의 실험적 연구』라는 책을 읽고 큰 감명을 받았다. 그 책의 설명대로 실험을 하다가 1868년에 '전기 투표 기록기'를 발명하여 최초의 특허를 받았다. 이듬해에는 '주식상장 표시기'를 발명하여 4만 달러에 팔아 뉴저지 주의 뉴어크에 연구소와 공장을 세웠다.

에디슨은 이 연구소에서 1871년에 글자가 인쇄되어 나오는 '인자 전신기'를 발명했고, 이듬해에는 '이중 전신기'를 발명하였다. 연구소를 먼로파크로 옮긴 1876년에는 '탄소 전화기', *'축음기', '백열전등' 등을 발명하였다.

1887년에는 연구소를 웨스트오렌지로 옮기고, 1891년에 '영화촬영기'·'영사기', 1891년에서 1900년에 *'자기 선광법', 1900년에서 1910년에 '에디슨 축전기' 등을 발명하였다.

1914년 제1차 세계 대전 때는 연구를 중단하고 해군 고문회의 회장이 되어 군사, 과학 등의 일을 맡아보았다. 전쟁이 끝난 후에는 웨스트오렌지의 연구소로 돌아와 고무를 대신할 식물을 연구하다가, 1931년 84세를 일기로 세상을 떠났다.

에디슨은 "천재란 99%가 땀이며, 나머지 1%가 영감이다."라는 말을 좌우명으로 삼고 열심히 연구하여 무려 1,093종의 특허를 받아 발명왕으로 불리고 있다.

에디슨(왼쪽), 에디슨이 발명한 타자기·축음기·등사기(오른쪽 위로부터)

함께 보아요

자기 선광법 : 땅에서 캐낸 광석에 전자석을 이용하여 가치가 낮거나 쓸모없는 광석을 고르는 기계이다.

축음기 : 레코드에서 녹음한 음을 재생하는 장치. 판의 회전에 따라 바늘이 레코드에 새겨진 음구를 지나감으로써 일어나는 진동을 기계적으로 증폭하여 금속의 진동판에 전하여 재생한다. 후에 바늘의 진동을 전기 신호로 변환하는 방식이 되었다. 1877년에 미국의 에디슨이 발명하였다.

섬나라 영국을 해상 제국으로 만든 여왕
엘리자베스 1세

본명: Elizabeth I
생애: 1533~1603
재위 기간: 1558~1603

엘리자베스 1세는 1533년 영국 런던 근교 그리니치에서 헨리 8세의 둘째 딸로 태어났다. 헨리 8세의 두 번째 왕비인 어머니 앤 불린이 반역죄로 사형을 당했기 때문에 그녀는 불우한 어린 시절을 보냈다. 아버지에 이어 왕위에 오른 이복 언니 메리 1세는 에스파냐의 *'펠리페 2세'와 결혼하여 가톨릭을 옹호하고 에스파냐에 우호적인 정책을 펼쳤다. 엘리자베스는 메리 1세의 정책에 반대하는 사람들 편에 섰다가 런던 탑에 유폐되었다. 유폐에서 풀려난 뒤에는 유능한 스승에게서 그리스·라틴 등의 고전을 배우며 독일어, 프랑스어, 이탈리아어 등의 외국어도 공부하였다.

1558년 메리 1세가 죽자 엘리자베스는 25세의 나이에 영국의 왕으로 즉위했다. 그녀는 먼저 가톨릭을 억압하고 *'영국 국교회'를 장려하는 한편, 에스파냐에 적대적인 태도를 취했다. 또 의회의 권한을 축소시켜 왕권을 강화하고, 지방의 명망 있는 인물을 치안판사로 임명하여 지방 행정을 담당하게 하였다.

경제적으로는 화폐를 새로 만들어 화폐 제도를 통일하고, 금과 은의 가치를 일정하게 하여 물가가 오르는 것을 억제하였다. 또 각종 공업 분야에 독점권을 부여하는 한편, *중상주의 정책을 펼쳐서 상인들의 해외 진출을 도왔다. 또한 영국 모직물의 수출 거점인 네덜란드의 독립을 지원했다. 그러자 에스파냐의 펠리페 2세가 영국을 손아귀에 넣으려고 엘리자베스에게 청혼을 하였다. 그러나 엘리자베스는 "나는 영국과 결혼했다."는 말로 단호히 거절하였다.

1588년 에스파냐의 펠리페 2세가 130척의 무적함대를 이끌고 영국을 공격하였다. 그러나 싸움은 의외로 영국의 승리로 끝났다. 에스파냐의 거대한 함선은 영국과 프랑스의 좁은 해협 사이에서 제대로 움직일 수 없었던 것이다. 이 싸움의 승리로 조그만 섬나라이던 영국은 해상 제국으로 발돋움하게 되었고 *절대주의도 절정에 이르렀다. 1600년에는 *'동인도 회사'를 설립하여 인도 경영에 나섰고, 북아메리카의 버지니아 등 대규모 식민지 무역을 시작했다.

엘리자베스 1세 시대에는 문화면에서도 영국의 르네상스라고 불리는 국민 문학의 황금 시대가 도래하여 셰익스피어, 스펜서, 베이컨 등의 학자와 문인들이 많이 배출되었다. 엘리자베스 1세는 45년간 재위하면서 많은 선정을 펼쳐 국민들로부터 '훌륭한 여왕 베스'로 불리며 존경을 받았다. 평생을 홀로 살면서 부강한 영국을 만들기 위해 노력하다가, 1603년 70세를 일기로 세상을 떠났다.

엘리자베스 여왕의 행차

함께 보아요

동인도 회사 : 17세기에 유럽 각국이 인도 및 동남아시아와 무역하기 위하여 동인도에 세운 무역 독점 회사. 영국의 것은 나중에 인도를 식민지화하는 정치적 성격을 띠었으며, 네덜란드의 것은 자바 섬을 중심으로 활동하였고, 프랑스의 것은 한때 인도 지배에 적극적이었으나 영국과의 경쟁에서 패하였다.

영국 국교회 : 16세기에 헨리 8세의 이혼 문제를 계기로 로마 가톨릭 교회에서 갈라져 나와 영국의 국왕을 우두머리로 하여 성립된 교회이다. 종교의 가르침은 신교에 가까우나 의식이나 감독제 등은 구교적인 요소가 많이 남아 있다.

절대주의 : 왕에게 절대적인 권력을 부여하는 정치사상이다.

중상주의 : 16세기 말부터 18세기에 걸쳐 유럽에서 유행했던 경제 이론 및 경제 정책. 나라의 부를 늘리려고 상업을 중히 여기고, 보호 무역주의의 입장에서 수출 산업을 육성하여 무역 차액으로 자본을 축적하려 하였다.

펠리페 2세(Felipe Ⅱ, 1527~1598) : 에스파냐 전성기의 왕(재위 1556~1598). 에스파냐의 바야돌리드에서 펠리페 1세의 아들로 태어났다. 1554년 영국 여왕 메리 1세와 정략 결혼을 하여 강제적으로 가톨릭을 믿게 하였다. 메리 여왕이 죽은 뒤에 프랑스 공주와 결혼하여 프랑스 종교 전쟁에 깊이 개입하였다. 또 식민지인 네덜란드에 과중한 세금을 물리고 잦은 종교재판으로 네덜란드의 독립 전쟁을 촉발시켰다. 1568년에는 이슬람교도의 반란을 완전히 탄압하였다. 한편으로 1571년에는 레판토 해전에서 투르크 해군을 격파하는 등의 과도한 군사 행동으로 라틴아메리카 식민지로부터 얻은 부를 낭비하였다. 1588년 무적함대를 이끌고 영국을 침공했으나 영국 해군에 패하여 제해권을 넘겨주고 말았다. 그러나 그는 열렬한 가톨릭 신자로서 수도원을 겸한 엘에스코리알 궁전을 세웠으며(1563~1584), 회화 등 미술품을 보호하여 에스파냐 문화의 황금시대를 이룩하였다.

기독교의 개조
예수 그리스도

본명 : Jesus Christ
생애 : BC 4?~AD 30

예수 그리스도는 로마 제국의 지배를 받던 유대 땅 베들레헴에서 목수인 요셉과 마리아의 맏아들로 태어났다. 예수 그리스도에서 예수는 이름이고, 그리스도는 '구세주'라는 뜻의 존칭이다.

예수는 가난한 사람들이 사는 갈릴리에서 아버지처럼 목수 일을 하며 평범하게 살았다. 아버지가 일찍 죽자 그는 어머니와 동생들을 돌보며 평범한 유대교도로 살아갔다.

예수가 사람들의 주목을 받기 시작한 것은 30세 무렵부터였다.

어느 날, 세례자 *요한이 나타나 "하나님의 나라가 다가왔다. 뉘우쳐라!"라고 하며 설교하였다. 예수는 그 설교를 듣고 요한에게 세례를 받은 뒤, 광야로 나가 단식 등 고통스러운 수행을 하면서 악마의 유혹을 물리쳤다.

40일이 지난 후 예수는 사람들의 영혼을 구제하려고 광야에서 돌아와 하나님의 가르침을 전하기 시작했다. 예수는 직접 선택한 열두 명의 제자와 함께 마을을 돌아다니며 장님, 앉은뱅이, 미치광이 등을 낫게 해주는 등 많은 기적을 베풀었다.

예수는 사람들에게 회개하면 누구든지 하나님의 나라에 들어갈 수 있다고 가르쳤다. 또 유대교 사제나 율법학자처럼 사람들 위에 군림하려 하지 않고 그 누구와도 거리낌 없이 어울렸다. 한편으로 부와 권력을 믿고 위세를 부리는 자들은 신랄하게 비난했다.

예수의 가르침은 사회에서 소외된 가난한 사람, 병든 사람, 멸시받고 손가락질 당하는 사람들의 가슴에 깊이 파고들었다.

시간이 흐를수록 예수를 믿고 따르는 신도들의 수가 늘어가자 유대의 상류층인 *사두개파나 *바리새파는 그를 제거하려고 기회를 엿보았다. 그러나 예수는 죽음을 각오하고 수도 예루살렘까지 가서 설교를 하였다.

유대의 상류층들은 열두 제자 중 한 사람인 가롯 유다를 꾀어 예수를 체포했다. 그리고는 민중을 선동하여 왕이 되려 했다는 누명을 씌워 로마 총독 *빌라도에게 고발했다. 빌라도는 이들의 요구를 묵살할 수 없어서 결국 예수에게 십자가형을 선고하고 처형하였다.

그 후 제자들 사이에서 부활한 예수를 만났다는 사람이 속속 나타났고, 예수의 가르침인 기독교는 전 세계로 퍼져 나갔다.

예수 초상(왼쪽), 레오나르도 다 빈치가 그린 「성 안나와 성 모자」(오른쪽 위), 브라질 리우데자네이루에 있는 예수 상(오른쪽 아래)

함께 보아요

바리새파: 기원전 2세기에 일어난 유대 민족의 한 종파. 율법의 준수와 종교적인 순수함을 강조하였다. 형식주의와 위선에 빠져 예수를 공격하였다.

빌라도: 26년부터 36년까지 10년 동안 유대를 통치한 로마 총독. 예수의 재판관으로 무죄를 알면서도 유대인의 압력에 의하여 십자가형을 내렸다고 한다.

사두개파: 기원전 200년부터 기원후 100년 무렵에 활동한 유대교의 한 종파. 바리새파의 엄격한 율격주의를 반대하고 부활과 영생, 천사와 영을 부인하던 현실주의적인 교파였다.

요한: 신약성경에 나오는 인물. 유대인 제사장의 아들로 태어나 요단 강가에서 예언 활동을 하였으며, 예수에게 세례를 해주었다.

미국 최고의 단편 작가
오 헨리

본명 : William Sydney Porter
생애 : 1862~1910

오 헨리는 미국의 단편 작가로 1862년 미국 노스캐롤라이나 주 그린스버러에서 의사의 아들로 태어났다. 본명은 윌리엄 시드니 포터이다.

3살 때 어머니를 여의고, 의사인 아버지는 알코올 중독과 정신질환으로 가장 노릇을 제대로 못해서 숙부 집에 맡겨졌다. 오 헨리는 학교도 다니지 못한 채 숙부의 약방 일을 거들며 숙모의 지도로 *디킨스, *뒤마 등의 명작을 읽었다.

1882년 오 헨리는 고향을 떠나 텍사스 주로 가서 목동, 가게 점원, 우체국 직원 등 다양한 직업을 경험하였다. 1887년 25세 때 17세의 처녀와 결혼하였고, 1891년 오스틴 은행에 근무하면서 주간지 〈구르는 돌〉을 창간하였다. 이 때부터 지방 신문에 유머 등을 기고하였다.

1896년 2년 전에 그만둔 은행에서 공금횡령 혐의로 고소하자 남미로 도망갔다가 아내의 중태 소식을 듣고 귀국하여 경찰에 체포되었다. 그 일로 3년 동안 감옥살이를 한 뒤, 뉴욕으로 나와 본격적인 작가 생활을 시작하였다. 그의 필명인 오 헨리는 교도소 간수였던 오린 헨리의 이름에서 따온 것이라고 한다.

오 헨리는 처녀작 *라틴아메리카의 혁명을 그린 장편 소설 『캐비지와 왕』을 제외하고는 『서부의 마음』, 『4백만』 등 단편집만을 발표하여 인기 작가가 되었다.

1905년 세라와 두 번째 결혼을 한 그는 이 무렵부터 집필 속도가 느려졌다. 음주와 낭비벽으로 많은 돈을 탕진하여 결국 건강이 크게 악화되었다. 1909년에는 아내와 딸이 있는 내시빌로 가서 요양을 하였다.

1910년 다시 뉴욕으로 돌아와서 병마와 싸우며 집필을 하다가, 그 해 6월 48세의 나이로 세상을 떠났다.

오 헨리는 불과 10년 남짓한 작가 활동 기간에 300여 편에 가까운 단편 소설을 썼다. 그는 미국 남부나 뉴욕 뒷골목에 사는 가난한 사람들의 애환을 다채로운 표현과 교묘한 화술로 그려 놓아서 독자들로부터 많은 사랑을 받았다. 특히 독자들의 상상을 뛰어넘는 기발한 줄거리와 결말은 기교적으로도 매우 뛰어났다.

저서로 『경찰관과 찬송가』, *『마지막 잎새』, 『현자의 선물』, 『20년 후』, 단편집 『운명의 길』 등이 있다.

박물관으로 사용되고 있는 오 헨리의 집(왼쪽), 오 헨리의 동상(오른쪽 위), 오 헨리가 사용하던 침실(오른쪽 아래)

함께 보아요

뒤마(Alexandre Dumas, 1802~1870) : 프랑스의 극작가이자 소설가로 그의 아버지는 나폴레옹 밑에서 활약한 장군이었다. 청년 시절에 왕족인 오를레앙 공을 섬기면서 틈틈이 글을 써서 희곡 『앙리 3세와 그 궁정』으로 이름이 알려졌다. 1844년에는 소설 『삼총사』를 발표하여 큰 인기를 끌었고, 그 후편인 『20년 후』도 독자들의 사랑을 받았다. 1845년에 발표한 장편 모험 소설인 『몽테 크리스토 백작』은 웅장한 구성과 작품 전체에 정의감과 따스한 인간미가 넘쳐 흘러서 세계적인 명작으로 손꼽히고 있다. 그는 일생 250여 편의 작품을 발표했는데, 모든 작품들이 변화무쌍하며 풍부한 상상력과 재미있는 줄거리로 독자들의 마음을 사로잡고 있다.

디킨스(Charles Dickens, 1812~1870) : 영국의 작가. 영국 남부의 항구 도시 포츠머스에서 공무원의 아들로 태어났다. 어릴 때에 아버지가 감옥에 갔으므로 가난 속에서 어렵게 자랐다. 구두약 공장에서 일하다가 15세 때 변호사 사무실 사환에서 법원의 속기사를 거쳐 신문사의 통신원이 되었다. 통신원 시절에 쓴 글들을 모아 1836년 『보즈의 스케치』라는 책으로 발표하여 작가로 데뷔했다. 그 뒤에 『올리버 트위스트』를 써서 명성을 얻었고, 계속해서 『골동품 상점』, 『크리스마스 캐럴』 등을 발표하여 인기 작가로 자리를 굳혔다. 1850년에 완성한 『데이비드 코퍼필드』는 자신의 젊은 날의 고생스런 생활을 적은 자전적 소설이다.

라틴아메리카 : 아메리카 대륙에서 과거에 라틴 민족(에스파냐, 프랑스, 포르투갈, 이탈리아 등)의 지배를 받았던 지역. 북아메리카 남부에서 남아메리카에 걸치며, 멕시코·아르헨티나·브라질 등이 이에 속한다.

마지막 잎새 : 오 헨리가 1905년에 발표한 인도주의적 단편 소설. 폐렴으로 죽음을 앞둔 소녀의 절망적 상황을 안타깝게 여긴 어느 무명 화가의 희생적인 사랑을 그린 작품이다.

고대 로마 제국의 초대 황제
옥타비아누스

본명 : Gaius Julias Caesar Octavianus
생애 : BC 63~AD 14

옥타비아누스는 로마 제국의 초대 황제로 기원전 63년 로마에서 태어났다. 그의 아버지는 원로원 의원이었고, 어머니는 카이사르의 조카딸이었다. 이로 인해 그는 카이사르의 양자가 될 수 있었다.

기원전 44년 카이사르가 로마 원로원에서 죽임을 당하자 매형인 *안토니우스, 대상인인 레피두스와 힘을 합쳐 브루투스 등을 제거하고 권력을 장악하였다. 로마 서쪽은 옥타비아누스가 차지하고, 동쪽은 안토니우스, 그리고 지중해 건너 아프리카는 레피두스가 지배하게 된 것이다.

기원전 36년 옥타비아누스는 레피두스를 몰아내고 이탈리아를 비롯한 서쪽 지역을 모두 지배하게 되었다. 그 당시 안토니우스는 이집트 여왕 클레오파트라의 유혹에 빠져 결혼까지 하고 함께 살았다. 게다가 클레오파트라와 그녀의 아들들에게 로마의 속주를 주겠다는 약속까지 하자 옥타비아누스는 안토니우스를 제거하기로 결심했다.

기원전 31년 마침내 옥타비아누스는 *'악티움 해전'에서 안토니우스와 클레오파트라 연합군을 격파하고 로마의 권력을 완전히 장악하였다. 기원전 27년 로마로 돌아오자 원로원에서 그에게 '아우구스투스(존귀한 분)'라는 칭호를 내렸다. 그것은 사실상 그를 황제로 인정한다는 뜻이었다.

로마 제국의 초대 황제가 된 그는 로마의 속주를 원로원이 다스리는 속주와 황제가 직접 다스리는 속주로 구분하여 국방력을 강화했다. 기원전 20년에는 빼앗겼던 영토를 회복하기 위해 *게르만족을 토벌하고 라인 강과 다뉴브 강을 경계로 국경을 확정하였다.

대내적으로는 신분 질서를 수립하여 사회의 풍기를 바로잡고, 대규모의 건축 사업을 일으켜 로마를 아름다운 대리석의 도시로 바꾸어 놓았다. 또 문학과 예술을 장려하여 로마 문화를 번영하게 하였다.

14년 병이 든 옥타비아누스는 후계자 문제로 고심하다가 양자인 티베리우스에게 권력을 넘겨주고 77세를 일기로 세상을 떠났다. 그가 이룩한 업적을 바탕으로 로마 제국은 이후 200년 동안 평화를 누렸다.

프랑스 루브르 박물관에 있는 옥타비아누스 상(왼쪽), 대영 박물관에 있는 옥타비아누스 상(오른쪽)

함께 보아요

게르만족 : 게르만어파에 속한 언어를 쓰는 민족. 백색 인종으로 키가 크고 금발이며 눈이 푸르다. 원주지는 스칸디나비아 반도의 남부에서 유틀란트 반도와 북독일에 이르는 지역이었다. 그러나 점차 흑해 연안에서 라인 강 유역까지 퍼져 나갔고, 민족 대이동이 있던 시기에 유럽 각지에 게르만 왕국을 건설하였다. 독일, 네덜란드, 영국 및 북유럽 여러 나라가 이에 속한다.

악티움 해전 : 기원전 31년에 그리스의 서북부 악티움 앞바다에서 일어난 해전. 옥타비아누스가 안토니우스와 클레오파트라의 연합군을 격파한 후 황제가 됨으로써 공화정을 제정으로 바꾸었다.

안토니우스(Marcus Antonius, BC 82~BC 30) : 유명한 원로원 집안에서 태어나 젊은 시절에는 성질이 난폭했다. 시리아 총독인 가비니우스의 부관으로 있다가 카이사르를 만나 훌륭한 군인으로 성장했다. 카이사르가 암살된 뒤인 기원전 42년 레피두스, 처남인 옥타비아누스와 연합하여 필리핀 전투에서 브루투스와 카시우스를 물리치고 로마의 권력을 장악했다. 그러나 클레오파트라의 유혹에 빠져 방탕한 생활을 하다가 기원전 31년 '악티움 해전'에서 옥타비아누스에게 대패하고, 이듬해에 이집트에서 자살하였다.

영국 탐미주의의 대표 작가
와일드

본명 : Oscar Fingal O' Flaheritie Wills Wilde
생애 : 1854~1900

오스카 와일드는 1854년 아일랜드의 더블린에서 태어났다. 그의 아버지는 고고학자이자 유명한 의사였고, 어머니는 시인이었다. 와일드는 아일랜드의 더블린 대학을 거쳐 영국 옥스퍼드 대학에서 공부하였다. 대학 재학 중에는 이탈리아의 고대 도시 *라벤나를 노래한 시를 써서 신인상을 받았다. 이 무렵에 그는 "예술이 인생을 모방하는 것이 아니라 인생이 예술을 모방하는 것."이라고 주장하며, '예술을 위한 예술'을 표어로 내세운 *탐미주의의 대표자가 되었다.

와일드는 대학을 졸업한 뒤에 본격적으로 작가 생활을 시작하였다. 1882년에는 미국으로 건너가 영국의 문예부흥(르네상스)과 신이교주의에 대한 강연을 하여 청중들로부터 갈채를 받았다.

1884년 다시 미국을 방문하여 자신의 희곡 『베라, 또는 허무주의자』를 직접 감독하여 상연하려 했으나 상황이 여의치 않아서 포기했다.

1888년 첫 번째 동화집 『행복한 왕자』를 펴내 호평을 받았다. 1889년부터는 유일한 장편 소설인 『도리언 그레이의 초상』을 잡지에 연재하기 시작하여, 2년 뒤에 단행본으로 출판함으로써 유명 작가가 되었다.

계속해서 두 번째 동화집인 『석류나무 집』과 중편 소설 『아서 사빌 경의 범죄』 등을 펴냈다. 1892년에는 프랑스어로 희곡 *『살로메』를 썼는데, 2년 뒤에 영어로 번역되어 런던에서 출판되었다.

1900년 와일드는 46세의 젊은 나이로 세상을 떠났다.

저서로 위의 작품들 외에 희곡 『윈더미어 경의 부채』, 『이상의 남편』, 『보잘 것 없는 여인』 등이 있다.

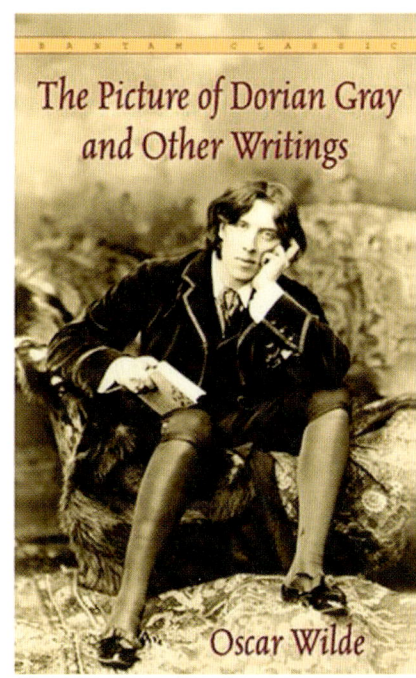

오스카 와일드의 책 표지(왼쪽), 망중한을 즐기는 오스카 와일드(오른쪽 위), 메리온 공원에 있는 오스카 와일드 상(오른쪽 아래)

함께 보아요

라벤나 : 이탈리아 북부 아드리아 해안에 있는 고대 도시. 5세기 초 서로마 황제의 거주지였고, 그 후로도 동고트 왕국의 수도, 비잔틴 제국의 총독부 소재지 및 동서 무역의 교류지로 번영하였다. 철도의 요지로 농산물의 집산과 가공이 활발하다.

살로메 : 1893년에 영국의 시인 와일드가 프랑스어로 쓴 희곡. 헤롯 왕은 자신의 의붓딸 살로메에게 욕정을 품지만, 살로메는 도리어 세례 요한을 연모한 나머지 '7개 베일의 춤'을 추어 그 상으로 요한의 목을 얻어 입을 맞추나, 헤롯 왕의 질투를 사서 죽는다는 내용이다.

탐미주의 : 아름다움을 최고의 가치로 여겨 이를 추구하는 문예사조. 19세기 후반 영국을 비롯한 유럽에서 나타났으며, 페이터 · 보들레르 · 와일드 등이 대표적인 인물이다.

와트

실용적인 증기기관을 발명한 영국의 기계기술자

본명 : James Watt
생애 : 1736~1819

제임스 와트는 영국의 기계기술자로 1736년 스코틀랜드의 작은 항구 도시 그리녘에서 목수의 아들로 태어났다. 어린 시절에는 아버지의 일터에서 여러 가지 연장으로 장난감이나 기계 모형 등을 만들며 지냈다.

1755년 와트는 *'그래머 스쿨'을 마치고 런던으로 가서 기계 상점의 점원이 되었다. 와트는 그 곳에서 다양한 기계를 접하고 수리하는 기술을 배웠다.

이듬해에 고향으로 돌아온 그는 글래스고 대학에 정밀기계를 수리하는 상점을 열었다. 이 때 여러 가지 기계를 잘 고쳐서 교수와 학생들에게 능력을 인정받았다. 그리하여 1757년에는 글래스고 대학의 모든 기계를 수리하는 수학 기계공으로 임명되었다.

1764년 와트는 글래스고 대학의 *'뉴커먼 배수기관' 모형을 수리하다가 이 기관의 열효율이 좋지 못하다는 점을 발견했다. 그는 이 기관의 단점을 보완하려고 많은 연구와 실험을 하여 1765년에 기관에서 *'콘덴서'를 분리하는 생각을 하였다. 그러나 피스톤의 패킹 문제에 부딪쳐 개발은 진전되지 못했다.

와트는 1767년부터 1774년까지는 스코틀랜드 운하 측량사로 일했다. 운하에 관계되는 일로 자주 런던을 왕래하다가 1768년 버밍엄의 사업자 볼턴을 알게 되었고, 1769년에는 과학자 로벅의 도움으로 증기기관에 관한 최초의 특허를 받았다. 이 증기기관은 대기의 압력으로 움직이던 기존의 증기기관과 달리 증기의 힘만으로 직접 피스톤을 움직이는 기관이었다. 1775년 와트는 볼턴과 함께 버밍엄에 공장을 마련하고 '볼턴 · 와트 상회'를 경영하였다. 그 후로 5년 동안 심혈을 기울인 연구 끝에 1780년 마침내 실용적인 증기기관을 완성하였다.

와트가 발명한 증기기관은 유럽에서 후진국에 속하던 영국을 산업혁명의 선두주자로 바꾸어 놓았다. 그 후로도 와트는 연구를 계속하여 보일러의 매연 방지 장치, *원심 조속기, 압력계 등을 발명하여 산업의 발전에 크게 기여하였다.

1794년 와트는 새로운 회사인 '볼턴 · 와트 및 가족 상회'를 설립하여 자식들에게 사업을 물려주었다. 만년에는 히스필드에서 조각 기계를 연구하다가, 1819년 83세를 일기로 세상을 떠났다.

와트 상(왼쪽), 와트의 증기기관(오른쪽 위), 와트의 초상화(오른쪽 아래)

함께 보아요

그래머 스쿨 : 대학 진학을 목표로 하는 영국의 중등 교육 기관. 11세부터 18세까지의 학생들이 공부한다.

뉴커먼 기관 : 보일러에서 실린더 안으로 끌어들인 증기로 피스톤을 밀어올리고, 냉수를 분사하여 대기압으로 피스톤을 밀어내리는 기관. 뉴커먼이 개발한 것으로, 최초로 실용화된 피스톤기관이자 최초의 외연기관이다. 1712년에 버밍엄에 설치한 뒤부터 탄광의 배수 장치로 널리 쓰였다.

원심 조속기 : 물체의 원심 작용을 응용하여 엔진의 회전 속도를 자동적으로 일정하게 조절하는 장치. 제임스 와트가 1788년에 발명했다.

콘덴서 : 수증기를 식혀서 물이 되게 하는 증기기관의 장치. 기관 내부의 압력을 일정하게 하여 기관의 효율을 높이는 데 쓴다. 응축기라고도 한다.

와트 219

중국 동진의 명필
왕희지

본명 : 王羲之, 자는 일소
생애 : 307~365

중국 동진의 서예가인 왕희지는 307년 린이 현(臨沂縣, 임기현)에서 명문가의 아들로 태어났다. 7세 때부터 글을 배운 그는 처음에는 *서진의 여류 서예가인 위부인의 글씨체를 배웠다. 그 후로 각 지방을 돌아다니면서 한나라와 위나라의 비문을 연구하여 *해서, *행서, *초서 등 각 서체를 완성하였다.

왕희지는 비서랑이라는 벼슬로 관직에 나가, 351년에는 우군 장군 및 회계(저장 성(浙江省, 절강성) 사오싱 시(紹興市, 소흥시))를 다스리는 내사로 승진하였다.

353년 늦은 봄, 회계의 난정이라는 정자에서 연회가 열렸다. 그 자리에는 왕희지를 비롯한 41명의 명사들이 참석했는데, 그들은 각각 시 한 편씩을 써서 책으로 만들었다. 이 때 왕희지는 스스로 붓을 들어 책 앞머리에 서문을 썼다. 이것이 바로 왕희지의 최대 걸작인 「난정서」이다.

왕희지는 평소에 시끄러운 도시보다는 조용한 시골에 묻혀 살기를 원하였다. 355년 동진의 간신 왕술이 왕명을 받고 왕희지가 다스리는 고을로 시찰을 나왔다. 왕희지는 왕술 같은 간신 밑에서 벼슬살이를 한다는 것이 부끄러워 스스로 벼슬에서 물러났다.

그 후 왕희지는 회계의 경치 좋은 산중으로 들어가 은둔 생활을 시작하였다. 그는 아름다운 자연을 벗삼아 도교를 믿으며, 당대의 학자들인 손작·이충·허순 등을 초대하여 정담을 나누었다. 때로는 도사 허매와 함께 약초를 캐러 다니며 유유자적한 생활을 즐기다가, 365년 58세를 일기로 세상을 떠났다.

왕희지는 *예서를 가장 잘 썼지만, 그 당시에는 아직 완성되지 못했던 해서, 행서, 초서를 예술적인 서체로 완성하였다.

그의 글씨체는 처음에는 중국 남방 귀족들에게 유행하다가 나중에는 중국의 전통적 서법으로 자리를 잡았다. 이후로 우리 나라와 일본에까지 전해져서 동양 서예의 최고봉으로 불리게 되었다. 현재 왕희지의 글씨 원본은 많이 전해지지 않는다. 그 이유는 왕희지의 글씨를 너무도 사랑했던 당태종 이세민이 온 천하에 있는 그의 글씨를 모아 죽을 때 자기 관에 넣어서 묻게 하였기 때문이다.

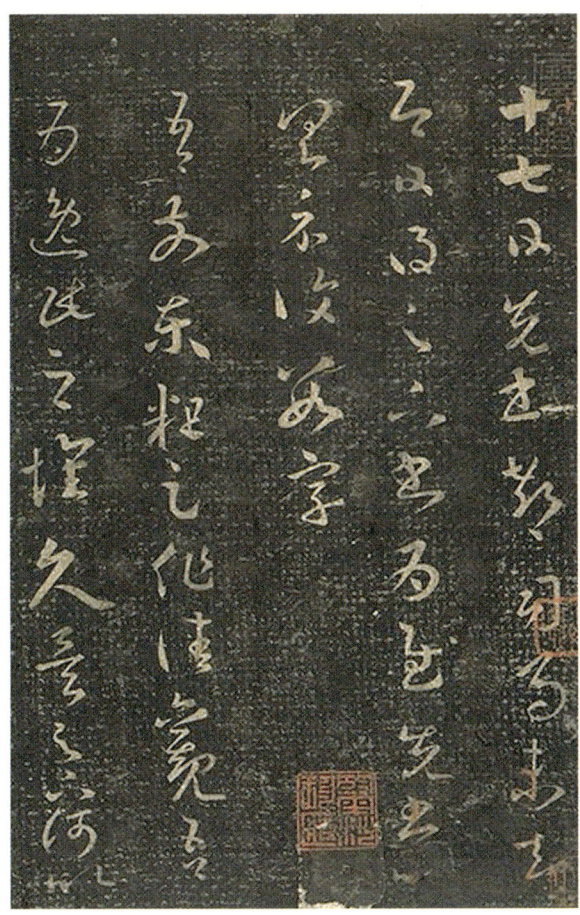
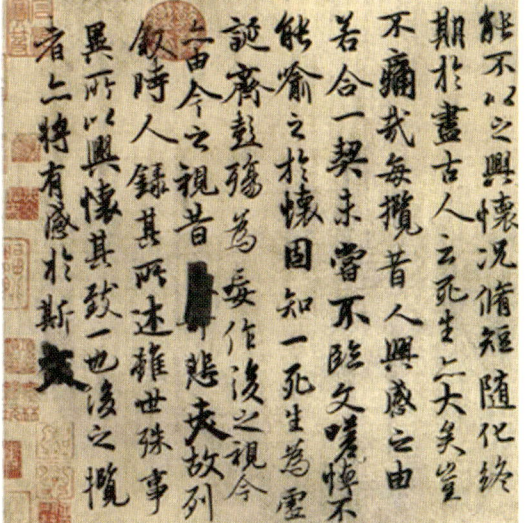
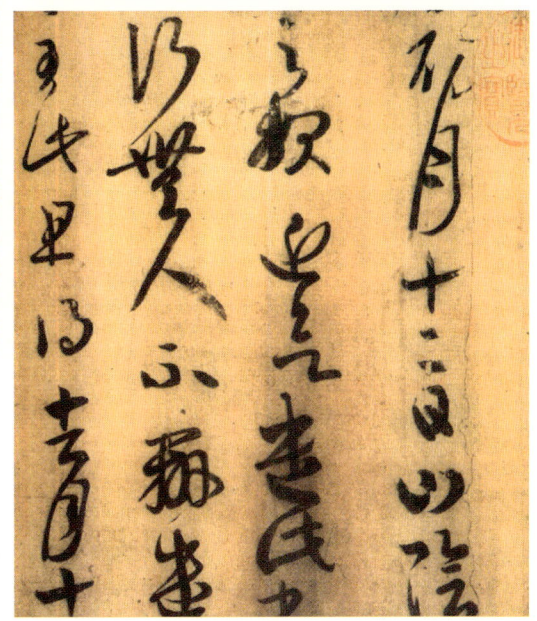

왕희지체로 쓴 왕희지의 글씨들(왼쪽부터)

함께 보아요

서진: 265년에 중국 위나라의 사마염이 왕위를 물려받아 뤄양(洛陽, 낙양)에 도읍하고 세운 나라. 316년에 영가의 난으로 멸망하였다. 나라 이름이 서진인 것은 수도 뤄양이 동진의 도읍지인 난징(南京, 남경)의 서쪽에 있었기 때문이다.

예서: 전서보다 간략하고 해서에 가까운 글씨체. 진나라 운양의 옥사 정막이 번잡한 전서를 생략하여 만든 것인데, 노예처럼 천한 일을 하는 사람도 이해하기 쉽도록 한 글씨라는 뜻에서 붙은 이름이다.

초서: 흘려 쓴 서체로서 획의 생략과 연결이 심하다.

해서: 예서에서 변한 것으로, 똑똑히 정자로 쓴다. 중국 후한의 왕차중이 만들었다고 전해진다.

행서: 해서와 초서의 중간에 해당되는 것으로 획을 약간 흘려 쓴다.

워싱턴

미국 건국의 아버지, 초대 대통령

본명 : George Washington
생애 : 1732~1799

　미국의 초대 대통령인 조지 워싱턴은 1732년 버지니아 주 웨스트 모어랜드에서 부유한 지주의 아들로 태어났다. 16세 때 토지 측량기사가 되어 버지니아 주와 펜실베이니아 주에서 일했다.

　1752년 이복형이 죽자 광대한 토지와 버지니아 민병대의 부대장 직을 물려받았다. 1754년 *'프렌치 · 인디언 전쟁'이 발발하자 민병대를 이끌고 참전하여 영국의 승리를 도왔다.

　그 뒤 영국은 전쟁에 지출된 많은 군비를 복구하기 위해 아메리카 식민지에 무거운 세금을 부과했다. 식민지 사람들은 영국의 행태에 크게 반발하였다. 1765년 버지니아 의회 의원으로 선출된 워싱턴도 영국이 새로 만든 인지세와 수입세에 반대하고, 1769년에는 앞장서서 영국 상품 불매 운동을 벌였다.

　1775년 미국의 13개 주 대표가 필라델피아에서 제2회 *대륙 회의를 개최하자 워싱턴은 버지니아의 대표로 참석하였다. 이 회의에서 영국에 대한 무력 항쟁이 결정되었고, 워싱턴은 독립군 총사령관에 임명되었다.

　1776년 7월 4일, 마침내 미국 13개 주가 하나로 통합되어 독립을 선언했다. 독립군 총사령관인 워싱턴은 군사들을 격려하며 7년 동안 전쟁을 지휘하였다.

　1781년 10월, 워싱턴이 이끄는 미국 독립군은 프랑스군의 원조를 받아 *'요크타운 전투'에서 영국군을 크게 무찌르고 독립 전쟁을 성공으로 이끌었다. 1783년 강화 조약이 체결되자 워싱턴은 군대를 해산시키고 고향으로 돌아왔다.

　그러나 미국의 독립이 위기에 처하자 1787년 헌법 제정 회의가 열렸다. 이 회의에서 워싱턴은 의장직을 맡아 새로운 연방 헌법을 제정하고 중앙 정부의 권한을 강화하였다. 1789년 헌법에 의해 대통령으로 당선된 워싱턴은 4월 30일, 미국의 초대 대통령으로 취임했다.

　워싱턴은 먼저 국내 여러 세력을 단합시키고 해외 여러 나라와 국교를 맺었다. 1793년에는 프랑스와 영국의 전쟁이 발발하자 중립을 선언하고 유럽의 분쟁에는 개입하지 않는다는 외교 정책을 펼쳤다.

1796년 워싱턴은 3선 대통령으로 추대되었으나 민주주의 전통을 세워야 한다는 이유로 끝내 사양하였다. 1799년 67세를 일기로 세상을 떠났다.

워싱턴의 묘비(왼쪽), 워싱턴의 동상(오른쪽)

함께 보아요

대륙 회의 : 1774년 9월에 북아메리카의 13개 주 대표들이 창설한 미국 독립을 위한 최고 기관. 독립 전쟁을 지도하고 1776년에 독립 선언을 공포하였다.

요크타운 전투 : 미국 독립 전쟁 때의 마지막 전투. 1781년에 워싱턴 등이 이끄는 미국·프랑스 연합군이 버지니아 주의 요크타운에서 영국군을 크게 무찔러 미국 독립 전쟁을 승리로 이끌었다.

프렌치·인디언 전쟁 : 1754년부터 1763년까지 영국과 프랑스가 북아메리카에서 벌인 싸움. 프랑스가 인디언 부족과 동맹하여 영국의 식민지를 공격하였기 때문에 이렇게 이른다.

위고

『레미제라블』을 쓴 프랑스 낭만주의 작가

본명 : Victor Marie Hugo
생애 : 1802~1885

빅토르 위고는 1802년 프랑스 동부 브장송에서 장군의 아들로 태어났다. 어린 시절에는 나폴레옹 부대의 장군인 아버지를 따라 이탈리아와 에스파냐 등지에서 보내고 12세 때 파리로 돌아왔다.

아버지는 군인이 되기를 바랐지만 위고는 문학에 더 흥미를 가지고 있었다. 위고는 15세 때 프랑스 학사원 현상 모집에서 『연구의 길』이라는 시집으로 당선되어 문학가의 길로 들어섰다.

그 당시 프랑스는 매우 혼란스러웠다. 나폴레옹이 워털루 싸움에서 영국의 *웰링턴에게 패하여 세인트헬레나 섬에 유배되었다. 뒤를 이어 샤를 10세가 즉위했지만 귀족과 성직자들은 혁명 전보다 더 권세를 부리며 국민들을 억압했다.

문학가들은 이런 사회에 반대하여 인간의 자유와 평등을 주장하고 개인의 감정을 충분히 표현하자는 운동을 활발히 벌이고 있었다. 위고도 이 영향을 받아 형식에 얽매이지 않고 인간의 감정을 자유롭게 표현하는 작품을 발표했다.

위고는 1830년에 희곡 『에르나니』를 써서 큰 반향을 불러 일으켰고, 이듬해에는 *『노트르담의 꼽추』를 발표하여 작가로서의 기반을 굳혔다. 그러나 1843년에 사랑하는 딸이 사위와 함께 센 강에서 익사하자 슬픔에 빠져 10년간 글쓰기를 중단하고 정치에 뛰어들었다.

1848년 2월, 혁명으로 프랑스에 새로운 공화 정부가 들어서자 위고는 국민 교육 대신이 되었다. 그 몇 년 뒤에 공화 정부가 무너지고 왕정이 부활되었을 때에는 위고는 앞장서서 왕정 반대 운동을 벌였다. 왕실에서 현상금까지 내걸고 잡으려 하자, 그는 지중해의 작은 섬으로 도망하여 18년 동안 망명 생활을 하였다.

위고는 이 시기에 대표작인 *『레미제라블』 등 많은 작품을 썼다. 빵 한 조각을 훔친 죄로 19년 동안 감옥살이를 해야 했던 주인공 장발장은 위고 자신의 삶으로부터 비롯된 작품인 것이다. 그 후 공화 정부가 되살아나자 위고는 프랑스로 돌아와 정치가로 활약하면서 시집 『세기의 전설』과 역사 소설 『33년』을 탈고하였다. 1885년 위고가 83세를 일기로 세상을 떠나자 많은 프랑스 국민들은 그의 죽음을 슬퍼했다.

위고의 젊은 시절 초상화(왼쪽), 위고의 집(오른쪽 위),
위고가 사용하던 방(오른쪽 아래)

함께 보아요

노트르담의 꼽추 : 위고가 1831년에 발표한 장편 소설. 집시 소녀 에스메랄다를 둘러싸고 부주교, 청년 장교, 종루지기 카지모도 사이에서 벌어지는 사랑의 갈등을 그렸다. 프랑스 낭만주의 문학의 대표작으로 꼽힌다.

레미제라블 : 위고가 1862년에 발표한 장편 소설. 사회에서 범죄자로 몰려 인생을 저주하며 불우하게 살아가던 주인공 장발장의 영혼이 깨끗한 사랑으로 구제되는 과정을 그렸다.

웰링턴(Arthur Wellington, 1769~1852) : 영국의 군인, 정치가. 아일랜드 더블린에서 백작의 아들로 태어나 프랑스 사관학교를 졸업하고 영국군 장교가 되었다. 1797년 인도에서 전공을 세우고 영국으로 돌아왔다. 1813년 영국 육군 원수가 되어 프랑스와 싸워 나폴레옹을 사로잡는 큰 전과를 올렸다. 유럽의 영웅이 된 그는 영국 수상과 영국군 총사령관을 지낸 뒤, 83세의 일기로 세상을 떠났다.

윌슨

민족자결주의를 제창한 미국 대통령

본명 : Thomas Woodrow Wilson
생애 : 1856~1924

윌슨은 미국 제28대 대통령으로 1856년 버지니아 주 스톡턴에서 장로교 목사의 아들로 태어났다. 1879년 프린스턴 대학을 졸업하고, 버지니아 대학과 존스 홉킨스 대학원에서 법학과 정치학을 공부하였다.

1886년 박사 학위를 받은 윌슨은 웨슬리언 대학 교수를 거쳐, 1890년 모교인 프린스턴 대학의 교수가 되었다. 1902년에는 프린스턴 대학의 총장으로 선출되어 대학의 개혁을 위해 노력하였다.

1910년 윌슨은 대학 총장에서 물러난 뒤, 미국 민주당에서 뉴저지 주지사 후보로 추천되어 정계에 진출하였다. 1911년 뉴저지 주지사로 당선된 그는 이듬해 민주당의 대통령 후보로 추대되었다. 그 해 말에 치러진 대통령 선거에서 공화당의 루스벨트 후보를 누르고 미국 대통령으로 당선되었다.

미국 제28대 대통령에 취임한 윌슨은 국민들이 안정적인 생활을 할 수 있도록 관세와 세금을 인하하고 개혁 정치를 펼쳤다.

1914년 제1차 세계 대전이 발발하자 윌슨은 중립주의를 내세웠다.

1916년 대통령 선거에서도 윌슨은 미국은 다른 나라의 전쟁에는 참전하지 않을 것을 약속하고 재선되었다. 그러나 1917년 독일 잠수함의 무차별적인 공격으로 미국인의 인명 피해가 늘어가자 윌슨은 '전쟁을 끝내게 하는 전쟁', '민주주의를 위한 전쟁'이라는 슬로건을 내걸고 연합군 참전을 결정하였다.

1918년 제1차 세계 대전이 연합군의 승리로 끝나자 프랑스 *'베르사유 궁'에서 평화 회의가 열렸다. 이 회의에서 윌슨은 *민족자결주의를 제창하며 '14개조 평화 원칙'을 발표했고, 세계 평화를 위해 *국제 연맹 창설을 주장하였다.

1919년 윌슨은 세계 평화를 위해 힘쓴 공로로 노벨 평화상을 수상하였다. 그러나 이 무렵부터 건강이 나빠져서 1921년 3월, 대통령 임기를 마치고 정계에서 은퇴했다. 1924년 2월, 68세의 일기로 세상을 떠났다.

월슨이 주장한 민족자결주의는 "각국의 영토와 정치는 그 나라 민족 스스로가 결정한다."는 것이 주요 내용이다.

민족자결주의는 당시 일제 식민지로 있던 우리 민족에게도 커다란 용기를 주어 1919년에 3·1 운동을 일으키게 하였다.

윌슨의 동상(왼쪽), 영국 방문 당시 영국 여왕과 함께 기념 촬영(오른쪽 위), 윌슨의 생가(오른쪽 아래)

함께 보아요

국제 연맹 : 제1차 세계 대전 직후인 1920년에 미국 대통령 윌슨의 제창에 따라 국제 평화 유지와 협력의 촉진을 목적으로 창설한 국가 간의 연합체. 스위스 제네바에 본부를 두고 국제 분쟁의 평화적 처리에 크게 공헌하였다. 1945년 국제 연합(UN)의 창설로 1946년에 해체하였다.

민족자결주의 : 한 민족이 다른 민족이나 국가의 간섭을 받지 않고 자신의 정치적 운명을 스스로 결정하는 원칙을 실현하려는 사상. 1918년에 미국의 윌슨 대통령이 제창하고 파리 평화 회의에서 채택되었다. 식민지 국가들의 독립 운동에 많은 영향을 끼쳤다.

베르사유 궁전 : 프랑스 베르사유에 있는 궁전. 루이 14세가 1664년부터 1715년에 걸쳐 완성한 바로크 양식의 건물로 호화롭기로 유명하다. 미국 독립 전쟁, 프로이센·프랑스 전쟁, 제1차 세계 대전의 강화 조약이 체결된 곳이기도 하다.

중국 한나라의 건국자
유방

본명 : 劉邦
생애 : BC 247?~BC 195
재위 기간 : BC 202~BC 195

유방은 중국 한나라의 초대 황제로 장쑤 성(江蘇省, 강소성)에서 농민의 아들로 태어났다. 젊은 시절의 그는 집안일을 돌보지 않고 고을의 건달들과 어울려서 각지를 유랑하였다.

30대 중반에 고향으로 돌아온 유방은 말단 관직에 올라 죄수들을 황제의 여산릉 건설 현장까지 인솔하는 책임을 맡았다. 호송 도중에 도망자가 속출하자 유방은 문책이 두려워서 아예 인부들을 해산시키고 산 속으로 피신하여 유격대장이 되었다.

진나라 말기인 기원전 209년, *진승·오광이 반란을 일으키자 유방도 유격대를 이끌고 진나라의 관군에 맞서 싸웠다. 이듬해에는 북쪽으로 진군하여 막강한 군사력을 가진 초나라의 *항우와 연합 세력을 구축하였다.

그 뒤, 항우의 군대가 북쪽에서 진나라의 20만 대군과 싸우는 사이 유방은 남쪽으로 군사를 돌려 수도 셴양(咸陽, 함양)을 함락시키고 진나라의 제3대 왕인 영의 항복을 받았다.

한 달 뒤, 셴양에 도착한 항우는 약삭빠른 유방을 제거할 목적으로 홍문에서 연회를 베풀었다. 40만 대군을 거느린 항우가 연회에 초대하자 병력이 10만에 불과한 유방은 수치를 무릅쓰고 연회장에 참석했다.

연회가 무르익을 즈음, 자객이 검무를 추며 유방에게 다가왔다. 그 순간 유방의 호위무장인 번쾌가 술 한 동이와 돼지 다리 하나를 단숨에 먹어치우고 항우를 꾸짖었다. 유방에게 상을 내리지는 못할망정 용렬하게 왜 죽이려 하느냐고 항우를 질책하는 사이, 유방은 필사적으로 도망하여 위기를 모면하였다.

진나라를 멸망시킨 항우는 스스로 서초패왕이라 칭하고 기원전 206년에 유방을 한왕으로 봉했다. 척박한 땅을 *분봉 받은 유방은 분노하여 항우에게 대적했다.

그 뒤, 유방은 4년간에 걸친 전쟁에서 *장량, *한신 등의 활약으로 해하의 결전에서 항우의 대군을 격파하고 천하통일의 대업을 달성하였다.

기원전 202년 마침내 유방이 제위에 올라 한 왕조를 세우니, 그가 바로 한 고조이다. 농민 출신이었던 유방은 개인적으로는 항우보다 뛰어나지 못했다. 그러나 자신의 힘을 과신하지 않고 부하들을 적재적소에 잘 활용하여 최후의 승자가 될 수 있었다.

유방은 7년간 재위하다가, 기원전 195년 52세의 나이로 세상을 떠났다.

유방의 동상(오른쪽)

함께 보아요

분봉 : 중국에서 황제가 땅을 나누어서 제후를 봉하던 일이다.

장량(張良, ?~BC 168) : 한나라 고조 유방의 공신. 한나라 명문 출신으로 기원전 218년 박랑사에서 시황제를 습격했으나 실패하였다. 하비에 은신하고 있을 때 황석공으로부터 『태공병법서』를 물려받았다고 한다. 진승·오광의 난이 일어났을 때는 유방의 진영에 속하였으며, 후일 항우와 유방이 만난 '홍문의 회'에서는 뛰어난 지략으로 유방의 위기를 구하였다. 그는 선견지명이 있는 책사로서 한나라의 서울을 진나라의 고지인 관중으로 정하고자 한 유경의 주장을 지지하였다. 소하와 함께 책략에 뛰어나 한나라를 건국하는 데 많은 역할을 하였다. 그 공으로 유후에 책봉되었다.

진승·오광의 난 : 중국 진나라 말기인 기원전 209년, 허난 성(河南省, 하남성)의 빈농 출신인 진승이 오광과 거병하여 일으킨 농민 반란. 스스로 왕이라 칭하였으나, 이듬해에 진나라군에 의하여 진압되었다.

한신(韓信, ?~BC 196) : 중국 한나라 초기의 장군. 진나라 말기 난세에 처음에는 초나라의 항량과 항우를 섬겼다. 그러나 중용되지 않아 유방의 군에 가담하였다. 승상 소하에게 인정을 받아 해하의 싸움에 이르기까지 한나라군을 지휘하여 많은 공을 세웠다. 그 공으로 초나라 왕이 되었으나 한나라 제국의 권력이 확립되자 유씨 외의 다른 제왕과 함께 차차 권력에서 밀려났다. 기원전 201년에는 회음후로 격하되고, 기원전 196년에는 반란에 가담했다고 하여 여후의 부하에게 죽임을 당하였다. 불우하던 젊은 시절에 시비를 걸어오는 시정 무뢰배의 가랑이 밑을 태연히 기어 나갔다는 일화는 유명하다.

항우(項羽, BC 232~BC 202) : 초나라에서 대대로 장군직을 지낸 명문 귀족 가문에서 태어났다. 어려서 고아가 되어 숙부 항량의 손에 길러졌는데, 소년 시절부터 무예에 뛰어난 기량을 보였다. 그는 숙부 항량과 함께 강동(양쯔 강 하류)에서 군사를 일으켜, 양치기를 하던 초의 왕족 심을 회왕으로 추대하여 반군의 중심 세력이 되었다. 기원전 207년 그는 진나라를 멸망시키고 스스로 서초패왕이라 칭하였다. 그러나 논공행상에 불만을 품은 유방과 4년간에 걸친 결전을 벌이다가 안후이 성(安徽省, 안휘성)에서 패하여 32세의 나이에 스스로 목숨을 끊었다.

유방 229

중국 최대의 시선
이백

본명: 李白, 자는 태백, 호는 청련거사
생애: 701~762

이백은 중국 당나라의 대시인으로 701년 쓰촨 성(四川省, 사천성)에서 대상인의 아들로 태어났다. 그는 어릴 때부터 시를 잘 지었으며 검술도 아주 뛰어났다.

이백은 25세 때 칼 한 자루만 차고 집을 나와 유랑길에 올랐다. 양쯔 강(揚子江, 양자강)을 따라 장난(江南, 강남)·산둥(山東, 산동)·산시(山西, 산서) 등지를 돌아다니다가 뜻이 맞는 사람을 만나면 술을 마시며 시를 읊었다. 또한 젊은 시절에는 *도교에 심취하여 산중에서 지낸 적도 많았다.

이백은 그렇게 떠돌다가 저장 성(浙江省, 절강성)에서 도사 오균을 만났다. 42세 때 오균의 천거로 *현종의 부름을 받고 궁궐로 들어갔으나, 현종은 그에게 *한림공봉이라는 낮은 벼슬을 주었다. 이백은 자신의 해박한 지식으로 나라에 공을 세우고자 하였으나 당나라의 궁 안은 간신배들로 득실거렸다.

이백은 궁중 생활에 싫증을 느끼고 날마다 술을 마셨다. 그러던 어느 날, 술에 취해서 현종이 총애하는 환관 고력사에게 신발을 벗기게 하는 실수를 저질러 궁궐에서 쫓겨나고 말았다.

45세에 다시 방랑길에 오른 그는 뤄양에서 11세 아래인 두보를 만났다. 이 때 두보는 「꿈에 이백을 만나다.」라는 다음의 시를 지었다.

"이백은 술을 한 말 마시고도 100편의 시를 써 갈기고, 장안의 술집에서 잠을 잔다. 천자가 불러도 올라가지 않고, 술에 빠진 선인이라며 큰소리를 친다."

이백이 54세 때인 755년, *안녹산이 반란을 일으켰다. 현종은 쓰촨 성으로 도망가고, 황태자인 숙종이 황제로 즉위했다. 이 때 숙종의 동생 영왕이 반란군 토벌대의 막료로 이백을 발탁했고, 이백은 반란군을 맞아 용감하게 싸웠다.

그러나 뜻밖에도 영왕이 황제 자리를 노렸다는 반역죄에 몰렸다. 막료인 이백도 그 일에 연루되어 사형을 선고받았다가 한 대신의 도움으로 사면되었다. 그 후 이백은 금릉, 쉬안청 등지를 떠돌다가, 762년 병이 들어 당도의 친척집에서 61세를 일기로 세상을 떠났다.

이백은 일생 술을 마시며 방랑했지만 형식에 구애받지 않고 낙천적인 많은 명시를 남겼다.

이백의 방랑은 단순한 방랑이 아니라 정신의 자유를 찾으려는 몸부림이었다. 사실 이백이 품었던 이상은 나라를 위해 자기의 학식과 자질과 호방한 성품을 마음껏 펼치는 것이었다. 두보와 더불어 '이두'로 불리는 이백의 시는 무려 1,100여 편이 전해진다. 현재 전해지고 있는 그의 시문집은 송나라 때 편집된 것이라고 한다.

중국 쓰촨 성 지양요 이백의 옛집에 있는 이백의 상(아래)

함께 보아요

도교 : 무위자연설(사람의 힘을 더하지 않은 그대로의 자연)을 근간으로 하는 중국의 다신적 종교. 중국 전설상의 제왕인 황제와 노자를 신격화한 태상노군을 숭배한다. 노자와 장자의 철학을 받아들이고 여기에 음양오행설과 신선 사상을 더하여 불로장생을 추구하였다. 후한 말기에 장도릉에 의해 종교적인 틀이 갖추어졌고, 중국의 민간에 커다란 영향을 끼쳤다.

안녹산 : 337쪽 '참고 인물' 참조.

한림공봉 : 중국에서 임금의 말과 명령을 받아 글로 짓는 일을 맡아 하던 벼슬이다.

현종(玄宗, 685~762) : 당나라의 제6대 황제(재위 712~756). 이름은 이융기이고, 예종의 셋째 아들로 태어났다. 26세 때 중종의 비인 위후가 딸 안락공주와 짜고 중종(현종의 큰아버지)을 암살한 뒤, 정권을 독차지하기 위해 현종의 아버지를 해치려 하였다. 이 때 그는 군사들을 인솔하여 위후와 안락공주 일당을 제거하고, 아버지 예종을 황위에 앉혔다. 28세에 예종의 양위를 받아 즉위하였고, 많은 인재들을 등용하여 훌륭한 정치를 펼쳤다. 그러나 노년에 접어들면서 도교에 빠져 막대한 국비를 탕진하였고, 양귀비와 사랑 놀음에 빠져 권신 이임보가 국정을 대신 맡아보았다. 755년 안녹산이 난을 일으키자 쓰촨으로 피난을 가던 도중에 양귀비는 병사들에게 살해되고 말았다. 이듬해에 아들 숙종에게 왕위를 물려주고 상황으로 은거하다가 장안에서 죽었다. 현종은 음악과 글씨에 무척 뛰어나서 스스로 작곡을 하고 명필이라는 칭호를 들었다고 한다.

이세민

당나라의 기틀을 마련한 제2대 황제

- 본명 : 太宗
- 생애 : 598~649
- 재위 기간 : 626~649

이세민은 당나라의 제2대 황제로 598년 당나라를 건국한 *이연의 둘째 아들로 태어났다. 이세민은 어릴 때부터 총명하고 사려가 깊었으며, 무술과 병법에도 뛰어났다. 아울러 결단력과 포용력도 갖추고 있어서 따르는 사람이 많았다.

수나라 양제의 폭정으로 나라가 어지러워지자 이세민은 타이위안(太原) 군사령관이던 아버지를 설득하여 반란을 일으켰다. 618년 이세민 부자가 이끄는 반란군은 수나라의 수도 장안을 점령하고 당나라를 건국하였다.

이세민은 당나라를 건국하는 데 많은 공을 세웠지만 왕위 계승권은 형인 건성에게 있었다. 이 때 건성이 많은 대신들이 따르는 이세민이 두려워 다른 동생과 함께 제거하려는 음모를 꾸몄다. 이 사실을 알게 된 이세민은 꾀를 내어 형과 동생을 제거하고, 626년 아버지의 양위를 받아 당나라 제2대 황제인 태종으로 즉위하였다.

중국 천하의 주인이 된 태종은 먼저 *돌궐과 *위구르를 비롯한 여러 이민족을 쳐서 영토를 확장하고, 이민족의 추장들로부터 '하늘이 내린 왕'이라는 뜻의 '천가한' 존호를 받았다. 이로써 당나라는 아시아를 호령하는 대제국이 되었다.

태종은 수나라 양제의 실패를 거울삼아 백성들을 불쌍히 여기는 공정한 정치를 펼쳤다. 널리 인재를 등용하여 나라의 제도를 정비하고, *균전제를 실시하여 가난한 농민들을 보호했다. 한편으로 외국과의 교역에도 힘을 기울여 수도 장안을 아시아의 경제와 문화의 중심지로 만들었다.

이세민은 학문과 문화를 사랑하여 역사 편찬에도 힘을 기울였다. 『진서』, 『양서』, 『수서』 등 각 왕조사를 편찬하고, 한나라 이후의 *훈고학을 정리한 『오경정의』 등도 편찬하게 하였다. 이처럼 훌륭한 업적을 많이 남겼기 때문에 후세 사람들은 그의 치세를 *'정관의 치'라고 칭송하였다. 그러나 이세민도 고구려를 굴복시키는 데는 번번이 실패하였다.

645년 이세민은 연개소문의 쿠데타를 문책한다는 이유로 17만 대군을 이끌고 고구려로 쳐들어왔다. 그러나 안시성에서 양만춘에게 패하여 한 쪽 눈만 잃고 돌아갔다. 그 뒤로도 네 차

레나 원정군을 파견했지만 번번이 실패하였다.

649년 이세민은 "고구려는 절대 치지 말라."는 유언을 남기고 51세의 일기로 세상을 떠났다.

함께 보아요

균전제 : 중국 수나라, 당나라 때에 시행한 토지 분배 제도. 5세기 후반 북위의 효문제가 처음 시작하여 수나라와 당나라에 이르러 발달했다. 구분전 80묘와 영업전 20묘를 나누어줘 구분전은 본인이 사망하면 국가에 반납하게 하였고, 영업전은 자손에게 세습하게 하였다. 8세기 중엽에 안녹산의 난으로 무너졌다.

돌궐 : 6세기 중엽 알타이 산맥 부근에서 일어나 약 2세기 동안 몽골 고원에서 중앙아시아에 걸친 지역을 지배한 터키계 유목 민족. 6세기 말에 중국 수나라, 당나라의 공격으로 동서로 분열되었다. 동돌궐은 8세기 중엽에 위구르에, 서돌궐은 7세기 중엽에 당나라에 복속되었다.

위구르 : 몽골 고원에서 일어나 뒤에 투르키스탄 지방으로 이주한 터키계의 유목 민족. 744년에 유목 국가를 건설하였으나, 840년에 키르기스스탄에 멸망하였다. 지금은 중국의 신장 웨이우얼(新疆維吾爾, 신강유오이) 자치구의 주요 구성 민족으로 되어 있다. 위구르 문자를 쓰며 마니교를 신봉한다.

이연(高祖, 565~635) : 당나라의 건국자(재위 618~626)로 고조라고 한다. 선비족 계통의 무장으로, 아버지가 일찍 죽어서 7세 때 당국 공의 작위를 이었다. 이모가 수나라 문제의 후비였기 때문에 수나라의 귀족으로서 황제의 신변을 지키는 천우비신이 되었다. 수나라 말기에 양제가 세 차례의 고구려 원정에서 대패하자 각지에서 반란이 일어나 나라가 혼란에 빠졌다. 617년 여름, 북방의 군사적 요충지인 태원에 파견되어 있다가 둘째 아들 이세민의 권유로 3만의 군대를 거느리고 반란에 가담하였다. 돌궐의 도움을 받아 11월에 수도 장안을 점령하였고, 이듬해에 양제가 살해되자 당나라를 세워 제위에 올랐다. 그 뒤 둘째 아들 이세민의 활약으로 이밀, 두건덕, 왕세충 등을 진압하고 중국의 패자가 되었다. 626년 자식들의 권력 다툼으로 '현무문의 변'이 일어나자, 이세민에게 양위하고 상황이 되었다.

정관의 치 : 중국 당나라 태종의 치세를 기리어 이르던 말. 방현령 등의 명신을 등용하여 율령 체제의 정비, 군정의 정비, 학예의 장려 등에 힘쓰고 선정을 펴 국세를 떨쳤다. '정관'은 태종 때의 연호이다.

훈고학 : 유학의 경전을 문자나 어구를 해석하는 방법으로 연구하는 학문. 중국 한나라, 당나라 때에 비롯하였다.

이솝

『이솝 이야기』를 지은 고대 그리스의 우화 작가

본명 : Aesop
생애 : ?~?

이솝은 기원전 6세기 사람으로 그리스어로는 아이소포스라고 한다. 이솝의 생애는 정확한 기록이 없고 입에서 입으로 전해내려 오는 이야기만 전한다.

그 이야기에 따르면 이솝은 *'사모스 섬'에 살던 부유한 상인 이아도몬의 노예였다고 한다. 이솝은 힘든 노예 생활을 하면서도 주위 사람들에게 재미있는 이야기를 잘 들려주어 주인의 사랑을 받았다고 한다.

그 몇 년 뒤, 이아도몬은 이솝을 노예에서 해방시켜 주었다.

자유의 몸이 된 이솝은 그리스 각지를 여행하면서 사람들에게 우화를 들려주었다. 그 후 그리스 델포이에서 살해당했다고 하는데, 그의 죽음에 관해 다음과 같은 이야기가 전해진다.

이솝은 떠돌이 생활을 하다가 *델포이에 머물게 되었다. 그 때 이솝은 우화를 들려주면서 델포이 사람들은 다른 도시 사람들보다 음흉하고 착하지 않다고 말했다. 그 말을 들은 델포이 사람들은 화가 나서 이솝의 짐에 몰래 황금 그릇을 숨겨 놓았다.

다음날 아침, 그들은 길을 떠나려는 이솝을 도둑으로 몰아 체포했다. 이솝은 그들이 자신을 골탕먹이려는 것을 알고 평소처럼 *우화를 들려주며 달랬다. 그러나 아무런 소용이 없었다. 그리하여 결국 이솝은 억울한 누명을 쓰고 절벽에서 떨어지는 형벌을 받아 죽었다고 한다.

『이솝 이야기』는 이솝이 직접 쓴 것이 아니라, 이솝이 들려준 이야기들을 후세 사람들이 글로 옮겨 책으로 만든 것이다. 3세기 무렵, 그리스의 작가 바리우스는 사람들의 입에서 입으로 전해지는 이야기들을 모아 『이솝 이야기』를 처음 책으로 만들었다.

그 뒤, 14세기에 콘스탄티노플(이스탄불)의 수도사 플라누데스가 바리우스의 책에 그리스와 인도의 우화를 추가하여 현재 전해지고 있는 『이솝 이야기』를 만들었다고 한다.

『이솝 이야기』의 주인공이 조각된 공원(왼쪽), 이솝의 석상(오른쪽)

함께 보아요

델포이: 그리스 중부 파르나소스 산 중턱에 있는 고대 그리스의 유적으로 아폴론 신전이 있었다.

사모스 섬: 그리스 남동부의 에게해 남동부에 있는 섬으로 포도, 올리브, 담배 등이 많이 나며, 피타고라스의 출생지이다. 고대 유적이 많다.

우화: 인격화한 동·식물이나 기타 사물을 주인공으로 하여 그들의 행동 속에 풍자와 교훈의 뜻을 담은 이야기. 대표적인 우화는 『이솝 이야기』이다.

07 일화 이야기로 보는 역사 인물

 ## 해적을 이용하여 에스파냐를 공격한 엘리자베스 1세

엘리자베스 1세는 헨리 8세와 궁정 시녀였던 앤 불린 사이에서 태어났습니다. 엘리자베스가 어릴 적에 헨리 8세는 반역을 했다는 누명을 씌워서 앤 불린을 처형하고 말았습니다.

어머니를 잃고 어렵게 자란 엘리자베스는 25세의 젊은 나이에 영국 왕으로 즉위했습니다. 그녀는 어머니의 비극적인 운명 탓에 일생을 독신으로 살았습니다.

엘리자베스 1세는 에스파냐를 원수처럼 생각했습니다. 에스파냐 펠리페 2세의 부인이던 이복언니 메리 1세 때문에 어린 시절부터 많은 곤욕을 겪었기 때문입니다.

그러나 당시의 에스파냐는 유럽의 최강국이었습니다. 유럽의 모든 나라들이 에스파냐의 눈치를 보고 있는 실정이라 드러내놓고 에스파냐를 적대할 수 없었습니다.

그녀는 에스파냐를 무찌르고 영국을 유럽의 최강국으로 만들기 위한 방법을 골똘히 생각했습니다. 이 때 한 대신이 제안했습니다.

"여왕 폐하, 해적들을 이용하면 어떻겠습니까?"

"그게 무슨 소리요?"

"우리 영국 근해에는 많은 해적들이 있습니다. 그들은 바다를 오가는 상선들을 공격하여 물품을 빼앗고 있습니다. 그들이 주로 공격하는 배는 값진 물건들이 많이 실려 있는 에스파냐 상선입니다. 그들을 이용하면 에스파냐 왕도 눈치 채지 못할 것입니다."

"그거 좋은 생각이군요. 해적 중에서 가장 뛰어난 선장을 불러오시오."

그 며칠 뒤, 대서양에서 노략질을 일삼던 드레이크라는 해적 선장이 영국 왕실로 불려왔습니다. 엘리자베스는 그에게 영국 해군이 뒤를 봐줄 테니 에스파냐의 상선을 모조리 공격하라고 명령했습니다.

영국 왕의 허락까지 받은 해적 선장 드레이크는 아메리카에서 진귀한 물건을 잔뜩 싣고 돌아오는 에스파냐의 상선을 공격했습니다. 드레이크는 빼앗은 물건의 절반은 영국 왕실에 바

재미있게 읽고 나면 역사가 쏙쏙!

쳤습니다. 해적 선장 드레이크의 활약으로 영국 왕실에는 금은보화가 쌓여갔습니다. 반대로 에스파냐의 상선들은 해적들이 무서워서 먼 거리를 돌아와야 했습니다.

날이 갈수록 드레이크가 이끄는 해적이 기승을 부리자 에스파냐의 펠리페 2세는 엘리자베스에게 해적들을 처벌해 달라고 요구했습니다. 그러나 엘리자베스는 오히려 해적 선장 드레이크를 기사로 임명했습니다. 게다가 영국 근해를 허락 없이 지나는 배는 공격할 수 있다는 이른바 특별 허가장을 주어 드레이크를 지원했습니다.

그러자 펠리페 2세는 엘리자베스와 결혼하면 자기 말을 잘 들을 거라 생각하고 청혼을 했습니다. 그러나 엘리자베스는 "나는 국가와 결혼했다."는 말로 단호하게 청혼을 거절했습니다.

화가 난 펠리페 2세는 130척의 무적함대를 보내 영국을 공격하게 했습니다. 엘리자베스는 해적 선장 드레이크를 해군 제독으로 삼아 에스파냐 무적함대에 맞서 싸우도록 했습니다.

영국 앞바다를 속속들이 알고 있던 드레이크는 재빠른 기동력으로 거대한 에스파냐 함선을 공격하여 크게 무찔렀습니다. 이것으로 유럽을 장악했던 에스파냐의 무적함대는 사라지고, 영국이 대서양의 제해권을 장악하게 되었습니다.

그 이후로 엘리자베스는 국민들에게 '별의 여왕' 또는 '요정의 나라에서 온 여왕'이라고 불리며 많은 사랑을 받았습니다.

한편으로 탐험가 오다로리는 북아메리카에 개척한 식민지에 이름을 붙일 때 엘리자베스 1세를 기념하기 위하여 처녀 여왕이라는 뜻의 '버지니아'라는 이름을 붙였답니다.

엘리자베스 1세

이야기로 보는 역사 인물 237

근대화 정책을 추진하여 국력을 키운 중국의 정치가
이홍장

본명 : 李鴻章
생애 : 1823~1901

이홍장은 중국 청나라 말기의 정치가로 1823년 안후이 성(安徽省, 안휘성)에서 태어났다. 그는 아버지의 주선으로 후난 성(湖南省, 호남성)의 실력자인 *증국번의 제자로 들어가서 열심히 공부하여 22세 때 과거에 급제하였다.

1851년 새로운 종교를 만든 홍수전이 청나라의 지배에 반대하여 * '태평천국의 난'을 일으켰다. 홍수전의 반란군은 청나라 군대와 싸우며 북으로 진격하였다. 처음에는 1만 명에 불과하던 반란군은 2년 만에 50만 대군으로 늘어났다.

청나라 황실은 반란군을 토벌하려고 안간힘을 썼다. 그러나 청나라의 군대만으로는 그들을 토벌하기가 어려웠다. 당시 청나라 각 지방의 유력자들은 향신이라고 불렸는데, 이들도 군사를 일으켜 반란군 토벌에 나섰다.

향신들 가운데 가장 강력한 군대를 거느린 사람은 후난 성의 증국번이었다. 증국번이 반란군 토벌에 나서자 이홍장도 고향에서 아버지와 함께 군사를 일으켜 싸웠다. 그러나 이홍장의 군대는 반란군에게 패했고, 결국 아버지와 처자식을 잃고 말았다. 이 때 증국번의 도움으로 다시 군사를 일으킨 이홍장은 반란군으로부터 상하이(上海, 상해)와 장쑤 성(江蘇省, 강소성)을 탈환하였다.

1864년 7월, 증국번과 이홍장은 반란군을 총공격하여 마침내 그들의 수도 난징(南京, 남경)을 함락시켰다. 이로써 중국의 여러 지역을 장악했던 태평천국은 13년 만에 무너지고 말았다.

태평천국을 토벌하는 데 큰 공을 세운 이홍장은 증국번과 함께 막강한 군사력을 배경으로 청나라의 권력을 장악하였다. 북방대신이라는 높은 벼슬에 오른 그는 중국을 부강한 나라로 만들기 위해 * '양무 운동'을 추진하였다. 무기 공장을 비롯한 각종 공업 건설을 추진하고, 1882년에는 조선에 위안스카이(袁世凱, 원세개)를 파견하여 일본의 진출을 견제하고 조선의 내정과 외교에도 깊이 관여하였다.

1894년 청일 전쟁이 일어나자 이홍장은 북양 해군을 이끌고 일본에 맞서 싸웠다. 그러나 이홍장의 북양 해군은 일본 해군에게 패하고 말았다. 그 뒤, 이홍장은 청나라의 강화 전권 대사가 되어 1895년에 *'시모노세키 조약'을, 1900년에는 *'베이징 조약'을 체결하는 등 외교적 수완을 발휘하였다. 1901년 78세의 일기로 세상을 떠났다.

독일 비스마르크를 방문 중인 이홍장의 모습(원내)

함께 보아요

베이징 조약 : 1900년 6월, 외세를 배척하기 위해 조직된 비밀 결사 단체인 의화단원들이 베이징에서 교회를 습격하고 외국인을 박해하였다. 이 때 청나라 정부가 그들을 지지하고 대외적으로 선전포고를 하자 미국을 비롯한 8개국 연합군이 베이징을 점령하여 의화단을 진압한 뒤에 맺은 조약이다.

시모노세키 조약 : 1895년 4월, 청일 전쟁 뒤 청나라의 강화 전권 대사 이홍장과 일본의 이토 히로부미가 일본의 시모노세키에서 체결한 강화 조약. 청은 조선의 독립을 확인하고 군비 2억 냥을 배상하며 랴오둥 반도(遼東 半島, 요동반도)와 대만, 펑후(澎湖, 팽호)를 일본에 할양하는 등을 내용으로 한다.

양무 운동 : 19세기 후반에 중국 청나라에서 일어난 근대화 운동. 태평천국 운동과 애로호 사건 등에 자극을 받아 증국번, 이홍장 등이 주동이 되어 군사, 과학, 통신 등의 개혁을 꾀하였다.

증국번(曾國藩, 1811~1872) : 중국 청나라 말기의 정치가. 1852년 예부우시랑(문교차관)으로 재직하던 중에 태평천국군이 진격해오자 농민과 병사를 의용군으로 편제하여 태평천국 진압을 주도하였다. 1860년 양강총독에 임명되어 양쯔 강 유역에서의 태평천국 토벌의 전권을 수여받았다. 그는 이홍장에게 회군을 조직하도록 하고, 영국과 프랑스군의 원조를 받아 난징을 공격하여 탈환하였다. 난을 진압한 뒤에는 유럽의 군사 기술과 무기 도입으로 군사력 강화를 제창하였다. 최초로 유학생을 선발하여 미국에 파견하였으며, 안칭에 서양 기술을 도입한 최초의 무기 공장을 설립하는 등 '양무 운동' 초기의 추진자가 되었다. 한편으로 중국 최대의 애국적 사상가로 높이 평가받기도 한다. 저서로 『증문정공 전집』(174권), 『증문정공 수서일기』(40권) 등이 있다.

태평천국의 난 : 1850년에 홍수전과 농민 반란군이 청나라의 지배에 항거하여 일으킨 난. 중국 광시 성(廣西省, 광서성)에 나라를 세우고, 기독교의 평등사상과 토지의 균등 분배 등을 바탕으로 한 이상 국가를 세우고자 하였다. 그러나 1864년에 내부의 분열과 증국번, 이홍장 등이 이끄는 한인 의용군, 외국 의용군의 힘을 빌린 청나라에 의해 토벌되었다.

잔 다르크

백년 전쟁의 위기에서 프랑스를 구한 소녀

본명 : Jeanne d'Arc
생애 : 1412~1431

잔 다르크는 1412년 프랑스 북부의 동레미라는 작은 마을에서 농부의 딸로 태어났다. 독실한 가톨릭 신자인 부모의 영향으로 그녀는 어려서부터 신앙심이 무척 깊었다. 그 당시 프랑스와 영국은 *'백년 전쟁'을 벌이고 있었는데, 전쟁은 처음부터 줄곧 영국이 우세하였다.

잔이 12세 되던 해 여름, 갑자기 하늘에서 천사가 나타나 "잔, 프랑스를 지켜라! 오를레앙을 구하거라!"하고 계시를 내렸다. 그 후로도 천사의 계시는 몇 차례 더 들려왔다. 잔은 이 때부터 전쟁에 나갈 결심을 하고 말타기와 칼 쓰는 법 등을 익혔다.

1429년 봄, 17세가 된 잔은 고향을 떠나 루아르 강변의 시농 성에서 영국군과 싸우고 있는 샤를 황태자를 찾아갔다. 이 당시 황태자는 영국과 프랑스가 맺은 *'트루아 조약'에 따라 왕위에 오를 수 없는 입장이었다. '트루아 조약'은 프랑스의 샤를 6세가 죽으면 영국 왕 *'헨리 5세'가 프랑스의 왕이 되고, 그 후에도 헨리 5세의 아들 헨리 6세가 왕위를 계승한다는 조약이었다.

샤를 6세가 죽자마자 영국군은 *오를레앙을 포위했다. 그 곳만 점령하면 영국이 프랑스 전역을 수중에 넣을 수 있기 때문이었다.

잔은 황태자를 만나 "천사의 계시를 들었다."는 말을 전하고 군사의 지휘를 허락받았다. 그녀는 흰 갑옷에 백마를 탄 늠름한 모습으로 군사들을 지휘하여 영국군을 크게 무찌르고 오를레앙을 구했다.

잔은 계속해서 군사들을 이끌고 앞장서서 영국군을 무찔렀다. 영국군은 흰 갑옷을 입은 잔의 모습만 보아도 도망가기에 급급했다.

그 해 5월, 잔은 랭스로 진격하여 그 곳 성당에서 황태자를 프랑스의 *'샤를 7세'로 즉위시켰다. 그러나 1430년 5월, 잔은 콩피에뉴 전투에서 달아나는 영국군을 홀로 추격하다가 사로잡히고 말았다. 1431년 5월, 영국은 그녀를 종교 재판에 회부하여 마녀라는 누명을 씌워서 화형에 처해버렸다.

그녀가 죽은 뒤 프랑스 사람들은 힘을 내어 영국군을 계속 무찔렀고, 1453년 마침내 백년 전쟁을 승리로 이끌었다. 그 뒤 샤를 7세는 잔 다르크의 누명을 벗겨주었고, 가톨릭 교회에서도 그녀의 지위를 성녀로 높여주었다.

프랑스 루브르 박물관 앞에 있는 잔 다르크 동상(왼쪽), 말타고 가는 잔 다르크 세밀화(오른쪽)

함께 보아요

백년 전쟁 : 1337년부터 1453년까지 100여 년 동안 영국과 프랑스가 여러 차례 일으킨 전쟁. 프랑스의 왕위 계승 문제와 양모 공업 지대인 플랑드르에서의 주도권 싸움이 원인이 되어, 영국군이 프랑스에 침입함으로써 일어났다. 잔 다르크 등의 활약으로 프랑스의 승리로 끝났다.

샤를 7세(Charles Ⅶ, 1403~1461) : 프랑스의 왕(재위 1422~1461). 샤를 6세의 맏아들로 태어났다. 그러나 어머니 이사보가 왕의 동생 오를레앙 공과 관계를 맺은 일 때문에 그의 출생이 의심스럽다 하여 1402년 영국 왕 헨리 5세에게 왕위 계승권을 양도당했다. 이 때문에 그는 실의에 빠져서 루아르 강변의 시농 성에 도피해 있었다. 이 때 애국소녀 잔 다르크가 나타나 용기를 북돋아주고 영국군을 물리쳐 프랑스에서 그가 대관식을 올릴 수 있게 해주었다. 샤를 7세는 1436년 파리를 수복하고, 1453년 카스티용의 승리를 계기로 백년 전쟁을 끝맺었다. 이후로 왕은 쿠르를 등용하여 무역을 진흥시키고, 상업의 발전에도 힘을 써서 나라의 발전에 기여하였다.

오를레앙 : 프랑스 중부 루아르 강의 오른쪽 기슭에 있는 도시. 교통 요충지로 상업이 발달하였다. 1429년에 잔 다르크가 영국군을 이긴 곳으로 유명하다. 루아레 현의 현도이다.

트루아 조약 : 1420년에 프랑스의 트루아에서 영국과 프랑스가 맺은 조약. 백년 전쟁 후기에 영국 왕 헨리 5세가 프랑스의 왕위 계승자임을 이 조약에서 확인받고 샤를 6세의 딸 캐서린과 결혼하였다.

헨리 5세(Henry Ⅴ, 1387~1422) : 잉글랜드의 왕(재위 1413~1422). 헨리 4세의 맏아들로 태어나 웨일스의 반란을 토벌하고, 부왕의 만년에는 대신하여 정무를 돌보았다. 즉위 초에 두 차례의 반란이 있었으나 모두 진압하였다. 혼란스런 국내의 민심을 돌리기 위해 휴전 중인 백년 전쟁을 재개하였고, 1415년에는 직접 군사를 거느리고 프랑스에 상륙하여 아쟁쿠르 전투에서 대승을 거두었다. 1420년 트루아 조약으로 프랑스 왕 샤를 6세의 딸 카트린을 왕비로 맞아들이는 조건으로 프랑스 왕위 계승권을 인정하게 하였다. 그러나 프랑스의 다수 귀족들은 이 조약을 인정하지 않고 반항을 계속함으로써 전쟁은 계속되었다. 1422년 프랑스 남부 뱅센의 부대 안에서 병으로 사망하였다.

장제스

타이완의 총통

본명 : 蔣介石
생애 : 1887~1975

장제스는 타이완 총통을 지낸 중국의 정치가로 1887년 중국 저장 성(浙江省, 절강성) 펑화 현(奉化縣, 봉화현)에서 농부의 아들로 태어났다. 군인이 꿈이었던 그는 1906년 바오딩 군관학교에 입학했다가, 다음해에 일본으로 유학을 떠났다. 이 무렵에 일본에서 쑨원(孫文)이 조직한 중국 혁명 동맹회에 가입하였다.

1911년 신해혁명이 일어나자 그는 중국으로 돌아와 큰 활약을 하였다. 1918년 쑨원(孫文)의 밑으로 들어가 주로 군사 부문에서 활약하였고, 1924년에는 황푸 군관학교 교장이 되었다. 이 당시 쑨원의 *국민당과 마오쩌둥의 공산당은 서로 협력 관계였다. * '국공 합작'이라 불리는 이 관계는 한동안 유지되었다.

1925년 쑨원이 사망하자 그 후계자가 된 장제스는 국민 혁명군 총사령관이 되어 *북벌을 단행하였다. 1927년부터는 공산당을 탄압했고, 1928년에는 베이징(北京)을 점령하였다. 그 뒤 난징 국민 정부 주석과 육군·해군·공군 총사령관이 되어 당과 정부를 장악하였다.

1930년부터는 모두 다섯 차례에 걸쳐 대규모 중국 공산당 포위 작전을 수행하였다. 또한 만주사변 후에는 "우선 내정을 안정시키고 후에 외적을 물리친다."는 방침을 세워 중국 통일을 추진하였다.

그러나 국민들은 국민당과 공산당이 서로 싸우지 말고 힘을 합쳐 일본에 대항해야 한다고 목소리를 높였다. 1937년 장제스는 다시 공산당과 국공 합작을 이루고 항일 연합군 총사령관을 맡아 일본과 전쟁을 벌였다. 항일 전쟁 중에는 국민 정부 주석, 육군·해군·공군 대원수 등 요직을 겸직하여 최고 권력자로 군림하였다.

1945년 제2차 세계 대전이 끝난 뒤에는 공산당과 내전을 개시하였다. 처음에는 국민당 군이 우세했으나, 1949년 12월 공산군에게 패하여 본토를 떠나 타이완으로 정부를 옮겼다. 그 후 중화민국 총통이 되어 *타이완을 통치하다가, 1975년 88세를 일기로 세상을 떠났다.

저서로 『장중정 전집』(2권), 『장총통 언론휘편』(24권) 등이 있으며, 1953년에 우리 나라의 독립을 지원한 공로로 건국 훈장 대한민국장을 받았다.

장제스의 동상(왼쪽 위), 장제스 기념당(왼쪽 아래), 장제스 기념관(오른쪽 위), 한국을 방문한 장제스(오른쪽 아래)

함께 보아요

국공 합작 : 중국에서 혁명의 수행과 일본의 침략에 대항하기 위하여 국민당과 공산당이 연합한 일. 제1차 합작은 1924년부터 1927년에 쑨원(孫文)의 용공 연소에서 우한 정부의 중공 추방까지, 제2차 합작은 시안 사건을 계기로 1937년부터 항일 전쟁이 끝나는 1945년까지 유지되었다.

타이완 : 아시아 동부 중국 남동쪽 해안 밖에 있는 공화국. 1911년 신해혁명에 의하여 청나라가 무너지고 중국에 세워졌으나, 중국 공산당과의 내전에서 패하여 1949년에 본토를 떠나 이 곳으로 옮겨 왔다.

북벌 : 중국의 국민 혁명군이 베이징의 군벌 타도를 목적으로 단행한 출병. 쑨원의 뜻을 받들어 1926년에 총사령관 장제스가 시작하였다. 국민당과 공산당의 대결로 중단되기도 했으나 1928년 베이징을 점령함으로써 끝났다.

중국 국민당 : 1919년에 삼민주의(민족·민권·민생주의)를 기본으로 하여 쑨원을 중심으로 결성된 중화민국의 정당. 1926년부터 장제스가 북벌을 실행하여 1927년 난징에 국민 정부를 수립하였다. 제2차 세계 대전 후에는 공산당과의 내전에서 패하여 1949년에 정부를 대만으로 옮겼다. 중국 국민 정부의 중심 세력을 이루었다.

제갈량

중국 삼국 시대 최고의 전략가

본명 : 諸葛亮, 자는 공명, 시호는 충무
생애 : 181~234

제갈량은 중국 삼국 시대 촉한의 재상으로 181년 중국 산동 성(山東省, 산동성)에서 호족의 아들로 태어났다. 그는 어릴 때 아버지가 사망하여 숙부인 제갈현의 밑에서 자랐다. 그 후로 산골에 은거하면서 많은 공부를 하여 높은 인격과 뛰어난 지략으로 사람들의 존경을 받았다.

그 당시 중국은 후한이 다스리고 있었는데, 황건적의 난으로 나라가 몹시 어지러웠다. 지방의 세력가들은 저마다 군사를 키워 천하를 제패하겠다는 야망을 품고 있었다. 한나라의 후예를 자처하는 *유비도 그들 중 한 사람이었다. 그러나 유비는 북쪽을 통일한 *조조나 남쪽에 기반을 둔 손권보다 그 세력이 미약하였다.

207년 유비는 제갈량이 지략이 뛰어난 사람이라는 말을 듣고 세 번이나 찾아가서 마침내 군사로 맞았다. 이것을 *'삼고초려'라 한다. 208년 유비는 제갈량의 의견에 따라 *오나라 손권과 연합하여 *적벽대전에서 조조의 대군을 무찌르고 형주와 익주를 차지하였다.

221년 후한이 조조의 아들 조비가 세운 *위나라에 멸망하자 유비는 촉한의 황제에 올라 제갈량을 재상으로 임명하였다. 재상이 된 뒤에도 제갈량은 뛰어난 전략으로 많은 전쟁을 승리로 이끌었다.

유비가 죽은 후에는 어린 왕 유선을 도와 다시 오나라와 연합하여 위나라에 대항하였다. 또 백성들을 위해 생산을 장려하는 등 많은 정책도 펼쳤다. 그러나 촉한은 영토나 군사력 등 모든 면에서 위나라의 상대가 되지 못했다.

227년 위나라가 다시 공격을 해오자 제갈량은 군사들을 이끌고 전쟁에 나가면서 왕에게 *출사표를 올렸다. 그런데 그 출사표에 나라를 걱정하는 마음이 구구절절이 담겨 있어서, 그것을 읽고 울지 않는 사람이 없었다고 한다.

234년 제갈량은 오장원에서 위나라의 장군 사마의와 맞서 싸울 때 병이 매우 위독하였다. 제갈량은 죽음을 앞두고 부장에게 자신이 죽으면 수레에 앉혀서 전쟁터에 끌고 나가라고 유언했다.

제갈량이 죽었다는 소식을 듣고 사마의가 대군을 이끌고 쳐들어왔다. 그러나 제갈량이 수레에 앉아 있는 것을 보고 위나라 군사들은 혼비백산하여 수백 리를 도망쳤다고 한다. 이처럼 제갈량은 죽어서까지 나라를 위해 애쓴 뛰어난 전략가였다.

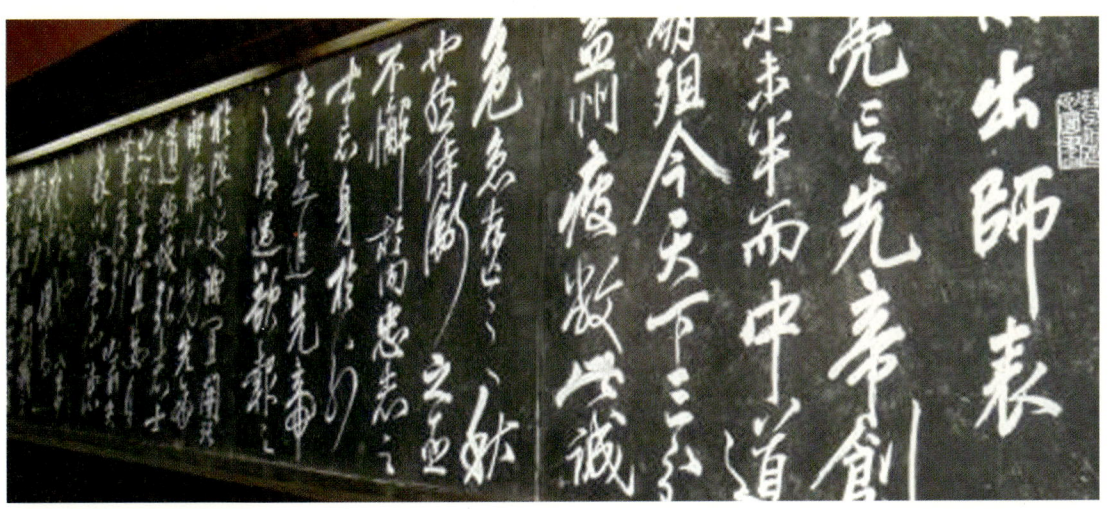

악비가 쓴 「제갈량 출사표」

함께 보아요

삼고초려 : 중국 삼국 시대에 촉한의 유비가 난양에 은거하고 있던 제갈량의 초가집으로 세 번이나 찾아갔다는 데서 유래한다. 인재를 맞아들이기 위해서는 참을성 있게 노력해야 한다는 뜻으로 쓰인다.

오나라 : 중국 삼국 시대인 222년에 손권이 건업에 도읍하고 강남에 세운 나라. 280년에 서진에게 멸망하였다.

위나라 : 중국 삼국 시대에 조조가 화북을 통일하고 죽은 후 그의 아들 조비가 후한의 마지막 임금인 헌제의 자리를 빼앗아 220년에 세운 나라. 뤄양(洛陽, 낙양)에 도읍하고 세력을 키워 촉한과 오나라를 제압하였으나, 265년 제5대 원제 때 사마소의 아들 사마염에게 멸망하였다.

유비(劉備, 161~223) : 중국 삼국 시대 촉한의 건국자. 중국 허베이 성에서 가난한 집안의 아들로 태어났다. 젊어서는 어머니와 함께 짚신이나 멍석을 짜서 어렵게 생활하다가 관우, 장비를 만나 의형제를 맺고 군사를 길러 중국을 평정하려 하였다. 여기저기 떠돌다가 제갈량을 군사로 맞이하여 지금의 쓰촨(四川) 성인 촉을 수중에 넣고 221년 촉한의 왕이 되었다. 그는 북쪽의 위나라와 남쪽의 오나라를 쳐서 중국을 통일하려 하였다. 그러나 의형제인 관우와 장비가 잇달아 죽임을 당하자 그도 왕위에 오른 지 2년 만에 병이 들어 세상을 떠났다. 그가 세운 촉한도 263년에 위나라에게 멸망하고 말았다.

적벽대전 : 208년에 손권와 유비의 소수 연합군이 조조의 대군을 적벽에서 크게 무찌른 싸움. 이로 인하여 손권은 강남의 대부분을, 유비는 형주와 익주 지방을 얻어 중국은 세 나라로 갈라졌다.

조조(曹操, 155~220) : 중국 후한 말의 정치가. 유비, 손권과 함께 중국 천하를 두고 패권을 다투었다. 안후이 성(安徽省, 안휘성)의 신분이 높지 않은 집안에서 태어났으나 황건적을 물리치고 점차 세력을 넓혀 나갔다. 그는 뛰어난 재치와 지략을 지녔지만 제갈량에게 번번이 패했다. 그러나 216년에 위나라 왕이 되어 백성들을 위한 선정을 펼치고, 뛰어난 인물들을 선발하여 나라의 힘을 길렀다. 이런 기반을 바탕으로 마침내 그의 아들 조비가 삼국을 통일할 수 있었다. 또한 그는 글도 아주 잘 써서 훌륭한 시도 많이 남겼다고 한다.

출사표 : 중국 삼국 시대에 촉한 재상 제갈량이 출병하면서 어린 왕 유선에게 적어 올린 글. 227년에 올린 전출사표와 228년에 올린 후출사표가 있으며, 나라를 걱정하는 내용이 담긴 명문장으로 유명하다.

제너

천연두로부터 인류를 구한 영국의 의학자

본명 : Edward Jenner
생애 : 1749~1823

제너는 우두 접종법을 발견한 영국의 의학자로 1749년 영국 글로스터셔 주 버클리에서 목사의 아들로 태어났다. 그는 13세 때에 시골 외과 의사인 러들러의 견습생이 되어 6년 동안 의학을 공부하였다.

1770년 제너는 런던으로 가서 2년간 의학을 배우고 세인트 조지 병원에 근무하였다. 1773년에는 다시 고향으로 돌아와 병원을 개업하고 환자들을 치료하였다.

그 당시 영국 사람들이 가장 무서워하는 병은 *천연두였다.

천연두에 걸리면 건강한 사람이라도 고열과 구토 등에 시달리고, 3일에서 4일이 지나면 피부에 붉은 반점이 나타난다. 또 천연두에 걸린 사람은 20%에서 40%가 사망하며, 병이 낫더라도 얼굴에 흉한 곰보자국이 남거나 눈이 멀기도 하였다.

제너는 이 병에 관심을 갖고 동물에 대한 실험을 시작하였다.

그러던 어느 날, 제너는 시골 마을에 들렀다가 우연히 *우두에 걸린 젖을 짜는 사람들은 천연두에 걸리지 않는다는 이야기를 들었다. 제너는 그 말을 듣고 우두에 걸린 소의 고름을 짜서 사람에게 접종하면 천연두에 걸리는 것을 막을 수 있겠다는 생각을 하였다.

1796년 제너는 많은 동물 실험을 거친 끝에 제임스라는 8살짜리 소년의 팔에 우두를 접종하였다. 그로부터 6주 후에 천연두 균을 제임스의 팔에 접종했으나, 소년은 천연두에 걸리지 않았다. 이 실험의 성공으로 인류는 천연두의 공포에서 벗어날 수 있었다.

1798년 제너는 『우두의 원인과 효과에 관한 연구』라는 소책자를 펴내 우두 접종법을 세상에 널리 알렸다. 1803년 제너가 발견한 우두 접종이 천연두에 효과가 뛰어나다는 사실이 확인되자 영국 왕실에서는 런던에 왕립 제너 협회를 설립하고 가난한 사람들에게는 무료로 접종을 해주었다. 우리 나라도 1879년에 *지석영 선생이 한국 최초로 종두를 실시하여 천연두의 공포로부터 벗어날 수 있었다.

천연두로부터 인류를 구한 제너는 병원에서 환자들을 치료하며 연구를 계속하다가, 1823년 74세를 일기로 세상을 떠났다.

제너의 동상(왼쪽), 제너 박물관(오른쪽 위), 제너를 시기하는 만화(오른쪽 아래)

함께 보아요

우두 : 서유럽의 소들에게만 나타나는 질병으로 젖통과 젖꼭지에 고름집이 생긴다. 생명에는 지장이 없는 가벼운 질병이다.

지석영(池錫永, 1855~1935) : 서울 중인 집안에서 태어나 의학 교육을 받지는 않았지만 일찍부터 서양 학문을 동경하여 중국에서 번역한 서양 의학책을 많이 읽었다. 그 중에서도 특히 영국인 제너가 개발한 종두법에 많은 관심을 가졌다. 1876년(고종 13) 스승인 박영선이 일본에 수신사 통역관으로 따라갔다가 『종두귀감』을 구해다 주었다. 그 책을 읽고 1879년 부산에 있던 일본 해군 병원에서 두 달간 종두법을 배운 다음, 처가가 있는 충주 덕산면에서 한국 최초로 종두를 실시하였다. 이듬해 서울에서도 종두를 실시하여 우리 나라도 천연두의 공포에서 해방될 수 있었다. 그는 종두법 보급에 힘쓰면서도 1883년(고종 20) 식년문과에 을과로 급제하여 지평 등을 역임했고, 1885년에는 『우두신설』을 저술하였다. 그 후 의학과 교육 발전에 힘쓰다가 80세로 세상을 떠났다. 저서로 한글로 한자를 해석한 『자전석요』가 있다.

천연두 : 천연두 바이러스가 일으키는 급성의 법정 전염병. 열이 몹시 나고 오슬오슬 떨리며 온몸에 발진이 생겨 딱지가 저절로 떨어지기 전에 긁으면 자국이 남게 된다. 전염력이 매우 강하며 사망률도 높으나, 최근에는 연구용으로만 그 존재가 남아 있다. 마마라고도 부른다.

중국 명나라의 건국자
주원장

본명 : 朱元璋
생애 : 1328~1398
재위 기간 : 1368~1398

주원장은 중국 명나라의 초대 황제로 1328년 중국 안후이 성(安徽省, 안휘성)에서 가난한 농민의 아들로 태어났다. 17세에 부모를 여의고 황각사라는 절에 들어가 탁발승으로 지내다가 *홍건적의 부장 곽자흥의 부하가 되었다.

그 당시 중국은 몽골족이 세운 원나라가 통치하고 있었다. 중국의 원주민인 *한족들은 원나라의 지배에서 벗어나기 위해 곳곳에서 항쟁을 벌이고 있었는데, 그 중에 가장 강한 세력이 홍건적이었다.

주원장은 원나라군과의 전쟁에서 많은 공을 세워 곽자흥의 신임을 받았다. 그러나 얼마 뒤에 곽자흥을 떠나 독자적인 세력을 양성하여 홍건적의 지휘관이 되었다. 1364년 주원장은 자기 휘하에 있는 홍건적을 이끌고 원나라의 강남 지역 거점인 난징을 점령하였다. 계속해서 그는 전국 각지에서 독자적으로 활동하던 지방 세력들을 모조리 굴복시키고, 1368년 명나라를 건국하였다.

연호를 홍무로 정하여 홍무제라 불리는 주원장은 북쪽으로 진격하여 마침내 원나라를 몽골로 몰아내고 중국을 통일하였다. 이로써 유럽까지 제패했던 원나라는 조그만 소국으로 전락하였고, 중국 대륙에는 100년 만에 다시 한족의 왕조가 세워졌다.

명나라 태조로 등극한 주원장은 먼저 원나라의 풍속을 금지하고 한족의 전통 제도를 부활시켰다. 또 원나라 때의 각종 정치 제도를 고쳐서 중앙 집권적인 독재 체제를 확립하였다.

또한 백성들을 위해 유교를 장려하고 *부역황책, 어린도책을 만들어 조세와 부역의 징수를 공평히 하였다. 한편으로 자신의 아들 24명을 전국 주요 지방에 파견하여 황실의 안정을 도모하였다.

주원장은 왕권을 강화하는 데 방해가 된다면 명나라 건국에 공이 많은 공신이라도 가차없이 제거하였다. 그로 인해 말년에는 말벗도 없이 고독하게 지냈다.

주원장은 30년 동안 명나라를 다스리다가 맏손자를 후계자로 지명하고, 1398년 70세의 일기로 세상을 떠났다. 그러나 그의 넷째 아들이 반란을 일으켜 스스로 명나라의 제2대 황제인 영락제로 등극하였다. 그 이후로 명나라는 1644년 이자성에게 멸망할 때까지 276년 동안 중국 대륙을 다스렸다.

중국의 장쑤 성에 있는 주원장의 묘인 효릉(원내)

함께 보아요

부역황책 : 중국 명나라 때 조세대장을 겸한 호적부. 1381년에 시행한 부역법인 이갑제의 실시와 더불어 전국적으로 만들게 하였으며, 마을 단위로 10년에 한 번씩 작성하게 하였다. 표지가 황색이었기 때문에 이런 이름이 붙었다.

한족(漢族) : 중국 본토에서 예로부터 살아온 중국의 중심이 되는 종족. 인종적으로 황인종에 속하고, 중국어를 쓰며, 중국 전체 인구의 90% 이상을 차지한다.

홍건적 : 중국 원나라 말기에 허베이(河北, 화북)에서 한산동을 두목으로 하던 도둑의 무리. 머리에 붉은 수건을 쓴 까닭에 이렇게 이르며, 두 차례에 걸쳐 고려에까지 침범하였다.

주자학의 체계를 완성한 송나라의 유학자
주자

본명: 朱子, 이름은 희, 자는 원회 또는 중회, 호는 회암 또는 운곡산인
생애: 1130~1200

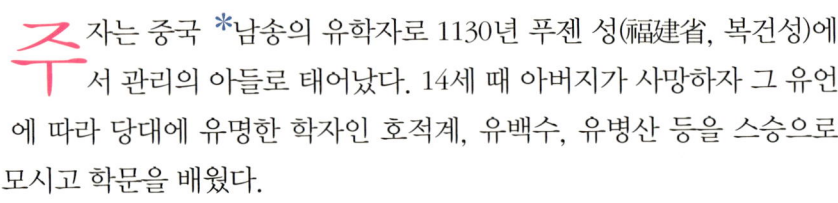

주자는 중국 *남송의 유학자로 1130년 푸젠 성(福建省, 복건성)에서 관리의 아들로 태어났다. 14세 때 아버지가 사망하자 그 유언에 따라 당대에 유명한 학자인 호적계, 유백수, 유병산 등을 스승으로 모시고 학문을 배웠다.

19세에 진사시에 합격하여 관직에 나간 주자는 불교와 노자의 학문에도 깊은 관심을 가졌다. 그러나 24세 때 *주돈이와 *'정호·정이 형제'의 학문을 이어받은 이연평을 만나 유학을 연구하게 되었다.

주자는 여러 관직을 거쳤으나 약 9년 정도만 현직에 근무했다. 그 밖의 관직은 학자에 대한 일종의 예우로서 현지에 부임할 필요가 없는 관직이었기 때문에 그는 학문에 전념할 수 있었다.

주자는 24세부터 40대 중반까지 정호·정이 형제의 정주학을 연구했고, 47세부터 60세까지는 주자학으로 불리는 자신의 사상을 정리하였다. 그리하여 마침내 사서인 '논어·맹자·대학·중용'을 경전으로 삼아 주석을 붙여서 주자학의 교과서라고 할 수 있는 『사서집주』를 완성하였다.

주자는 "우주는 *형이상학적인 '이(기초가 되는 근거)'와 *형이하학적인 '기(형상을 받아들이는 본바탕)'로 구성되어 있다."고 보았다. 인간에게는 선한 '이'가 본성으로 나타나지만 불순한 '기' 때문에 악하게 되며, '격물(사물의 이치를 끝까지 연구함)'로써 이 불순함을 제거할 수 있다고 보았다. 또 사람은 덕성을 존중하고 열심히 학문을 닦으면 성인의 경지에 도달할 수 있다고 하였다.

주자는 교육에도 힘을 쏟아서 서원을 세워 많은 제자들을 가르쳤다. 그가 문인이나 제자들과 나눈 대화는 『주자어류』(140권)에 기록되어 전해지고 있다.

그러나 만년에는 권세 있는 신하의 미움을 받아 주자학은 위학이라 하여 많은 박해를 받았다. 이처럼 주자는 평생 학문을 연구하고 교육과 저술에 전념하다가, 1200년 70세를 일기로 세상을 떠났다.

주자가 사망한 몇 년 뒤에 주자학은 나라에서 인정하는 학문이 되었고, 한국과 일본에도 전

해져서 사회 전반에 걸쳐 커다란 영향을 끼쳤다. 저서로 『자치통감강목』, 『서명해의』, 『근사록』, 『역학계몽』, 『효경간오』, 『소학서』 등이 있다.

함께 보아요

남송 : 중국의 송나라가 1127년 금나라에 밀려 남쪽으로 내려가 임안으로 천도한 때부터 1279년 원나라에 멸망할 때까지를 이르는 말이다.

정호·정이 형제 : 정주학을 창시한 중국 북송의 유학자. 형이 정호(1032~1085)이고, 동생은 정이(1033~1107)이다. 중국 허난 성(河南省) 뤄양(洛陽)에서 태어나 동생 정이와 함께 '이정자'로 불린다. 남안 판관이던 아버지가 주돈이의 학문에 반하여 아들 형제를 그의 제자로 입문시켰다고 한다. 정호는 26세 때 진사가 되어 벼슬길에 나갔고, 지방관을 지내면서 많은 치적을 올려 백성들이 그를 부모처럼 따랐다고 한다. 황제의 부름을 받아 중앙의 저작좌랑이 되었으나, 왕안석 등과 뜻이 맞지 않았으므로 자청하여 지방관이 되었다. 철종이 즉위한 얼마 뒤에 세상을 떠났다. 그는 자연 현상을 유지해주는 우주의 근본원리를 '이'라 부르고, 사람은 모름지기 '이'를 직관적으로 파악하여 순응하여야 한다는 '이기일원론'을 주장하였다. 저서에 『정성서』, 『식인편』이 있고, 시에 「추일우성」 등이 있다. 동생 정이는 철종 때 국자감 교수가 되었고, 비서성 교서랑, 숭정전설서 등의 벼슬을 지내다가 왕안석, 소식 등과 뜻이 맞지 않아 귀양을 가기도 하였다.

그는 형 정호의 학문을 더욱 발전시켜 '이기이원론'의 철학을 수립하였다. 이들 형제의 학문은 주자에게 커다란 영향을 주어 송나라 새 유학의 기틀을 마련하게 하였다. 저서에 『역전』(전4권)이 있다. 형제의 전기는 주자가 지은 『이락연원록』에 실려 있다.

주돈이(周敦頤, 1017~1073) : 중국 북송 때의 유학자. 처음 이름은 돈실이었으나 황제와 이름이 같아 돈이로 고쳤다. 그는 일찍이 과거에 급제하여 지방관으로 많은 공적을 세우면서 학문을 연구하였다. 그는 당시까지 유행하던 훈고학을 버리고, 유교와 불교를 포함한 새로운 유학 체계를 확립하여 성리학을 창시하였다. 그는 "사람의 마음은 모든 이치를 갖추어 만물에 응하며, 그 본연은 선이다."라고 주장했다. 주돈이의 성리학은 정호·정이 형제를 거쳐 주자에 의해 크게 발전하였으며, 저서로 『태극도설』과 『통서』가 있다.

형이상학 : 사물의 본질, 존재의 근본 원리를 사유나 직관에 의하여 탐구하는 학문. 명칭은 아리스토텔레스의 저서의 제목에서 유래한다.

형이하학 : 형체를 갖추고 있는 사물을 연구하는 학문. 주로 자연 과학을 이른다.

차이콥스키

러시아 고전주의 음악을 완성한 작곡가

본명 : Pyotr Il'ich Chaikovskii
생애 : 1840~1893

차이콥스키는 러시아의 작곡가로 1840년 러시아 우랄 지방 캄스코 보트킨스크에서 광산 감독관의 아들로 태어났다. 어려서부터 음악에 뛰어난 재능을 보였던 그는 어머니에게 피아노를 배워 14세 때에 처음 작곡을 하였다. 차이콥스키는 음악을 공부하고 싶었지만 아버지의 권유로 상트페테르부르크 왕립 법률학교에 들어가 졸업하고 사법성의 관리가 되었다.

1860년 음악에 대한 열정 때문에 그는 관직을 사직하고 피아니스트인 *'안톤 루빈스테인'이 설립한 음악교실에 입학하였다. 이 곳에서 그는 루빈스테인의 지도를 받으며 열심히 공부하여 1866년에 새로 설립된 *'모스크바 음악원'의 교수가 되었다. 그는 이 음악원에서 12년 동안 근무하면서 「백조의 호수」, 「현악 4중주곡 제1번」, 「우수의 세레나데」 등 많은 명곡을 작곡하였다.

그러던 어느 해, 차이콥스키는 교수 생활을 하지 않고도 작곡에 전념할 수 있는 길이 열렸다. 1877년 러시아 철도 왕의 미망인인 폰 메크 부인이 그의 음악에 감동하여 매년 6,000루블을 보내줄 테니 작곡에만 전념하라고 제안했던 것이다.

차이콥스키는 그 제안을 받아들여 음악원을 사직하고 한적한 시골로 내려가 작곡에 전념하였다. 그리하여 푸시킨의 소설을 바탕으로 한 오페라 「예브게니 오네긴」, 발레곡 「잠자는 숲 속의 미녀」, 「호두까기 인형」 등 많은 명작을 완성하였다.

1893년 10월, 차이콥스키는 제6교향곡 「비창」을 완성하여 자신이 직접 지휘를 맡아 공연하였다. 그러나 며칠 뒤에 상트페테르부르크에서 마신 냉수 때문에 콜레라에 걸려 53세를 일기로 세상을 떠났다.

차이콥스키는 40년간 작곡에 전념하여 러시아 고전주의 음악을 완성하였다. 그의 음악은 러시아적인 우수와 유럽적인 우아함이 함께 깃들어 있다. 그의 이런 절충적인 수법은 러시아의 젊은 *국민악파들로부터 비난을 받았다. 그러나 외국에서는 도리어 풍부한 선율 때문에 큰 환영을 받았다.

차이콥스키는 1854년 14세 때에 작곡한 「왈츠」를 시작으로 1893년에 완성한 교향곡 제6번 「비창」까지 작품마다 번호를 매겨 모두 74작품을 남겼다. 이 밖에도 번호가 없는 초기의 소품 약 20곡이 더 전해지고 있다.

차이콥스키의 동상(왼쪽), 차이콥스키의 어린 시절 사진(오른쪽 위), 차이콥스키가 생전에 살던 집(오른쪽 아래)

함께 보아요

국민악파 : 19세기 중엽부터 20세기에 걸쳐 러시아, 보헤미아, 북유럽 등지에서 국민적·민족적 특색을 살리기 위하여 그들 고유의 리듬과 가락을 넣어 곡을 만든 유파. 대표적인 작곡가로는 드보르자크, 스메타나, 시벨리우스, 그리그 등이 있다.

루빈스테인(Anton G. Rubinstein, 1829~1894) : 러시아의 피아노 연주자이자 작곡가. 모스크바 남동쪽에 있는 몰도바에서 태어나 모스크바에서 살았다. 5세 때 어머니에게 피아노를 배웠고, 1840년에는 파리에서 리스트의 제자가 되었다. 영국, 독일 등지로 연주 여행을 다니면서 리스트에 버금가는 신동이라는 평을 들었다. 그 후에 러시아 궁정악장이 되었고, 1862년 러시아 최초의 음악 교육 기관인 페테르부르크 음악원을 설립하여 원장에 취임하였다. 여기에서 차이콥스키가 첫 제자의 한 사람으로 배출되었다. 그는 러시아 음악의 순수한 아름다움을 확립한 음악가로 높이 평가받으며, 뛰어난 피아노 연주자로서도 활약하였다. 주요 작품으로 오페라 「악마」, 「네로」, 피아노 독주곡 「천사의 꿈」, 「f조의 선율」 등 많은 작품이 있다.

모스크바 음악원 : 러시아 모스크바에 있는 유럽 최고의 음악학교. 1886년에 러시아 음악협회 모스크바 지부에 의하여 개설된 음악교실이 모체가 되었다.

실용적인 종이를 만든 중국 후한의 발명가
채륜

본명 : 蔡倫
생애 : ?~121?

채륜은 중국 *후한 시대 사람으로 후난 성(湖南省, 호남성)에서 태어났다. 그는 일찍이 벼슬길에 나가 황제인 화제의 신임을 받아 상방령이 되었다. 상방령은 궁중의 집기나 물품 등을 제조하고 관리하는 중요한 벼슬이었다. 그는 상방령으로 있으면서 97년에 강하고 잘 부러지지 않는 여러 종류의 검을 만들었다.

그런데 당시에는 뭔가를 기록할 때 나무를 얇게 자른 목간, 대나무 조각을 엮은 죽간, 그리고 비단 등의 천을 사용하였다. 글자가 적힌 이것들은 부피가 크고 딱딱해서 보관하기가 무척 힘들었다.

채륜은 이것들을 관리하면서 이보다 훨씬 가볍고 글도 잘 써지는 종이를 만들어야겠다고 생각했다. 그 후로 채륜은 시간만 나면 많은 재료들을 구해다가 종이를 만드는 실험을 하였다.

105년 어느 날, 채륜은 마침내 톱밥, 헝겊, 풀 등을 재료로 하여 종이 만드는 법을 발명하였다. 이 재료들을 절구통에 넣고 짓이겨서 물에 풀어 채로 떠서 말리는 방법이었는데, 이 제조법은 현재의 종이 만드는 방법과 똑같았다. 게다가 채륜은 종이의 원료로 쓸모가 없는 폐물을 이용했기 때문에 값이 싸고 많은 양을 일시에 생산할 수 있다는 장점이 있었다.

황제는 채륜의 공을 높이 치하하고 벼슬을 높여주었다. 사람들도 기존의 죽간이나 목간보다 사용과 휴대가 편리한 종이를 써보고는 그 종이를 '채후지'라 부르며 채륜의 공을 높이 찬양했다.

채륜이 발명한 종이는 우리 나라를 거쳐 일본에까지 전해졌다. 그러나 서양에서는 8세기까지도 이집트에서 만들어진 *파피루스에 기록을 남겼다.

그 후로 채륜은 벼슬이 더욱 높아져서 114년에는 푸젠 성(福建省, 복건성)을 다스리는 용정후로 봉해졌다. 그러나 그는 화제가 죽고 안제가 즉위하자 권력 싸움에 휘말려 약을 먹고 자살하고 말았다.

함께 보아요

파피루스 : 기원전 2500년경 이집트 나일 강변에 자생하는 파피루스라는 식물을 얇게 저며서 만든 종이. 파피루스 줄기를 가로 세로로 맞추어 놓고 끈기가 있는 액체를 발라 강하게 눌러서 잘 건조시켜 만든다.

후한 : 중국에서 25년에 왕망에게 빼앗긴 한 왕조를 유수가 다시 되찾아 부흥시킨 나라. 220년에 조조의 아들 조비가 세운 위나라에 멸망하였다.

채륜

제2차 세계 대전을 승리로 이끈 영국의 정치가
처칠

본명 : Winston Leonard Spencer Churchill
생애 : 1874~1965

윈스턴 처칠은 영국 수상을 지낸 정치가로 1874년 영국 옥스퍼드 셔의 부유한 가문에서 태어났다. 아버지는 인도 식민장관을 지낸 고위 관리였지만, 처칠은 공부를 게을리해서 학교 성적이 좋지 못했다.

아버지는 처칠의 미래를 위해 군인이 될 것을 권유했다. 처칠은 아버지의 말대로 샌드허스트 육군 사관학교에 입학시험을 치러 두 번이나 낙방하고 세 번 만에 가까스로 합격하였다. 1895년 육군 사관학교를 졸업한 그는 기병대 장교가 되어 영국의 식민지인 인도에 배속되었다.

1898년 처칠은 수단 원정에 참전했다가, 이듬해에는 남아프리카에서 벌어진 보어 전쟁에도 종군기자로 참전하였다. 이 때 *보어인의 포로가 되었으나 극적으로 탈출하여 영국의 국민적 영웅이 되었다.

1900년 처칠은 군대를 제대하고 *보수당 후보로 하원 의원에 당선되었다. 그러나 보수당의 정책에 반대하여 1904년에 자유당으로 옮겨서 통상장관, 식민장관 등을 지냈다. 1911년에는 해군장관이 되어 영국의 해군력을 증강시켜 제1차 세계 대전의 승리에 크게 기여하였다.

1924년 처칠은 보수당으로 복귀하여 재무장관을 지냈다. 그러나 1929년에 내각이 총 사퇴하자 10년 동안 글쓰기와 그림 그리기로 세월을 보냈다.

1939년 독일군이 폴란드를 침공하여 제2차 세계 대전이 발발하자 처칠은 해군장관으로 복귀하였다. 이 때 처칠은 전쟁에서 승리하려면 프랑스, 구 소련 등과 동맹을 맺어야 한다고 주장하여 이듬해에 영국 수상이 되었다.

처칠은 미국의 루스벨트, 소련의 스탈린과 함께 전쟁을 지휘하여 제2차 세계 대전을 연합국의 승리로 이끌었다. 이 당시 그는 위급한 전쟁 상황에도 항상 여유로운 미소를 지으며 손가락으로 승리를 의미하는 V자를 그려 보여 불안에 떠는 국민들을 안심시켰다.

1945년 총선거에서 패배하여 수상에서 물러났지만, 이 때부터 구 소련을 *'철의 장막' 이라고 부르며 반소 진영의 단결을 호소하였다. 1951년 다시 수상으로 복귀하였고, 1953년에는

『제2차 세계 대전』(6권)을 써서 노벨 문학상을 받았다.

1955년 정계에서 물러나 평의원으로 지내다가, 1965년 91세를 일기로 세상을 떠났다. 저서로 『랜돌프 처칠 경』, 『말버러 : 그 생애와 시대』(4권) 등이 있다.

영국 의회 앞에 있는 처칠 동상(왼쪽), 빌헬름 2세와 처칠(오른쪽)

함께 보아요

보어인 : 남아프리카 공화국의 네덜란드계 백인. 이 나라 백인의 60%를 차지하며, 아프리칸스어를 사용한다. 17세기 중엽에 네덜란드 동인도 회사의 케이프 식민지 경영과 함께 이민하여 식민지를 형성하였다. 그러나 1899년에 보어 전쟁에서 패하여 영국의 지배하에 들어갔다.

영국 보수당 : 영국의 양대 정당 가운데 하나. 1830년 무렵에 토리당에서 보수당으로 이름을 고쳤으며, 처음에는 귀족의 이익을 옹호하였다. 그러나 현재는 대자본가의 이익을 옹호한다. 자유당과 교대로 정권을 담당하였으며, 제1차 세계 대전 이후부터 노동당과 더불어 영국의 양대 정당을 이루고 있다.

철의 장막 : 제2차 세계 대전 후에 소련과 동유럽 공산주의 국가들이 채택한 정치적 비밀주의와 폐쇄성을 자유주의 진영에서 비유적으로 이르던 말. 영국의 처칠이 1946년 미국을 방문하여 연설을 하면서 처음 사용하였다.

칭기즈칸

세계를 제패한 몽골 제국의 건국자

본명 : Chingiz Khan
생애 : 1155?~1227

칭기즈칸은 바이칼 호 근처의 몽골 초원에서 부족장인 예수게이의 아들로 태어났다. 당시 전쟁에 나갔다가 돌아온 예수게이는 용맹스런 적장의 이름을 따서 아들의 이름을 테무친으로 지었다.

테무친이 9세 때 아버지가 타타르족에게 독살을 당하자 부족들은 뿔뿔이 흩어졌다. 허허벌판에 외롭게 남겨진 테무친의 가족은 들짐승을 사냥하고 풀뿌리를 캐먹으며 근근이 살아갔다. 그 뒤로 테무친은 케레이트 부족장인 완칸의 밑으로 들어가 흩어진 부족민들을 모으고 점차 세력을 키워나갔다. 그렇게 몇 년이 흘렀을 때 테무친은 몽골 초원의 실력자가 되었다.

1189년 몽골 부족들의 대표 회의에서 테무친은 우두머리로 뽑혔고 칭기즈칸이라는 칭호를 받게 되었다. 칭기즈칸에서 칭기즈는 몽골어로 '절대적인 힘'이라는 뜻이고, 칸은 '왕'이라는 뜻이다.

1203년 칭기즈칸은 아버지의 원수인 타타르족과 케레이트족을 무찔러 동부 몽골을 평정하였다. 그 이듬해에는 *알타이 방면의 나이만 부족을 무찔러 몽골 초원을 통일하였다. 이로써 몽골의 지배자가 된 칭기즈칸은 1206년 법률을 만들어 나라의 질서를 바로잡고 부족단위로 이루어진 군사 조직을 새로 편성하였다.

칭기즈칸은 1207년부터 강력한 기마 부대를 이끌고 정복 전쟁에 나가 여러 나라를 복속시켰다. 1215년에는 *금나라의 수도인 중도(베이징)까지 점령하였다.

칭기즈칸은 계속해서 정복 전쟁을 벌여 중앙아시아, 인도, 유럽, 중국의 대부분을 차지하는 역사상 유래가 없는 대제국을 건설하였다. 정복한 땅은 아들들에게 나누어줘 다스리게 하고, 나중에 *한국(汗國)을 이룩하게 하였다.

1226년 가을, 칭기즈칸은 *서하를 정복하려고 전쟁에 나섰다가 간쑤 성(甘肅省, 감숙성)의 한 강변에서 병들어 세상을 떠났다. 칭기즈칸은 전쟁은 물론 정복한 나라를 몽골에 복속시키는 능력도 뛰어났다. 그는 정복한 나라의 문화와 종교를 존중했고, 외래 문화의 흡수에도 노력하였다. 또한 정복지의 인구 조사를 철저히 하여 생산물의 10분의 1을 조공으로 바치게 하였다.

칭기즈칸의 아들들은 몽골의 영토를 더욱 확장하였다. 1271년에는 칭기즈칸의 손자인 제5대 황제 쿠빌라이가 남송을 멸망시키고 원나라를 건국하여 칭기즈칸을 태조로 받들었다.

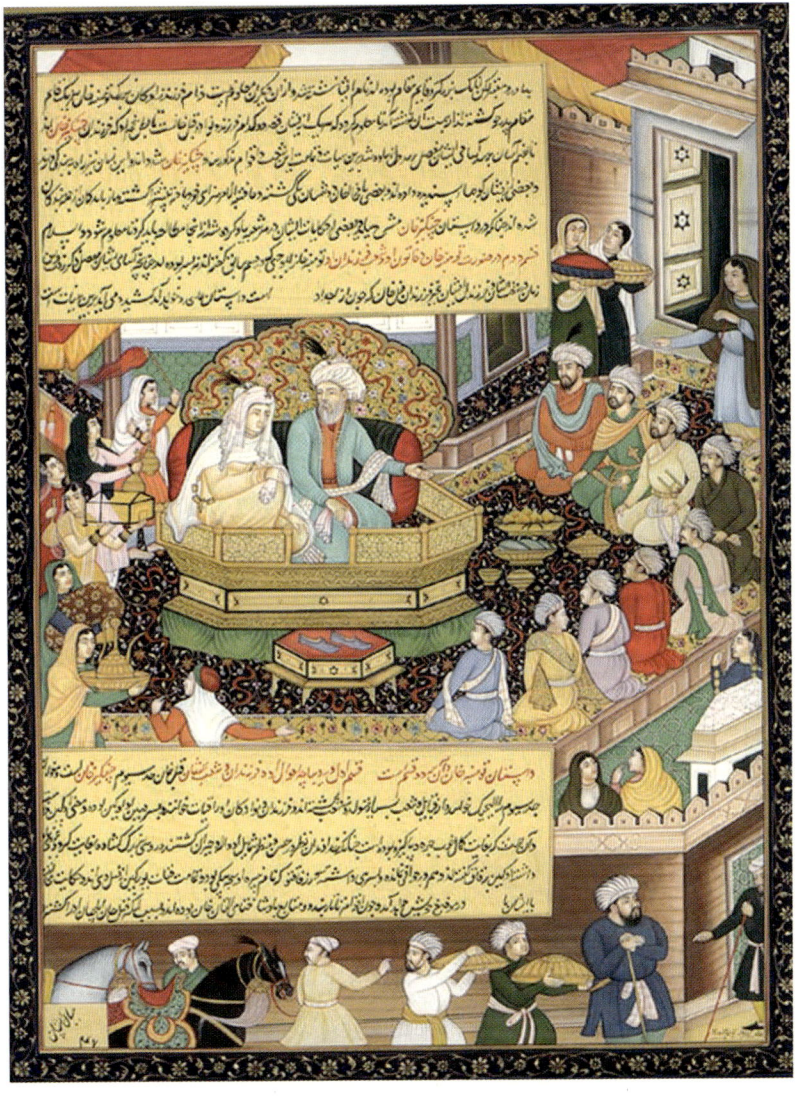

아들들에게 영토를 분배하는 칭기즈칸

함께 보아요

금나라 : 여진족 완안부의 추장 아구다가 지금의 만주, 몽골, 화베이(華北, 화북) 땅에 북송과 요를 무찌르고 1115년에 세운 나라. 1234년 120년 만에 몽골 제국에게 멸망하였다.

서하 : 1032년에 티베트계 탕구트족인 이원호가 간쑤와 내몽골의 서부에 세운 나라. 불교가 융성하였고 서하문자 등을 만들어 독자적인 문화를 이루었다. 1227년 몽골에게 멸망하였다.

알타이 : 러시아 연방 시베리아 남서부에 있는 지방. 소와 양의 목축이 대규모로 이루어지고 각종 지하자원도 풍부하다.

한국(汗國) : 중국 변방 민족의 우두머리인 가한이나 한이 다스리던 나라이다.

강철 왕으로 불리는 미국의 위대한 기업가
카네기

본명 : Andrew Carnegie
생애 : 1835~1919

카네기는 미국의 기업가이자 사회 사업가로 1835년 영국 스코틀랜드 덤퍼린에서 가난한 *수직공의 아들로 태어났다. 13세 때인 1848년, 그의 가족은 영국을 떠나 미국 펜실베이니아 주 피츠버그로 이주하였다.

카네기는 집안이 가난하여 어려서부터 방적공, 기관 조수, 전보 배달원, 전신기사 등 여러 직업에 종사하였다. 1853년에는 펜실베이니아 철도 회사에 취직하여 열심히 돈을 모았다. 카네기는 그 회사에 12년간 근무하면서 모은 돈을 침대차 회사에 투자하여 큰 이익을 얻었다. 그 돈을 다시 운송 회사, 석유 회사 등에 투자하여 많은 돈을 벌었다.

1865년 카네기는 철도 회사를 그만두고 본격적으로 사업을 시작했다. 그는 산업이 발달할수록 철강이 많이 필요하다는 것을 예상하고 철강업에 뛰어들었다.

카네기의 예상은 적중하여 사업은 날로 번창하였다. 1872년에는 펜실베이니아에 거대한 *평로를 가진 홈스테드 제강소를 건설하고 본격적으로 철강을 생산하기 시작했다. 공장에서 생산된 철강은 날개 돋친 듯 팔려나갔고, 몇 년 뒤에 카네기는 기차 회사와 철도 회사까지 장악할 정도로 대재벌이 되었다.

1892년 카네기는 자신이 관계하는 여러 회사를 병합하여 피츠버그에 세계 최대의 카네기 철강 회사를 설립하였다. 이 회사는 당시 미국 철강 생산량의 4분의 1 이상을 담당하였다.

1901년에는 카네기 철강 회사와 신설된 모건의 제강 회사를 합병하여 미국 철강 시장의 65%를 지배하는 US 스틸사를 탄생시켰다. 이로써 카네기는 강철 왕이라고 불리게 되었다.

카네기는 평소에 "인생의 전반기에는 돈을 벌고, 후반기에는 그 돈을 사회를 위해 써야 한다."는 신념을 가지고 있었다. 이 합병 후에 그는 경영에서 물러나 교육과 문화 사업을 시작하였다. 수억 달러를 투자하여 카네기 멜론 대학, 카네기 교육 진흥 재단, 카네기 협회, *카네기 홀 등을 세웠는데, 카네기 도서관은 미국과 영국에만 2,400개가 넘는다.

사업으로 번 돈을 사회 사업에 아낌없이 쓴 위대한 인물 카네기는 1919년 84세를 일기로 세상을 떠났다. 저서에 『승리의 민주주의』, 『사업의 왕국』, 『오늘의 문제』 등이 있다.

박물관으로 사용되는 카네기 생가(위), 카네기 도서관(아래)

함께 보아요

수직공 : 손으로 베 등의 직물을 짜는 사람이다.
평로 : 용광로의 바닥에 선철·산화철·고철 등을 넣고 녹여서 탄소·인·황 등을 산화시켜 강철을 만드는 반사로. 불에 잘 견디는 벽돌로 만들고, 주로 가스 연료를 사용한다. 산성 평로와 염기성 평로로 나눈다.
카네기 홀 : 미국 뉴욕에 있는 유명한 음악당. 1891년에 카네기 재단의 기금으로 설립되었다.

카네기 261

카이사르

로마의 위대한 영웅

본명 : Gaius Julius Caesar
생애 : BC 100~BC 44

카이사르는 로마의 정치가이자 장군으로 기원전 100년 로마에서 귀족의 아들로 태어났다. 어릴 때부터 간질을 앓았으나 그는 강인한 정신력으로 학문과 검술, 웅변술을 익혀 정치가의 기반을 닦았다. 이후로 그는 로마의 재무관, 법무관 등 여러 관직을 거치며 시민들 편에 서서 일처리를 하여 명성을 쌓았다. 기원전 60년에는 *폼페이우스, 크라수스와 더불어 삼두동맹을 맺고 로마의 최고 관직인 콘솔이 되었다. 그러나 *원로원에 의해 다스려지는 로마에서 그의 실권은 미약했다.

기원전 58년 카이사르는 모두가 꺼려하는 *갈리아 총독을 자청하여 4개 군단을 이끌고 정복의 길에 올랐다. 그 이후로 8년 동안 용맹한 갈리아인을 상대로 전쟁을 벌여 평정하고 라인 강을 건너 게르만족과 영국까지 침공하였다. 이 시기에 전쟁 상황을 상세히 기록한 『갈리아 전기』를 썼는데, 이 책은 현재 서유럽의 역사를 연구하는 데 귀중한 자료가 되고 있다.

카이사르의 세력이 커지는 것에 불안을 느낀 폼페이우스는 원로원과 힘을 합쳐 그를 제거하고자 하였다. 카이사르는 그 음모를 알아채고, 기원전 49년 대군을 이끌고 갈리아와 로마의 국경인 *'루비콘 강'에 이르렀다. 이 당시 원로원의 승인 없이 군대를 이끌고 강을 건너는 것은 반역 행위였다. 그러나 카이사르는 "주사위는 던져졌다."라는 유명한 말을 남기고 강을 건너 로마로 진격하였다.

쿠데타에 성공한 카이사르는 쉽게 시민들의 지지를 얻었고, 폼페이우스를 쫓아 이집트로 건너갔다. 그러나 폼페이우스는 이미 암살당한 상태였다.

이 때 이집트는 왕위 계승 문제를 놓고 내전이 한창이었다. 기원전 48년 10월, 카이사르는 전쟁을 평정하고 클레오파트라를 이집트 왕위에 앉혔다. 카이사르는 계속해서 로마를 배반한 *소아시아를 정벌하고 "왔노라, 보았노라, 이겼노라!"라는 단 세 마디로 된 유명한 보고서를 원로원에 보냈다.

로마로 돌아와 1인 지배자가 된 카이사르는 시민들을 위한 각종 개혁 사업을 추진하였다. 그러나 카이사르의 독재에 불만을 품은 원로원의 공화파들은 그를 제거할 음모를 꾸몄다. 이들 중에는 카이사르가 아들처럼 아끼는 브루투스도 끼어있었다.

　기원전 44년 3월 15일, 원로원으로 나가던 카이사르는 40여 명의 공화파들에게 둘러싸여 칼에 맞았다. 이 때 브루투스가 뒤에서 일격을 가하자 카이사르는 "브루투스, 너 마저도!"라는 말을 남기고 56세를 일기로 세상을 떠났다.

　카이사르는 탁월한 전략과 뛰어난 웅변술로 시민들의 사랑을 한 몸에 받았다. 또한 문인으로서도 뛰어난 재능을 지녀서 라틴 문학의 걸작으로 일컬어지는 『갈리아 전기』와 『내란기』 등의 저서를 남겼다.

카이사르의 무덤(왼쪽), 카이사르의 죽음을 묘사한 그림(오른쪽)

함께 보아요

갈리아 : 고대 유럽의 켈트인이 기원전 6세기부터 살던 지역. 현재의 프랑스, 벨기에 전 지역과 이탈리아 북부, 네덜란드 남부, 독일의 라인 강 유역, 스위스의 대부분을 포함한다. 기원전 1세기 무렵 로마의 카이사르에게 정복되어 로마령이 되었고, 이후 프랑크족, 게르만족에게 점령당하였다.

루비콘 강 : 이탈리아 북부 리미니 부근에서 아드리아 해로 흘러드는 강. 로마 공화 정치 시대에 이탈리아와 갈리아와의 경계였다. 이탈리아로 입국할 때 여기서 군대의 지휘권을 포기하는 관습이 있었다.

소아시아 : 아시아의 서쪽 끝에 있는 흑해, 에게해, 지중해에 둘러싸인 반도. 터키의 대부분을 차지하며, 예로부터 아시아와 유럽을 잇는 중요한 통로였다.

원로원 : 고대 로마 공화정 시대의 입법·자문 기관. 실질적인 지배 기관으로 내정과 외교를 담당하였다.

폼페이우스(Magnus Gnaeus Pompeius, BC 106~BC 48) : 고대 로마 공화정 말기의 장군, 정치가. 로마의 장군이었던 아버지에게서 물려받은 지지 기반을 배경으로 활약하였다. 아버지 밑에서 군인으로 활동하며 스파르타쿠스의 반란을 진압하여, 기원전 70년에 크라수스와 함께 콘술이 되었다. 기원전 67년에는 로마를 괴롭히던 지중해의 해적들을 소탕했고, 이집트를 제외한 동방을 평정하였다. 카이사르, 크라수스와 함께 삼두정치로 로마를 이끌었다. 그러나 카이사르가 갈리아 총독으로 나가 있는 사이 카이사르를 시기하는 원로원 보수파의 부추김으로 기원전 49년부터 카이사르와 대결을 벌였다. 그러나 이듬해에 파르사로스에서 패배하여 이집트로 도망하였다가 알렉산드리아에서 암살당하였다.

독일 실존주의 문학의 선구자
카프카

본명 : Franz Kafka
생애 : 1883~1924

카프카는 독일의 유대인 작가로 1883년 체코의 수도 프라하에서 부유한 유대 상인의 아들로 태어났다. 어린 시절 그는 독일계 유대인이라는 소외감 때문에 고독하고 내성적인 성격으로 자랐다.

그는 독일계 고등학교를 졸업하고 프라하 대학에 들어가 법률을 공부하였다. 이 시기에 훗날 자신의 전집 편집자가 된 브로트를 알게 되어 문학에 대한 정열을 불태웠다. 단편 『어떤 싸움의 기록』, 『시골의 결혼 준비』는 그가 대학 시절에 쓴 작품들이다.

1906년 대학을 졸업한 그는 2년 가량 방황하다가, 1908년 노동자 재해 보험국에 입사했다. 그가 평범한 지방 보험국 직원이 된 것은 직장 생활과 문학을 병행하기 위해서였다. 그는 이 회사에서 14년간 근무하며 잡지 〈휴페리온〉에 산문 8편도 발표하였다.

독일어를 쓰는 유대인인 카프카는 독일계 주민과 체코어를 쓰는 프라하 시민 그 어느 쪽에도 소속될 수 없었다. 이 때문에 그는 항시 불안, 불신, 소외감에 시달렸고, 이러한 환경은 독자적인 작품 세계로 나타났다.

1912년 카프카는 『심판』과 *『변신』을 썼고, 1914년에는 『유형지에서』와 『실종자』를 완성하였다. 1916년에는 단편집 『시골 의사』를 탈고하였고, 대표작인 『변신』을 발간하여 세상의 주목을 받았다.

1917년 9월, 폐결핵 진단을 받아서 여러 곳을 전전하며 휴양을 하였다. 이 동안에 장편 소설 *『성』과 『배고픈 예술가』를 비롯한 단편을 많이 썼다. 1924년 6월, 빈 교외의 요양원에서 41세의 일기로 세상을 떠났다.

카프카는 철학자 *사르트르와 작가 *카뮈에 의해 * '실존주의 문학' 의 선구자로 높이 평가받았다. 카프카 문학의 특징은 인간 운명의 부조리, 인간 존재의 불안감을 날카롭게 파헤쳐서 현대 인간의 실존적 체험을 극한에 이르기까지 표현했다는 점이다. 그러나 애석하게도 그의 작품들은 대부분 살아있을 때는 빛을 보지 못하다가 죽은 후에 전집으로 발간되어 큰 호평을 받았다.

카프카가 생전에 살던 집(왼쪽), 카프카의 동상(중간), 프라하에 있는 카프카의 묘(오른쪽)

함께 보아요

변신 : 카프카가 1912년에 써서 1916년에 발표한 소설. 하루아침에 추악한 벌레로 변한 주인공의 가상적인 이야기를 통해 현대인의 고립되고 소외된 모습을 그렸다.

사르트르(Jean P. Sartre, 1905~1980) : 프랑스 실존주의 문학의 창시자로 파리에서 태어났다. 어려서 아버지를 여의고 어머니와 함께 외할아버지 집에서 자랐는데, 슈바이처 박사는 어머니의 사촌 오빠가 된다. 1925년 명문학교인 에콜 노르말 쉬페리외르를 졸업하고 병역을 마친 뒤 고등학교의 철학교사가 되었다. 1933년 독일에 유학하여 후셀과 하이데거의 철학을 연구했고, 논문 「자아의 극복」과 「상상력」을 발표했다. 1938년 소설 『구토』를 발표하여 작가로서 이름을 알렸으나, 이듬해에 제2차 세계 대전이 발발하여 프랑스군으로 참전했다가 독일군의 포로가 되었다. 1941년 포로 수용소를 탈출하여 파리로 돌아와서 작가 생활을 계속하였다. 1943년에 발표한 철학 논문 「존재의 무」를 발표했고, 1964년에는 노벨 문학상 수상자가 되었으나 수상을 거부하였다.

성 : 1926년에 간행된 카프카의 미완성 장편 소설. 어떤 마을을 절대적 권위로 지배하고 있는 한 성에 도달하려는 주인공 케이(K)의 고독을 통해 존재의 실체와 의미를 증명하려는 영혼의 모험을 신비적으로 그려낸 실존주의 문학 작품이다.

실존주의 : 개인으로서의 인간의 고통과 불안, 애증 등의 복잡하고 상반된 감정과 본능으로 이루어진 인간의 삶의 양상에 접근함으로써 주체적 존재성을 강조하는 사상. 실존주의 철학과 문학을 아울러 실존주의라고 한다. 대표적인 실존주의 작가는 카프카와 카뮈이다.

카뮈(Albert Camus, 1913~1960) : 사르트르와 더불어 실존주의 문학의 대작가인 그는 프랑스 식민지인 알제리에서 가난한 노동자의 아들로 태어났다. 아버지가 제1차 세계 대전 때 전사하여 빈민가에서 어렵게 자랐다. 그러나 고학으로 대학에 다니면서 문학, 철학, 연극에 깊은 관심을 가졌다. 대학 졸업 후에 폐결핵에 걸려 교수 시험을 치를 수 없게 되자 연극에 몰두하면서 「표리」, 「결혼」 등의 수필을 발표했다. 그 후에 신문기자가 되어 최초의 소설인 『이방인』을 써서 작가로서 이름을 알렸다. 또한 열심히 철학 연구를 하여 자신의 철학을 '부조리의 철학'이라고 이름지었다. 그는 사람은 누구나 성실하게 자신의 삶을 살아나가면 비로소 자신의 존엄성을 찾을 수 있으며 부조리도 사라진다고 주장했다. 1957년 노벨 문학상을 받았고, 1960년 교통사고로 세상을 떠났다. 저서로 『페스트』, 『반항적 인간』, 『추방』 등이 있다.

근대 철학의 선구자
칸트

본명 : Immanuel Kant
생애 : 1724~1804

칸트는 독일의 철학자로 1724년 동프로이센의 수도 쾨니히스베르크에서 태어났다. 그는 독실한 *루터교 신자인 부모의 영향으로 경건한 종교적 분위기 속에서 자랐다.

칸트는 8세 때 *경건주의학교에 들어가 8년 동안 라틴어를 비롯한 인문학을 공부하였다. 졸업 후에는 쾨니히스베르크 대학의 철학과에 입학하여 철학 분야 외에 수학과 물리학에도 흥미를 가졌다. 이 당시 새로운 사상이던 뉴턴 역학에 관심을 보여 1755년에 『천계의 일반 자연사와 이론』이라는 책을 펴냈다.

대학을 졸업한 뒤에는 9년 동안 귀족들의 자제들을 가르치는 가정교사 생활을 하였다. 그 후에 모교인 쾨니히스베르크 대학에서 15년간 강사 생활을 하였다.

유머와 박진감이 넘치는 칸트의 강의는 학생들은 물론 일반인이나 군인들까지도 청강하게 만들었다. 이 즈음 베를린 대학 등에서 좋은 조건으로 교수직을 제의했지만, 칸트는 고향에서 자신의 철학을 완성하고 싶어서 모두 거절했다. 1770년 15년간의 강사 생활을 마감하고, 마침내 논리학과 형이상학 교수로 임명되었다. 이후 10년 동안의 침묵 끝에 1781년 『순수 이성 비판』을 선보임으로써 칸트 비판 철학 시대의 문을 열었다.

칸트의 비판 철학은 '인간은 무엇을 알 수 있는가?', '인간은 무엇을 할 수 있는가?', '인간은 무엇을 믿을 수 있는가?' 라는 질문으로부터 시작된다.

그 첫 번째 질문을 정리한 것이 『순수 이성 비판』이다. 여기서 칸트는 외부의 사물을 인식하는 데는 감각적인 '경험'이 필요하나, 감각적으로 주어지지 않는 '자유·인격·도덕·법칙' 등을 인식하는 데는 '이성'이 우월하다고 정의했다.

두 번째 질문을 정리한 『실천 이성 비판』에서는 "남이 나에게 해주기를 바라는 대로 나도 남에게 해주라."고 정의했다. 세 번째 질문을 정리한 『판단력 비판』에서는 자연적 필연의 세계와 도덕적 자유의 세계를 *목적론적 관점에서 통합하려고 시도하였다.

평생을 독신으로 지내며 학문을 위해 모든 것을 바친 칸트는 1804년 물에 탄 포도주를 조금 마신 후 "이것으로 족하다."라는 말을 남기고 80세를 일기로 세상을 떠났다.

칸트의 묘비(왼쪽), 칸트의 동상(오른쪽 위), 칸트의 강의를 듣기 위해 모인 군중(오른쪽 아래)

함께 보아요

경건주의 : 17세기 말 독일의 개신교가 교리와 형식에만 치우치는 것에 반대하여 일어난 신앙 운동. 스페너가 창시한 운동으로 성경을 중심으로 한 개인의 영적 생활의 체험과 실천을 중요시하여 경건한 생활을 하자고 주장하였다.

루터 교회 : 종교 개혁 이후 세워진 루터파 교회. 예수의 가르침을 믿고 따르는 복음주의를 표방한다.

목적론 : 모든 사물은 목적에 의하여 규정되고 목적을 실현하기 위하여 존재한다는 이론이다.

08 일화 이야기로 보는 역사 인물

 ## 잔 다르크를 시험한 황태자

　1429년 2월, 잔 다르크는 머리를 짧게 깎고 남자 옷으로 갈아입은 다음 고향을 떠났습니다. 영국군이 점령하고 있는 지역을 무사히 통과하여 시농 성에 도착했습니다.
　성문 앞을 지키던 경비병이 잔을 막고 물었습니다.
　"무슨 일로 이런 위험한 전쟁터까지 왔느냐?"
　"황태자 전하를 만나게 해주십시오. 저는 하나님의 계시를 받고 황태자 전하를 만나러 왔습니다."
　"……."
　경비병은 당돌한 잔의 말을 듣고 너털웃음을 지었습니다.
　"그만 돌아가거라. 황태자님은 너 같은 여자아이나 만나줄 만큼 한가한 분이 아니다. 영국군이 곧 쳐들어올 테니 서두르거라."
　"제발 만나게 해주십시오. 부탁드립니다."
　잔이 옷자락을 붙들고 애원하자 경비병은 어쩔 수 없이 샤를 황태자를 찾아가 보고했습니다. 그 보고를 듣고 부관이 말했습니다.
　"영국군이 보낸 암살자일지도 모릅니다. 신중하게 만나시는 것이 좋을 것 같습니다."
　"그럼 어떻게 하지?"
　부관은 황태자의 귀에 대고 귓속말을 속삭였습니다.
　잠시 뒤, 잔이 성 안으로 불려 들어왔습니다.
　황태자의 자리에는 시농 성 귀족의 아들이 황태자의 옷을 입고 앉아 있었습니다. 황태자는 여러 귀족들 사이에 섞여서 잔이 어떻게 행동하는지 지켜보기로 했습니다. 그러나 잔은 사람들 사이에 섞여 있는 황태자를 단번에 알아보고 정중히 인사를 하였습니다.
　"황태자 전하, 저는 동레미 마을에서 온 잔 다르크라고 합니다."

재미있게 읽고 나면 역사가 쏙쏙!

"아니, 내가 황태자인 것을 어떻게 알았느냐?"
"하나님의 계시로 저는 황태자 전하의 얼굴을 알고 있습니다. 저는 하나님의 계시를 받아 영국군에게 짓밟히고 있는 조국 프랑스를 구하러 왔습니다."
"그래."
황태자와 부관은 연약한 소녀가 나라를 구하겠다니 웃음이 절로 나왔습니다. 그러나 잔은 신념이 가득한 얼굴로 단호하게 말했습니다.
"전하, 제 말을 믿어주십시오. 저는 하나님의 계시를 받았습니다."
"네가 하나님의 계시를 받았다는 무슨 증표라도 갖고 있느냐?"
"저에게 군대를 내주십시오. 그러면 그 증표로 오를레앙에서 승리해 보이겠습니다."
부관은 머리를 가로저었지만 황태자는 잔을 믿기로 했습니다. 자신의 얼굴을 단번에 알아보는 잔이 평범한 소녀로는 보이지 않았기 때문입니다. 그리하여 황태자는 잔에게 하얀 갑옷과 백마를 내주고 군대를 지휘하도록 허락하였습니다.
그 당시 오를레앙은 영국군에게 포위된 상태로 원군을 기다리고 있었습니다. 식량이 다 떨어져서 사람들은 하루에 빵 한 조각도 먹을 수 없을 지경이었습니다. 굶주림과 피로로 병사들은 쓰러져갔습니다.
그 때 이상한 소문이 들려왔습니다.
"하나님의 계시를 받은 소녀가 군대를 거느리고 오를레앙을 구원하러 온다."
사람들은 의심을 하면서도 기대에 부풀어 기다렸습니다. 드디어 잔 다르크가 백마 위에 앉아 한 손에 신의 깃발을 들고 오를레앙 시민 앞에 모습을 드러냈습니다. 잔의 모습을 보고 오를레앙의 병사들과 시민들의 사기는 하늘을 찌를 듯 높아졌습니다.
잔 다르크는 이 기회를 놓치지 않고 영국군을 공격했습니다. 그리하여 마침내 영국군을 크게 무찌르고 승리하여 오를레앙은 영국군에 포위된 지 209일 만에 자유롭게 되었습니다.

케네디

강력한 미국을 꿈꾼 '뉴 프런티어' 의 기수

본명 : John Fitzgerald Kennedy
생애 : 1917~1963

케네디는 미국 제35대 대통령으로 1917년 매사추세츠 주 브루클라인에서 태어났다. 그의 증조부는 아일랜드에서 이민을 왔고, 할아버지는 매사추세츠 주 의회 상원의원을 지냈다. 그의 아버지 조 케네디는 증권 회사 등의 사업을 벌여 억만장자가 되었는데, 1937년에는 영국 대사로 임명되었다.

케네디는 어머니로부터 엄격한 가톨릭 교육을 받고 자라서 1936년에 하버드 대학에 입학했다. 1939년에는 학교를 휴학하고 7개월간 유럽 각지를 여행하며 견문을 넓혔다. 그 뒤에 하버드 대학 정치학과를 졸업했는데, 졸업 논문인 「영국은 왜 잠자고 있었나」는 베스트셀러가 되었다.

제2차 세계 대전이 한창이던 1941년, 케네디는 해군에 입대하여 어뢰정 함장이 되었다. 그런데 그가 지휘하는 어뢰정이 남태평양에서 일본 구축함과 충돌하여 격침되었다. 이 때 그는 부하들과 함께 바다에서 여러 날을 표류하다가 미국 해군에 구조되어 전쟁 영웅이 되었다.

1946년 케네디는 29세의 젊은 나이에 민주당 하원의원에 당선되었고, 1952년에는 매사추세츠 주 상원의원이 되었다. 1957년에는 미국 의회에서 훌륭한 일을 한 의원들의 이야기를 쓴 『용감한 사람들』로 퓰리처 전기상을 수상하였다.

1958년 상원의원에 재선된 그는 1960년 7월, 민주당 전당대회에서 존슨을 누르고 대통령 후보로 지명되었다. 같은 해 11월 8일에 치러진 대통령 선거에서도 *'뉴 프런티어' 라는 슬로건을 내걸고 공화당의 닉슨 후보를 0.1% 차이로 물리쳐 미국 제35대 대통령에 당선되었다.

1961년 1월 19일, 미국 역사상 가장 젊은 대통령으로 취임한 케네디는 '뉴 프런티어'를 실천하기 위해 젊고 유능한 인재들로 내각을 구성했다. 외교적으로는 적극적인 힘의 외교를 펼치는 한편, 소련과는 *냉전 시대에서 평화 공존의 시대를 지향하기로 합의하였다. 또 남미 여러 나라와도 경제와 교육 발전에 원조를 약속하고 '진보를 위한 동맹'을 맺었다.

1963년 11월, 텍사스 주의 댈러스를 방문했다가 저격을 당해 46세의 아까운 나이로 세상을 떠났다.

케네디의 동상(왼쪽), 케네디 도서관(오른쪽 위), 케네디의 묘지(오른쪽 아래)

함께 보아요

뉴 프런티어 : 1960년에 미국의 케네디 대통령이 내세운 새로운 개혁 정책. 개척자 정신의 상징인 프런티어에 새로운 의미를 부여하자는 것으로서 사회 복지의 충실, 인종 차별의 폐지, 고도 경제 성장의 실현을 목표로 하였다.

냉전 시대 : 직접적으로 무력을 사용하지 않고 경제·외교·정보 등을 수단으로 하는 국제적 대립. 특히 제2차 세계 대전 이후 미국과 소련을 중심으로 한 자본주의와 공산주의의 대립을 뜻한다. 1990년 소련의 해체와 사회주의권의 몰락으로 인해 양 진영 사이의 냉전 상태는 사실상 종결되었다.

지동설을 주장한 폴란드의 천문학자
코페르니쿠스

본명 : Nicolaus Copernicus
생애 : 1473~1543

코페르니쿠스는 1473년 폴란드의 토룬에서 태어났다. 10세 때 아버지를 여의고 외삼촌인 바체르로데 신부에게 맡겨져서 자랐다. 그는 폴란드의 크라코프 대학에서 신학, 수학, 천문학을 공부하고, 1496년 외삼촌의 도움으로 이탈리아 *볼로냐 대학에서 그리스 철학과 천문학을 공부하였다. 1500년에는 1년간 로마에 체류하면서 수학과 천문학을 강의하였다.

그 뒤 *파도바 대학에서 의학과 교회법을 공부하고 1506년에 두 가지 학위를 모두 받았다. 귀국 후에는 가난한 사람들에게 의술을 베풀어 큰 명성을 얻었다. 1512년 외삼촌이 사망하자 프라우엔부르크 성당의 신부로 취임하였다. 이 때부터 밤이면 성당 옥상에 올라가 직접 만든 각도계로 천체를 관측하였다.

그러던 어느 날, 그는 우연히 그리스의 문헌학자인 아리스타르코스가 쓴 책을 읽게 되었다. 그 책에는 "태양이 지구 주위를 도는 게 아니라, 지구가 태양의 주위를 돌고 있다."고 쓰여 있었다. 코페르니쿠스는 그 때부터 많은 연구와 자료를 검토하여 지동설이 사실임을 알게 되었다.

코페르니쿠스는 지동설이 명기된 「천체의 운동과 그 배열에 관한 주해서」라는 논문을 만들어 가까운 천문학자들에게 배포하였다. 그들은 논문을 읽고 지구가 빠르게 회전하면 거센 바람이 불어와 사람이 살지 못할 거라고 반박했다. 코페르니쿠스는 그런 일이 일어나지 않는 것은 공기가 지구를 감싸고 있기 때문이라고 설명했다.

1520년 프라우엔부르크 대교구장으로 취임한 그는 1525년부터 지동설에 관한 책을 쓰기 시작했다. 그리하여 5년간의 집필 끝에 마침내 『천체의 회전에 관하여』(전4권)라는 책을 완성하였다.

그러나 그는 책을 출판하지 않았다. 그 당시 가톨릭 교회는 지구가 우주의 중심이라는 천동설을 굳게 믿고 있었다. 따라서 천동설에 위배되는 발언만 해도 종교적 이단자로 몰려 화형에 처해졌던 것이다.

1543년 5월, 코페르니쿠스는 제자가 독일에서 제작하여 가져온 『천체의 회전에 관하여』를 품에 안고 행복하게 눈을 감았다. 그러나 이 책은 많은 천문학자와 종교가들의 비난을 받아 금서가 되었다. 하지만 이후에 *케플러와 갈릴레이 등에게 커다란 영향을 끼쳤다.

함께 보아요

볼로냐 : 이탈리아의 북부 롬바르디아 평원 남쪽에 있는 상공업 도시. 공업과 인쇄·출판업이 발달하였다. 11세기에 창립된 볼로냐 대학, 13세기에 건축된 궁전이 있으며, 중세에는 유럽 학문의 중심지였다. 에밀리아로마냐 주의 주도이다.

케플러(Johannes Kepler, 1571~1630) : 지동설을 완성한 독일의 천문학자. 군인의 아들로 태어나 어린 시절을 어렵게 보냈다. 18세 때 튀빙겐 대학에 입학하여 신학을 공부하다가 교수로부터 코페르니쿠스의 지동설을 듣고 전공을 천문학으로 바꾸었다. 그 뒤 지동설에 관해 많은 연구를 하여 '케플러의 법칙'을 발견하였다. '케플러의 법칙'이란 태양계의 모든 행성은 태양을 초점으로 하는 타원 궤도를 그리며 돌고, 행성의 속도와 태양과 행성을 연결하는 직선이 같은 시간 동안에 그리는 면적의 곱은 항상 일정하며, 행성의 공전 주기의 제곱은 태양과 행성의 평균 거리의 세제곱에 비례한다는 것이다.

파도바 : 이탈리아 북서부 베네치아 서쪽에 있는 도시. 13세기에 설립된 대학으로 유명한 문화 도시이다. 주요 철도와 도로의 교차점이다.

서인도 항로를 발견한 이탈리아의 탐험가
콜럼버스

본명 : Christopher Columbus
생애 : 1451?~1506

콜럼버스는 이탈리아의 제노바에서 태어났다. 1477년 그가 포르투갈의 리스본 항구에 나타날 때까지의 행적에 대해서는 알려진 것이 거의 없다. 그러나 그는 상당한 학식을 갖췄으며, 일찍부터 항해에 종사하였다고 한다.

1479년 콜럼버스는 한 선장의 딸과 결혼하여 해도 제작에 종사하였다. 그 무렵에 수학자 토스카넬리에게서 지도를 구해 연구하다가 서쪽으로 항해를 해도 인도에 도달할 수 있다는 확신을 갖게 되었다.

1484년 콜럼버스는 포르투갈 왕에게 대서양 항해 탐험을 건의했으나 거절을 당하여 에스파냐로 건너갔다. 그 당시 에스파냐는 *이사벨 1세와 *페르난도 2세가 공동 통치하고 있었는데, 이들은 해외 진출에 관심이 많았다.

콜럼버스의 항해 계획을 들은 이사벨 1세는 기꺼이 후원자가 되기로 하였다. 콜럼버스는 '새로운 땅을 발견하면 그 곳을 통치하며, 생산물의 10분의 1을 받는다.'는 조건으로 항해를 수락하였다.

이사벨 1세는 항해 자금과 선박 두 척을 내주고 승무원도 모집해 주었다. 이 때 팔로스 항에 사는 핀손이라는 부유하고 유능한 선장도 자기가 소유하고 있는 산타마리아 호와 함께 참가하기로 하였다.

1492년 8월 3일, 콜럼버스는 산타마리아 호 등 3척의 배에 120명의 선원을 태우고 팔로스 항을 떠났다. 그 해 10월 12일, 바하마 제도의 한 섬을 발견한 콜럼버스는 서쪽으로 계속 항해하여 쿠바와 *'히스파니올라 섬'에 도달하였다. 그는 그 곳을 인도의 서부라고 생각하여 섬에 40명의 선원들을 남겨두고 배를 돌렸다.

1493년 3월, 콜럼버스는 에스파냐로 무사히 돌아와서 왕으로부터 '신세계'의 부왕으로 임명되었다. 당시 그가 섬에서 가져온 금제품은 전 유럽에 신대륙 열풍을 불러일으켰다. 이때에 '콜럼버스의 달걀'이라는 유명한 말이 생겨났다.

그 후로 콜럼버스는 세 차례나 항해를 더하여 온두라스와 파나마 지협을 발견하고, 1506년

55세의 일기로 세상을 떠났다. 그런데 그는 죽는 순간까지도 자신이 발견한 곳이 인도의 서부라고 생각하여 지명이 *서인도 제도가 되었다.

　엄밀히 따지면 서양 사람에 의한 아메리카 대륙 발견은 1000년경 *노르만족에 의한 것이었다. 하지만 콜럼버스가 서인도 항로를 발견함으로써 아메리카 대륙이 유럽 사람들의 활동 무대가 되었기 때문에 역사가들은 콜럼버스의 항해에 커다란 역사적 의의를 두고 있다.

산살바도르에 상륙한 콜럼버스(왼쪽), 에스파냐 광장에 우뚝 서 있는 콜럼버스 상(오른쪽)

함께 보아요

노르만족 : 덴마크와 스칸디나비아 지방을 원주지로 하는 북방 게르만족. 8세기부터 12세기에 걸쳐 유럽 각지를 침략하여 노르망디 공국, 시칠리아 왕국, 노브고로트 공국 등을 건국하였는데, 이를 바이킹이라 부른다.

서인도 제도 : 중앙아메리카의 동쪽 바다에 활 모양으로 흩어져 있는 섬의 무리. 앤틸리스 제도와 바하마 제도로 이루어져 있다. 감자, 커피, 담배, 열대과일 등이 많이 난다. 콜럼버스가 인도의 서부로 착각한 데서 유래한 이름이며, 면적은 23만 6,000㎢이다.

이사벨 1세(Isabel I, 1451~1504) : 카스티야의 여왕(재위 1474~1504). 카스티야 왕 후안 2세의 딸이며, 포르투갈 왕 주앙 1세의 손녀이다. 1469년 아라곤의 황태자 페르난도와 결혼하였고, 오빠인 엔리케 4세가 죽자 왕위를 계승하여 남편과 공동 통치하였다. 1479년 남편이 아라곤의 왕이 되자 에스파냐를 통일하였다. 이듬해부터 1492년에 이르기까지 이베리아 반도 남부의 이슬람 교국인 그라나다를 정복하였고, 로마 교황으로부터 가톨릭 왕이라는 칭호를 받았다. 이 해에 콜럼버스의 신대륙 발견을 원조하였다.

페르난도 2세(Fernando II, 1452~1516) : 카스티야 왕(재위 1474~1516). 카스티야의 왕녀 이사벨과 결혼하여 공동 통치자가 되었고, 아라곤 왕위 계승 후 두 나라의 군대를 합쳐 그라나다를 공략하여 교황으로부터 '가톨릭 부부 왕'의 칭호를 받았다. 그의 죽음과 함께 카스티야와 아라곤 양국의 왕위가 카를로스 1세에게 넘어갔으며, 이로써 진정한 에스파냐의 통일이 실현되었다.

히스파니올라 섬 : 서인도 제도 중부 대앤틸리스 제도에 있는 섬. 아이티와 도미니카 두 나라로 이루어져 있다. 면적은 7만 6,498㎢이다.

근대 올림픽의 창시자
쿠베르탱

본명 : Pierre de Coubertin
생애 : 1863~1937

쿠베르탱은 1863년 프랑스 파리에서 명문가의 아들로 태어났다. 그의 조상은 이탈리아 로마에서 건너온 귀족이었고, 그 또한 *남작 작위를 가지고 있었다.

군인이 되고 싶었던 쿠베르탱은 생시르 육군 유년학교에 입학하였다. 그러나 독일을 공공연한 적으로 가르치는 학교 교육에 실망하여 16세에 학교를 중퇴하고 교육학을 공부하여 정치가가 되었다.

그 후 영국으로 건너간 쿠베르탱은 영국의 *이튼 등지의 학교를 돌아보고 '영국이 워털루 전투에서 나폴레옹에게 승리할 수 있었던 요인은 스포츠 중심의 학교 교육 때문'이라고 느꼈다. 따라서 청소년 교육의 중심은 스포츠여야 한다고 굳게 믿게 되었다.

쿠베르탱은 영국의 교육 이념을 프랑스에 보급하고자 1886년 문교상에게 스포츠 교육의 중요성을 건의하였다. 그러나 이 일로 인해 일생 동안 프랑스의 이단자라는 냉대를 받게 되었다.

고대 그리스인들의 체육 활동에 매료되었던 그는 1892년 올림픽 부흥 운동을 시작하였다. 그는 유럽 각국을 순회하면서 올림픽의 부활을 제창하고, 올림픽 정신을 바탕으로 세계 평화를 실현하자고 설득하였다.

이런 그의 노력으로 1894년 6월, 파리의 소르본 대학에서 유럽 각국 대표들이 참가한 가운데 국제 올림픽 위원회(IOC)가 조직되었고 정기적으로 올림픽을 열기로 합의하였다.

마침내 1896년 4월 6일, 올림픽의 발상지인 그리스 아테네에서 13개국 311명의 선수들이 참가한 가운데 제1회 올림픽이 역사적인 막을 올렸다. 육상, 체조, 펜싱, 사격, 테니스 등 10개 종목의 경기가 치러진 제1회 올림픽은 성공적이었다.

그 후 쿠베르탱은 IOC 회장으로 있으면서 올림픽의 발전을 위해 많은 노력을 하였다. 1914년 IOC 창립 20주년 기념식에서는 자신이 직접 고안한 5개의 동그라미가 그려진 *오륜기를 선보이기도 하였다.

쿠베르탱은 IOC 외에도 국제 교육 학회를 창설하여 스포츠와 교육의 연관성을 주장하였다.

제1차 세계 대전 중에 스위스 로잔으로 이주하여 그 곳에서 명예시민으로 살다가, 1937년 제네바에서 74세를 일기로 세상을 떠났다.

쿠베르탱 동상(왼쪽), 쿠베르탱의 집무실(오른쪽 위), 올림픽 조직 위원회 회의 광경(오른쪽 아래)

함께 보아요

남작 : 다섯 등급으로 나눈 귀족의 작위 가운데 맨 마지막 작위. 자작의 아래이다.

오륜기 : 올림픽을 상징하는 기. 흰 바탕에 파란색, 노란색, 검은색, 초록색, 빨간색의 고리 5개를 겹쳐 놓아 오대주의 평화와 협력을 상징한다. 1914년에 쿠베르탱의 고안으로 제정되었다.

이튼 : 영국 런던 서쪽에 있는 도시. 템스 강 왼쪽 기슭에 있으며, 영국 최대의 사립학교인 이튼 대학이 유명하다.

퀴리 부인

라듐을 발견한 프랑스의 물리학자

본명 : Marie Curie
생애 : 1867~1934

마리 퀴리는 1867년 폴란드의 바르샤바에서 고등학교 과학교사의 딸로 태어났다. 그 당시 폴란드는 러시아의 지배를 받고 있어서 마리는 어려서부터 러시아의 압제 정치를 겪으며 자랐다.

10세 때 어머니를 여읜 그녀는 조국 폴란드를 위해 과학자가 되기로 결심하고 열심히 공부하였다. 17세에 고등학교를 졸업한 그녀는 가정교사 일을 하며 돈을 벌어서 파리에서 의학 공부를 하고 있는 언니의 학비로 보내주고 자신은 독학을 하였다.

1891년 언니가 대학을 졸업하자 마리는 24세의 늦은 나이에 프랑스 파리의 소르본 대학에 입학하여 수학과 물리학을 공부하였다. 1895년 대학을 졸업한 그녀는 물리학자인 피에르 퀴리와 결혼하여 남편과 공동으로 연구를 시작하였다. 이 시기에 뢴트겐이 X선을 발견하고, *베크렐이 우라늄 방사능을 발견하자 퀴리 부부도 방사능 연구를 시작하였다. 그리하여 *토륨도 *우라늄과 마찬가지의 방사선을 방사한다는 것을 발견하였다.

1898년 7월, 퀴리 부부는 우라늄 광석 물질의 하나인 피치블렌드를 연구하다가 * '폴로늄'을 발견하였다. 우라늄보다 방사능 강도가 330배나 높은 '폴로늄'의 이름은 마리의 조국 폴란드에서 따온 것이다. 그 해 12월에는 우라늄의 900배에 달하는 방사능을 함유한 * '라듐'을 발견하였다. 퀴리 부부는 이 원소들을 발견한 공로로 1903년 베크렐과 공동으로 노벨 물리학상을 받았다. 이 해에 피에르는 소르본 대학 물리학 교수가 되었고, 마리는 같은 학교 실험실의 주임이 되었다.

1906년 남편 피에르가 마차에 치어 사망하자 마리는 홀로 연구를 계속하였다. 1907년 마리는 여성으로서는 최초로 소르본 대학 교수가 되었고, 1910년에는 라듐의 분석법을 밝혀냈다. 1911년에는 폴로늄을 발견하고 라듐을 분석한 공로로 노벨 화학상을 받았다.

마리 퀴리는 만년에 악성 빈혈로 고생하다가, 1934년 67세를 일기로 세상을 떠났다. 그 이듬해에는 그녀의 맏딸인 물리학자 이렌도 남편 졸리오 퀴리와 함께 인공방사능을 발견하여 노벨 화학상을 받았다.

폴란드에 있는 퀴리 부인의 생가(왼쪽), 실험하는 퀴리 부인을 재현한 모습(오른쪽)

함께 보아요

베크렐(Antoine H. Becquerel, 1852~1908) : 프랑스의 물리학자. 파리에서 물리학자의 아들로 태어나 에콜 폴리테크니크에서 물리학을 공부했다. 토목국 기사장을 거쳐 1895년에 모교인 에콜 폴리테크니크 교수가 되었다. 1895년 뢴트겐이 X선을 발견한 것에 자극을 받아 자연적으로 형광 작용을 가지는 물질들을 연구하고 조사하였다. 그 결과 1896년에 우라늄염에서 방사선이 나온다는 것을 발견하였는데, 이것이 베크렐선이다. 또한 이 방사선은 기체를 이온화하며, X선과는 달리 전기장이나 자기장에 의해 굽어진다는 것을 발견하였다. 이러한 업적으로 1903년 퀴리 부부와 함께 노벨 물리학상을 수상하였다.

라듐 : 물이나 불에도 잘 녹지 않는 금속 원소의 하나. 알파선, 베타선, 감마선의 세 가지 방사선을 내며, 본래는 은백색이나 공기 중에서 산소와 만나면 검은색으로 변한다. 1898년에 퀴리 부부가 우라늄 광석에서 발견하였다. 브롬화 라듐, 황산라듐 등은 물리·화학 실험과 의료용 및 방사능의 표준으로 쓰인다. 원자 기호는 Ra이다.

우라늄 : 천연으로 존재하는 가장 무거운 방사성 원소. 은백색을 띠며 14종의 동위 원소가 있는데, 질량수 235는 중성자를 흡수하여 핵분열을 일으킨다. 원자 기호는 U이다

토륨 : 방사성 금속 원소의 하나로 진한 회색의 무거운 금속이다. 공기 중에서 가열하면 산화물이 되고, 고온에서는 염소, 수소, 질소 등과 화합한다. 원자력 연료로 쓴다. 원자 기호는 Th이다.

폴로늄 : 강력한 방사성 원소의 하나. 우라늄 광석에 들어 있는 회백색의 금속으로, 1898년에 퀴리 부부가 라듐과 함께 발견하였다. 원소 기호는 Po이다.

청교도 혁명을 일으킨 영국의 정치가
크롬웰

본명 : Oliver Cromwell
생애 : 1599~1658

크롬웰은 1599년 영국 잉글랜드 헌팅턴에서 *청교도인 지주의 아들로 태어났다. 그는 신교 중에서도 가장 민주적인 *칼뱅교 독립파의 독실한 신자로 자랐고, 1628년에는 하원의원이 되었다.

그 당시 영국 왕인 찰스 1세는 걸핏하면 의회를 해산하고 청교도들을 억압했으며 신흥 자본가나 지주들에게 세금을 거둬들였다. 또한 영국 의회도 귀족·성직자·독점 상인들의 지지를 받는 왕당파와 자영농·신흥 상공업자·신흥 지주들의 지지를 받는 의회파로 팽팽히 맞서 있었다. 왕당파는 구교인 가톨릭을 믿는 사람들이고, 의회파는 신교를 믿는 청교도들이 대부분이었다.

1639년 스코틀랜드에서 반란이 일어나자 찰스 1세는 진압 비용을 마련하기 위해 의회를 소집했다. 그러나 의회파 의원들은 왕의 실정을 맹렬히 비난했다.

분노한 찰스 1세는 무력으로 의회파를 제압하려 하였다. 의회파도 군대를 모아 대항하여 1642년에 왕당파와 의회파 간에 벌어진 내전이 청교도 혁명이다.

이 때 크롬웰도 청교도와 자영농으로 구성된 철기군을 이끌고 왕당파의 군대에 맞서 싸웠다. 1645년 크롬웰의 철기군은 네이즈 전투에서 왕당파 군대를 격파하여 결정적인 승리를 거두었다. 그 이듬해에는 왕당파의 근거지인 옥스퍼드를 점령하여 청교도 혁명을 성공으로 이끌었다.

1649년 크롬웰은 국왕 찰스 1세를 처형하고 왕이 정한 제도들을 폐지하였다. 이로써 영국은 왕 대신 의회가 통치권을 갖게 되었다.

1653년 크롬웰은 새로운 공화국을 선포하려 하였으나 의원들의 반대로 일이 뜻대로 되지 않자 의회를 해산시켜 버렸다. 스스로 호국경이 되어 권력을 장악한 그는 1인 독재 정치를 펼침으로써 참된 민주주의는 실현되지 못했다.

그 후 크롬웰은 5년간 영국을 통치하다가, 1658년 59세의 나이로 세상을 떠났다. 그가 죽은 뒤에 그의 아들이 권력을 물려받았지만 2년 만에 쫓겨나고, 찰스 2세가 즉위하여 다시 왕정이 펼쳐지게 되었다.

크롬웰은 의회를 무시하는 왕정을 무너뜨리고 영국에 처음으로 *'공화 정치'를 펼쳐 영국의 민주화에 크게 기여한 인물로 높이 평가받고 있다.

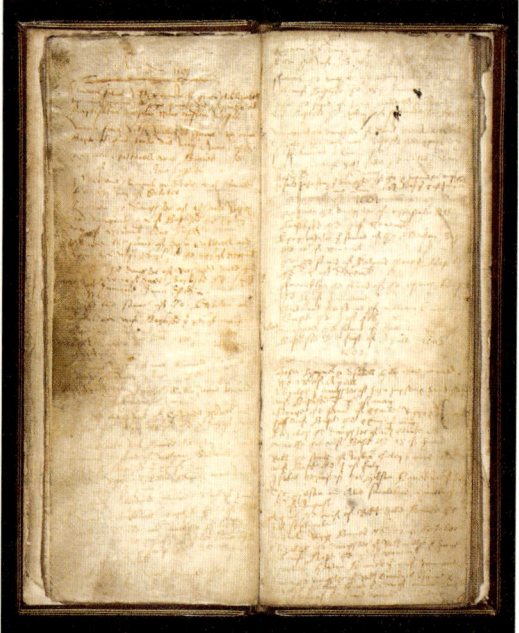

크롬웰의 동상(왼쪽), 크롬웰의 생전에 살던 집(오른쪽 위), 크롬웰의 세례 등록서(오른쪽 아래)

함께 보아요

공화 정치 : 국민이 선출한 대표자나 대표 기관의 의사에 따라 주권이 행사되는 정치. 주권이 한 사람에 의하여 행사되는 것이 아니므로 과두 정치, 귀족 정치도 여기에 포함되나, 근세에 와서는 민주 정치만을 이른다.

청교도 : 16세기 후반 영국 국교회에 반항하여 생긴 개신교의 한 교파. 칼뱅주의를 바탕으로 모든 쾌락을 죄악시하고 사치와 성직자의 권위를 배격하였으며, 철저한 금욕주의를 주장하였다.

칼뱅교 : 16세기 프랑스의 종교 개혁자 칼뱅에게서 비롯된 칼뱅주의를 신봉하는 기독교의 한 파. 신의 절대적 권위를 강조하고 세상의 모든 일은 신이 정한 예정대로 이루어진다는 예정설을 주장하였다.

재치와 미모로 나라를 지키려 했던 이집트의 여왕
클레오파트라

본명 : Cleopatra
생애 : BC 69~BC 30
재위 기간 : BC 51~BC 30

클레오파트라는 이집트 *'프톨레마이오스 왕조'의 최후의 여왕으로 기원전 69년 프톨레마이오스 12세의 둘째 딸로 태어났다. 그녀는 어려서부터 무척 총명했고, 얼굴도 무척 아름다웠다고 한다.

기원전 51년 아버지가 죽자 그녀는 남동생과 결혼하여 이집트를 공동 통치하였다. 그러나 얼마 뒤에 권력 다툼을 벌이다가 왕위에서 쫓겨나고 말았다. 그 때 마침 폼페이우스를 쫓아 *알렉산드리아에 와 있던 로마 장군 카이사르의 도움을 받아 다시 왕위에 올랐다.

그 후에 그녀는 카이사르와의 사이에 카이사리온이라는 아들을 낳고 로마에 머물렀다. 그러나 카이사르가 원로원에서 암살을 당하자 그녀는 다시 이집트로 돌아왔다. 카이사르가 죽은 뒤로 로마의 권력은 안토니우스와 카이사르의 양자인 옥타비아누스가 나누어 가졌다.

클레오파트라는 이집트의 왕위를 유지하기 위하여 옥타비아누스보다는 강력한 세력을 가진 안토니우스를 유혹했다. 안토니우스는 옥타비아누스 누나의 남편인데도 불구하고 클레오파트라의 유혹에 빠져 함께 살았다. 게다가 그녀와 그녀의 아이들에게 로마의 속주인 키프로스 섬과 *시리아 등을 주겠다고 약속하였다.

이에 분노한 옥타비아누스는 로마의 지배권을 놓고 클레오파트라·안토니우스 연합군과 싸움을 벌여 승리하였다. 이 싸움이 기원전 31년에 벌어진 유명한 '악티움 해전'이다.

싸움에서 패한 클레오파트라는 알렉산드리아로 도망쳐서 재기를 노렸다. 그러나 안토니우스가 자살하고 옥타비아누스 군이 공격을 해오자, 기원전 30년 그녀도 독사에게 가슴을 물게 하여 자살하고 말았다. 클레오파트라의 죽음으로 이집트 프톨레마이오스 왕가는 300년 만에 막을 내리고 말았다.

클레오파트라는 아름다운 용모와 여러 외국어를 자유자재로 구사하는 뛰어난 능력을 지닌 여자였다. 그녀는 로마의 두 영웅인 카이사르와 안토니우스를 이용하여 위태롭던 이집트 왕국을 지키려고 노력하였다. 그러나 사람들은 그녀의 매력만을 강조하여 오늘날까지 요부로 취급하고 있다.

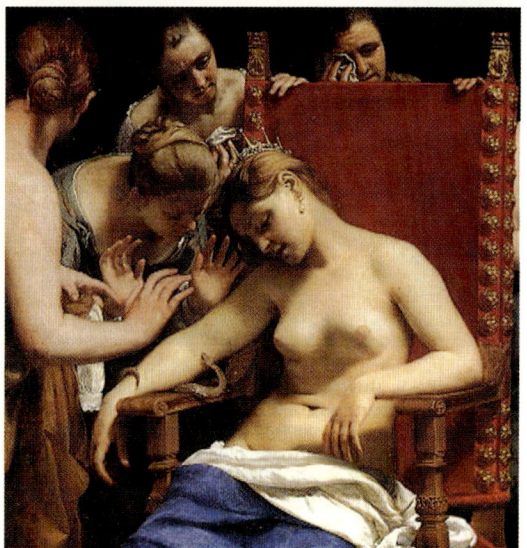

클레오파트라와 파라오 부조(왼쪽), 클레오파트라 두상(오른쪽 위), 클레오파트라의 죽음을 묘사한 그림(오른쪽 아래)

함께 보아요

시리아 : 서아시아, 지중해 동해안 지역을 통틀어 이르는 이름. 기원전에는 페니키아인이 활약하던 곳이었으며, 현재는 시리아, 요르단, 레바논, 이스라엘 등의 국가들이 있다.

알렉산드리아 : 이집트 북부 지중해에 면해 있는 제1의 무역항. 기원전 332년에 알렉산드로스 대왕이 건설하였으며, 오랫동안 고대 이집트의 수도였다. 주로 면화를 수출하며 시멘트, 자동차, 기계 공업 등이 발달하였다.

프톨레마이오스 왕조 : 기원전 305년부터 기원전 30년까지 이집트를 지배한 왕조. 프톨레마이오스가 세웠으며, 수도인 알렉산드리아는 헬레니즘 문화의 중심지였다.

클레오파트라 283

동양인 최초로 노벨 문학상을 수상한 인도의 시성
타고르

본명 : Rabindranath Tagore
생애 : 1861~1941

타고르는 1861년 인도 서벵골 주의 캘커타에서 *벵골 명문의 대성인으로 불리던 데벤드라나트의 열다섯 아들 중에 열네번째 아들로 태어났다. 그의 집안에서는 대대로 철학자, 예술가, 종교가 등이 많이 배출되었는데, 그의 아버지도 평생을 종교 혁신 운동에 헌신하여 대성자로 존경을 받았다.

이런 집안 분위기 속에서 자란 타고르는 11세 때부터 시를 쓰기 시작했고, 16세 때에 첫 시집 『들꽃』을 출판하여 '벵골의 *셸리' 라는 찬사를 받았다.

1877년 영국에 유학하여 법률을 공부했고, 귀국 후에는 벵골어로 작품을 발표하면서 영어로도 번역하였다. 1891년에는 아버지의 뜻에 따라 농촌의 소유지를 관리하며 가난한 농민 생활을 보고 농촌 개혁에 뜻을 두었다. 그러나 이 시기에 아내와 딸을 잃고 작품에 종교적 색채가 강해졌다.

1905년 영국인 총독이 인도인들을 분열시키려고 벵골 주를 힌두교도가 많이 사는 서부와 이슬람교도가 많이 사는 동부로 분할하였다. 이 때 타고르는 앞장서서 분할 반대 투쟁을 이끌어 벵골 *'스와라지 운동' 의 이념적 지도자가 되었다. 그의 이런 노력으로 영국은 1911년에 벵골 주를 다시 통합시켰다. 1909년 시집 『기탄잘리』를 발표하여, 1913년에 아시아인으로는 최초로 노벨 문학상을 수상하였다. 이 때부터 타고르는 세계 각국을 순방하면서 동서 문화의 융합에 힘썼다. 한편 인도의 미래를 위해 교육 사업도 벌여서 캘커타 근교에 샨티니케탄(평화 학당)을 창설하였다. 이 학당은 후에 인도 국립대학으로 발전하였다.

작곡에도 뛰어난 재능을 보였던 타고르는 현재 인도의 국가인 「자나 가나 마나」의 작사, 작곡자이기도 하다.

간디와 더불어 인도의 국부로 추앙받고 있는 타고르는 1941년 80세를 일기로 세상을 떠났다. 저서로 시집 『신월』, 『원정』 등이 있고, 희곡 『우체국』, 『암실의 왕』, 소설 『고라』, 『카불에서 온 과실장수』 등 기타 많은 작품이 있다. 한편으로 한국을 소재로 한 두 편의 시 「동방의 등불」, 「패자의 노래」도 남겼다.

타고르의 흉상(왼쪽), 타고르와 아인슈타인(오른쪽 위), 타고르가 생전에 살던 집(오른쪽 아래)

함께 보아요

벵골 : 인도의 서벵골 주에서 방글라데시까지 이르는 지역. 갠지스 강과 브라마푸트라 강의 삼각주를 중심으로 이루어졌다. 쌀과 황마가 주산물이며, 석탄, 동, 암염도 산출된다. 중심 도시는 캘커타이며, 면적은 한반도와 비슷한 20만㎢이다.

셸리(Percy Shelley, 1792~1822) : 영국의 낭만파 시인. 영국 남부의 귀족 출신으로 명문 사립학교인 이튼 대학을 졸업하고 옥스퍼드 대학에 진학했으나, 무신론을 주장하는 팸플릿을 배포한 혐의로 퇴학을 당했다. 그 후로 무정부주의자이자 자유사상가인 윌리엄 고드원의 영향을 받아, 그의 정치적 이상을 노래한 「매브 여왕」을 발표하여 시인으로 데뷔했다. 셸리는 30세의 젊은 나이에 바다에 빠져 익사했지만, 섬세한 정감을 노래한 많은 작품을 남겼다. 저서로 대표작인 『사슬에서 풀린 프로메테우스』, 서사시 『앨러스터』, 정치시 『회교도의 반란』, 시극 『첸치 일가』, 시론 『시의 옹호』 등이 있다.

스와라지 운동 : 1906년에 간디가 주도한 영국인을 몰아내고 인도인 스스로 인도를 다스리자는 독립·자치 운동이다.

테레사 수녀

가난한 사람들을 위해 일생을 바친 성녀

본명 : Agnes Gonxha Bojaxhiu
생애 : 1910~1997

테레사 수녀는 1910년 마케도니아 스코페의 *알바니아인 가정에서 태어났다. 그녀가 8세 때인 1918년 마케도니아는 *유고슬라비아 공화국에 합병되었다가, 1991년에 유고 연방에서 탈퇴하여 독립 국가가 되었다.

세례명이 아그네스인 그녀는 1928년에 아일랜드의 로레토 수녀원에 들어가 수녀가 되었다. 그 뒤에 영국의 식민지이던 인도의 *캘커타로 건너가 그 곳 성당의 수녀로 일했다.

그 당시 인도는 굶어 죽는 사람이 무척 많았다. 테레사 수녀는 그들을 위해 일하려고 도시의 빈민가로 들어가 센트메리 고등학교에서 아이들을 가르쳤다.

1947년 인도가 영국으로부터 독립했지만, 그녀는 본국으로 돌아가지 않고 가난한 사람들과 평생을 함께하기로 결심하였다. 1950년 10월에는 '사랑의 선교 수녀회'를 설립하여 가난한 사람, 고아, 나병 환자, 병에 걸려 죽음을 기다리는 사람들을 돌보았다. 이 무렵부터 그녀는 '마더 테레사'로 불렸다.

1963년 그녀는 더 많은 일을 하기 위해 '사랑의 선교 수사회'를 설립하였다. '사랑의 선교 수사회'는 1965년에 교황청으로부터 정식 승인을 받아 교황 직속 조직이 되었다.

그녀의 선행이 세상에 알려지자 1971년 교황청에서 요한 23세 평화상을 수여했고, 1979년에는 노벨 평화상을 수상하였다. 그녀는 1981년에 우리 나라를 방문하여 여러 복지 시설을 돌아보았다.

1995년 10월, 테레사 수녀는 미국 워싱턴에 입양센터 '아동을 위한 테레사의 집'를 세우고 사생아와 미혼모 문제 등을 입양 운동을 통해 해결하고자 노력하였다.

그녀는 1997년 9월, 87세를 일기로 세상을 떠났다.

평생을 가난하고 병든 사람들을 위해 봉사와 희생의 삶을 살아온 그녀는 현재 '가난한 사람들의 성녀'로 추앙받고 있다.

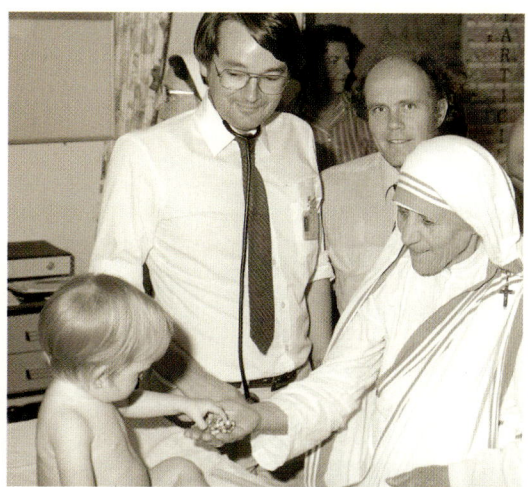

테레사 수녀가 태어난 곳을 기념하여 만든 동상(왼쪽), 어린이 병원을 방문한 테레사 수녀(오른쪽 위), 테레사 수녀가 생전에 살던 집(오른쪽 아래)

함께 보아요

알바니아 : 발칸 반도 남서부에 있는 공화국. 1946년 이탈리아로부터 독립하였으며, 1990년 이후 민주화를 위해 노력하고 있다. 산지가 많아 목축을 많이 하고, 주민은 알바니아인으로 대부분이 이슬람교도이다. 주요 언어는 알바니아어이며, 수도는 티라나이고, 면적은 2만 8,748㎢이다.

유고슬라비아 : 유럽 남동부 발칸 반도 서부에 있는 연방 공화국. 1918년 유고슬라비아 사회주의 연방 공화국을 구성하였던 공화국들이 1991년에 슬로베니아, 크로아티아, 마케도니아가, 1992년에 보스니아 헤르체고비나가 독립을 선언하였다. 남아 있던 두 공화국인 세르비아와 몬테네그로가 연대하여 새로운 유고슬라비아 연방 공화국을 성립하였으나, 유엔의 인정은 받지 못하고 있다. 수도는 베오그라드이고, 면적은 10만 2,173㎢이다.

캘커타 : 인도 동쪽 갠지스 강의 지류인 후글리 강에 접하여 있는 도시. 황마, 쌀, 차 등의 수출로 유명하다. 서벵골 주의 주도이다.

톨스토이

톨스토이주의를 주장한 러시아의 대문호

본명 : Lev Nikolaevich Tolstoi
생애 : 1828~1910

톨스토이는 1828년 남러시아의 툴라 근처에서 백작가의 넷째 아들로 태어났다. 그러나 어려서 부모를 여의고 친척집에서 자랐다.

1847년 카잔 대학에 다니던 그는 대학 교육에 실망을 느끼고 중퇴하였다. 그 후에 고향으로 돌아와 자신의 영지 내에 사는 농민들의 생활을 개선하려 하였다. 그러나 자신이 꿈꾸었던 일이 마음대로 되지 않자 잠시 방탕 생활에 빠졌다.

1851년 형의 권유로 군대에 들어간 그는 카프카스에서 사관후보생으로 복무하며 글을 쓰기 시작했다. 이듬해에 자신의 어린 시절을 그린 처녀작 『유년 시대』를 익명으로 발표하여 격찬을 받았다.

『소년 시대』와 『세바스토폴 이야기』도 군에 복무하면서 지은 작품들이다. 1855년 군에서 제대할 무렵, 그는 이미 청년 작가로 이름이 널리 알려져 있었다.

1862년 톨스토이는 궁정 의사의 딸인 소피아와 결혼하여 생활의 안정을 찾았다. 그 이후로 문학에 전념하여 *『전쟁과 평화』, *『안나 카레니나』 등 많은 명작을 발표하였다.

그러나 50세에 접어들면서 죽음에 대한 공포와 인생의 허무를 느끼며 종교에 깊이 빠져들었다. 이 때부터 그는 『교의 신학 비판』, 『요약 복음서』, 『참회록』, 『교회와 국가』, 『나의 신앙』 등 종교 관련 서적을 집필하며 자신의 사상을 체계화시켜 나갔다. 톨스토이의 이 사상을 '톨스토이주의'라고 한다.

톨스토이주의는 타락한 현대의 기독교를 버리고 원시 기독교로 복귀하는 것을 말한다. 근로, 채식, 금주, 금연 등을 지키며 간소한 생활을 하고 악에 대한 무저항주의와 자기 완성을 신조로 하여 사랑의 정신으로 전 세계의 복지에 기여하는 것이다.

1910년 10월, 톨스토이는 큰딸과 주치의를 데리고 집을 떠나 여행길에 올랐다. 그러나 도중에 병을 얻어 시골 역장 관사에서 82세를 일기로 세상을 떠났다.

위의 작품들 외에 『예술이란 무엇인가』, 『신부 세르게이』, *『부활』, 『인생의 길』 등 많은 작품이 있다.

톨스토이의 초상화(왼쪽), 톨스토이와 체호프(오른쪽 위), 톨스토이의 가족(오른쪽 아래)

함께 보아요

부활 : 톨스토이가 1899년에 발표한 장편 소설. 살인죄로 고소당한 창녀의 재판에 배심원으로 나가게 된 네플류도프 공작은 그녀가 과거에 자신이 범했던 하녀 카추샤임을 알고 괴로워한다. 그녀가 시베리아로 유형되자 따라가서 끝내 무죄를 밝히고 그녀를 갱생시킨다. 그 후 자신도 종교적인 사랑에 의하여 부활한다는 내용으로, 당시 러시아의 부정과 거짓을 날카롭게 파헤친 걸작이다.

안나 카레니나 : 톨스토이가 1873년부터 1876년 사이에 지은 장편 소설. 주인공 안나는 남편 카레닌과의 애정 없는 생활에서 벗어나 청년 귀족 우론스키와 연애를 한다. 하지만 귀족 사회의 지탄을 받고 끝내 자살한다는 비극적인 내용으로, 당대 사회상이 잘 나타나 있는 작품이다.

전쟁과 평화 : 톨스토이가 1864년부터 1869년에 걸쳐 지은 장편 소설. 나폴레옹의 침입을 배경으로 하여 상류 사회의 전제화와 그에 저항하는 청년 귀족 안드레이와 피에르의 번민과 반성을 그린 작품이다.

파브르

『곤충기』를 쓴 프랑스의 곤충학자

본명 : Jean Henri Fabre
생애 : 1823~1915

파브르는 1823년 프랑스 남부 생레옹이라는 시골 마을에서 가난한 농부의 아들로 태어났다. 4세 때 집안이 너무 가난하여 말라바르의 외할아버지 집에 맡겨졌다. 파브르는 외할아버지 집 근처 숲속에서 마음껏 뛰어놀며 자랐다. 이 영향으로 그는 곤충들과 친숙하게 되었던 것이다.

그 후 파브르는 사범학교를 졸업하고 초등학교 교사가 되었다. 어린이들을 가르치면서 몽펠리에 대학에 들어가 물리학과 수학을 공부하였고, 1849년에는 코르시카의 아작시오 중학교 과학교사가 되었다. 1853년에는 아비뇽에 있는 고등학교 교사가 되었고 물리학 학사 시험에도 합격하였다.

1854년 겨울, 파브르는 곤충학자 레옹 뒤프르가 쓴 곤충에 관한 논문을 읽고 큰 감명을 받아 일생 곤충을 연구하기로 결심하였다.

그 때부터 산과 들을 돌아다니며 곤충들을 관찰했다. 1855년에는 *노래기벌을 연구하여 학계에 발표하였다. 그 후로도 그는 아비뇽의 르키앙 박물관장을 지내면서 계속해서 곤충을 연구하였다. 후에 이 공로로 레지옹 도뇌르 훈장을 받았다.

1878년 파브르는 박물관장에서 물러나 세리냥의 아르마스로 이사했다. 집 근처 숲속에서 곤충들을 관찰하며 1879년부터 곤충에 관한 책을 쓰기 시작했다.

그는 본능에 따라 움직이는 곤충들의 삶을 무려 30년 동안 사랑과 인내심을 가지고 관찰하여 1907년, 마침내 10권으로 된 『곤충기』를 출판하였다. 218종의 곤충들의 삶이 아름다운 문장으로 쓰여진 이 책은 오늘날에도 세계 사람들에게 많은 사랑을 받고 있다.

이 책이 출판되자 1910년에 파브르 후원회가 설립되었다. 또한 이 공로로 스웨덴 스톡홀름 학사원에서 *'린네상'을 수여했고, 프랑스 정부에서도 훈장과 연금을 수여하였다.

파브르는 평생 곤충들을 연구하여 생물학의 발전에 많은 업적을 남겼는데도 일생을 가난에서 벗어나지 못하였다. 곤충들을 너무도 사랑하여 '벌레의 시인'으로 불리는 파브르는 1915년 92세를 일기로 세상을 떠났다.

자신의 연구실에서 곤충을 관찰 중인 파브르(위), 관찰한 것을 기록 중인 파브르의 모습(원내)

함께 보아요

노래기벌 : 구멍벌과의 곤충으로 몸의 길이는 12mm에서 14mm이다. 검은 바탕에 온몸에 회갈색 털과 점각이 있으며, 배와 다리에 노란 얼룩점이 있다. 한국, 일본, 유럽 등지에 널리 분포한다.

린네(Carl von Linne, 1707~1778) : 스웨덴의 식물학자. 룬트·웁살라 대학에서 의학을 공부하였으나, 다시 생물학을 공부하여 졸업 전인 1724년부터 식물학을 강의하였다. 1732년 연구보조금을 받아 스칸디나비아 반도의 라플란드로 식물을 채집하러 떠났으며, 이를 정리하여 좋은 성적으로 졸업하였다. 1738년 병원을 개업하였고, 웁살라 대학의 교수가 되었다. 그의 명성이 알려지면서 많은 학생들이 웁살라 대학으로 모여들었으나, 1774년 강의 도중에 뇌일혈로 쓰러져 후유증으로 4년 후에 죽었다. 그의 업적은 생물분류법의 기초를 확립한 것이다. 그의 대표적 저서인 『자연의 체계』는 이명법을 확립한 분류학의 귀중한 책이다.

린네상 : 스웨덴의 생물학자인 린네(1707~1778)의 업적을 기리기 위해 스웨덴에서 제정한 상. 해마다 동·식물의 연구에 뛰어난 업적을 남긴 학자에게 수여한다. 린네는 평생 동·식물을 연구하여 동·식물의 근대적인 분류법을 만들고 학명이라고 하는 세계 공통의 이름을 붙였다.

파스칼

프랑스의 천재 수학자이자 철학자

본명 : Blaise Pascal
생애 : 1623~1662

파스칼은 1623년 프랑스 중남부 클레르몽페랑에서 세무장관의 아들로 태어났다. 그는 3세 때 어머니를 여의고, 8세 때 아버지를 따라 파리로 나왔다.

어려서부터 아버지에게 수학을 배운 그는 독학으로 유클리드 기하학을 생각해낼 정도로 머리가 뛰어났다. 16세 때에는 「원뿔곡선 시론」을 발표하여 대수학자인 데카르트를 놀라게 하는 등 소년 수학자로 이름을 날렸다. 유명한 *'파스칼의 정리'는 이 시론에 나타나 있다.

1640년 아버지를 따라 루앙으로 가서 아버지의 세무 일을 돕기 위해 1642년에 세계 최초의 계산기를 발명했다. 이 시기에 *'토리첼리의 실험'을 해보고 '진공에 관한 문제'와 '유체 정역학'에 관한 문제에 흥미를 가져 마침내 「진공에 관한 신 실험」을 발표하였다.

1651년 아버지가 사망하자 파스칼은 사교계의 화려한 생활에 빠져들었다. 그러나 이 시기에도 노름에서 딴 돈을 공정하게 분배해주는 것을 보고 확률론을 창안하여 「수삼각형론」이라는 논문을 썼다. 파스칼은 이 논문으로 수학적 귀납법의 훌륭한 전형을 구성하였으며, 수의 순열, 조합, 확률과 이항식에 대한 수삼각형의 응용을 설명하였다.

또 물리 실험의 결과를 「유체의 평형」, 「대기의 무게」라는 두 논문으로 정리하였다. *'파스칼의 원리'는 「유체의 평형」 속에 포함되어 있다.

1654년 겨울, 파리 사교계에 염증을 느끼고 포르루아얄 수도원에 들어갔다. 그 당시 프랑스 가톨릭 교회에서는 예수회와 포르루아얄에 모인 *장세니슴파 사이에 격렬한 논쟁이 벌어졌다. 파스칼은 그 논쟁에 휘말려 '시골 친구에게 부치는 편지'라는 제목의 글을 익명으로 발표하여 예수회 신학의 기만을 폭로했다.

1658년에는 우연히 적분법을 창안해냈는데, *「사이클로이드 일반론」 등의 논문에 그 이론이 나타나 있다.

1662년 『그리스도교의 변증론』을 집필하기 위하여 초고를 쓰기 시작하였으나 병에 걸려 완성하지 못하고 39세의 젊은 나이로 세상을 떠났다.

1670년 포르루아얄의 친구들이 그 초고를 정리하여 책으로 펴냈는데, 이것이 그의 대표작인 『팡세(명상록)』이다. 이 책 속에 "인간은 생각하는 갈대다."라는 명언이 수록되어 있다.

프랑스 루브르 박물관에 있는 파스칼 석상(왼쪽), 파스칼의 묘비(오른쪽 위), 파스칼이 세계 최초로 만든 계산기 '파스칼리느'(오른쪽 아래)

함께 보아요

사이클로이드 : 한 원이 일직선 위를 굴러갈 때, 이 원의 원둘레 위의 한 점이 그리는 자취이다.

장세니슴 : 네덜란드의 신학자 얀센이 창시한 교리. 아우구스티누스의 설을 받들어 은총, 자유 의지, 예정 구원설에 대한 엄격한 견해를 발표하여 17세기에서 18세기에 프랑스 교회에 큰 논쟁을 일으켰다. 프랑스의 포르루아얄파 등의 신봉을 얻었으나 1713년 로마 교황에 의하여 이단 선고를 받고 소멸하였다.

파스칼의 원리 : 밀폐된 물체의 일부에 압력을 가하면 그 압력이 물체 내의 모든 곳에 같은 크기로 전달된다는 원리. 유압기, 공기 제동기 등은 이 원리를 응용한 것이다. 1653년에 파스칼이 발견하였다.

파스칼의 정리 : 평면 위에 있는 여섯 점이 같은 원뿔 곡선 위에 있으면, 이 여섯 점으로 이루어진 육각형의 대변을 연장한 교점은 같은 직선 위에 있으며, 그 역도 성립한다는 정리. 이 육각형을 파스칼의 육각형, 직선을 파스칼의 선이라고 한다.

토리첼리의 실험 : 1643년에 토리첼리가 대기압의 작용에 관하여 한 실험. 한쪽 끝이 막힌 길이 약 1m의 유리관에 수은을 채우고, 다른 쪽 끝은 수은이 든 그릇에 담가 관을 거꾸로 세우면 관 속의 수은이 흘러내려 수은주의 약 760mm에서 머무르고, 그 위에 진공에 가까운 부분이 생긴다. 이 실험으로 대기압의 개념이 확립되었으며, 이 원리는 수은 기압계에 이용된다.

프랑스의 위대한 미생물학자
파스퇴르

본명 : Louis Pasteur
생애 : 1822~1895

파스퇴르는 1822년 프랑스 동부 쥐라 현에서 가난한 노동자의 아들로 태어났다. 파리의 에콜 노르말(고등 사범학교)에서 물리학과 화학을 공부한 그는 졸업 후에도 모교의 화학 연구실 조수로 일했다.

1848년 *타르타르산을 연구하여 타르타르산염과 파라타르타르산염의 구조상의 차이를 밝혀냈고, 타르타르산이 4종류라는 사실도 알아냈다. 이 발견으로 파스퇴르의 이름은 프랑스 학계에 널리 알려졌다.

1849년 파스퇴르는 스트라스부르 대학의 화학교수가 되어 대학 학장의 딸인 마리와 결혼하였다. 그녀는 일생 파스퇴르의 곁에서 연구를 도와주었다.

1854년 파스퇴르는 벨기에 국경 근처에 릴 대학이 신설되자 화학교수 겸 이학부장으로 임명되었다. 이 때 양조업자 비고의 의뢰를 받아 발효와 부패에 관한 연구를 시작하였다. 그리하여 젖산 발효는 젖산균의 작용으로, 알코올 발효는 효모균의 작용으로 일어난다는 사실을 밝혀냈다.

1862년에는 포도주가 변하는 것을 방지하기 위한 *저온살균법을 고안하여 프랑스의 포도주 제조에 크게 공헌하였다. 한편 부패는 공기 중의 미생물 때문에 일어난다는 것을 실험을 통해 확인하고 *우연발생설을 부인하였다.

1865년에는 누에의 미립자병과 연화병을 연구하여 퇴치법을 알아냈고, 1867년에는 소르본 대학의 화학교수로 임명되었다. 그러나 에콜 노르말에서 계속 연구하며 탄저병, 패혈병, 산욕열 등의 원인을 밝혀냈다.

1879년 닭 콜레라의 독을 약화시킨 배양균을 닭에 주사하면 면역이 생긴다는 것을 발견했다. 이 발견으로 사람이나 동물 모두에게 백신을 접종하면 전염병을 미리 예방할 수 있다는 백신 주사법이 확립되었다.

1881년 파스퇴르는 학자로서는 최고 영예인 프랑스 학사회 회원이 되었다. 1886년에는 세계 각처에서 모은 기부금으로 *'파스퇴르 연구소'가 세워졌고 파스퇴르가 초대 소장으로 취임하였다.

인류의 질병을 퇴치하고 산업의 발달에 큰 공헌을 한 파스퇴르는 1895년 73세를 일기로 세상을 떠났다.

연구 중인 파스퇴르(왼쪽), 파스퇴르 연구실(오른쪽 위), 파스퇴르가 생전에 살던 집(오른쪽 아래)

함께 보아요

우연발생설 : 생물은 무생물계에서 생물의 종자 없이 발생한다는 학설. 1870년 헉슬리가 제창하였으며, 아리스토텔레스 이후 많은 학자들이 믿어왔다. 그러나 파스퇴르의 실험으로 사실이 아님이 밝혀졌다.

저온살균 : 식품류를 60℃에서 80℃의 온도에서 30분 정도 가열하여 살균하는 방법. 주로 우유, 달걀, 맥주 등과 같이 비타민이나 단백질이 많이 들어 있어 고온에서 변질되기 쉬운 식품을 살균할 때 쓴다.

타르타르산 : 주석에 탄산칼슘을 넣어 얻는 침전물을 묽은 황산으로 처리하면 얻을 수 있는 무색 결정 물질. 신맛이 있으며 물과 알코올에 잘 녹아 청량음료, 염료, 약제 등에 널리 사용한다.

파스퇴르 연구소 : 미생물, 혈청 요법, 생화학 따위의 연구를 주요 목적으로 프랑스 파리에 세워진 연구소. 광견병 예방 접종법을 발견한 파스퇴르를 기념하여 1886년에 설립되어 초대 소장으로 파스퇴르가 취임하였다. 세균학 연구뿐만 아니라 학교와 병원도 세워져 있다.

펄 벅

중국을 사랑한 미국의 여류 작가

본명 : Pearl Sydenstricker Buck
생애 : 1892~1973

미국의 여류 작가인 펄 벅은 1892년 미국 웨스트버지니아 주에서 선교사의 딸로 태어났다. 태어난 지 4개월째 됐을 때 아버지를 따라 온 가족이 중국으로 건너갔다.

그녀는 자상한 어머니와 중국인 유모의 보살핌을 받으며 자라 9세 때 중국인 학교에 입학했다. 중국인 아이들과 공부하고 방과 후에 집으로 돌아오면 어머니는 영국의 고전을 읽게 하였다. 어머니의 이런 가르침은 후에 그녀가 작가가 되는 데 커다란 영향을 끼쳤다.

중국에서 고등학교를 졸업한 그녀는 1910년 미국으로 돌아가서 랜돌프 매콘 여자 대학을 우수한 성적으로 졸업하였다. 그 후 다시 중국으로 건너가, 1917년 *난징 대학 교수인 농업 경제학자 존 로싱 벅 박사와 결혼하였다.

그들 부부 사이에 두 딸이 태어났는데, 큰딸은 극도의 정신박약아였다. 그녀는 이런 시련을 잊기 위해 소설을 쓰기 시작했고, 후에 큰딸을 소재로 한 『자라지 않는 아이』라는 작품도 썼다.

1930년 펄 벅은 소설 『동풍 서풍』을 발표하여 작가로 데뷔했다.

그 이듬해에는 *『대지』를 발표하여 크나큰 성공을 거두었다. 그녀의 대표작인 『대지』는 1930년대에 미국에서 최대의 판매 부수를 기록했고, 세계 30개국에서 번역 출판되었다. 또한 이 작품은 그녀에게 미국의 가장 권위 있는 언론·문학상인 퓰리처상을 안겨주었다.

『대지』의 후속편인 『아들들』, 『분열된 집안』도 큰 성공을 거두었고, 1938년에는 미국 여류 작가로는 최초로 노벨 문학상을 수상하였다.

펄 벅은 중국을 제2의 조국으로 여기고 평생 중국 대륙과 중국인들의 삶을 작품으로 표현했다. 뿐만 아니라 동화, 수필, 평론 등의 작품도 많이 발표하여 1948년에는 미국 아동 연구회상을 받기도 하였다.

펄 벅은 정신박약아인 불쌍한 큰딸의 영향으로 아이들에 대한 관심이 남달랐다. 그 때문에 펄 벅 재단을 설립하여 전쟁 중에 태어나 사회에서 소외받고 있는 전쟁 혼혈아들을 돌보는 일에 앞장섰다.

미국의 대표적 여류 작가이자 사회 운동가인 펄 벅은 1973년 81세를 일기로 세상을 떠났다.

펄 벅의 동상(왼쪽), 펄 벅의 무덤(오른쪽 위), 펄 벅의 집(오른쪽 중간), 손녀와 망중한을 즐기는 펄 벅(오른쪽 아래)

함께 보아요

난징(南京) : 중국 장쑤 성(江蘇省, 강소성) 남서쪽에 있는 도시. 양쯔 강(揚子江) 하류 연안에 있는 수륙 교통의 요충지이며 역대 왕조의 도읍지로 명승고적이 많다. 1928년에 국민당 정부의 수도가 된 후로 중국의 정치, 군사, 문화, 교육의 중심지가 되었다. 기계, 화학, 철강 공업이 발달하였다.

대지 : 1931년에 미국의 여류 작가 펄 벅이 지은 장편 소설. 중국 청나라 말기의 가난한 농민인 왕룽 집안의 이야기와 중국 사회의 역사를 사실적으로 그려낸 명작이다. 펄 벅은 이 작품으로 1938년에 노벨 문학상을 받았다.

09 일화 이야기로 보는 역사 인물

 **콜럼버스의 달걀**

　콜럼버스는 신대륙을 찾아 항해를 떠나기에 앞서서 아라곤의 이사벨 여왕과 이런 계약을 맺었습니다.
　"콜럼버스가 새로운 땅을 발견하면 그 땅을 다스리게 되고, 그 땅에서 나는 산물의 10분의 1을 받는다. 또 이 직책과 특권은 콜럼버스의 자손들에게 대대로 물려진다."
　계약이 성사되자 이사벨 여왕은 항해에 필요한 모든 자금과 선박 두 척(핀타 호와 니냐 호)을 내주고, 과거에 지은 죄를 모두 용서해준다는 조건으로 선원들도 구해주었습니다. 그리하여 콜럼버스는 대서양을 항해하여 쿠바 등 여러 섬을 발견했습니다.
　1493년 3월 15일, 콜럼버스는 7개월간의 긴 항해를 마치고 에스파냐의 팔로스 항구로 돌아왔습니다. 에스파냐의 이사벨 여왕과 페르난도 왕은 콜럼버스의 공을 칭찬하고 높은 벼슬과 많은 상을 내렸습니다.
　그 후로 콜럼버스의 명성은 에스파냐는 물론 전 유럽으로 퍼져나갔습니다. 귀족들은 너나없이 연회를 열고 콜럼버스를 초대했습니다. 콜럼버스가 초대된 연회에는 많은 귀족들이 참석했습니다.
　어느 날, 연회에서 콜럼버스의 공로를 시기하는 한 백작이 말했습니다.
　"콜럼버스 공이 새로운 섬을 발견하지 않았더라도 누구든지 배를 몰고 서쪽으로만 가면 성공했을 것이오."
　따지고 보면 틀린 말은 아니었으므로 많은 귀족들이 고개를 끄덕였습니다. 콜럼버스는 기분이 상했지만 아무런 대꾸없이 테이블에 놓인 달걀 하나를 집어들었습니다.
　"여러분이 무슨 말씀을 하시는지 잘 알았습니다. 그렇다면 여러분 중에 누구든 이 달걀을 테이블 위에 세워보십시오. 이 달걀을 세우는 분이 계시면 그 말씀을 인정하겠습니다."

재미있게 읽고 나면 역사가 쏙쏙!

콜럼버스는 달걀을 테이블 위에 놓았습니다.

귀족들은 너나없이 달려들어 달걀을 세우기 시작했습니다. 그러나 타원형의 달걀을 평평한 테이블에 세운다는 것은 불가능했습니다.

귀족들이 모두 포기하고 물러나자 콜럼버스가 달걀을 집어들었습니다. **그는 달걀 한 쪽 끝을 테이블에 부딪쳐 납작하게 만든 다음 테이블 위에 세워 놓았습니다.** 귀족들은 미처 그런 생각을 하지 못한 것을 부끄럽게 생각하며 얼굴을 붉혔습니다.

그러나 콜럼버스를 비난했던 백작은 여전히 수긍할 수 없다는 불만스런 얼굴로 몹시 투덜거렸습니다.

"아니 달걀 끝을 깨뜨려서 세우는 것은 누구나 할 수 있는 일이 아닙니까? 그게 무슨 대단한 일이라고……."

콜럼버스가 빙긋이 웃으며 말했습니다.

"물론 백작님의 말씀대로 이것은 누구나 할 수 있는 일입니다. 그 이유는 이미 제가 여러분에게 보여드렸기 때문입니다. 누군가 한 번 시행한 일을 따라하기는 아주 쉽습니다. 그러나 무슨 일이든 처음에 시작하는 사람은 그 일을 이루기 위해 온갖 두려움과 역경을 이겨내고 이루어낸 것입니다. 처음에는 죽음을 무릅쓰고 해낸 일이라도 다음 사람이 할 때는 손쉬운 일이 되는 거지요."

콜럼버스의 말에 귀족들은 고개를 끄덕이며 박수를 보냈습니다.

이것이 그 유명한 '콜럼버스의 달걀' 입니다.

콜럼버스

이야기로 보는 역사 인물 299

페스탈로치

고아들을 위해 일생을 바친 스위스의 교육자

본명 : Johann Heinrich Pestalozzi
생애 : 1746~1827

페스탈로치는 1746년 스위스 취리히에서 태어났다. 그는 아버지를 일찍 여의고, 독실한 기독교 신자인 어머니와 목사인 할아버지의 가르침을 받으며 자랐다. 취리히 대학에서 신학을 공부하던 그는 애국자 단체에 가입하여 사회 운동에도 참여하였다.

1771년 노이호프에 농민학교를 세웠으나 사람들의 배움에 대한 열정이 부족하여 실패로 끝나고 말았다. 그 후로 가난한 아이들을 가르치며 저술 활동을 하며 세월을 보냈다.

1798년 프랑스 혁명의 여파로 스위스에도 전쟁고아가 많이 생겨났다. 페스탈로치는 오갈 데 없는 그들을 위해 슈탄스에 고아원을 설립하고 직접 가르치기 시작했다. 그 후로 부르크도르프와 이베르돈에도 학교를 세워 독자적인 교육 방법을 실천하였다.

페스탈로치의 교육 방법은 한마디로 *'전인 교육'이었다.

그는 사람들을 교육시켜 바른 *지성의 힘을 길러주면 그들 스스로의 힘으로 사회적 지위를 높일 수 있다고 주장했다. 또한 도덕적으로 훌륭한 사람은 부모와 자식 간의 사랑과 믿음으로부터 시작되므로 올바른 가정 교육을 강조했다.

고아들을 돌보고 교육을 위해 평생을 헌신하여 '영원한 고아의 아버지'로 불리는 페스탈로치는 만년에는 노이호프로 돌아갔다. 그 곳에서 저술 활동에 전념하다가, 1827년 81세를 일기로 세상을 떠났다.

페스탈로치의 묘비에는 "모든 것이 남을 위해서였으며, 스스로를 위해서는 아무것도 하지 않았다."라고 새겨져 있다. 이것은 곧 그의 교육에 대한 열정과 노력을 단적으로 나타낸 말이라고 할 수 있다.

페스탈로치는 인간성에 대한 깊은 신뢰와 신에 대한 순수한 신앙을 바탕으로 많은 저서를 남겼다. 대표적인 저서로 농민학교 운영에 실패한 후에 쓴 교육 선언인 『은자의 황혼』, 가정 교육의 중요성을 강조한 교육 소설 『린하르트와 게르트루트』, 『게르트루트는 어떻게 그의 아이들을 가르치는가』, 『백조의 노래』 등 많은 작품이 있다.

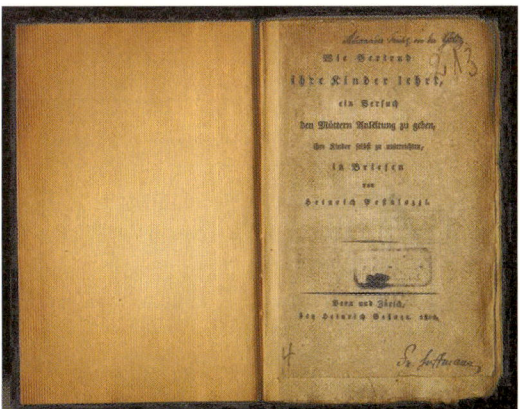

페스탈로치의 동상(왼쪽), 페스탈로치의 책(오른쪽 위), 페스탈로치가 태어난 스위스의 취리히(오른쪽 아래)

함께 보아요

전인 교육 : 지식이나 기능 등의 교육에 치우치지 않고 인간이 지닌 모든 자질을 조화롭게 발달시키는 것을 목적으로 하는 교육을 말한다.

지성 : 새로운 상황에 부딪쳤을 때 맹목적이거나 본능적인 방법에 의하지 아니하고 지적인 사고에 근거하여 그 상황에 적응하고 과제를 해결하는 성질을 말한다.

추리 소설의 장르를 개척한 미국의 천재 작가
포

본명 : Edgar Allan Poe
생애 : 1809~1849

미국의 시인이자 소설가이며 비평가인 에드거 앨런 포는 1809년 매사추세츠 주 보스턴에서 유랑 극단 배우의 아들로 태어났다. 그의 어머니도 아버지와 같이 유랑 극단에서 연극을 하던 배우였다.

1810년 아버지가 집을 나가 행방불명이 됐고, 이듬해에 어머니마저 리치먼드에서 세상을 떠나버리자 포는 고아가 되었다. 이 때 리치먼드의 부유한 상인인 존 앨런 부부가 포를 입양하였다.

1815년 포는 양부모를 따라 영국으로 건너가서 공부하다가, 1820년에 미국 뉴욕으로 돌아왔다. 그 뒤 버지니아 대학에 다니다가 중퇴하고, 1827년 미국 육군에 입대하였다. 이 때 상관의 소개로 설리번 섬의 박물학자 레버넬 박사를 만나 자연 과학에 심취하게 되었다. 이 경험을 바탕으로 후일에 쓴 소설이 포의 대표작 중 하나인 『황금 풍뎅이』이다.

1829년 군에서 제대한 포는 볼티모어의 고모 집에 갔다가 버지니아를 만났고, 1836년 26세의 나이로 13세의 어린 버지니아와 결혼하였다.

그 뒤로 여러 잡지사를 전전하면서 단편 『어셔 가의 몰락』, 최초의 추리 소설인 *『모르그 가의 살인사건』, 『검은 고양이』, 『황금 풍뎅이』와 시 「갈가마귀」 등의 걸작을 발표하였다. 그러나 당시 미국 문단에서 인정을 받지 못했기 때문에 습관적으로 술을 마시게 되었다.

1847년 사랑하는 아내 버지니아가 24세의 젊은 나이로 세상을 떠나자 그의 음주벽은 더욱 심해졌다. 그런 중에도 1849년에 시 *「애너벨 리」 등 걸작을 발표하면서 자신이 구상하던 새로운 잡지를 만들려고 열심히 뛰어다녔다.

그 해 10월, 메릴랜드 주의 볼티모어에서 술에 취해 쓰러져 있다가 병원으로 옮겨졌다. 그러나 4일 뒤에 40세의 젊은 나이로 세상을 떠나고 말았다.

포는 근대 단편 문학의 기수로써 문학은 도덕, 교훈과 같은 목적을 초월하여 미의 창조에 뿌리를 두어야 한다고 주장했다. 또한 처음으로 추리 소설을 써서 예술의 경지에까지 끌어올리기도 하였다.

볼티모어에 있는 포의 무덤(왼쪽), 버지니아 대학에 있는 포의 흉상 (오른쪽)

함께 보아요

모르그 가의 살인사건 : 1841년에 포가 쓴 단편 추리 소설. 파리의 모르그 가에서 벌어진 잔악한 모녀 살인 사건을 탐정 뒤팽이 멋진 추리와 분석으로 해결하는 과정을 보여준다.

애너벨 리 : 포가 1849년에 지은 시. 영시 가운데 가장 뛰어난 연애시의 하나로 손꼽히는 작품이다. 죽은 여인과의 사랑을 환상적이고 동화적인 배경에서 아름답게 묘사하여 죽음을 초월한 영원한 사랑을 노래하고 있다.

미국의 자동차 왕
포드

본명 : Henry Ford
생애 : 1863~1947

헨리 포드는 1863년 미국 미시간 주 그린필드의 한 농가에서 태어났다. 포드는 어려서부터 아버지의 농사일을 도우며 학교에 다녔다. 그러던 어느 날, 병을 앓던 어머니가 위독해지자 포드는 말을 타고 읍내로 의사를 부르러 갔다. 쉬지 않고 말을 달려 의사를 데려왔지만 어머니는 이미 세상을 떠난 뒤였다. 이 때 포드는 느린 말 때문에 어머니가 돌아가신 거라 생각하고 말보다 빨리 달릴 수 있는 자동차를 만들기로 결심했다.

16세 때 포드는 *디트로이트로 가서 에디슨의 조명 회사에 취직했다. 하지만 자동차에 관해 배우고 싶어서 얼마 뒤에 자동차 엔진을 만드는 공장으로 옮겼다. 그 곳에서 그는 5년간 일하면서 자동차 기술을 배웠다.

그러나 당시의 자동차들은 값이 너무 비싸서 부자들만 구입할 수 있었다. 포드는 일반 시민들도 부담없이 구입할 수 있는 자동차를 만들기로 결심하고 밤을 낮 삼아 열심히 연구했다.

1893년 포드는 드디어 첫 번째 자동차를 완성했다. 그러나 그 차는 너무 무겁고 운전을 하기도 쉽지 않아서 대중적으로 이용되기에는 단점이 너무 많았다. 포드는 좌절하지 않고 10년 동안 자동차 연구에 몰두하였다.

1903년 그는 '포드 자동차' 회사를 설립하여 값싸고 누구든 쉽게 운전할 수 있는 간편한 자동차 제작을 목표로 삼았다. 자동차의 설계, 변속기의 개량, 가솔린 엔진 점화용 *자석 발전기 등의 개발에 몰두하였다.

1908년 초 마침내 포드는 가벼운 강철을 사용하여 자동차를 완성했고, 그 해 10월에는 성공적으로 주행 시험까지 마쳤다. 이 차가 그 유명한 T형 포드 차였다.

포드의 연구와 노력이 집약된 이 차는 자동차 대중화 시대의 개막을 알리는 선두 주자가 되었다. 또 판매에도 대성공을 거두어 포드를 세계 굴지의 부호로 만들어주었다.

그 후로도 포드는 공장에 *'컨베이어 시스템'이라는 대량 생산 방식을 도입하여 자동차의 가격을 더욱 낮췄다. 경영에서 물러난 뒤에는 포드 재단을 설립하여 교육의 발전을 위해 힘쓰다가, 1947년 84세를 일기로 세상을 떠났다.

포드의 V8형 엔진(위), 최초의 T형 자동차(아래)

함께 보아요

디트로이트 : 미국 미시간 주의 동남부에 있는 공업 도시. 오대호 연안의 중심지이며, 세계 최대 규모인 자동차 공업을 비롯하여 기계와 항공기 제조 공업이 발달하였다.

자석 발전기 : 강력한 자석의 양극이 만드는 자기 마당 안에서 코일을 회전시켜 전류를 일으키도록 장치한 소형 발전기. 1815년에 지멘스가 발명한 것으로 전화의 신호용, 자동차나 비행기의 내연 기관 점화용으로 많이 사용된다.

컨베이어 시스템 : 물건을 연속적으로 이동시키는 컨베이어를 사용하는 작업 방식. 가공 또는 조립할 수 있는 본체를 컨베이어로 반송하고 공정을 몇 개의 작업으로 나누어 순차 배열하여 컨베이어의 말단에서 최종 공정을 끝낸다. 컨베이어의 규칙적인 이동이 생산을 관리하게 되므로 마무리 단계에서 점검만 하면 되기 때문에 대량 생산에 적합하다.

러시아가 낳은 위대한 국민 시인
푸시킨

본명 : Aleksandr Sergeevich Pushkin
생애 : 1799~1837

푸시킨은 1799년 러시아 모스크바의 귀족 가문에서 태어났다. 그러나 부모가 사교계에 참석하느라 자주 집을 비워서 할머니와 유모의 보살핌을 받으며 자랐다.

푸시킨은 어려서부터 책읽기를 좋아하여 아버지의 서재에 꽂혀 있는 프랑스 고전, 그리스 로마의 고전, 러시아 문학 등을 모조리 읽었다. 12세 때인 1811년에는 러시아 제국의 수도인 상트페테르부르크에 있는 귀족학교에 들어가 6년 동안 공부하였다.

그 후 외무성의 관리로 들어갔으나 「농촌」 등 자유사상을 추구하는 시를 발표하여, 1920년에 러시아 남부로 추방당했다. 하지만 그는 좌절하지 않고 이 곳에서 최초의 서사시 「루슬란과 류드밀라」를 발표하여 시인으로서의 자리를 굳혔다.

그러나 1822년에 정부를 비판하는 내용의 *서사시 「카프카스의 포로」를 발표하여 다시 시베리아로 유배되었다. 그 4년 뒤인 1826년, 새 황제로 즉위한 니콜라이 1세의 선처로 유배에서 풀려나 보로디노에 은거하면서 창작 활동에 전념하였다. 이 시기에 19세기 러시아 문학의 최고 걸작으로 꼽히는 장편 소설 *『예브게니 오네긴』을 완성하였다.

1831년 푸시킨은 사교계의 빼어난 미녀인 나탈리아와 결혼하였으나 아내의 방탕한 생활로 빚더미에 올라앉았다. 1837년 아내를 쫓아다니던 단테스와의 결투에서 치명상을 입고 38세의 아까운 나이로 세상을 떠났다.

푸시킨은 러시아 문학을 모든 장르에 걸쳐 집대성하여 모범적인 작품을 창조함으로써 '근대 러시아 문학의 아버지'라는 칭송을 받고 있다. 그는 러시아 문학에서 소외되어 있던 평민들의 언어를 당당한 문학 언어로 끌어올렸으며 러시아 민중의 혼을 불어넣어 힘 있는 낭만주의를 꽃피웠다. 그러나 창작 활동을 하면서 오랜 기간 권력의 탄압을 받았고, 아내의 방탕한 생활로 경제적인 어려움에 시달렸다.

저서로는 『표트르 대제의 검은 제복』, 『대위의 딸』 등의 소설과 「삶이 그대를 속일지라도」 등의 많은 명시를 남겼다.

푸시킨 동상(위), 푸시킨의 초상화(원내)

함께 보아요

서사시 : 역사적 사실이나 신화, 전설, 영웅의 일생 등을 있는 그대로 쓴 시. 서정시, 극시와 함께 시의 3대 부문 가운데 하나로 고대 그리스의 작가 호메로스가 지은 「일리아드」와 「오디세이아」가 대표적인 장편 서사시이다.

예브게니 오네긴 : 푸시킨이 지은 장편 소설. 화려한 사교계의 귀족 청년 오네긴의 생활을 서사시 형식으로 그렸다. 러시아 사실주의의 고전이며 1823년에서 1830년에 걸쳐 발표하였다.

푸시킨 307

표트르 대제

러시아를 유럽의 강대국으로 만든 황제

본명 : Pyotr I
생애 : 1672~1725
재위 기간 : 1682~1725

표트르 1세는 1672년 러시아 *'로마노프 왕조'의 2대 왕인 알렉세이와 후처인 나탈리아 사이에서 열네째 아들로 태어났다.

그러나 10세 때에 궁궐에서 쫓겨나 모스크바 근교 마을에서 지냈다. 그는 정규 교육은 받지 못했으나 어려서부터 총명하여 러시아를 왕래하는 외국인들로부터 포술, 조선술 등의 지식을 익혔다.

1682년 3대 황제인 이복형 표도르가 사망하자 표트르는 다른 이복형제인 이반 5세와 함께 이복누나 소피아의 섭정으로 공동 통치하게 되었다.

1689년 소피아가 자신을 제거하려 한다는 음모를 알게 된 표트르는 소피아를 수도원에 감금시키고, 그 측근들을 처형하여 권력을 장악하였다. 1696년에는 *돈 강 하구에 있는 터키의 아조프 요새를 공격하여 러시아의 영토로 편입시켰다.

1697년 러시아는 250명이 넘는 대규모 사절단을 유럽에 파견했다. 이 때 표트르는 신분을 숨기고 직접 조선소에 인부로 들어가 서구의 발달된 조선술과 군사 기술 등을 익혔다. 그러나 러시아 근위대가 반란을 일으켰기 때문에 서둘러 귀국해서 반란을 진압하였다.

그 후 표트르는 서유럽에서 보고 들은 것을 토대로 개혁 정치를 단행했다. 먼저 200년간 몽골의 지배를 받았던 잔재인 긴 동양식 옷을 서양식으로 바꾸고 관리들도 수염을 기르지 못하게 하였다. 그런 다음에 러시아를 유럽의 강국으로 만들기 위해 육군과 해군을 양성하여 *발트해로 진출했다.

1700년 표트르는 서유럽의 강국인 스웨덴과 *'북방 전쟁'을 벌였다. 1703년에는 네바 강 하구에 '표트르의 도시'라는 뜻인 페테르부르크를 건설하여 수도로 삼았다.

1721년 마침내 21년간 스웨덴과 벌인 북방 전쟁은 러시아의 승리로 끝났고, 이 전쟁에서 러시아는 잉그리아, 에스토니아, 리보니아 등을 얻었다. 그 해에 러시아 원로원에서는 그에게 '차르(황제)'라는 칭호를 보내고 '대제'라고도 부르게 되었다.

러시아를 유럽의 강대국으로 만들고 절대주의 왕정을 확립시킨 표트르는 1725년 53세를 일기로 세상을 떠났다.

표트르 대제의 오두막(아래)

함께 보아요

돈 강 : 러시아 남서부에 있는 강. 모스크바 남방의 중앙러시아 고지에서 시작하여 남쪽의 아조프해로 흘러 들어간다. 볼가·돈 운하를 통하여 볼가 강에 연결된다. 발전과 관개에 이용하며, 길이는 1,970km이다.

로마노프 왕조 : 1613년 미하일 로마노프의 즉위에서 1917년 러시아 혁명으로 니콜라이 2세가 퇴위할 때까지 304년 동안의 러시아 왕조이다.

발트해 : 유럽 대륙과 스칸디나비아 반도 사이에 있는 바다. 카테가트 해협, 스카게라크 해협을 통해서 북해로 이어진다. 청어, 대구, 송어 등이 많이 잡히며, 면적은 한반도의 약 2배인 42만km²이다.

북방 전쟁 : 1700년부터 1721년까지 제정 러시아의 표트르 대제가 발트해 연안 지방의 지배권을 놓고 덴마크, 폴란드, 프로이센 및 하노버와 결탁하여 스웨덴의 카를 12세와 벌인 전쟁. 제정 러시아가 승리하여 발트해 동남 해안을 영유하고 서방 진출의 근거를 마련하였다.

프랭클린

미국 독립에 기여하고 피뢰침을 발명한 정치가

본명 : Benjamin Franklin
생애 : 1706~1790

미국의 정치가이자 과학자인 프랭클린은 1706년 보스턴에서 열일곱 형제 중 열다섯째 아들로 태어났다. 그의 아버지는 신앙심이 깊은 청교도로 양초와 비누를 제조하여 팔았다.

프랭클린은 16세 때에 학교를 그만두고 형이 경영하는 인쇄소에서 〈뉴잉글랜드 커런트〉라는 잡지의 발행을 도왔다. 그러나 형과 의견이 맞지 않아 인쇄소를 그만두고 필라델피아를 거쳐 영국 런던으로 건너갔다가 2년 후에 귀국하였다.

1729년 프랭클린은 〈펜실베이니아 가제트〉라는 신문의 발행자가 되어 그 당시 최대의 발행 부수를 자랑하는 신문으로 키웠다. 그 후로는 교육과 문화 사업을 벌여 펜실베이니아 대학의 전신인 필라델피아 아카데미를 창설했고 도서관의 설립, 미국 철학 협회의 창립 등을 주도하였다.

한편 자연 과학에도 깊은 관심을 갖고 고성능의 '프랭클린 난로'와 *'피뢰침'을 발명하기도 하였다. 1752년에는 연을 이용한 실험을 통하여 번개와 전기의 *방전은 동일한 것이라는 가설을 증명하고 '전기유기체설'을 주장하였다.

1753년 이후로는 정치와 외교 분야에서 큰 활약을 하였다.

영국과 프랑스가 북아메리카 식민지를 놓고 벌인 프렌치·인디언 전쟁 때는 펜실베이니아 의용군을 이끌고 영국을 도왔다. 1757년부터는 아메리카 식민지 의회 대표가 되어 식민지와 본국인 영국 사이에 일어난 문제들을 처리하였다.

1775년 미국 독립 전쟁이 시작되자 프랭클린은 독립선언문을 작성하는 위원으로 선출되었다. 또 그 해에 프랑스로 건너가서 '아메리카·프랑스 동맹'을 성사시켜 독립 전쟁을 승리로 이끌었다.

1787년에는 펜실베이니아 대표로 헌법을 제정하는 데 큰 역할을 하였다. 워싱턴이 미국의 초대 대통령으로 취임한 이듬해인 1790년, 84세를 일기로 세상을 떠났다.

평생 자유를 사랑하고 과학을 존중했던 프랭클린은 많은 저서를 남겼다. 그 저서들 중에서

『가난한 리처드의 달력』이라는 격언집은 지금도 많은 사람들에게 애독되고 있다. 또 그가 사망한 후에 출판된『자서전』은 미국 산문 문학의 으뜸으로 손꼽힌다.

프랭클린의 동상(왼쪽), 프랭클린이 발명한 피뢰침의 상단(오른쪽 위), 프랭클린의 유화 초상화(오른쪽 아래)

함께 보아요

방전 : 전지나 축전기, 번개 등 전기를 띤 물체에서 전기가 외부로 흘러나오는 현상을 말한다.

피뢰침 : 벼락의 피해를 막기 위하여 건물의 가장 높은 곳에 세우는 끝이 뾰족한 금속제의 막대기. 도선으로 접지해 땅속으로 전류를 흐르게 하여 벼락을 피한다.

프로이트

정신 분석학을 창시한 20세기의 위대한 사상가

본명 : Sigmund Freud
생애 : 1856~1939

프로이트는 1856년 모라비아(현재 체코)의 프라이베르크에서 유대인의 아들로 태어났다. 프로이트가 3세 때 모직물 상점을 경영하던 아버지의 사업이 어려워져서 오스트리아의 빈으로 이주하였다. 머리가 총명했던 그는 10세 때 지금의 중·고등학교 과정인 김나지움에 들어가 졸업할 때까지 줄곧 1등을 하였다.

17세에 빈 대학 의학부에 들어간 그는 뇌의 해부학과 코카인의 마취 작용 등을 연구했고, 졸업 후에는 프랑스의 정신 병원에서 *히스테리 환자를 관찰하였다.

1889년 프랑스의 낭시에서 최면술을 보고 인간의 마음에는 본인이 느끼지 못하는 무의식의 세계가 존재한다는 것을 믿게 되었다. 이 때부터 히스테리 전문가인 브로이어와 함께 최면술로 히스테리를 치료하는 방법을 연구하여 1893년에 *'카타르시스법'을 확립하였다.

그러나 이 치유법에 결함이 있다는 것을 알아내고 최면술 대신에 *'자유 연상법'을 사용하여 히스테리 치료 방법을 찾아냈다. 그리하여 1896년에 이 치료법에 *'정신 분석'이라는 이름을 붙였다. 1900년 이후에는 꿈, 착각, 해학 등을 연구하여 *'심층 심리학'을 확립하였다.

처음에 그의 학설은 인정을 받지 못했으나 1902년 이후부터 점차 그의 학설을 인정하는 학자들이 늘어났다. 그리하여 1908년에는 제1회 국제 정신 분석 학회가 개최되었고 정신 분석에 관한 잡지도 간행되었다.

1909년에는 미국 클라크 대학의 초청을 받고 미국으로 건너가 정신 분석학을 강연하였다. 이로 인해 미국에도 정신 분석학이 보급되게 되었다.

1938년 히틀러가 권력을 장악한 독일이 오스트리아를 합병하자 프로이트는 유대인이라는 이유로 나치스에 쫓겨 영국 런던으로 망명하였다.

정신 분석학을 창시하여 정신 의학과 심리학에 위대한 업적을 남긴 프로이트는 1939년 런던에서 암에 걸려 83세를 일기로 세상을 떠났다.

저서로 『히스테리의 연구』, 『꿈의 해석』, 『토템과 터부』, 『정신 분석 입문』 등이 있다.

프로이트 공원(왼쪽), 프로이트 박물관(오른쪽 위), 프로이트의 묘(오른쪽 아래)

함께 보아요

심층 심리학 : 불안을 일으키게 만드는 충동이나 욕구, 기억, 원망 등의 무의식을 연구하는 심리학을 말한다.

자유 연상법 : 어떠한 자극적인 단어로 마음속에 생각을 자유롭게 떠오르게 하는 '자유 연상'을 사용하여 여러 가지 심리 상태를 검사하거나 환자의 정신 상태를 분석하는 방법이다.

정신 분석학 : 무의식과 같이 정신의 깊은 곳에 잠재되어 있는 내용을 관찰하고 분석하는 학문이다.

카타르시스 : 마음속에 숨어 있는 분노 등의 감정의 응어리를 말이나 행동을 통해 외부에 표출함으로써 정신의 안정을 찾는 일. 심리 요법에 많이 이용한다.

히스테리 : 정신적인 원인으로 몸이 마비되고, 실성, 경련 등의 신체적인 증상이나 건망증 등의 정신 증상이 나타나는 현상을 말한다.

서양 철학의 뿌리
플라톤

본명 : Platon
생애 : BC 429?~347?

플라톤은 그리스 아테네의 명문 가문에서 태어났다. 젊은 시절에는 소크라테스에게 철학을 배우면서 정치가의 뜻을 품었다. 그러나 기원전 399년에 스승인 소크라테스가 독배를 마시고 처형되자 정치가의 꿈을 버리고 철학을 탐구하기 시작했다.

기원전 385년 플라톤은 아테네 교외에 세계 최초의 대학인 아카데메이아 학원을 설립하여 제자들을 모아 가르치기 시작했다. 이 시기에 시칠리아 섬으로 가서 시라쿠사를 통치하던 디오니시오스 2세를 가르치며 자신이 주장하는 이상 정치를 시행하려 하였으나 뜻을 이루지 못했다.

플라톤은 생전에 모두 30편의 저서를 남겼다. 그런데 이 저서들은 대부분 어떠한 문제를 놓고 철학적으로 토론하는 대화체로 쓰였기 때문에 *『대화편』이라고 불린다. 이 『대화편』에 등장하는 주요 인물은 스승인 소크라테스이다.

플라톤의 작품은 그의 나이를 기준으로 크게 3기로 나누는데, 40세까지를 전기, 41세부터 60세까지를 중기, 61세부터 사망시기까지를 후기라고 한다.

소크라테스를 중심으로 덕이 무엇인가를 토론하는 전기의 『대화편』에는 『소크라테스의 변명』, 『크리톤』, 『프로타고라스』 등이 있다.

소크라테스에 의해 이데아론이 펼쳐지는 중기의 『대화편』에는 『파이돈』, 『향연』, 『국가』 등이 있으며, 철학의 논리적 방법에 대한 관심이 강한 후기의 『대화편』에는 『소피스테스』, 『정치가』, 『법률』 등이 있다.

플라톤은 평생 스승인 소크라테스를 진정한 철학가라고 생각하며 존경했다. 이 때문에 『대화편』의 대부분에서 소크라테스를 찬양하고 있는 것이다.

플라톤은 시간처럼 변하지 않고 영원히 머무는 것을 이데아라고 불렀다. 그는 이데아는 육체의 감각으로는 파악할 수 없고, 오로지 영혼의 눈인 이성에 의해서만 관찰할 수 있다고 보았다.

또한 이데아는 지식의 습득을 통해 이루어지는 것이 아니며, 철학의 흐름 속에서 어느 때 갑자기 보이게 되는 것이라고 주장했다.
 평생을 미혼으로 살면서 철학을 탐구하고 음악, 그림, 시 등에도 뛰어난 재능을 보였던 플라톤은 아리스토텔레스 등 훌륭한 제자들도 많이 길러냈다.

플라톤의 석상(위), 바티칸에 있는 플라톤 두상(원내)

함께 보아요

대화편 : 대화의 형식으로 쓴 책. 특히 소크라테스를 주인공으로 하여 그가 제자들과 나눈 대화를 내용으로 한 플라톤의 여러 저서를 말한다.

플레밍

페니실린을 발견한 영국의 미생물학자

본명 : Alexander Fleming
생애 : 1881~1955

플레밍은 1881년 영국 스코틀랜드의 로호필드에서 태어났다. 그는 13세 때 런던에 있는 공업학교에 들어가서 공부하고 기선 회사에 취직하였다. 그러나 의사가 되고 싶어서 런던 대학의 세인트 메리 병원 의학교에 들어가 의학을 공부하였다. 졸업 후에는 병원 연구실에서 미생물학자인 라이트의 지도를 받으며 미생물학을 연구하였다.

제1차 세계 대전이 일어나자 그는 군의관으로 참전하여 부상병들을 치료하였다. 이 때 그는 부상병들이 세균에 감염되어 죽어가는 것을 보고 상처에 자극을 주지 않는 새로운 살균제를 만들기 위해 노력했다.

전쟁이 끝난 뒤에는 모교인 런던 대학의 미생물학 교수가 되었고, 1922년에 세균을 죽이는 *리소자임을 발견하고 분리하는 데 성공하였다.

1928년 어느 날, 플레밍은 인플루엔자 바이러스에 관한 연구를 하려고 *포도상구균을 배양하다가 이상한 것을 발견했다. 세균을 배양하던 접시에 *푸른곰팡이가 피어 있고 세균들이 죽어 있는 것을 발견한 것이다.

그는 푸른곰팡이들 때문에 세균이 자라지 못한다는 사실을 알아내고 푸른곰팡이에 대해 연구하기 시작했다. 그리하여 마침내 푸른곰팡이가 생산하는 물질을 800배로 묽게 하여도 포도상구균의 증식을 방지할 수 있다는 사실을 알아냈다. 그는 이 푸른곰팡이 용액에 '페니실린'이라는 이름을 붙였다.

플레밍은 계속해서 푸른곰팡이 용액에서 페니실린만을 분리하는 연구를 하였다. 그러나 불행하게도 그 연구는 성공하지 못했고 1929년에 그 동안의 연구 결과를 논문으로 발표한 뒤, 더 이상의 연구를 진행하지 않았다.

그로부터 몇 년 뒤인 1938년, 옥스퍼드 대학의 병리학자인 *플로리와 생화학자인 *체인이 항생 물질을 연구하다가 플레밍의 논문을 발견했다. 그들은 플레밍의 논문을 바탕으로 1년 동안 연구하여 푸른곰팡이 용액에서 페니실린을 추출하는 데 성공했다. 이 공로로 그들은 1945년에 플레밍과 함께 노벨 생리 의학상을 공동 수상하였다.

페니실린을 발견하여 제2차 세계 대전 때 수많은 사람들의 목숨을 구한 플레밍은 1955년 74세를 일기로 세상을 떠났다.

노벨상을 수상하는 플레밍(왼쪽), 플레밍의 흉상(오른쪽)

함께 보아요

리소자임 : 동물의 조직, 침, 눈물, 알의 흰자 등에 들어 있는 항균성 효소의 일종. 세균의 감염을 막는 역할을 하며 1922년에 플레밍이 발견하였다.

체인(Ernst Boris Chain, 1906~1979) : 독일 출생의 영국 생화학자. 독일 베를린에서 유대인의 아들로 태어나 베를린의 프리드리히 빌헬름 대학교를 졸업하고 베를린 자선 병원 병리학 연구소에서 효소에 관한 연구를 하였다. 1933년 나치스의 유대인 탄압 때 영국에 귀화하였고, 1935년 옥스퍼드 대학교의 병리학 강사가 되었다. 1938년부터 플로리와 함께 항생 물질을 연구하여 페니실린의 화학요법을 확립하였다. 1945년에 공동 연구자 플레밍, 플로리와 함께 노벨 생리 의학상을 수상하였다.

포도상구균 : 공 모양의 세포가 불규칙하게 모여서 포도송이처럼 된 세균. 연쇄상구균과 더불어 널리 분포하며, 몸에 난 상처를 곪게 만드는 작용을 한다.

푸른곰팡이 : 색깔이 청록색인 곰팡이의 한 종류. 몸은 실 모양의 균사로 되어 있고, 부패 작용이나 독에 의한 유해균이 많으며, 페니실린과 같은 유익한 물질도 들어 있다. 빵, 떡과 같은 유기물이 많은 곳에 잘 생긴다.

플로리(Howard Walter Florey, 1898~1968) : 영국의 병리학자. 오스트레일리아 애들레이드에서 태어나 애들레이드 대학을 졸업하고 영국 옥스퍼드 대학과 케임브리지 대학에서도 공부하였다. 1935년 옥스퍼드 대학 교수가 되었고, 이 때부터 체인과 공동으로 페니실린의 효능과 제조법을 연구하였다. 1941년 미국에서 페니실린을 대량 생산하는 실마리를 풀었고, 1944년에는 기사 칭호를 받았다. 1945년 플레밍, 체인과 공동으로 노벨 생리 의학상을 수상하였다.

피카소

*입체파를 창시한 20세기의 위대한 화가

본명 : Pablo Ruiz y Picasso
생애 : 1881~1973

20세기 최고의 화가로 불리는 피카소는 1881년 에스파냐의 말라가에서 가난한 미술교사의 아들로 태어났다. 어려서부터 그림에 뛰어난 재능을 보였던 그는 1897년 마드리드의 왕립 미술학교에 입학했으나 학교 생활에 적응하지 못하고 중퇴하였다.

1901년 그는 프랑스 파리의 *몽마르트르로 가서 *보헤미안들과 어울리며 자유롭게 작품 활동을 하였다. 이 때의 작품에는 고갱, 고흐 등의 영향이 많이 반영되었으나, 점차 청색이 주조를 이루는 '청색 시대'가 되었다. 주로 하층민들의 생활과 고독감을 표현한 이 시기의 작품에는 「모자」, 「다림질하는 여인」, 「맹인의 식사」 등이 있다.

1904년경에는 색조가 분홍빛으로 바뀌었고, 주제도 어릿광대나 곡예사를 묘사하는 일이 두드러지게 나타났다. 이 시기의 작품으로는 「공 위에서 묘기를 부리는 소녀」, 「광대」, 「곡예사 가족」 등이 있다. 그러나 1907년부터는 세잔이나 아프리카 흑인 조각의 영향을 받아 입체주의 경향이 두드러지게 나타나기 시작했다. 이 시기에 완성한 「아비뇽의 아가씨들」은 최초의 입체주의 작품이며, 그의 대표작 가운데 하나인 「아를의 여인」도 이 시기에 완성하였다.

이처럼 피카소는 전에 없던 새로운 화풍을 창조하여 20세기 미술의 방향을 제시하였다. 그러나 당시에는 그의 그림을 부정하는 사람들이 많았지만, 점차 호응하는 사람들이 늘어나면서 그의 화풍은 전 세계에 커다란 영향을 끼쳤다.

1936년 에스파냐에서 내란이 일어나자, 이듬해에 반군을 지원하는 독일군이 게르니카 시를 무차별 폭격하여 폐허로 만들었다. 피카소는 이에 격분하여 전쟁의 잔학상을 독자적인 스타일로 표현한 세기의 대벽화 「게르니카」를 완성했다. 한편 이 시기에 판화, 조각, 도자기 등에도 손을 대어 그만의 새로운 기법을 보여주었다.

제2차 세계 대전 때에는 파리의 지하 운동 투사들과 교류하였고, 전쟁이 끝난 뒤에는 프랑스 남부 해안에 살면서 밝고 평화로운 분위기의 작품을 제작하였다.

6·25 전쟁을 주제로 한 「한국의 학살」과 「전쟁과 평화」도 그렸던 피카소는 1973년 4월, 92세를 일기로 세상을 떠났다.

피카소의 「자화상」(왼쪽), 피카소의 입체파 본거지(오른쪽 위), 피카소의 그림 「시인」(오른쪽 아래)

함께 보아요

몽마르트르 : 파리 북부의 언덕과 그 남쪽 기슭을 중심으로 하는 번화가. 관광지로 유명하며, 사쿠레쾨르 성당과 생 피에르 성당 등이 있다. 원래는 전원 지대였으나, 1860년에 파리에 합병되면서 자유분방한 예술가들이 모여들어 특유한 분위기를 가진 환락가로 발전하였다.

보헤미안 : 속세의 관습이나 규율 등을 무시하고 이곳 저곳 떠돌면서 자유분방한 삶을 사는 시인이나 예술가를 일컫는다.

입체파 : 20세기 초기에 프랑스에서 활동한 유파. 어떠한 대상을 원추, 원통, 구 등의 기하학적 형태로 분해하여 입체적으로 여러 방향에서 본 상태를 평면적으로 한 화면에 표현하였다. 추상 미술의 모태가 되어 후대의 미술에 커다란 영향을 끼쳤으며, 피카소, 브라크 등이 대표적 작가이다.

한니발

알프스를 넘어 로마를 공격한 카르타고의 명장

본명 : Hannibal
생애 : BC 247~BC 183

한니발은 기원전 247년 *카르타고의 장군인 하밀카르 바르카스의 아들로 태어났다. 그는 어려서부터 아버지에게 혹독한 무예 수련을 받았고, 제1차 포에니 전쟁에서 패배한 아버지를 따라 카르타고의 식민지인 에스파냐로 건너갔다.

에스파냐 주둔군 지휘관인 아버지가 전쟁터에서 사망하자, 한니발은 기원전 221년 26세의 젊은 나이로 에스파냐 주둔군 총지휘관이 되었다.

어려서부터 로마에 대한 복수심이 강했던 그는 기원전 219년 로마군이 점령하고 있던 에스파냐의 사군툼을 공격하여 함락시켰다. 이듬해에 군대를 이끌고 로마와의 국경인 에브로 강을 건너자 로마로부터 선전포고를 받아 제2차 포에니 전쟁이 발발하였다.

한니발은 바닷길이 아닌 육로로 이탈리아 침공 계획을 세웠다. 기원전 218년 한니발은 보병 7만 명, 기병 1만 2,000명을 이끌고 이탈리아 반도를 향해 진군했다. 에스파냐를 거쳐 *'피레네 산맥'과 험준한 알프스를 넘는 대장정이었다.

피레네와 알프스 산맥을 넘는 도중에 많은 병사들이 도망쳤으나, 한니발은 기원전 217년 마침내 이탈리아의 *'롬바르디아 평원'에 도달했다. 이 때 군사들은 절반밖에 남지 않았지만 한니발의 뛰어난 지략으로 로마군을 공격하여 연전연승했다. 특히 기원전 217년에 벌어진 칸나이 전투에서는 군사들을 초승달 모양으로 배치하여 로마군 7만 명을 전멸시켰다.

위기에 처한 로마는 장군 스키피오에게 카르타고를 직접 공격하게 하였다. 그 소식을 들은 한니발은 급히 말을 돌려 귀국했고 자마에서 스키피오가 이끄는 로마군과 일전을 벌였다.

그러나 한니발의 작전은 로마군에게 간파당했고 수적으로도 열세여서 전쟁에 패하고 말았다. 전쟁에 패배한 카르타고는 로마에게 에스파냐를 비롯한 해외 식민지를 넘겨주고 휴전을 하였다.

기원전 196년 한니발은 정적으로부터 모함을 받아 시리아로 피신하였다. 그 뒤 로마군을 피해 유랑하다가, 기원전 183년 독약을 마시고 스스로 목숨을 끊었다. 그가 죽은 후 로마는 카르타고를 멸망시키고 지중해의 패자가 되었다.

한니발의 두상(원내)

함께 보아요

롬바르디아 평원 : 이탈리아 북부 포 강의 중류 유역에 있는 평원으로 파다노·베네타 평원의 일부분이다. 밀라노를 중심으로 낙농과 곡물 생산을 주산업으로 하는 이탈리아 최대의 농업 지대이다.

카르타고 : 고대 페니키아인이 기원전 814년에 북아프리카의 튀니지에 세운 식민 도시. 기원전 6세기에 서지중해의 무역을 장악하여 번영하였으나 포에니 전쟁에서 패하여 로마의 속주가 되었다.

피레네 산맥 : 프랑스와 에스파냐의 국경에 걸쳐 있는 산맥. 비스케이 만 남동쪽에서 지중해 크레우스 곶까지 동서로 길게 뻗어 있으며, 최고봉은 중앙부의 아네토 산이다. 길이는 430km이다.

고대 바빌로니아를 통일하고 법전을 만든 왕
함무라비

본명 : Hammurabi
생애 : ?~BC 1750
재위 기간 : BC 1792~BC 1750

함무라비는 바빌론 제1왕조 제6대 왕으로 고대 바빌로니아를 최초로 통일한 왕이다. 함무라비가 *바빌론의 왕으로 즉위했을 때 *바빌로니아는 이신, 라르사, 바빌론이 패권을 다투고 있었다.

기원전 1787년 함무라비는 군사력을 키워 이신을 토벌하고, 그 10년 뒤에는 강대국인 라르사와 일전을 벌여 왕을 사로잡는 대승을 거두었다. 함무라비는 계속해서 유프라테스 강 중류 지역에 있던 여러 나라들도 무찔러 *'엘람 고원'에서 시리아에 이르는 대제국을 건설하였다.

그 후로 정복지에 총독을 두고 다스리게 하여 각 지방이 독립적으로 통치하던 전통적 방식을 억제하였다. 이로써 바빌로니아는 중앙의 왕이 온 나라를 통치하는 강력한 중앙 집권 국가가 되었다.

또 그는 바빌론에 성벽을 구축하고 각지에 신전을 건립하였으며 운하를 만들어 무역을 활발히 하였다. 또한 전 국민에게 아카드어를 사용하게 하여 정복지 나라들 사이의 의사소통을 원활하게 하였다. 이로써 수도 바빌론은 오리엔트 세계의 중심지로 번영하였다.

함무라비는 이 밖에도 달력을 통일하고, 기원전 1750년경에는 이전까지의 법률들을 종합하여 세계 최초의 성문법인 '함무라비 법전'을 발포하였다.

함무라비 법전은 1901년에 프랑스 탐험대가 페르시아의 고도 수사에서 발견하였으며, 현재 루브르 미술관에 소장되어 있다. 이것은 2.25m의 현무암 돌기둥에 *설형 문자로 282조의 법률 규정이 새겨져 있다.

그 내용은 피해자가 당한 손해를 가해자도 같은 정도로 당하게 한다는 보복의 원칙인 '눈에는 눈, 이에는 이'와 같은 고대적 잔재가 남아 있다. 그러나 운송이나 중개 등의 규정이 포함되어 있고 종교적인 색채가 적어서 후에 로마나 헤브라이의 법률에 커다란 영향을 끼쳤다.

함무라비는 정치적인 통일뿐만 아니라 문화적으로도 바빌로니아인들을 하나로 만들기 위해 많은 노력을 하였다. 이 때문에 후세 사람들은 함무라비 시대를 바빌로니아의 황금 시대라고 말한다.

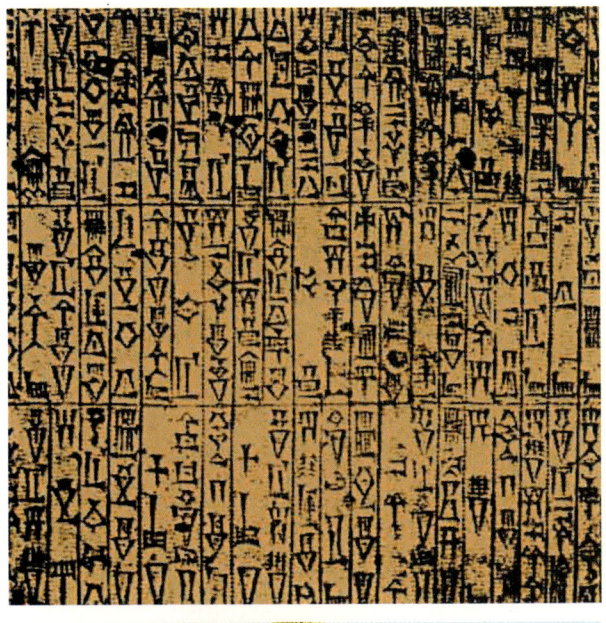

확대한 함무라비 법전(왼쪽 위), 함무라비의 지구라트(왼쪽 아래), 프랑스 루브르 박물관에 소장되어 있는 함무라비 법전(오른쪽)

함께 보아요

바빌로니아 : 메소포타미아의 남동부 유프라테스 강과 티그리스 강의 하류 지방. 메소포타미아 문명의 발상지이다.

바빌론 : 바빌로니아의 수도로서 번영한 고대 도시. 그 유적은 이라크의 바그다드 남쪽 약 110km 지점인 유프라테스 강변에 있다.

설형 문자 : 기원전 3000년경부터 약 3000년간 메소포타미아를 중심으로 고대 오리엔트에서 광범위하게 쓰였던 문자. 회화 문자에서 생긴 문자로 점토 위에 갈대나 금속으로 새겨 썼기 때문에 문자의 선이 쐐기 모양으로 보인다.

엘람 고원 : 메소포타미아의 티그리스 강 동부에 있는 산지. 지금의 이란 고원을 말하며, 독자적인 문화와 언어를 가진 엘람족이 살았다.

헤밍웨이

20세기 미국의 대표적인 작가

본명 : Ernest Miller Hemingway
생애 : 1899~1961

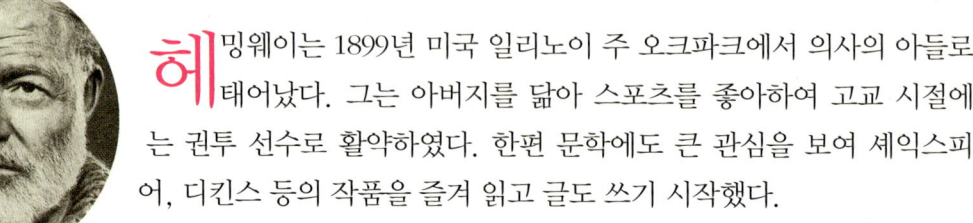

헤밍웨이는 1899년 미국 일리노이 주 오크파크에서 의사의 아들로 태어났다. 그는 아버지를 닮아 스포츠를 좋아하여 고교 시절에는 권투 선수로 활약하였다. 한편 문학에도 큰 관심을 보여 셰익스피어, 디킨스 등의 작품을 즐겨 읽고 글도 쓰기 시작했다.

1917년 고교를 졸업한 그는 제1차 세계 대전에 참전하려고 군대에 지원했다. 그러나 아버지의 반대와 시력 장애로 단념해야 했다. 그 후 캔자스시티로 가서 〈스타지〉의 종군기자가 되어 이탈리아 전선에 참가했다.

제1차 세계 대전이 끝난 뒤에는 유럽 특파원이 되어 프랑스 파리로 건너가서 조이스 등으로부터 창작에 대한 지도를 받았다. 미국으로 돌아온 그는 1923년에 『3편의 단편과 10편의 시』를 출판하여 작가로 데뷔하였다.

1925년에는 『우리들의 시대』를, 1926년에는 첫 장편 소설 『해는 또다시 떠오른다』를 발표하여 작가로서의 명성을 떨쳤다. 이 시기에 전후 세대의 향락적인 모습을 사실적으로 묘사하여 '잃어버린 세대'의 대표 작가로 지목되었다.

1928년에는 제1차 세계 대전을 배경으로 한 『무기여 잘 있거라』를 발표했다. 이 책은 그 해 최고의 베스트셀러가 됐으며 연극과 영화로도 만들어졌다.

1936년 *'에스파냐 내란'이 일어나자 헤밍웨이는 정부군을 돕기 위해 특파원으로 참전했다. 그는 이 전쟁을 배경으로 1940년에 『누구를 위하여 종은 울리나』를 발표했다. 제2차 세계 대전이 발발한 1939년에는 〈콜리어지〉 특파원으로 *'노르망디 상륙 작전'에 참가했다.

말년에는 쿠바에 가서 낚시를 즐기곤 했는데, 이 경험을 바탕으로 『노인과 바다』를 썼다. 헤밍웨이의 사상과 작가 정신이 그대로 반영된 이 작품은 그에게 *퓰리처상(1953)과 노벨 문학상(1954)을 안겨주었다.

그러나 아프리카에서 사냥을 하던 중에 비행기 사고로 중상을 입어 노벨상 시상식에도 참석하지 못했다.

1961년 7월, 자택에서 요양 중에 의문의 엽총 자살로 62년의 생을 마감했다.

헤밍웨이의 생가(왼쪽), 헤밍웨이의 농장(오른쪽 위), 군 시절의 헤밍웨이(오른쪽 중간), 아프리카에서의 헤밍웨이(오른쪽 아래)

함께 보아요

노르망디 상륙 작전 : 1944년 6월 6일, 아이젠하워 장군의 지휘 아래 연합군이 노르망디에 상륙한 작전. 이 작전의 성공으로 프랑스는 나치 독일로부터 해방되었으며, 제2차 세계 대전 판도에도 결정적인 영향을 주었다.

에스파냐 내란 : 1936년 에스파냐의 좌익 정부와 독일, 이탈리아의 지지를 받은 프랑코 장군의 우익 군부 사이에 일어난 내란. 1939년에 프랑코 장군의 승리로 끝났다.

퓰리처상 : 미국의 언론인인 퓰리처의 유산으로 제정된 언론·문학상. 1917년에 시작되어 매년 신문, 잡지 및 문학계에 업적이 우수한 사람을 선정하여 19개 부문에 걸쳐 시상한다.

'빛의 천사'로 불리는 장애인들의 희망
헬렌 켈러

본명 : Helen Adams Keller
생애 : 1880~1968

헬렌 켈러는 1880년 미국 앨라배마 주 터스컴비아에서 군인의 딸로 태어났다. 금발에 초롱초롱한 눈을 가졌던 그녀는 19개월 되던 때에 열병을 앓아 보지도 듣지도 말하지도 못하는 맹농아가 되고 말았다. 그녀의 부모는 사랑하는 딸이 너무 가여워서 여러 병원을 찾아다니며 치료했지만 병은 차도를 보이지 않았다. 이 때문에 헬렌은 캄캄한 어둠 속에서 고집스런 아이로 자랐다.

헬렌이 7세가 되었을 때 아버지는 앤 설리번이라는 가정교사를 맞아들였다. 앤은 갖은 정성을 다해 헌신적으로 헬렌을 가르쳤다. 그녀는 먼저 헬렌에게 물건을 만지게 한 후 손바닥에 그 물건의 이름을 써주며 모든 사물은 이름이 있다는 것을 가르쳤다.

그렇게 3년이 지났을 때 헬렌은 말하기와 읽기, 쓰기를 할 수 있게 되었다. 이것은 앤 설리번의 헌신적인 교육과 헬렌의 피나는 노력이 이루어낸 결과였다.

1900년 헬렌은 하버드 대학 내의 래드클리프 대학에 입학하여 우등생으로 졸업하였다. 이것은 맹농아인으로서는 세계 최초로 대학 교육을 받은 것이었다.

그 후로 헬렌은 자신과 같은 장애인들의 복지시설을 마련하기 위해 전 세계를 돌아다니며 순회강연을 하여 기금을 모았다. 그리하여 맹인 도서관을 세우는 등 맹농아인의 교육과 복지 사업에 크게 공헌하였다.

헬렌은 피나는 노력과 불굴의 정신력으로 전 세계 장애인들에게 희망을 주었다. 또 장애인들을 위한 많은 활동을 펼쳐서 *'삼중고의 성녀', '빛의 천사'라는 찬사를 받았다.

그녀가 이런 찬사를 받을 수 있었던 것은 언제나 그녀를 그림자처럼 따라다니며 도움을 준 앤 설리번이 있었기에 가능했다. 1936년 자상한 어머니 같은 앤 설리번이 세상을 떠나자 헬렌의 슬픔은 이루 다 말할 수 없었다.

그 후로도 헬렌은 비서인 폴리 톰슨의 도움을 받으며 전 세계 장애인들의 교육과 사회 시설의 개선을 위해 힘쓰다가, 1968년 88세를 일기로 세상을 떠났다.

저서에 『나의 생애』, 『암흑 속에서 벗어나』, 『나의 종교』, 『신앙의 권유』 등이 있다.

젊은 시절의 헬렌켈러(왼쪽 위), 헬렌켈러의 생가(왼쪽 아래), 헬렌켈러 포스터(오른쪽 위), 헬렌켈러 재단(오른쪽 아래)

함께 보아요

삼중고 : 한꺼번에 겹쳐 치르는 세 가지의 고통으로, 특히 시각장애, 청각장애, 언어장애의 고통을 다 가지고 있는 것을 이른다.

헬렌 켈러 327

제2차 세계 대전을 일으킨 독일의 독재자
히틀러

본명 : Adolf Hitler
생애 : 1889~1945

독일의 독재자로 제2차 세계 대전을 일으킨 히틀러는 1889년 오스트리아에서 세관원의 아들로 태어났다. 아버지를 일찍 여읜 그는 빈에 있는 미술 대학에 들어가 화가가 되려 했으나 실패하였다.

그 후로 빈의 무료 합숙소에서 그림을 팔아 근근이 생활하다가 병역을 기피하여 독일 뮌헨으로 피신하였다. 1914년 제1차 세계 대전이 일어나자 독일군에 자원입대하여 전쟁터에 나가 용감히 싸웠다. 이 때 그는 많은 전공을 세워 무공훈장인 철십자훈장을 두 번이나 받았다.

전쟁 중에 독일 노동자당이라는 조그만 당에 입당한 그는 뛰어난 웅변술로 선전을 도맡아 하며 당을 크게 확장시켰다. 1920년에는 당의 이름을 *나치스로 바꾸고 독일의 재건과 유대인의 배척 등을 주장하며 국민들의 지지를 얻었다.

1923년 11월, 히틀러는 뮌헨의 왕정 복고 연설 회장에 돌격대를 이끌고 나타나 쿠데타를 일으켰다. 그러나 군부의 반대로 실패하여 5년형을 선고받고 옥중에서 대표작인 『나의 투쟁』을 집필하였다.

다음해 11월에 감옥에서 나온 히틀러는 당을 더욱 확장시켰고, 1932년에 치러진 총선에서는 사회민주당과 공산당을 누르고 제1당이 되었다.

그 당시 독일은 *대공황의 여파로 국민들 절반이 실업자였다.

1933년 당시 독일 대통령이던 *힌덴부르크는 이런 어려움을 극복하기 위해 국민들에게 인기가 있는 히틀러를 수상으로 임명했다. 1934년 힌덴부르크가 사망하자 히틀러는 대통령과 수상을 겸한 총통이 되어 독재 체제를 구축했다.

당과 정부를 지배하여 1인 독재자가 된 히틀러는 강력한 지도력으로 불과 몇 년 사이에 독일을 유럽의 최강국으로 바꿔 놓았다. 국민들의 사랑을 한 몸에 받은 그는 1939년 게르만족에 의한 유럽 제패를 부르짖으며 제2차 세계 대전을 일으켰다.

히틀러의 장담대로 독일군은 처음에는 전쟁에서 승승장구했다. 그러나 *볼고그라드의 패전 이후로는 점점 수세에 몰렸다. 전쟁을 반대하는 국민들의 불만이 점점 높아지자 히틀러는 유대인을 희생양으로 삼아 무려 572만 명을 학살했다.

그러는 사이에 연합군이 시시각각 독일 영토로 진격해왔다. 히틀러는 결국 1945년 4월 30일, 수도 베를린이 함락되기 직전에 권총 자살로 생을 마감했다.

히틀러와 무솔리니(왼쪽 위), 히틀러와 나치스(왼쪽 아래), 히틀러의 열렬한 지지자들(오른쪽 위), 히틀러와 추기경(오른쪽 아래)

함께 보아요

나치스 : 히틀러를 당수로 한 독일의 독재 정당. 1919년에 결성되어 반민주, 반공산, 반유대주의를 내세웠다. 독일 민족 지상주의와 강력한 국가주의를 바탕으로 1933년에 정권을 잡고 독재 체제를 확립하였다. 1939년 제2차 세계 대전을 일으켰으나, 1945년에 패전과 함께 몰락하였다.

대공황 : 세계적으로 일어나는 큰 규모의 경제 공황. 흔히 1929년에 있었던 세계적인 공황을 이른다.

볼고그라드 : 러시아 볼가 강 하류에 있는 중공업 도시. 볼가·돈 운하의 기점에 있는 항구이다. 제2차 세계 대전 때 독일과 소련의 격전지이다.

힌덴부르크(Paul von Hindenburg, 1847~1934) : 독일의 군인, 대통령. 폴란드 포즈난의 귀족 가문에서 태어나 군인이 되었다. 1911년 군단장으로 있다가 퇴임했는데, 제1차 세계 대전이 발발하자 제8군 사령관으로 임명되어 여러 차례 승리를 거두었다. 그러나 독일이 전쟁에서 패하자 은퇴하였다. 1925년 4월, 보수파의 지지로 바이마르 공화국 제2대 대통령에 당선되었다. 1932년의 대통령 선거에 재출마하여 재선되었으나, 보수 지주층과 귀족, 대자본가에게 설득되어 1933년 히틀러를 수상으로 임명하고 이듬해에 사망했다. 이것을 계기로 히틀러는 독일의 권력을 장악하였다.

10일화 이야기로 보는 역사 인물

 **기독교와 로마 황제들**

64년 로마의 폭군 네로 황제가 권좌에 있을 때 로마 중심가에 원인 모를 대형 화재가 발생했습니다. 그 때 교외 별장에 있던 네로는 급히 로마로 돌아와 사태를 수습했습니다.

그러나 시민들 사이에 네로 황제가 사람들을 시켜 불을 질렀다는 소문이 퍼져 나갔습니다. 이 때 네로는 시민들의 마음을 진정시키기 위해 희생양이 필요했고, 그 희생양이 된 것이 기독교인입니다. 네로는 기독교인들을 방화범으로 몰아 투기장 등에서 무참히 학살했습니다.

이 학살을 피해 로마를 탈출하던 베드로는 도중에 그리스도를 만났습니다. 그는 그리스도에게 "주여, 어디로 가십니까?" 하고 물었습니다. 그리스도가 "로마에 가서 십자가에 못 박히련다."라고 말했습니다. **베드로는 자신의 비겁함을 참회하고 로마로 돌아와 십자가에서 순교했다**는 설이 있습니다.

네로 이후로도 로마의 기독교인에 대한 박해는 계속되었습니다.

3세기 중엽 데키우스 황제는 기독교도들의 재산을 몰수하기 위해 의도적으로 박해를 했습니다. 또 303년 디오클레티아누스 황제 때는 교회를 부수고 성경을 불태우는 등 많은 박해를 가했습니다.

기독교의 교세가 미약했던 초기에는 로마 제국도 기독교에 무관심한 태도를 보였습니다. 그러나 기독교인들이 황제에 대한 예를 거부하고 병역을 거부하자 기독교를 불온한 사상을 전파하는 종교로 규정하고 박해하기 시작했던 것입니다. 그런데도 기독교는 쇠퇴하기는커녕 더욱 교세가 확장되었습니다.

313년 콘스탄티누스 황제는 기독교를 공인할 수밖에 없었습니다. 이렇게 된 가장 큰 이유는 어떠한 박해를 가해도 기독교가 사라지지 않았기 때문입니다. 박해가 가해질수록 기독교도는 계속 늘어갔고, 심지어는 군인이나 고위 관리, 황족까지도 기독교를 믿는 사람들이 생겨났던 것입니다.

재미있게 읽고 나면 역사가 쏙쏙!

한편으로 로마 제국 말기가 되면서 정치와 사회가 혼란스러워지자 **사람들 사이에서 현실 도피적인 사고방식들이 퍼져 나갔습니다.** 이러한 상황이 기독교가 급속도로 성장할 수 있는 기반이 되었습니다.

많은 사람들의 순교를 통해 공인된 기독교는 테오도시우스 황제 때인 392년, 마침내 로마 국교로 승격되었고 로마 제국보다 더 오랜 생명을 가지게 되었습니다.

콘스탄티누스 황제와 기독교

이야기로 보는 역사 인물 331

 세계의 역사가 한 눈에 쏙쏙!

부록

참고 인물
찾아보기

참고 인물

나폴레옹 3세(Charles Louis Napoléon Bonaparte, 1808~1873)

나폴레옹의 동생인 루이 보나파르트의 셋째 아들로 프랑스 파리에서 태어났다. 프랑스 제2공화국 대통령(재위 1850~1852)과 제2제정 황제(재위 1852~1871)를 지냈으며, 정식 이름은 샤를 루이 나폴레옹 보나파르트이다. 1848년 12월 대통령 선거에서 75%의 지지를 얻어 당선된 뒤, 1852년 11월 쿠데타 기념일에 황제로 즉위하였다. 크림 전쟁(1854~1856)에서 러시아를 격파했고, 1859년 이탈리아 통일 전쟁에도 관여하여 니스와 사보이아 두 도시를 얻었다. 그는 프랑스를 국제적 고립화로 내모는 결과를 초래했으나, 국내적으로는 철도망 확대, 파리 미화, 만국 박람회 개최 등으로 국위를 선양하였다. 비스마르크의 정책에 농락당하여, 1870년 '프랑스·프로이센 전쟁'을 벌여 그 해 9월에 포로가 되었고, 파리에 혁명이 일어나자 영국으로 망명하여 그 곳에서 세상을 떠났다.

노빌레(Umberto Nobile, 1885~1978)

이탈리아의 탐험가. 처음에는 철도기사였으나 군대의 의뢰를 받아 비행선 제조에 종사하였다. 노르웨이의 탐험가인 아문센과 함께 비행선 노르게 호로 북극을 탐험하여 1926년 5월에 극점을 통과하여 북극해 횡단에 성공하였다. 1928년 5월, 비행선 이탈리아 호로 두 번째의 북극 탐험을 시도하였으나 극점을 통과한 얼마 뒤에 비행선이 조난되었다. 그를 비롯한 승무원은 구조되었으나 구조에 나선 아문센이 도리어 사망하였다. 그 뒤 소련에서 비행선 건조를 담당하다가 제2차 세계 대전 후 이탈리아로 돌아왔다.

노자(老子, BC 4세기경)

중국 사상의 뿌리. 이름은 이이, 자는 담. 중국 전국 시대 초나라의 고현(허난 성에 있는 지방)에서 태어났다. 그의 가문이나 성장 과정은 알려져 있지 않으나 젊은 시절에 왕실의 서고를 관리하는 벼슬을 하였다고 한다. 공자의 스승이라는 설이 있는가 하면, 실제 인물이 아니라고 주장하는 학자도 있다. 어쨌든 그는 주나라가 점점 쇠퇴해지는 것을 한탄하여 벼슬에서 물러나 학문 연구에만 심혈을 기울였다. 그리하여 자신의 사상을 정리한 『노자』를 완성하였다. 『도덕경』이라고도 불리는 이 책은 세상의 천지자연을 꿰뚫어보는 근본 이치인 '도(道)'와 그 도를 나타내는 '덕(德)'을 가르치는 책이다. 현재 우리 눈에 보이는 우주의 만물은 각각 다른 형태를 하고 있지만 그 근본을 따져보면 결국에는 '도'라는 한 가지 진리에 도달하게 된다는 것이 그의 사상이다. 노자의 사상은 장자나 열자 등으로 이어져서 크게 발전하였고, 공자나 맹자의 유교 사상과 더불어 중국의 2대 사상이 되었다.

드보르자크(Antonin Dvořák, 1841~1904)

체코의 국민 음악가. 체코 프라하 교외에서 상인의 아들로 태어났다. 어려서부터 음악에 뛰어난 재능을 보였지만 아버지의 반대로 17세가 되어서야 프라하의 오르간학교에 들어가 2년간 공부했다. 졸업 후에는 호텔 등지에서 비올라를 연주하며 독학으로 작곡 공부를 하였다. 1877년 오스트리아 정부의 장학금을 받기 위해 제출한 작품이 심사위원인 브람스에게 인정을 받아, 그 작품이 베를린에서 출판됨으로써 이름이 널리 알려지게 되었다. 1892년 미국 뉴욕의 내셔널 음악 원장으로 초빙되어 가서 대표곡 중 하나인 「신세계」를 작곡하였다. 1895년에 귀국한 그는 프라하 음악원의 원장이 되어 음악가로서 최고의 영예를 누렸다. 그는 조국 체코의 민족성에 바탕을 둔 소박하면서도 강렬한 음악을 작곡하여 「알미타」를 비롯한 많은 명곡을 남겼다.

르누아르(Auguste Renoir, 1841~1919)

프랑스의 인상파 화가. 프랑스 중부 리모 주에서 양복점 종업원의 아들로 태어나 4세 때 파리로 이사하였다. 집안이 가난하여 13세 때부터 도자기 공장에서 도자기에 그림을 그리는 일을 하였다. 이 일을 하면서 화가가 되기로 결심했고, 또 색채의 효과를 터득하는 데 좋은 공부가 되었다고 한다. 그는 점심시간이면 루브르 박물관이나 미술관을 다니면서 유명한 화가들의 그림을 보며 독학을 하다가 1862년 글레이르의 제자가 되었다. 1869년부터는 모네와 함께 인상파의 기법을 선보이기 시작했고, 그 후로 본격적인 인상파 그림을 그렸다. 그의 그림의 특징은 눈부시게 빛나는 빛의 미묘한 움직임을 잘 포착하고, 또 생활의 기쁨에 넘친 색채를 화폭에 담았다는 것이다. 두 차례의 알제리 여행 후에는 보다 원숙한 색감의 독특한 화풍을 보여주어 '색채의 마술사'라는 찬사를 듣게 되었다. 작품으로 「목욕하는 여인들」, 「독서하는 여인」, 「특별석」 등 많은 작품이 있다.

모딜리아니(Amedeo Modigliani, 1884~1920)

이탈리아 최고의 현대 화가. 이탈리아 리보르노에서 부유한 유대인의 아들로 태어나 피렌체와 베네치아에서 미술학교에 다녔다. 1906년부터는 파리의 몽마르트르에서 살며 그림 작업을 하였다. 1908년 처음으로 작품을 출품하였고, 이듬해부터 조각에도 손을 대어 예리한 조형 감각을 나타내는 작품을 만들었다. 그러나 다시 화가로 전환하여 세잔, 피카소 등의 영향을 받아 세잔의 약간 흐린 기법에 자신의 독특한 윤곽을 사용하여 강렬한 인상의 작품을 그렸다. 그의 작품은 인물을 주제로 한 것이 많은데 사람의 얼굴이 갖는 다양성과 벌거벗은 여자의 곡선 등을 절묘한 구도로 표현하였다. 에콜 드 파리(파리에 모였던 외국인 예술가 집단)의 가장 뛰어난 작가였던 그는 제1차 세계 대전을 전후하여 많은 걸작을 남겼다. 1917년 베르트 베유 화랑에서 최초의 개인전을 열었으나, 지나친 음주와 폐결핵으로 1920년 36세의 아까운 나이로 세상을 떠났다. 대표작으로 「꽃 파는 여인」, 「첼로를 켜는 사람」 등이 있다.

모파상(Guy de Maupassant, 1850~1893)

프랑스의 대표 단편 작가. 노르망디 지방 미로메닐의 부유한 집안에서 태어나 부모의 별거로 어머니 밑에서 자랐다. 어린 시절을 바닷가에서 보냈기 때문에 아름다운 자연 풍경과 어부 등의 소박한 생활이 그의 작품에 잘 묘사되어 있다. 1869년 파리에서 법률 공부를 하다가 '프로이센·프랑스 전쟁'이 일어나자 유격대원으로 참전하였다. 1872년 아버지의 소개로 해군성에 근무하면서 어머니의 어릴 적 친구인 『보바리 부인』의 작가 플로베르에게 문학 지도를 받았다. 또 이 시기에 에밀 졸라를 알게 되었고, 1880년 에밀 졸라 등 6명의 젊은 작가들이 쓴 단편집인 『메당 야화』에 단편 「비곗덩어리」를 발표하여 이름을 얻었다. 이어 1883년에 발표한 장편 소설 『여자의 일생』은 톨스토이도 찬사를 아끼지 않은 프랑스 사실주의 문학의 걸작으로 평가받고 있다. 모파상은 27세 때부터 앓던 신경질환이 악화되어 1892년 자살을 시도했다가, 이듬해에 정신병원에서 43세의 일기로 세상을 떠났다. 그는 불과 10년 동안에 무려 300여 편의 단편 소설과 기행문 3권, 시집 1권, 희곡 여러 편을 발표하는 왕성한 창작 활동을 보였다. 주요 작품으로 장편 『벨아미』, 『몽토리올』, 『죽음처럼 강하다』 등이 있다.

볼테르(Voltaire, 1694~1778)

프랑스의 계몽주의 사상가로 본명은 프랑수아 마리 아루에이다. 기독교 학교를 졸업하고 1717년 정부를 비방하는 글을 써서 투옥되었다. 옥중에서 비극 『오이디푸스』를 완성하고, 이듬해에 상연하여 큰 성공을 거두자 볼테르라는 필명을 사용하였다. 그 후 영국으로 건너갔다가 앙리 4세를 찬양하는 서사시 『앙리아드』를 출판하고 귀국하였다. 1750년 프로이센 왕의 초빙으로 포츠담 궁전에서 역사책 『루이 14세의 세기』를 완성하였다. 1761년부터 사망할 때까지 스위스 국경 부근의 페르네 마을에 살면서 저작에 몰두하였다. 이 시기에 대표작인 『관용론』, 『풍속시론』, 철학 소설 『캉디드』 등을 썼다. 백과전서파의 한 사람인 그의 계몽사상은 18세기 유럽 사상계에 지대한 영향을 끼쳤다.

브라만테(Donato Bramante, 1444~1514)

르네상스를 대표하는 이탈리아의 건축가. 이탈리아 우르비노 지방에서 태어났다. 우르비노에서 기초 수업을 닦은 후 1477년부터 1499년까지 북이탈리아의 롬바르디아 지방에서 활동하였다. 이 시기에 밀라노의 파비아 대성당 등을 건립하였다. 1499년에 로마로 가서 산타 마리아 델라 파체 수도원을 설계하였다. 그 후 교황 율리우스 2세에게 중용되어 바티칸 궁전의 여러 건축과 산 피에트로 대성당의 재건 공사를 주도하였다. 1514년 대성당 개축 공사를 하던 도중에 병이 들어 세상을 떠났다.

손권(孫權, 182~252)

중국 삼국 시대 오나라의 초대 황제. 손견의 둘째 아들로 200년에 형 손책이 죽자 뒤를 이어 강남의 경영에 힘썼다. 당시 형주에는 유표가 세력을 떨치고 있었고, 화북에는 조조가 남하할 기회를 엿보고 있었다. 208년 유표가 죽고 그 아들 유종이 조조에게 항복하자 조조의 압력은 더욱 강화되었다. 이 때 촉나라의 유비와 결탁하여 조조의 대군을 적벽대전에서 격파하여 강남에서의 지위가 확립되었다. 221년 조조가 죽고 그의 아들 조비가 한나라의 제위를 찬탈하여 황제로 즉위하자 유비도 촉나라에서 황제로 즉위했다. 손권도 이에 맞서서 황제에 오른 뒤 촉나라와 결탁하여 위나라에 대항하였다.

스탠리(Sir Henry Morton Stanley, 1841~1904)

영국의 아프리카 탐험가. 영국 북웨일스의 외딴 시골 마을에서 태어나 소년 시절을 극빈자 보호소에서 보냈다. 17세 때 미국으로 건너가 스탠리라는 상인의 양자가 되어 그 이름을 계승하고 시민권도 얻었다. 1865년 신문 통신원이 되어 에티오피아 등지에 주재하였으며, 능력을 인정받아 뉴욕 〈헤럴드〉지의 기자가 되었다. 1869년 〈헤럴드〉의 사장으로부터 아프리카에서 소식이 끊긴 리빙스턴의 행방을 찾으라는 밀령을 받고, 그 해 11월에 탕가니카(탄자니아의 옛 이름) 호반에서 병에 걸린 리빙스턴과 극적으로 만났다. 1874년 리빙스턴을 구출하기 위해 다시 아프리카로 갔으나 그의 죽음만을 확인한 후, 빅토리아 호를 발견하고 콩고 강 유역을 답사하였다. 1877년부터 1884년까지 벨기에 국왕의 후원으로 콩고 지방을 탐험했고 콩고 자유국 건설의 기초를 닦았다. 만년에는 영국 국적으로 복귀하였고, 1895년에 하원의원이 되었다. 저서로 『암흑대륙 횡단기』(2권), 『암흑의 아프리카』 등이 있다.

시슬레(Alfred Sisley, 1839~1899)

영국의 인상파 화가. 영국인으로 프랑스 파리에서 태어나 평생을 프랑스에서 살았다. 한때 아버지의 권유로 영국으로 건너가 상업에도 종사하였다. 그러나 그림을 좋아하여 1862년 파리에 있는 글레르의 아틀리에에 들어가 모네, 르누아르 등과 친하게 지냈다. 1866년 살롱에 첫 입선하고, 1870년 보불 전쟁을 피해 런던으로 갔다. 이 때부터 자연을 외광 아래서 포착하는 밝은 화풍을 확립하였으며, 1874년 이후는 인상파 그룹전 등을 통해 작품을 발표하였다. 그는 인상파 중에서도 순수한 풍경화가로서 파리를 중심으로 한 주변 지방에서 자연을 대상으로 물과 숲의 반짝임을 묘사한 많은 수작을 남겼다. 대표작으로 「밤나무 숲의 오솔길」, 「아르장퇴유의 길」, 「마를리 항구의 만조」, 「홍수 속의 보트」 등이 있다.

실러(Johann Christoph Friedrich von Schiller, 1759~1805)

독일의 시인, 극작가. 독일 슈바벤 지방에서 외과의사의 아들로 태어나 카를 오이겐 대공의 군인 양성소에서 의학을 공부했다. 군대에서 군의관으로 복무하며 희곡 『군도』를 완성하였다. 이 작품이 연극으로는 대성공을 거두었으나 대공의 노여움과 분노를 사서 만하임을 떠났다. 이후로 가난에 시달리면서 역사극 『피에스코』, 시민극 『간계와 사랑』을 완성했다. 1787년 바이마르로 와서 사극 『돈 카를로스』를 완성하고, 1789년에 예나 대학의 역사학 교수가 되었다. 그 후 폐결핵에 시달리다가 『빌헬름 텔』을 마지막으로 1805년 바이마르에서 세상을 떠났다.

안녹산(安祿山, 703?~757)

중국 당나라 때 반란을 일으킨 무장. 아버지는 이란계 소그드인이고, 어머니는 돌궐의 무당이었다. 6개 국어에 능통하여 젊었을 때는 무역 중개인 노릇을 하다가 30대에 유주절도사를 섬겨 무관으로 두각을 나타내기 시작했다. 그 후 거란, 말갈 등을 진압하여 큰 공을 세웠으며 뛰어난 임기응변으로 현종의 신임을 얻었다. 744년 범양절도사가 되었고, 751년에는 하동절도사를 겸임함으로써 당나라 국경 방비군의 3분의 1 정도의 병력을 장악하게 되었다. 이 때 황태자와 양귀비의 육촌 오빠인 재상 양국충이 현종과의 사이를 질투해 일을 꾸미자, 755년 15만 대군을 이끌고 반란을 일으켰다. 이듬해에 스스로 대연 황제라 칭하고 화북 지방 대부분을 점령하였다. 그러나 얼마 후에 시력이 약해지는 등 건강이 악화되었고, 757년 애첩의 소생을 편애하여 둘째 아들의 측근에 의해 잠자던 중 살해되었다.

안드로포프(Yurii Vladimirovich Andropov, 1914~1984)

철도원의 아들로 태어나 페트로자보드스크 주립 대학 및 당 간부학교를 졸업하였다. 1939년 소련 공산당에 입당하였고, 1940년 카렐로핀 자치 공화국의 콤소몰 제1서기가 되었다. 1953년부터 1957년 헝가리 주재 대사를 역임하였다. 1961년 소련 공산당 중앙 위원, 1962년에서 1967년 당 중앙 위원회 서기, 1963년 중소 회담 대표, 1967년부터 국가 보안 위원회(KGB) 의장을 역임하였다. 1982년 11월 브레주네프가 사망하자 공산당 서기장에 선출되었으며, 1983년 최고회의 간부회 의장(국가원수)에 선출됨으로써 1인 체제를 굳혔다. 1983년 8월, 갑작스런 중병으로 일선에서 물러나자 체르넨코가 뒤를 이었다.

에드워드 3세(Edward III, 1312~1377)

백년 전쟁을 일으킨 영국의 왕. 에드워드 2세와 프랑스 공주 사이의 맏아들로 태어나 15세에 부왕이 살해되자 왕위에 올랐다. 3년간 어머니가 대리청정을 했으나, 1330년에 실권을 장악해 스코틀랜드군을 무찔러 왕권을 안정시켰다. 이 시기에 프랑스의 카페 왕조가 단절되자, 그는 프랑스의 왕위 계승권을 주장하며 백년 전쟁을 일으켰다. 전쟁은 처음부터 영국이 계속 우세했고, 1356년에는 프랑스 왕 존 2세를 사로잡아 광대한 영토와 거금을 얻었다. 1371년 프랑스가 스코틀랜드와 동맹을 맺고 영국에 대항하자 전쟁은 다시 시작되었다. 1376년 전쟁에서 많은 공을 세웠던 장남이 죽자, 이듬해에 그도 죽고 말았다. 에드워드 3세는 잦은 전쟁을 일으켜 국가 재정을 낭비했다는 비난을 들었으나, 네덜란드에서 직물공을 불러들여 영국의 모직물 공업을 크게 발전시켰다. 또 프랑스를 제압함으로써 영국인들의 긍지를 드높이기도 하였다.

옐친(Boris Nikolaevich Yeltsin, 1931~2007)

우랄 산맥 부근 농가에서 태어나 공업도시 스베르들로프스크에서 성장하였다. 건축기사로 지내다가 1961년 공산당에 입당하여, 1981년 소련 공산당 중앙 위원이 되었다. 이 때부터 고르바초프와 친분을 맺어서 1985년 고르바초프가 소련 공산당 서기장이 되자, 그도 모스크바 시 당 제1서기와 당 정치국 후보위원으로 발탁되어 중앙 정계로 부상하였다. 1990년 5월, 러시아 공화국 대통령에 당선됨으로써 '체제 내 야당'에서 권력의 핵심부로 군림하게 되었다. 1991년 12월, 발트 3국과 그루지야를 제외한 11개 공화국을 참여시켜 독립 국가 연합(CIS)을 결성하고 실질적인 지도자가 되었다. 1999년 12월, 건강 문제와 후진 양성을 이유로 푸틴 총리를 대통령 권한 대행으로 지명하고 대통령을 사임하였다. 2007년 4월 23일, 지병인 심장질환으로 76세의 일기로 세상을 떠났다.

월리스(Alfred Russel Wallace, 1823~1913)

영국의 생물학자. 매머스셔에서 태어나 토지 측량과 건축에 종사하고, 산과 들을 답사하면서 식물을 채집하였다. 1854년에는 말레이 제도에서 동물 표본을 만들기 위하여 8년간 머물렀다. 뉴기니 섬 근처 타네이트 섬에서 열병으로 누워 있을 때「변종이 본래의 형에서 나와 무한히 떨어져 나가는 경향에 관하여」라는 논문을 써서 1858년 2월에 친구인 다윈에게 보내 발표를 의뢰하였다. 다윈은 논문의 제목이 자신이 쓴 것과 같아서 고민하였으나, 그 해 7월에 자신의 논문과 동시에 발표하였다. 그 후 월리스는 다윈의 연구가 더 깊고 확실하다는 것을 인정하고 진화론에 관한 책인 『다위니즘』을 출판하였다. 저서에 『말레이 제도』 등이 있다.

율리우스 2세(Julius II, 1443~1513)

르네상스 시대의 대표적인 교황(1503~1513). 델라 로베르가 출신으로 교황 식스토 4세의 조카이다. 프랑스 아비뇽의 대주교, 추기경 등을 거쳐, 비오 3세의 짧은 재임 뒤에 교황이 되어 교회국가의 재건과 확대에 노력하였다. 베네치아로부터 영토를 빼앗기 위하여 1508년에 프랑스, 독일과 캉브레 동맹을 맺고, 프랑스 루이 12세의 세력이 강해지자 베네치아, 에스파냐 등과 신성동맹을 맺었다. 이 동맹이 성공하여 이탈리아에서 프랑스 세력은 쇠퇴하고, 그 뒤로 에스파냐의 세력이 증대되었다. 그는 정치 외에 학문, 예술의 진흥과 보호에도 힘써 로마를 르네상스 문화의 중심지로 만들었다. 특히 미켈란젤로, 라파엘로를 보호하고 성 베드로 대성당을 재건한 것은 유명하다.

청태종(太宗, 1592~1643)

청나라의 제2대 황제(재위 1626~1643). 이름은 홍타이지이고 누르하치의 여덟째 아들로 태어났다. 너그럽고 도량이 커서 1626년 태조가 죽은 뒤에 후금국의 칸으로 즉위했다. 즉위 당시에는 명나라와 전쟁을 벌이고 있었으나 만주족과 한족의 융화정책을 펼쳐 내정을 안정시켰다. 1635년 내몽골을 평정한 뒤로 국호를 청나라로 고쳤다. 1637년에는 명나라를 숭상하고 청나라에 복종하지 않는 조선을 침공하였으며, 중국 본토에도 종종 침입하였다. 그러나 중국을 통일하지 못하고 죽었다. 그는 6부의 설치 등 조직 정비에 힘써서 청나라의 기틀을 마련하였다.

체르넨코(Konstantin Ustinovich Chernenko, 1911~1985)

1931년 공산당에 입당하고, 1945년 키시뇨프 사범학교를 졸업하였다. 1948년부터 1956년까지 몰다비아 중앙 위원회 선전부장으로 있다가 브레주네프에게 발탁되어, 1956년 소련 공산당 중앙 위원회 선전부장이 되었다. 1964년 브레주네프가 당권을 장악하자 그의 참모장이 되었다. 브레주네프의 지원으로 1971년 당 중앙 위원, 1978년부터 당 정치국 위원을 지내면서 차기 정권의 후계자로 주목을 받았다. 그러나 당내의 지지기반이 없어 안드로포프에게 서기장직을 빼앗겼다. 안드로포프가 죽자 1984년 2월 소련공산당 서기장이 되고, 그 해 4월 소련 최고회의 간부회의 의장으로서 사망 전까지 소련의 최고 지도자의 지위에 있었다.

파루크 1세(Farouk I, 1920~1965)

1936년 아버지 푸아드 1세의 후계자로서 이집트 국왕으로 즉위하였다. 처음에는 섭정회의의 보좌를 받았으나 1937년부터 친정을 실시하였다. 방탕하고 낭비가 심한 생활에 빠져 국민으로부터 비난을 받았다. 1952년 군부 쿠데타에 의해 퇴위당한 뒤 유럽으로 망명하여 로마에서 죽었다.

프톨레마이오스(Klaudios Ptolemaeos, 85?~165?)

지구가 우주의 중심이라는 천동설을 주장한 그리스의 천문학자이자 지리학자. 127년에서 145년경 이집트의 알렉산드리아에서 천체를 관측하면서 대기에 의한 빛의 굴절작용을 발견하고, 달의 운동이 속도가 일정하지 않은 부등속 운동이라는 것을 발견하였다. 천문학 지식을 모은 저서 『천문학 집대성』은 코페르니쿠스 이전 시대의 최고의 천문학 서적으로 인정되고 있다. 그러나 그가 주장한 천동설은 코페르니쿠스에 의해 잘못된 학설임이 입증되었다. 저서로 『테트라비블로스』와 『지리학』이 있다.

피사로(Camille Pissarro, 1830~1903)

프랑스의 인상파 화가. 서인도 제도의 세인트 토머스 섬에서 태어나 1855년 화가가 되기 위해 파리로 나왔다. 같은 해 만국 박람회의 미술전에서 코로의 작품에 감명받아 그때부터 풍경화에 전념하였다. 몇 차례 살롱에 출품하였으나 번번이 낙선하고 1870년의 프로이센·프랑스 전쟁 때는 런던으로 피난하여 모네와 함께 영국 풍경화를 연구하였다. 전후에는 파리 북서쪽 교외에 살면서 전원 풍경을 즐겨 그렸다. 1874년에 시작된 인상파 그룹 전시회에 참가한 이래 매회 계속 출품함으로써 인상파의 최연장자가 되었다. 그의 작품은 인상파 특유의 기법을 바탕으로 수수하면서도 견실성을 보여 모네와 시슬레보다 한층 구성적인 면에 특색을 보였다. 만년에는 시력이 약화되었으나 최후까지 작품 활동을 계속하였다. 주요 작품으로는 「붉은 지붕」, 「사과를 줍는 여인들」, 「몽마르트르의 거리」, 「자화상」 등이 있다.

찾아보기

〈가〉

가리발디 12, 13
가브리엘 114, 115
가우스 14, 15
간디 16, 17, 42, 43, 46, 47, 284, 285
갈라파고스 제도 58, 59
갈리아 262, 263
갈릴레이 18, 190, 273
감리교 192, 193, 202
개신교 35, 93, 193, 267
게르만족 214, 215, 262, 263, 275
게릴라 38, 116, 117
게티즈버그 96, 97
경건주의 266, 267
경험론 136, 137
계약의 궤 164, 165
고개지 20, 21
고갱 22. 23, 28, 318
고르바초프 24, 25, 338
고야 26, 27
고전 경제학 129, 139, 144
고전파 음악 128, 129, 139, 144
고흐 22, 23, 28, 29, 318
공문십철 30, 31
공산당 선언 104, 105
공자 30, 31, 122, 123, 334

공화 정치 263, 281
광양자설 190, 191
광학 54, 55, 87
괴테 32, 33, 57, 135, 157
교회 음악 128, 129, 134, 135, 171
구텐베르크 34, 35
국공 합작 242, 243
국민공회 44, 45
국민악파 252, 253
국민회의파 46, 47
국제 연맹 226, 227
군현제 178, 179
궁정화가 26, 27, 72, 78
규조토 50, 51
균전제 232, 233
그래머 스쿨 218, 219
그랜트 96, 97
그림동화 36, 37
그림 형제 36, 37
극우파 17
근대 경제학 174, 175
글라이더 70, 71
금나라 53, 103, 251, 258, 259
기독교 청년회 202, 203
기전체 153
기하학 15, 18, 55, 182, 183, 292

김일성 74, 75

〈나〉

나기브 38, 39
나비파 22, 23
나세르 38, 39, 173
나이팅게일 40, 41
나치스 190, 312, 317, 328, 329
나토군 188, 189
나폴레옹 26, 32, 44, 48, 76, 93, 99, 213, 224, 276, 289, 334
나폴레옹 3세 12, 334
나폴리 왕국 12, 13
낙선전 98, 99
난징 20, 221, 239, 242, 248, 296
남극점 186, 187
남북조 시대 20, 21, 201
남송 103, 123, 250, 251, 259
남작 48, 86, 276, 277
낭만파 음악 57, 139, 145, 170
내연기관 66, 67
냉전 시대 270, 271
네루 46, 47
넬슨 44, 48, 49
노나라 30, 31, 122
노래기벌 290, 291

찾아보기 341

노르만족 275
노르망디 상륙 작전 324, 325
노벨 50, 51
노빌레 186, 334
노자 123, 231, 250, 334
노트르담의 꼽추 224, 225
뇌홍 50, 51
누르하치 52, 53, 339
뉴 프런티어 270, 271
뉴기니 120, 121 339
뉴딜 정책 90, 91
뉴커먼 기관 218, 219
뉴턴 54, 55, 190
뉴턴 역학 54, 55, 190, 266
뉴턴식 반사 망원경 54, 55
니체 56, 57
니트로글리세린 50, 51

〈다〉
다윈 58, 59, 124, 339
다윗 79, 164, 165
단테 82, 83, 161
달링턴 176, 177
대공황 90, 328, 329
대륙 회의 222, 223
대운하 200, 201
대지 296, 297
대화편 314, 315
데카르트 136, 137, 292
델포이 234, 235
도교 123, 220, 230, 231

도덕 철학 174, 175
도버 해협 67, 100, 101
도스토옙스키 157
도요토미 히데요시 60, 61
독일 연방 146, 147
독점금지법 150, 151
돈 강 308, 309
돌궐 231, 232, 337
동인도 회사 208, 209, 257
동진 20, 21, 220, 221
두보 62, 63, 230, 231
뒤마 212, 213
드 클레르크 118, 119
드골 64, 65
드보르자크 144, 253, 335
등차급수 16, 17
디젤 66, 67
디즈니 68, 69
디즈니랜드 68, 69
디즈레일리 148, 149, 172, 173
디킨스 212, 213, 324
디트로이트 206, 305

〈라〉
라듐 278, 279
라벤나 216, 217
라스트만 80, 81
라이덴 80, 81
리소자임 316, 317
라이트 형제 70, 71
라틴아메리카 209, 212, 213

라틴어 55, 83, 94, 194, 195, 266
라파엘로 72, 73, 339
라호르 46, 47
라훌라 154, 155
러일 전쟁 180, 181
레닌 74, 75
레미제라블 224, 225
레오나르도 다 빈치 72, 78, 130, 211
레퀴엠 129, 144, 145
레판토 해전 156, 157, 209
렘브란트 28, 80, 81
로댕 82, 83
로마교황청 12, 18, 19
로마 교회 92, 93
로마노프 왕조 308, 309
로미오와 줄리엣 161
로코코 26, 27
로트레크 28, 29
록펠러 84, 85, 116, 117
롬바르디아 평원 273, 320, 321
뢴트겐 86, 87, 278, 279
루브르 박물관 98, 99, 163, 185, 215, 241, 293, 323, 335
루비콘 강 262, 263
루빈스테인 252, 253
루소 88, 89, 132
루스벨트 90, 121, 181, 190, 256
루안다 94, 95
루터 29, 35, 92, 93, 266, 267
룸비니 동산 154, 155
르네상스 19, 72, 73, 78, 79, 81, 130,

131, 208, 216, 336, 339
르누아르 99, 335, 337
리빙스턴 94, 95, 337
린네 60, 184, 291
릴리엔탈 70, 71
링컨 96, 97, 108, 109

〈마〉

마가다 154, 155
마네 98, 99
마드리드 26, 27, 156, 318
마르코 폴로 102, 103
마르코니 100, 101
마르크스 24, 75, 104, 105
마르크스 경제학 174, 175
마르키즈 제도 22, 23
마오쩌둥 74, 106, 107, 242
마인츠 34, 35
마젤란 110, 111
마지막 잎새 213
마케도니아 왕국 184, 185
마크 트웨인 112, 113
마호메트 114, 115
막부 60, 61
막사이사이 116, 117
만델라 118, 119
만주 52, 53, 75, 120, 181, 259
만하임 악파 128, 129
말갈족 52, 53
말라위 호 94, 95
맥아더 120, 121, 188

맨해튼 계획 188, 191
맹자 122, 123, 250, 334
메디치 가문 130, 131
메소포타미아 196, 197, 323
메카 114, 115
멘델 124, 125
면죄부 34, 35, 92, 93
모나리자 78, 79
모딜리아니 335
모르그 가의 살인사건 302, 303
모스 126, 127
모스크바 원정 45
모스크바 음악원 252, 253
모차르트 128, 129, 138, 139
모파상 335, 336
목적론 266, 267
몰루카 제도 110, 111
몽마르트르 29, 318, 319, 335, 340
무로마치 막부 60, 61
무세이온 182, 183
무어인 110, 111
무적함대 156, 157, 208, 209, 237
무정부주의 105, 106, 107, 285
무제 152, 153
미국 항공 우주국 198, 199
미소 공동 위원회 202, 203
미시시피 강 112, 113
미켈란젤로 72, 130, 131, 339
민약론 88, 89
민족자결주의 226, 227
밀라노 78, 79, 190, 321, 336

밀레 28, 132, 133

〈바〉

바그너 56, 57, 139
바로크 음악 135
바르비종파 132, 133
바리새파 210, 211
바빌로니아 322, 323
바빌론 184, 196, 322, 323
바이마르 32, 56, 134, 329, 337
바흐 128, 134, 135
반동회의 46, 47
발자크 83, 157, 166, 167
발트해 308, 309
방사선 86, 87, 278, 279
방전 86, 87, 310, 311
방향키 70, 71
배로 56, 57
배재학당 192, 193, 202
백과전서파 88, 89, 336
백년 전쟁 240, 241, 338
범신론 32, 33
베네치아 12, 18, 19, 57, 73, 102, 157, 273, 335, 339
베니스의 상인 161
베로키오 73, 78, 79
베르사유 궁전 226, 227
베이징 조약 239
베이컨 136, 137, 208
베크렐 87, 278, 279
베토벤 57, 129, 138, 140, 170

벨 142, 143
벵골 17, 284, 285, 287
변신 264, 265
보어 전쟁 149, 256, 257
보어인 149, 256, 257
보헤미안 318, 319
보호관세 146, 147
볼고그라드 328, 329
볼로냐 83, 100, 130, 272, 273
볼셰비키 74, 75
볼테르 88, 89, 174, 336
부국강병 122, 123, 178
부다가야 154, 155
부역황책 248, 249
부활 288, 289
북동항로 186, 187
북방 전쟁 310, 311
북벌 180, 242, 243
북서항로 186, 187
북자극 186, 187
분류학 184, 185, 291
분봉 228, 229
분서갱유 178, 179
불복종 운동 16, 17, 46
브라만 17, 46, 47
브라만테 72, 336
브라운 운동 190, 191
브람스 144, 145, 335
브레주네프 24, 25, 338, 339
비글호 58, 59
비스마르크 146, 147, 239, 334

비폭력주의 16, 17
빅토리아 여왕 40, 148, 149, 173
빅토리아 폭포 94, 95
빈 고전파 129, 139
빌 게이츠 150, 151
빌라도 210, 211
빌헬름 2세 129, 146, 147, 257

〈사〉
사두개파 210, 211
사르데냐 섬 13, 45
사르디니아 공국 12, 13
사르트르 57, 264, 265
사마천 152, 153
사모스 섬 234, 235
사이클로이드 292, 293
사회주의 25, 75, 104, 105, 146, 157, 271, 287
살로메 216, 217
살리에리 138, 170, 171
삼고초려 244, 245
삼민주의 180, 181, 243
3월 혁명 146, 147
삼중고 326, 327
삼환 30, 31
상대성 이론 190, 191
샤를 7세 240, 241
서기장 24, 25, 338, 339, 340
서사시 33, 83, 197, 285, 306, 336
서인도 제도 275, 340
서진 220, 221, 245

서하 258, 259
석가모니 20, 35, 154, 155
설형 문자 322, 323
성 264, 265
세르반테스 156, 157
세부 섬 116, 117
세비야 110, 111
세잔 22, 23, 158, 159, 318, 335
셰익스피어 56, 156, 160, 208, 324
셴양 178, 179, 228
셸리 284, 285
소나타 129, 135, 138, 144, 167, 171
소네트 161
소비에트 연방 24, 25, 75
소아시아 103, 157, 197, 204, 262
소크라테스 162, 163, 314, 315
소피스트 162, 163
소행성 14, 15
손권 244, 245, 336
솔로몬 164, 165
쇼펜하우어 56, 57
수릉 178, 179
수에즈 운하 38, 39, 149, 172, 173
수직공 260, 261
슈만 144, 145
슈바이처 168, 169, 265
슈베르트 128, 139, 170, 171
슈트라우스 144, 145
스미스 174, 175
스와라지 운동 284, 285
스콜라 철학 136, 137

스콧 186, 187
스탠리 94, 337
스티븐슨 176, 177
스파르타 162, 163
승강기 70, 71
시라쿠사 182, 183, 314
시리아 40, 114, 165, 196, 197, 205, 215, 282, 283, 320, 322
시모노세키 조약 181, 239
시스티나 성당 73, 130
10월 혁명 25, 74, 75
시슬레 98, 337, 340
시화법 142, 143
시황제 178, 179, 200, 229
신성 로마 제국 92, 93
신해혁명 106, 180, 242
실러 32, 135, 337
실존주의 56, 57, 264, 265
심층 심리학 312, 313
십대 제자 155
쑨원 107, 180, 181, 242, 243
쑹화 강 52, 53

⟨아⟩

아르키메데스 182, 183
아를 22, 28, 29, 318
아리스토텔레스 137, 184, 185, 196, 251, 295, 315
아문센 186, 187, 334
아방궁 178, 179
아부키르 만 해전 48, 49

아스완 하이댐 38, 39
아우크스부르크 66, 67
아이젠하워 116, 188, 189, 325
아인슈타인 190, 191, 283
아카데미 프랑세즈 168, 169
아카데미아 184, 185
아테네 72, 162, 184, 196, 276, 314
아펜젤러 192, 193, 202
아폴로 계획 198, 199
아프리카 민족회의 118, 119
악티움 해전 214, 215, 282
안나 카레니나 288, 289
안녹산 62, 63, 230, 231, 233, 337
안데르센 194, 195
안드로포프 24, 338, 339
안사의 난 62, 63
안토니우스 214, 215, 280
알라 114, 115
알렉산드로스 45, 184, 196, 204, 281
알렉산드리아 15, 38, 182, 183, 196, 263, 282, 283, 340
알바니아 286, 287
알자스 168, 169
알제리 64, 65, 111, 156, 265, 335
알타이 233, 258, 259
암스테르담 80, 81
암스트롱 198, 199
애너벨 리 302, 303
야상곡 167
야수파 28, 29, 158
얄타 회담 90, 91

양견 200, 201
양무 운동 238, 239
양제 200, 201, 232, 233
양쯔 강 20, 62, 200, 229, 239, 297
언더우드 192, 202, 203
언어학 36, 37
에드워드 3세 338
에디슨 67, 206, 207, 304
에밀 졸라 158, 159, 336
에스테르하지 가문 170, 171
에스파냐 내란 324, 325
엘람 고원 322, 323
엘리자베스 1세 136, 160, 208, 236
엥겔스 75, 104, 105, 175
여불위 178, 179
영국 국교회 208, 209, 281
영국 보수당 256, 257
영국 해협 66, 67, 157
예브게니 오네긴 306, 307
예서 220, 221
예수 그리스도 92, 210, 211
옌하이저우 52, 53
옐친 24, 338
오나라 31, 244, 245, 336
오 헨리 212, 213
오다 노부나가 60, 61
오덴세 194, 195
오륜기 276, 277
오를레앙 212, 240, 241, 269
오스만 제국 156, 157
옥타비아누스 214, 215, 282

와일드 216, 217
와트 66, 218, 219
왕희지 220, 221
요크타운 전투 222, 223
요한 78, 115, 210, 211, 215
우두 246, 247
우라늄 87, 278, 279
우연발생설 294, 295
우키요에 28, 29
우화 234, 235
워싱턴 222, 223, 310
원로원 214, 262, 282, 308
원심 조속기 218, 219
월리스 58, 339
웨스트포인트 97, 188, 189
웰링턴 45, 224, 225
위고 157, 166, 224, 225
위구르 232, 233
위나라 31, 178, 220, 244, 255, 337
위안스카이 107, 180, 181, 238
윌슨 90, 226, 227
유고슬라비아 286, 287
유방 178, 228, 229
유비 244, 245, 336, 337
유클리드 14, 15, 18, 292
육탐미 20, 21
율리우스 2세 130, 336, 339
음성 생리학 142, 143
이백 62, 230, 231
이사벨 1세 274, 275
이세민 220, 232, 233

이솝 234, 235
이스라엘 왕국 164, 165
이연 200, 232, 233
2월 혁명 74, 75, 86, 147, 166, 224
이튼 276, 277, 285
이홍장 238, 239
인도차이나 전쟁 188, 189
인상주의 29, 98, 99
인상파 22, 28, 158, 335, 337, 340
인종 격리 정책 118, 119
일본 전국시대 60, 61
일한국 102, 103
입체파 158, 318, 319

〈자〉

자공 30, 31
자기 선광법 206, 207
자본주의 75, 104, 146, 157, 175, 271
자석 발전기 304, 305
자연 철학 136, 137
자유 낙하의 법칙 18, 19
자유 연상법 312, 313
잔 다르크 240, 241, 268, 269
잠베지 강 94, 95
장량 228, 229
장로교 192, 193, 202, 216
장세니슴 292, 293
장승요 20, 21
장안 62, 63, 230, 231, 232, 233
장제스 91, 106, 242, 243
저온살균 294, 295

적벽대전 244, 245, 336
전국 시대 30, 123, 179
전권 대사 100, 101, 238, 239
전신기 126, 127, 206
전인 교육 300, 301
전쟁과 평화 288, 289, 318
절대주의 208, 209, 308
정관의 치 232, 233
정신 분석학 312, 313
정유소 84, 85
정호·정이 형제 250, 251
제2혁명 180, 181
제갈량 244, 245
제국주의 47, 112, 113, 149
제나라 30, 31, 178
제너 246, 247
제자백가 122, 123, 179
조조 244, 245, 255, 336
종교 개혁 34, 35, 67, 92, 93, 267
종교 재판 18, 19, 240
주공 30, 31
주돈이 250, 251
주원장 248, 249
주자 250, 251
중국 국민당 181, 242, 243
중력장 190, 191
중상주의 208, 209
즉흥시인 194, 195
증국번 238, 239
증기기관 66, 67, 176, 218, 219
지석영 246, 257

지성 300, 301
직업혁명가 74, 75
직지심경 34, 35
진승・오광의 난 228, 229
진주만 90, 91, 121

〈차〉

차이콥스키 252, 253
채륜 254, 255
처칠 91, 256, 257
천문학 14, 18, 35, 83, 272, 340
천연두 246, 247
천체력 34, 35
철의 장막 256, 257
철혈정책 146, 147
청교도 280, 281, 310
청일 전쟁 180, 181
청태종 53, 339
체르넨코 24, 338, 339
체인 316, 317
쳄발로 128, 129
총재 정부 44, 45
최소제곱법 14, 15
최후의 만찬 78, 79
축음기 206, 207
출사표 244, 245
7년 전쟁 32, 33
칭기즈칸 103, 258, 259

〈카〉

카네기 260, 261

카르타고 182, 183, 320, 321
카뮈 264, 265
카스피 해 25, 50, 51
카이로 회담 90, 91
카이사르 45, 214, 262, 282
카타르시스 312, 313
카프레라 섬 12, 13
카프카 264, 265
카프카스 산맥 24, 25
칸타타 134, 135
칸트 266, 267
칼라하리 사막 94, 95
칼뱅교 280, 281
캘커타 47, 284, 285, 286, 287
컨베이어 시스템 304, 305
케네 89, 174, 175
케네디 270, 271
케레스 14, 15
케이프케네디 198, 199
케플러 273
코란 114, 115
코르시카 섬 44, 45, 48
코페르니쿠스 18, 19, 272, 273, 340
콘덴서 218, 219
콜럼버스 274, 275, 298, 299
콤소몰 24, 25, 338
쿠베르탱 276, 277
쿠빌라이 102, 103, 259
쿠튀르 98, 99
쿤트 86, 87
퀴리 부인 278, 279

크롬웰 280, 281
크룩스관 86, 87
크림 전쟁 40, 41, 50
클레오파트라 214, 262, 282, 283

〈타〉

타고르 284, 285
타르타르산 294, 295
타이완(대만) 239, 242, 243
타히티 섬 22, 23
탐미주의 57, 216, 217
태즈메이니아 58, 59
태평양 전쟁 91, 116, 120, 121
태평천국의 난 238, 239
테레사 수녀 286, 287
테헤란 회담 90, 91
톈안먼 사건 106, 107
토륨 278, 279
토리첼리의 실험 292, 293
톨스토이 288, 289, 336
톰 소여의 모험 112, 113
툴롱 44, 48, 49, 137
퉁팅 호 62, 63
트라팔가르 해전 44, 48, 49
트러스트 84, 85
트루먼 120, 121
트루아 조약 240, 241

〈파〉

파도바 18, 272, 273
파루크 1세 38, 39, 340

찾아보기 347

파리 평화 회의 100, 101, 227
파미르 고원 102, 103
파브르 290, 291
파스칼 292, 293
파스퇴르 294, 295
파우스트 32, 33
파이프 오르간 168, 169
파키스탄 16, 17, 46, 47
파피루스 254, 255
팔레스타인 전쟁 38, 39
펄 벅 296, 297
페니키아 164, 165, 196, 283, 321
페레스트로이카 24, 25
페루지노 72, 73, 79
페르난도 2세 274, 275
페르시아 제국 196, 197
페스탈로치 300, 301
페스트 54, 72, 160, 161, 265
펠로폰네소스 전쟁 162, 163
펠리페 2세 157, 208, 209, 236, 237
평로 260, 261
포 302, 303
포도상구균 316, 317
포드 304, 305
포에니 전쟁 182, 183, 320, 321
폴로늄 278, 279
폼페이우스 262, 263, 282
표트르 대제 306, 308, 309
푸른곰팡이 316, 317
푸순 52, 53
푸시킨 157, 252, 306, 307

풍동 70, 71
퓰리처상 296, 324, 325
프라도 미술관 26, 27
프랑스 국민 연합 64, 65
프랑스 혁명 44, 45, 88, 89, 300
프랭클린 310, 311
프렌치·인디언 전쟁 222, 310
프로이센·프랑스 전쟁 56, 57, 66, 82, 146, 227, 336, 340
프로이트 312, 313
프톨레마이오스 18, 185, 282, 340
플라톤 57, 137, 163, 184, 314
플레밍 316, 317
플로리 316, 317
피레네 산맥 320, 321
피렌체 18, 19, 40, 72, 73, 78, 79, 83, 130, 131, 335
피뢰침 310, 311
피사로 22, 98, 158, 340
피사의 사탑 18, 19
피카소 158, 318, 319, 335

〈하〉
하노버 왕가 148, 149
하이든 128, 129, 138, 139, 171
하일리겐슈타트의 유서 138, 140
한국 258, 259
한니발 320, 321
한림공봉 230, 231
한신 228, 229
한유 123

한족 21, 248, 249, 339
할리우드 68, 69
함무라비 322, 323
항우 228, 229
햄릿 160, 161
헤르츠 100, 101
헤밍웨이 324, 325
헨리 5세 240, 241
헬라스 196, 197
헬레니즘 183, 196, 197, 283
헬렌 켈러 326, 327
현종 62, 63, 230, 231, 338
협주곡 128, 134, 138, 144, 166
형이상학 137, 184, 250, 251, 266
형이하학 250, 251
호르무즈 102, 103
호메로스 196, 197, 307
홍건적 248, 249
황허 강 178, 200, 201
후기 인상파 22, 23, 158
후크발라하프 116, 117
후한 221, 231, 244, 245, 254, 255
훈고학 232, 233, 251
흉노 152, 153
흥중회 180, 181
흑점 18, 19
히스테리 312, 313
히스파니올라 섬 274, 275
히틀러 190, 312, 328, 329
힌덴부르크 328, 329
힌두교 16, 17, 42, 284